法务会计
案例解析与应用

FORENSIC ACCOUNTING
ANALYZING CASE AND APPLYING

会计学精选教材译丛

〔美〕
罗伯特·J.鲁弗斯（Robert J.Rufus）
劳拉·S.米勒（Laura S.Miller） 著
威廉·哈恩（William Hahn）

杨书怀 译

北京大学出版社
PEKING UNIVERSITY PRESS

著作权合同登记号　图字：01-2016-2160

图书在版编目(CIP)数据

法务会计：案例解析与应用/(美)罗伯特·J.鲁弗斯(Robert J.Rufus),(美)劳拉·S.米勒(Laura S.Miller),(美)威廉·哈恩(William Hahn)著;杨书怀译.—北京:北京大学出版社,2017.7

(会计学精选教材译丛)

ISBN 978-7-301-28490-2

Ⅰ.①法⋯　Ⅱ.①罗⋯②劳⋯③威⋯④杨⋯　Ⅲ.①司法会计学—高等学校—教材　Ⅳ.①D918.95

中国版本图书馆 CIP 数据核字(2017)第 132605 号

Authorized translation from the English language edition, entitled FORENSIC ACCOUNTING, IE, 9780133050479, by RUFUS, ROBERT; MILLER, LAURA; HAHN, WILLIAM, published by Pearson Education, Inc, Copyright © 2015, Pearson Education, Inc.

All rights reserved. No part of this book may be reproduced or transmitted in any form or by any means, electronic or mechanical, including photocopying, recording or by any information storage retrieval system, without permission from Pearson Education, Inc.

CHINESE SIMPLIFIED language edition published by PEARSON EDUCATION ASIA LTD., AND PEKING UNIVERSITY PRESS Copyright © 2017.

本书原版书名为《法务会计》，作者罗伯特·J.鲁弗斯、劳拉·S.米勒、威廉·哈恩，书号 9780133050479，由培生教育出版集团 2015 年出版。

版权所有，盗印必究。未经培生教育出版集团授权，不得以任何形式、任何途径，生产、传播和复制本书的任何部分。

本书简体中文版由北京大学出版社和培生教育亚洲有限公司于 2017 年出版发行。

本书封面贴有 Pearson Education(培生教育出版集团)防伪标签，无标签者不得销售。

书　　　名	法务会计：案例解析与应用 FAWU KUAIJI：ANLI JIEXI YU YINGYONG
著作责任者	〔美〕罗伯特·J.鲁弗斯　劳拉·S.米勒　威廉·哈恩　著 杨书怀　译
责 任 编 辑	黄炜婷
标 准 书 号	ISBN 978-7-301-28490-2
出 版 发 行	北京大学出版社
地　　　址	北京市海淀区成府路 205 号　100871
网　　　址	http://www.pup.cn
新 浪 微 博	@北京大学出版社　@北京大学出版社经管图书
电 子 信 箱	em@pup.cn　QQ：552063295
电　　　话	邮购部 62752015　发行部 62750672　编辑部 62752926
印 刷 者	北京大学印刷厂
经 销 者	新华书店 787 毫米×1092 毫米　16 开本　29.25 印张　676 千字 2017 年 7 月第 1 版　2017 年 7 月第 1 次印刷
印　　　数	0001—4000 册
定　　　价	68.00 元

未经许可，不得以任何方式复制或抄袭本书之部分或全部内容。

版权所有，侵权必究

举报电话：010-62752024　电子信箱：fd@pup.pku.edu.cn

图书如有印装质量问题，请与出版部联系，电话：010-62756370

出版者序

作为一家致力于出版和传承经典、与国际接轨的大学出版社,北京大学出版社历来重视国际经典教材,尤其是经管类经典教材的引进和出版。自2003年起,我们与圣智、培生、麦格劳-希尔、约翰-威利等国际著名教育出版机构合作,精选并引进了一大批经济管理类的国际优秀教材。其中,很多图书已经改版多次,得到了广大读者的认可和好评,成为国内市面上的经典。例如,我们引进的世界上最流行的经济学教科书——曼昆的《经济学原理》,已经成为国内最受欢迎、使用面最广的经济学经典教材。

呈现在您面前的这套"国际工商管理精选教材",是主要面向工商管理专业师生,尤其是MBA与EMBA的系列教材。经过多年的沉淀和累积、吐故和纳新,本丛书在延续之前优秀教材版本的基础上,根据工商管理专业与实践结合紧密的特点,增加了能够反映商业前沿知识的更加细化的创新型教材,希望让学生了解最新的商业实践,增强创新意识,改善沟通技能,提高在复杂环境下分析与解决问题的能力,进而使商业更加造福社会、造福人类。同时,我们在出版形式上也进行了一些探索和创新。例如,为了满足国内双语教学的需要,我们的部分产品改变了影印版图书之前的单纯影印形式,而是在此基础上,由资深授课教师根据该课程的重点,添加重要术语和重要结论的中文注释,使之成为双语注释版。此次,我们更新了丛书的封面和开本,将其以全新的面貌呈现给广大读者。希望这些内容和形式上的改进,能够为教师授课和学生学习提供便利。

在本丛书的出版过程中,我们得到了国际教育出版机构同行们在版权方面的协助和教辅材料方面的支持。国内诸多著名高校的专家学者、一线教师,更是在繁重的教学和科研任务之余,为我们承担了图书的推荐、评审和翻译工作;正是每一位推荐者和评审者的国际化视野和专业眼光,帮助我们书海拾慧,汇集了各学科的前沿和经典;正是每一位译者的全心投入和细致校译,保证了经典内容的准确传达和最佳呈现。此外,来自广大读者的反馈既是对我们莫大的肯定和鼓舞,也总能让我们找到提升的空间。本丛书凝聚了上述各方的心血和智慧，在此，谨对他们的热忱帮助和卓越贡献深表谢意！

"千淘万漉虽辛苦，吹尽狂沙始到金"。在图书市场竞争日趋激烈的今天，北京大学出版社始终秉承"教材优先，学术为本"的宗旨，把精品教材的建设作为一项长期的事业。尽管其中会有探索，有坚持，有舍弃，但我们深信，经典必将长远传承，并历久弥新。我们的事业也需要您的热情参与！在此，诚邀各位专家学者和一线教师为我们推荐优秀的经济管理图书（请发送至 em@pup.cn），并期待来自广大读者的批评和建议。您的需要始终是我们为之努力的目标方向，您的支持是激励我们不断前行的动力源泉！让我们共同引进经典，传播智慧，为提升中国经济管理教育的国际化水平做出贡献！

北京大学出版社

经济与管理图书事业部

译者序

会计学与法学原本是两门截然不同的学科,由于知识的融合和分工的细化,两者形成了交集,这就是法务会计。法务会计是会计专业人士综合运用会计、财务与审计知识,针对涉案中复杂的财务会计问题,提供相关证据的专业服务活动。实质上,法务会计是在社会专业化分工的基础上形成的会计界对法律界的专业支持,内容主要包括调查会计、诉讼支持和专家证人。法务会计在查处经济犯罪、解决民事纠纷和治理公司舞弊等方面发挥着不可替代的作用,被认为是"21世纪最热门的职业",而善于解读数字背后秘密的法务会计师则被誉为"数字警犬"。在我国,与法务会计相近的一个概念是由来已久的"司法会计",它是司法机关及其人员为了查明案情所进行的会计检查和会计鉴定。随着我国司法改革的不断深入,司法职能逐渐趋于独立化和中立化,越来越多涉及财务会计问题的案件将由独立的会计专家提供诉讼支持。这也是两者的交集。

我国自20世纪90年代引入法务会计概念以来,法务会计理论与实务问题日益受到广泛重视。在学术研究方面,法务会计的一些基本理论问题成为争论焦点,从百家争鸣到逐步达成一定的共识。在教育培训方面,部分高等院校在会计学或法学下开设了法务会计方向本科专业,研究生教育中也开辟了法务会计研究方向;此外,中国总会计师协会自2015年开展了法务会计师(CFA)认证培训。相比之下,西方法务会计研究更强调理论与实务的融合,侧重于对实务的指导和拓展。本书由罗伯特·J.鲁弗斯、劳拉·S.米勒和威廉·哈恩三位学者合著,就是其中很好的代表作。

本书作者团队既是经验丰富的从业者,又是身处一线的教育者,他们在舞弊调查、企业估值、经济损失计量与审计领域的经验,为法务会计初学者和从业者提供了无与伦比的务实观点与工作建议。本书博采众长、融会贯通,向读者呈现了法务会计的真实世界,反映了法务会计理论与实务的最新进展。

在编排上,每章均以法务会计的真实案例构建具体的业务情境,然后引出相关内容。这些案例或来源于作者的职业生涯或取材于法庭的判例,具有一定的深度和广度,从而摒弃纸上谈兵,注重实战经验,具有很强的实践指导意义。

在内容上,本书与美国注册会计师协会(AICPA)认证的注册金融法务资格(CFF)课程保持高度一致,既包括法律环境、证据规则、业务规划和职业责任等基础法务知识,又涵盖欺诈、企业估值、经济损失计量和计算机法务等专业法务会计知识。

在方法上,本书特别强调科学方法一以贯之的运用,视科学过程为完成法务会计业务最有效的方法,并将较为成熟的奔福德定律、甄别企业舞弊的阿特曼Z分值模型等方法引入法务会计调查,体现了理论性与实践性的高度统一。

本书提供了法务会计工作程序和方法的综合视角,在法务会计理论与实务之间架起了一座便捷的桥梁,其中的诸多观点和方法非常值得我们学习及引荐。为了让更多的国内读者了解和学习法务会计实务,我们引进本书并着手翻译。在深刻理解作者思想和意图的基础上,我们尽量做到原汁原味地反映原著内容;与此同时,我们也以脚注的形式对部分内容进行了阐释。

本书适宜作为高等院校法务会计专业的教学用书,更适宜作为对法务会计感兴趣的理论与实务工作者的学习参考书。

由于译者水平有限,书中难免不妥之处,恳请读者批评指正。

杨书怀

2017 年 3 月

前 言

本书第一次全面地展现了法务会计师的实际工作内容与方法。作为拥有丰富经验的从业者和教育者,我们提供独特的观点和务实的方法,使得理论与实践能够很好地结合。我们的目标是,将法务会计师实践中运用的知识、方法和技能介绍给学生。正如本书所强调的,法务会计的业务范围远不止投资欺诈,这在学术界也是被普遍认可的。虽然法务会计的某些内容具有很强的专业性,但是法务会计也有共通性。例如,收集和分析证据、解释和沟通结果,以及运用专业知识。本书采用"积木块结构"的设计是为了在介绍案件事实的基础上,引导读者更快捷、更有效地学习与掌握每个章节的内容。

尽管本书主要是供本科高年级学生或硕士研究生使用,但对于新手甚至经验丰富的从业者来说,本书在帮助他们回顾重要概念、掌握并运用新工具与技术方面也是颇有有价值的。

▶ 法务会计知识与技能

与美国注册会计师协会认证的注册金融法务资格①课程一致,本书突出了法务会计师所需的三种技能:核心技能、基础法务知识、专业法务知识。

如图 1 所示,注册金融法务资格知识体系"车轮"的中心是核心技能。核心技能被认为是先决条件,包括会计、经济和金融等专业能力。拥有了这些核心技能,读者就能够以本书作为"跳板",进一步学习和掌握基础法务知识和专业法务知识。

基础法务知识包括法律环境、业务计划、分析方法、报告撰写和职业责任等。相比之下,专业法务知识则涉及具体的实践活动,如欺诈、企业估值、家事法、经济损失计量、破产清算和计算机法务等。

基础法务知识

对基础法务知识的学习自第 2 章开始。

第 2 章从探讨法务会计面临的法律环境入手,介绍了基础法务知识的形成与发展。

---

① 美国注册会计师协会自 2008 年起对从事法务会计业务的注册会计师进行认证,并颁发注册金融法务(CFF)资格证书。具体参见网址:http://www.aicpa.org/InterestAreas/ForensicAndValuation/Membership/Pages/certified-in-financial-forensics.aspx。

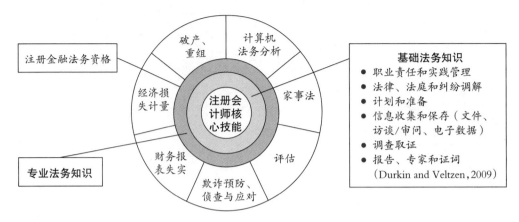

图 1 注册金融法务知识体系

资料来源：From the *International Glossary of Business Valuation Terms*. Reprinted by permission of the American Institute of CPA's.

通过对一个案件的描述和剖析，解释了证据及其调查取证、专家方法、专家意见和律师——当事人保密特权等概念。

第 3 章强调了筛选和规划业务的重要性。在接受业务委托之前，法务会计师应当考量一系列因素，诸如业务约定书中的要素、特定案件的注意事项等。该章还探讨了处理法务会计业务的科学化方法，以及不同类型调研的价值。

第 4 章介绍了交互式证据，尤其是通过访谈和观察收集的证据。该章主要的学习目标包括理解沟通的过程、强化实现积极聆听的能力和鉴别身体语言的重要性。通过学习，读者能够掌握访谈的不同类型、访谈问题的设计要点与访谈的不同阶段。

第 5 章讨论了基于法务会计情境的财务报表分析，对财务报告过程与结果的可靠性进行质疑。该章内容涉及从字里行间解读财务报表，寻找报表数字背后的真相。除基础的分析技术外，读者还可以把握非财务指标的价值和财务报表附注的重要性。

第 8 章和第 9 章从收集证据转为分析证据。分析和解读对得出有意义的结论是非常必要的。第 8 章解释了如何构建数据分析任务，并介绍了法务会计师经常使用的分析工具和技术。第 9 章介绍了定量的大数据分析方法，其工作的重点是收集充分、相关的数据，而这一点会延伸到法务会计的各个领域。

第 10 章重点探讨了法务会计师的职业责任，包括对委托人、法庭、同行和社会公众的职业责任；但是，请记住，职业责任的概念贯穿于全书。

第 12 章是基础法务知识的结束篇。该章共四个专题。第一个专题介绍了证明方法，强调了直接证明法和间接证明法的差异。读者可以学到在具体情境下，法务会计师如何使用间接证明法，以及各种方法的优缺点。最后一个专题阐述了如何撰写报告和传递结果。该报告是法务会计师所付出的努力的结果，也是法务会计业务中富有争议的关键部分。尽管具体业务的性质、规模、目的和条款决定了报告的格式与内容，但读者从中可以体会到法务会计师在执业过程中必须遵守适用的法律规定和职业准则。

专业法务知识

本书探讨了专业法务知识的四个方面：欺诈（第6章和第7章）、企业估值（第11章）、经济损失计量（第12章）、计算机法务（第12章）。尽管受范围所限，但这些讨论还是给读者提供了每个领域的关键问题及其应用知识。根据美国注册会计师协会的最新调查，也与我们的执业经验一致，上述领域涵盖了法务会计绝大部分的真实业务。

▶ 本书特色

基于案例引导的设计

本书独特之处在于基于案例引导的设计，每章一个案例对应该章的主要问题。这些案例有时置于每章的引言，有时分散于章中和章尾部分。每一章都会附上相关参考资料，以完整地诠释案例；课后练习还安排了一些小型案例，侧重于特定知识的具体应用。

基于案例引导的教学方法提供了具体的情境，有助于读者更好地理解不同概念的融合与应用，促进学生辩证思维的形成，实现主动学习、自主提问，为评估和寻找解决问题的方案提供了机会。考虑到业务所处的特定情境，这种方法对于法务会计的学习是尤为重要的。与其他学科不同，法务会计不解决抽象问题；相反，法务会计的每项业务都涉及独特的目的、人物和情景。

因为本书的大部分案例源自我们的执业生涯，所以它们也很可能触及读者以后工作中面临的问题。与假设的例子不同，本书的案例都是真实的——真实的事件、真实的人物和真实的结果。这些案例涉及的内容全面、丰富，为读者更好地分析和讨论法务会计议题提供了足够的深度与广度；部分案例详细地描述了事件的过程，近距离地向读者展示了现实中的法务会计活动；部分案例的详细内容可从公共领域获取，这可以锻炼读者收集额外信息的调研能力。

科学化方法

本书另一个独特之处在于对科学化方法的重视。本书认为，科学化过程是完成收集、汇总和总结证据（法务会计业务主要工作）的最有效方法；我们的执业经验也表明，科学化方法在法务会计业务流程中具有重要的作用。此外，科学化方法还可以增强法务会计师专业意见的可信度，对专家证人的证言尤为重要。

第3章介绍了如何运用科学化方法，并且在全书推崇这种方法。在第7章，读者将一步步运用科学化方法完成第一个法务会计项目——山地体育用品公司的舞弊调查。

特殊模块

本书包含一系列的特殊模块，以下内容贯穿于全书：

- 提供更多细节或说明的"特别提示"。
- 提供自主学习及"深入探讨"的机会。
- 提出让学生运用逻辑推理去解决的"课堂练习"。
- 每位法务会计从业者应当考虑的"概念辨析"。
- 以从业者的视角分享经验与见解的"职场范例"。

本书还以"附录"的形式展示法务会计师在实践中常常遇到的文件,如诉状、业务约定书、访谈备忘录和财务报表等。

课后练习

为了帮助读者温习章节知识,课后练习提供了不同的题型。简答题和选择题侧重于考察章节中的主要概念及其含义。职场应用题比较抽象,培养读者运用关键概念和辩证思维的能力。与科学化方法一致,深度思考题要求读者独立深入思考所学内容,从而锻炼作为一名合格法务会计师的必备能力。每章至少一个案例,要求读者综合多个章节的学习内容去分析问题、解决问题。职场应用题、深度思考题和案例分析题还能锻炼读者写作商务文件、检索网络信息与运用 Excel 的能力。

▶ 附加教学资源

教学参考手册

每章的课后练习均有完整的参考答案,这些内容与每个问题的学习目标相对应。

题库

本书配备涵盖所有章节的完整题库。为了便于使用,题库中的每个问题都与章节学习目标和难易程度相对应。

TestGen

TestGen 是一个在几分钟内就可以创建自定义测试的软件。软件功能包括随机化出题、交互式答题,以及形式多样的自主考核模块。

PPT 课件

每章配有 PPT 课件,教师可以来函索取。每章的 PPT 课件使用真彩图片、章节资料大纲阐释主要内容,以增强师生教学互动。

课程辅助资料网站

www.pearsonhighered.com/rufus 网站为教师和读者提供了额外的资料,包括在本书中出现的文章的链接等。

▶ 致谢

在本书的撰写过程中,以下学者审阅了书稿并反馈了许多宝贵的意见和建议,我们在此一并表示由衷的感谢:理查德·G.布洛迪(Richard G. Brody),新墨西哥大学;布伦特·S.道尔顿(Brent S. Daulton),西弗吉尼亚大学;威廉·格林(William Green),注册舞弊审查师;杰克林恩·L.刘易斯(Jacquelyne L. Lewis),北卡罗来纳韦斯理学院;迈克·塞达(Mike Seda),费佛尔大学;罗伯特·L.泰勒(Robert L. Taylor),李斯-麦克莱学院;蒂姆·韦斯(Tim Weiss),西北俄亥俄大学。

罗伯特·J.鲁弗斯

劳拉·S.米勒

威廉·哈恩

目 录

第1章 法务会计概述 ··· 001
 1.1 引言 ··· 003
 1.2 什么是法务会计 ··· 005
 1.3 法务会计服务 ·· 006
 1.4 法务会计师与会计师、审计师 ·· 010
 1.5 法务会计技能 ·· 012
 1.6 法务会计资格与支持组织 ·· 016
 1.7 法务会计的职业生涯 ·· 018
 1.8 本章小结 ·· 019

第2章 法务会计的法律环境 ··· 023
 2.1 引言 ··· 025
 2.2 联邦政府 VS 邦妮·贝恩案 ··· 025
 2.3 理解法律环境 ·· 027
 2.4 过程：对审判的剖析 ·· 030
 2.5 证据与专家 ··· 035
 2.6 沟通保密特权 ·· 040
 2.7 与律师共事 ··· 042
 2.8 尾声：联邦政府 VS 邦妮·贝恩案 ·· 043
 附录 2-A：美国法律层级 ·· 045
 附录 2-B：诉状范例 ··· 045
 附录 2-C：答辩状范例 ·· 046

第3章 筛选与规划业务 ·· 053
 3.1 引言：马特柯公司 VS 安永会计师事务所案 ································ 055
 3.2 筛选业务 ·· 057

3.3	规划业务	061
3.4	尾声：马特柯公司 VS 安永会计师事务所案	069
附录 3-A：业务约定书范例		071

第 4 章　证据收集：访谈和观察 …… 079

4.1	引言：联邦政府 VS 朗达·尼克松案	081
4.2	访谈：收集证据的主要方法之一	084
4.3	实施访谈	088
4.4	观察的价值	094
4.5	尾声：联邦政府 VS 朗达·尼克松案	096
附录 4-A：联邦政府 VS 朗达·尼克松案访谈备忘录		098

第 5 章　财务报表分析：字里行间的解读 …… 109

5.1	引言：ZZZZ 百斯特公司案	111
5.2	财务报告的情境	113
5.3	财务报表分析的基础	122
5.4	财务报表分析方法	125
5.5	现金流量分析	130
5.6	会计分录测试	132
5.7	内容分析法	133
5.8	个人财务报表	134
5.9	本章小结	136
附录 5-A：财务报表分析范例		137
附录 5-B：个人财务报表范例		142
附录 5-C：案例研究		145

第 6 章　欺诈与白领犯罪 …… 159

6.1	引言：西弗吉尼亚州政府 VS 皮普尔斯案	161
6.2	欺诈和白领犯罪	164
6.3	欺诈理论	169
6.4	人们为什么欺诈？	174
6.5	谁进行欺诈？	178
6.6	白领犯罪的受害者	178
6.7	政府并不总是正确的	179
6.8	重要提醒	179
附录 6-A：西弗吉尼亚州政府 VS 皮普尔斯案审理		180

第 7 章　舞弊调查实践 …… 197

- 7.1　引言：山地体育用品公司案 …… 199
- 7.2　舞弊嫌疑 …… 200
- 7.3　公司背景信息 …… 201
- 7.4　重要会计政策 …… 203
- 7.5　业务约定 …… 204
- 7.6　调查 …… 206
- 7.7　尾声：山地体育用品公司案 …… 226
- 附录 7-A：对苏·布莱恩特的访谈记录 …… 226
- 附录 7-B：对安妮塔的访谈记录 …… 229
- 附录 7-C：对注册会计师查尔斯·赫斯的访谈记录 …… 234
- 附录 7-D：对托马斯·沃克曼的访谈记录 …… 240

第 8 章　将数据转化为证据 I …… 249

- 8.1　引言 …… 251
- 8.2　数据分析的作用 …… 251
- 8.3　构建数据分析任务 …… 254
- 8.4　数据来源 …… 256
- 8.5　数据分析计划 …… 258
- 8.6　数据收集 …… 262
- 8.7　数据整理 …… 263
- 8.8　数据分析工具 …… 265
- 8.9　访谈转录 …… 270
- 8.10　案例应用 …… 272
- 8.11　本章小结 …… 272
- 附录 8-A：案例应用 …… 273

第 9 章　将数据转化为证据 II …… 285

- 9.1　引言：联邦政府 VS 萨利赫案 …… 287
- 9.2　描述性统计 …… 289
- 9.3　展示数据的方法 …… 296
- 9.4　数据挖掘 …… 299
- 9.5　数据分析软件 …… 305
- 9.6　数字分析：奔福德定律 …… 307
- 9.7　本章小结 …… 313

第 10 章 职业责任 ⋯ 321

- 10.1 引言 ⋯ 323
- 10.2 职业责任：多克-克里克房地产公司案 ⋯ 324
- 10.3 美国注册会计师协会《职业行为守则》 ⋯ 328
- 10.4 《咨询服务标准第 1 号公告》 ⋯ 331
- 10.5 美国注册舞弊审查师协会《职业准则》 ⋯ 332
- 10.6 美国注册评估师与分析师协会《职业准则》 ⋯ 333
- 10.7 六大基本品质 ⋯ 334
- 10.8 重新审视证据规则及其取证 ⋯ 334
- 10.9 其他标准和监管机构 ⋯ 335
- 10.10 职业责任和专家 ⋯ 335
- 10.11 标准冲突的协调 ⋯ 336
- 10.12 法务会计的对抗性辩护性质 ⋯ 336
- 10.13 做出正确的决策 ⋯ 338
- 10.14 常见的职业责任失败 ⋯ 339
- 10.15 尾声：多克-克里克房地产公司 VS 罗伯森案 ⋯ 340

第 11 章 企业估值基础 ⋯ 345

- 11.1 引言 ⋯ 347
- 11.2 企业价值几何：钻石岭高尔夫球场案 ⋯ 348
- 11.3 估值理论：货币时间价值 ⋯ 353
- 11.4 企业估值过程 ⋯ 359
- 11.5 其他估值问题 ⋯ 369
- 11.6 职业准则 ⋯ 371
- 11.7 本章小结 ⋯ 372

第 12 章 法务会计专题探讨 ⋯ 383

- 12.1 专题一：证明方法 ⋯ 385
- 12.2 专题二：经济损失计量 ⋯ 394
- 12.3 专题三：计算机法务 ⋯ 407
- 12.4 专题四：报告结果 ⋯ 417
- 附录 12-A：联邦政府 VS 阿卜杜勒·卡里姆·卡努案 ⋯ 423

中英术语汇编 ⋯ 443

第 1 章

法务会计概述

1.1　引言
1.2　什么是法务会计
1.3　法务会计服务
1.4　法务会计师与会计师、审计师
1.5　法务会计技能
1.6　法务会计资格与支持组织
1.7　法务会计的职业生涯
1.8　本章小结

学习目标

通过本章的学习,你应该能够

目标 1: 解释什么是法务会计

目标 2: 了解法务会计业务的内容

目标 3: 理解法务会计与传统会计、审计的区别

目标 4: 了解法务会计的必要技能

目标 5: 熟悉法务会计证书的主要提供者以及继续教育

目标 6: 认识法务会计未来的职业发展

1.1 引言

1930 年 4 月 23 日,芝加哥刑事委员会发布了"头号公敌"名单,赫然位于榜首的是美国历史上臭名昭著的黑道头目——阿尔·卡彭(Al Capone,又称"大阿尔""疤面煞星")。因为无法证明卡彭的罪行①,美国检察官办公室积极地针对他展开刑事侦查,借此重塑被黑帮亵渎的"联邦法权威"。② 1931 年 3 月 13 日,一个秘密联邦大陪审团③同意对卡彭提起诉讼,指控他在 1924 年存在严重的逃税行为。接下来,针对 1925—1928 年的类似指控接踵而至。美国税务局(IRS,后更名为国内税收署)估计,卡彭的年收入超过 1 亿美元(包括从赌博、妓院和贩酒中获得的收入)。④ 政府面临的最大困境则在于如何证明这一点。

卡彭没有个人银行账户,没有业务活动记录,没有以自己的名义购置任何资产,所有交易都使用现金结账,并且从来不填写纳税申报表。此外,他在暴力犯罪方面的恐怖名声给任何可能的线人造成了很大的压力,因为在大多数人眼中,卡彭可能比政府更强势、更致命。

案件的进一步调查被指派给税务局的特别探员弗兰克·威尔逊(Frank J. Wilson)。威尔逊的任务是收集证据,并排除合理怀疑(刑事案件中有罪判决的证明标准)地向陪审团证明卡彭有罪。这次调查包括询问上百个证人、窃听和突击检查,但仍然未能获取充足的证据。在绝望的边缘,威尔逊反复检查证据,然后发现了第一个关键证人——莱斯利·舒韦(Leslie A. Shuway)。舒韦曾是卡彭赌场的出纳之一,他成为海量信息的重要来源。最终,他指认卡彭是赌博团伙的最大头目,并且证实了卡彭提取的现金金额,他还针对该案提供了可作为补充证据的其他证人和线索。

虽然威尔逊收集的证据令人信服,但仍不足以排除合理怀疑地证明卡彭的罪行。政府面临的最大挑战在于向陪审团解释会计和税务的复杂性,不仅要有说服力,还要经得住交叉询问。威尔逊勇于迎接挑战,自创并且向陪审团充分地展示了如何运用所谓的"财产净值法"(又称净值加支出法)测算卡彭未申报的应税收入。这种方法的原理很简单,即你不能消费你没有的东西。威尔逊运用的财产净值法的计算过程如表 1-1 所示。

---

① 1929 年 2 月 14 日的情人节大屠杀也归因于卡彭,但卡彭本人证明其当天在佛罗里达州。卡彭还涉嫌于 1926 年 4 月 26 日谋杀州检察官助理 W. H. McSwiggin。

② IRS. Letter dated July 8, 1931, from Internal Revenue Agents W. C. Hodgins, Jacque L. Westrich, and H.N. Clagett to the Internal Revenue Agent in Charge, Chicago, IL. Can be accessed at http://www.irs.gov/pub/ irs-utl/file-1-letter-dated-07081931-in-re-alphonse-capone.pdf

③ 根据《联邦刑事诉讼规则》的相关规定,可处死刑或一年监禁以上刑罚的案件必须经大陪审团审查起诉。

④ IRS. Summary Report dated December 21, 1933, prepared by Special Agent Frank J. Wilson at the request of the Chief, Intelligence Unit, Bureau of Internal Revenue, Washington, D.C. Can be accessed at http://www.irs.gov/pub/irs-utl/file-2-report-dated-12211933-in-re-alphonse-capone-by-sa-frank-wilson.pdf

表 1-1　财产净值法的计算过程

单位：美元

步骤	具体内容	计算范例
1	确定期末净值	2 250
2	确定期初净值	1 125
3	计算期间净值变动	1 125
4	确定在这段时间内的支出（消费）	500
5	计算用于资产收购和消费的资金总和	1 625
6	计算申报收入和其他合法资金来源的总和（注意，卡彭从未提交纳税申报表）	0
7	计算资金的合法来源和使用之间的差距，这意味着未申报收入	1 625

注：数字只是为了解释计算，并不代表实际情况。

 特别提示

财产净值法是演绎推理的具体运用。在后续章节我们会指出，演绎推理通过对一般性的前提（花费的现金与可用的现金相比）进行推导得出结果（未申报收入）。演绎推理和财产净值法的优势在于直观性、易理解，并且在某些情形下易于运用。

1931 年 10 月 18 日，法庭裁定卡彭在 1925—1927 年犯有逃税罪，且在 1928—1929 年没有填写纳税申报表。此后不久，卡彭被判处 11 年监禁、罚款 50 000 美元，还须支付 7 692 美元的诉讼费，以及 215 000 美元的未缴税费和利息。卡彭服刑 7 年 6 个月零 15 天之后于 1939 年 11 月 16 日刑满释放。之后，卡彭在棕榈岛度其余生，再也没有回到黑帮界，最终于 1947 年 1 月 25 日去世。

 深入探讨

2008 年 2 月，美国税务局向社会公布了与阿尔·卡彭犯罪调查有关的记录。这一公布非同寻常，因为所有的联邦纳税记录在法律上都是保密的。这些记录之所以被公开，是因为它们对公众具有重大的历史意义和现实影响。我们建议读者访问美国税务局的官方网站（http://www.irs.gov/foia/article/0,id=179352,00.html），浏览针对卡彭的调查文件——事件和活动的报告副本。另一相关信息的来源则是美国联邦调查局阅览室（http://www.fbi.gov/foia/），它提供诸如卡彭事件等著名案件的历史档案。

弗兰克·威尔逊理所当然是扳倒阿尔·卡彭的功臣[1]，同时也被公认为第一位法务会

---

[1] Ward, P. (Mar. 20, 1932). The man who got Al Capone. *Baltimore Sun*.

计师。财产净值法是第一个获得司法批准①的计算非法收入的间接证明方法②,目前仍被美国税务局、联邦调查局的探员和法务会计师继续使用。像威尔森一样,现代法务会计师一般也要重构遗漏或者毁损的信息、追踪线索、询问证人、协助律师形成(或质疑)案件推理,并以专业视角向陪审团解释复杂的概念。除财务分析外,完成此项工作还需要逻辑、推理和直觉等能力。

1.2 什么是法务会计

1.2.1 法务会计的定义

法务一词在《布莱克法律词典》中被定义为"用于或适用于法院或公开辩论"。③ 对这个概念进行拓展,我们可以将法务会计定义为在法律活动中运用会计原理、知识进行计算或分析,以提供专家证言的服务活动。

其他学者对法务会计的定义如下:

- 法务会计是运用相关会计知识,对财务事务中有关法律问题的关系进行解释与处理,并向法庭提供相关的证据,不管这些问题是刑事还是民事方面的。④
- 一门专注于以下内容的学科:(1)预防、检测和调查职业欺诈与财务报告舞弊;(2)提供其他诉讼支持服务。⑤
- 在法律情境下对财务事实的应用。⑥
- 法务会计是指运用会计学的专门技术与方法,对过去的财务数据或会计活动进行确认、记录、处理、提取、分类、检查和报告,以解决现时或预期的法律问题;或者分析过去的财务数据,预测未来的财务数据以解决有关的法律问题。⑦

显而易见,法务会计涉及在收集、分析和交流调查结果的过程中,对会计、金融、经济、统计、法律、研究及调查方法的运用。鉴于诉讼的对抗性本质,并不是人人都能成为可以出庭作证的法务会计师。尽管如此,但法务会计的职业技能依然富有价值,而且这种能力可以很容易地移植到法庭之外的业务中。

法务会计师一词最早由美国会计师莫里斯·佩卢贝特(Maurice Peloubet)在其1946年

---

① Holland v. U.S. (1954). 348 US 121.
② 无论出于何种原因(如账簿和记录不足以确定应纳税所得额),间接方法都是有必要的。正如阿尔·卡彭案,间接方法经常用来确认违法所得嫌疑者。其他间接方法还有资金来源与支出法、银行存款法、支出法和百分比加成(毛利率)法等。
③ Black's Law Dictionary. (2009). 9th Ed., 721.
④ Bologna, J., Lindquist, R., & Wells, J. (1992). The Accountant's Handbook of Fraud and Commercial Crime. John Wiley & Sons.
⑤ Buckhoff, T., & Shrader, R. (2000). The teaching of forensic accounting in the United States. Journal of Forensic Accounting, 1, 135-46.
⑥ Michaelson, W. (1996). Divorce: A game of hide and seek? Journal of Accountancy, 787(3), 67-69.
⑦ D. Larry Crmbley. (2003). Forensic and Investigative Accounting. CCH.

发表于 Journal of Accountancy 上的文章①中首次使用,该文纪念和赞赏美国税务局特别探员弗兰克·威尔逊扳倒了阿尔·卡彭。佩卢贝特认为,威尔逊的"思维方式"是法务会计区别于传统会计之所在。那么,什么是思维方式?更重要的是,什么是法务会计师的思维方式?

1.2.2 法务会计师的思维方式

广义上,一个人的思维方式是指他或她的精神状态,这种精神状态植根于其教育、经验、偏见等方面。② 具体而言,一个人的思维方式融入其心理过程,决定一个人对形势和挑战的反应。激活一种思维方式以取代另一种思维方式将改变一个人对事物的看法——你看到什么及如何看到的、你提出的问题、你形成的判断、你做出的决定。③ 譬如,审计人员容易产生一种"与上年一样"的思维方式,在这种情形下,他们更愿意接受与往年一致的结果。思维方式的改变可能源于某些事物已发生变化,意味着必须进行新的风险评估与管理。

法务会计师既是调查者,又是问题解决者。因此,他们应当具有质疑精神。求知欲强的人拥有一个永不停息的大脑——不考虑经验和专家的看法、永远不满足于对问题的理解。此外,法务会计师还应当具有挑战传统观点、发现问题的直觉。也许最重要的是,他们必须经常质疑自己原先的判断和结论。

除了具备质疑的思维方式,法务会计师还应当训练和培养系统性思维。例如,法务会计师必须意识到某些问题并不总是归因于疏忽或行为不当;相反,这些问题可能意味着组织内部存在更深层次的系统性失误。法务会计师不是草率地下结论,而是反复检查并且探究隐藏在数字背后的东西。

最后,法务会计师还必须以合理的职业怀疑态度思考和分析问题。这反映了一种积极的、质疑的思维方式,"事情不是它看起来那样""相信,但要验证"是其一般规则。

1.3 法务会计服务

法务会计师的服务范围主要由其工作性质决定。尽管很多人将法务会计等同于舞弊调查,但其实际工作的范围更为广泛。根据 Accounting Today 杂志对前 100 家会计师事务所的调查,最常见的法务会计业务是企业价值评估、舞弊调查和诉讼支持。④ 在过去的十多年里,大多数会计师事务所提供了上述类型。2011 年美国注册会计师协会(AICPA)的

---

① Peloubet, M. E. (Jun. 1946). Forensic accounting: Its place in today's economy. Journal of Accountancy, 458-62.
② Websters' New World College Dictionary. (1999). 4th Ed., 916.
③ Freitas, A. L., Gollwitzer, P., & Trope, Y. (2004). The influence of abstract and concrete mindsets on anticipating and guiding others' self-regulatory efforts. Journal of Experimental Social Psychology, 407, 39-75.
④ Accounting Today. (2012). 2012 Top 100 Firms. www.pearsonhighered.com/rufus for a link to this articlf

调查表明,企业价值评估仍是法务会计实践中最重要的组成部分(见图1-1)。①

本书的一个显著特点是以综合视角剖析法务会计,对法务会计师的服务内容提供了更加全面、准确的描述。法务会计最主要的实践业务(舞弊侦查、企业价值评估和经济损失计量)将分别在第6、7、11和12章做详细介绍。

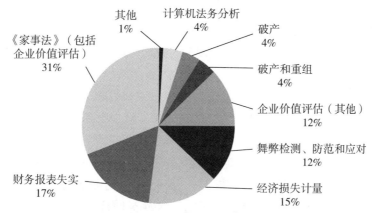

图1-1 法务会计业务组成

如图1-2所示,法务会计服务一般分为两大组成部分——调查服务与诉讼服务。

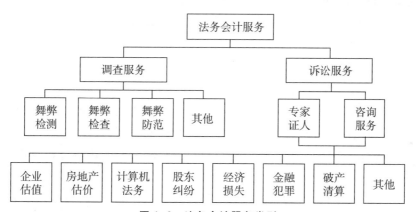

图1-2 法务会计服务类别

特别提示

美国注册会计师协会发布的《职业行为守则》(以下简称"职业守则")也倡导图1-2的分类框架。在职业守则中,该分类框架旨在强调开展相关服务的独立性(ET 101.05)。② 尽管内容受制于职业守则(职业守则第1728页、脚注25),但这些分类基本上涵盖了法务会计的所有实务。

---

① AICPA. The 2011 Forensic and Valuation Services (FVS) Trend Survey. www.pearsonhighered.com/ rufus for a link to this survey

② AICPA. (2011). Code of Professional Conduct. ET §101.05, 1728.

正如本书一贯强调的,每一项法务会计业务都是具体的、独一无二的。但无论如何,所有的法务会计业务一般分为以下四个步骤:

(1) 界定——为什么(业务目的);
(2) 调查——收集证据;
(3) 分析——解析证据;
(4) 沟通——通过口头或书面陈述证据与结论。

本章后续内容会将以上步骤引入调查服务和诉讼服务中。

1.3.1 调查服务

正如职业守则(ET 101.05,第1730页)所定义的,调查服务包含了不涉及实际与潜在诉讼以外的全部法务会计业务。调查服务是一种系统性的询问、搜查或分析,以获取有关总体或具体的事实。[①] 法务会计师提供的调查服务通常与公司调查相关,其初衷是保护公司及其资产免受内外部的威胁(如职员欺诈、侵吞资产、财务报表舞弊和贪腐等)。法务会计调查服务有三种具体类型:舞弊检测、舞弊检查和舞弊防范。

舞弊检测

顾名思义,舞弊检测就是发现舞弊。舞弊检测包括一系列方法,如内部控制程序、统计分析、财务报表分析、匿名报告渠道(如举报热线)等。设计检测程序是为了在错误或异常发生之后认定舞弊,而预防程序(后文会介绍)则是为了在错误或异常发生之前进行阻止。那么,又该如何检测舞弊?

舞弊研究一贯重视检测方法和线索,强调了报告渠道对于舞弊检测的必要性。举例来说,2012年注册舞弊审查师协会(ACFE)的一项研究报告表明,43.3%的职务犯罪的发现来自举报线索。[②] 在这些举报线索中,由雇员提供的占到一半以上(50.9%),其次是顾客(22.1%)、匿名举报(12.4%)、供应商(9%)。同样,根据该报告,为舞弊检测提供第二大类线索的是管理层检查(14.6%),紧接着是内部审计(14.4%)和偶发事故(7%)。有趣的是,注册舞弊审查师协会的报告指出,仅3.3%的职务犯罪是由外部审计发现的。因此,虽然外部审计师在舞弊防范方面发挥着重要作用,但是他们的职责是针对财务报告在整体上是否遵守适用的会计准则发表专业意见,而不是主要针对舞弊检测。

舞弊检查

舞弊检查是在发现犯罪迹象之后进行的调查活动。舞弊检查主要针对具体的指控或舞弊嫌疑展开调查。舞弊检查主要关注以下舞弊因素:谁舞弊、如何舞弊(方法)、何时舞弊(时间范围或期间)、舞弊金额、有无同伙等。尽管舞弊动机对我们全面了解舞弊是至关重要的,但它不是首要解决的问题。

法务会计师在发现、分析和确认舞弊指控过程中运用系统、科学的方法。正如本书一

[①] *Webster's' New World College Dictionary*. (1999). 4th Ed., 751.
[②] ACFE. (2012). Report to the Nation on Occupational Fraud and Abuse. www.pearsonhighered.com/ rufus for a link to this report

贯强调的，舞弊检查是一个反复地收集、评价新证据的不断演进的过程。

法务会计师可能从头到尾、全程参与整个调查，也可能仅调查某项具体内容。无论哪种情形，法务会计师通常要与其他利益相关者通力合作以完成调查工作，包括法律顾问、企业安保人员、内外部审计师及管理层。

 特别提示

舞弊调查的首要步骤是确定调查政策，并确保其得到有效遵循。调查政策决定了调查程序和利益团体、明确了调查和报告协议。确定调查政策是为了确保调查工作能够积极推进，公平对待涉及其中的每个人，让每个人都有机会反映调查的问题，并确定应当重点关注的问题。

舞弊防范

与舞弊检测和舞弊检查不同，舞弊防范是积极主动的预防，包括长期策略和短期策略。短期策略涉及评价雇佣状况、内部控制、绩效考核等。由于舞弊必然有实施者（违法者），因此合理的舞弊防范起点在于员工关系。长期策略则较抽象，主要涉及企业组织文化、管理基调等问题。

积极的员工政策包括雇用前的筛选、员工培训、监督与管理、认知检测（通过内部控制和外部审计）及组织文化熏陶。针对职务犯罪，我们认为最有效的舞弊防范方式是使员工形成一种舞弊者必然立即受到应有惩罚的预期（感知）。

 概念辨析

我们用一个简单的类比（不健康的体重增长）解释检测、调查和防范三者之间的区别与联系。①

- 检测＝确认具体的健康问题（不健康的体重增长）

早期可通过一些指标发现体重增长；随着问题加重，体重的增长会变得显而易见。

- 调查＝确认导致体重增长的原因

可能的原因有饮食变化、酗酒、睡眠模式、工作压力、家庭环境、缺乏锻炼等。

- 防范＝针对具体原因解决问题

缓解的具体措施包括改善饮食（食物的选择和摄取）和加强锻炼。

其他调查活动

除上述与舞弊相关的调查外，法务会计师还从事与舞弊无关的调查，如举报投诉调查

---

① Cendrowski, J., Martin, J., & Petro, L. (2007). *The Handbook of Fraud Deterrence*. John Wiley & Sons.

和财务可行性调查。举报投诉是组织内部人员对错误或不端行为的一种信息揭露。① 当管理层认为这些主张重要并有必要时,就会聘请法务会计师展开调查。财务可行性调查包括短期或长期的财务和管理可持续性的评估(从顾客、供应商、投资者等方面考虑)、保险索赔合理性的评估(如亏损、营业中断等)。

1.3.2 诉讼服务

正如职业守则(ET 101.05,第 1728—1729 页)所指出的,法务会计诉讼服务可支持实际的、未决的或潜在的法律活动——不论是刑事的还是民事的,包括专家证人服务和咨询服务两大类。

专家证人服务

审理中的所有证据均由证人陈述。根据《布莱克法律词典》中的定义,证人是出于某种原因在法庭上提供证据的人。② 证人又可分为两类:事实证人和专家证人。顾名思义,事实证人对事实作证,他们知晓事实或拥有涉案当事人的第一手资料。然而,专家证人是指拥有科学、技术或专业知识,可以帮助事实审判者(陪审团或法官)理解证据或解释专业性复杂问题的个人。与事实证人不同,专家证人可以表达自己的观点。但是,专家意见必须基于充分的事实与数据,运用可靠的方法得出专业的论断。该部分内容将在第 2 章详细阐述。

正如本书所一贯强调的,提供专家证人服务的法务会计师有义务对法庭、社会公众和职业负责,发表独立、客观的意见。然而,鉴于诉讼的对抗性,站在一个中立的角度发表意见不是一件容易的事。这些问题及法务会计师的职业责任将在第 10 章详细阐述。

咨询服务

法务会计师也受聘于律师提供咨询服务。与专家证人不同,提供咨询服务的法务会计师帮助律师解决客户的专业问题。除提供专家证言外,咨询服务专家还会完成一些与出庭作证专家类似的工作。咨询服务专家可能只执行一些外围的辅助性工作,也可能参与具体的案件中,这取决于所签订的业务约定书条款。

1.4 法务会计师与会计师、审计师

法务会计师在诸多方面不同于会计师与内外部审计师。这些不同主要源于各自服务目标的差异。为了进一步加深对法务会计师的认识,让我们比较分析其作用。

会计师

会计师受雇于企业,根据一般公认会计原则(GAAP)提供有助于决策的会计信息。会计处理流程包括三大步骤:记录、分类和汇总。会计师必须具备核心的会计技能才能完成

---

① *Black's Law Dictionary.* (2009). 9th Ed., 1734.
② *Black's Law Dictionary.* (2009). 9th Ed., 1740.

这些工作。大多数会计师拥有会计专业学士学位、持有一项或多项职业资质，如注册会计师（CPA）、美国注册管理会计师（CMA）或国际注册内部审计师（CIA）等。

内部审计师

除管理活动外，组织内纠正会计差错的第一道防线是内部审计师，其职责范围大大超过了财务会计，是对内部控制的适当性、交易的准确性与完整性及公司内部条款与外部法律法规的遵循性负责，为公司的董事会、管理层和外部审计师三个层级提供决策支持。除具备核心的会计技能外，内部审计师还要兼备批判性思维、问题解决能力和沟通技巧等素质。

外部审计师

外部审计师为会计师事务所工作，受聘于被审计单位以评价内部控制制度、检查交易和账户，确保全部的经济活动在适当的会计期间被恰当地记录和报告。外部审计师的目标在于查找财务报表中的重大错报，对特定会计期间的财务状况和经营成果发表意见。由外部审计师发表的无保留（清洁）审计意见会增强企业及其财务报表的可信度。外部审计师应具备的能力与内部审计师相似。

然而，法务会计师的工作范围、目标、流程与会计师、内部审计师和外部审计师存在很大差异，如表1-2所示。

表1-2 会计师、审计师和法务会计师的比较

项目	会计师	内部审计师	外部审计师	法务会计师
执行时间	逐日逐月执行	根据计划或在识别出缺陷时执行	每隔一段时间执行	有需求时执行
范围	管理组织会计和内部控制系统	验证组织各类程序和内部控制的有效性	检查财务数据	取决于具体的委托内容
目标	捕捉并记录组织所有的经济交易或事项	确保组织遵循法律法规，为内部控制的改进提供建议	对组织全部财务报表的整体发表审计意见	解决具体的问题、事项
目的	为决策者编制财务报表	应董事会的要求评估企业整体的风险	通常为财务报告第三方使用者所要求	取决于具体的委托内容
价值	为决策提供有用信息	为管理层充分地识别和降低风险提供保证	增强财务报告信息的可靠性	完成委托方的目标
证据来源与方法	确认经营过程中资产、负债、权益、收入和费用的原始凭证	询问、观察、检查和各类测试程序	询问、观察、检查和重构会计交易以支持财务报告的陈述	审阅财务和非财务的细节数据、搜索公共记录、执行访问和观察
证据充分性	合理保证	合理保证	合理保证	提供事实以支持结论或意见
接受者	所有级别的管理层和董事会	执行管理层和董事会	服务于公众利益，特别是投资者和其他利益相关者	委托方

1.5 法务会计技能

2009年,戴维斯(Davis)、法雷尔(Farrell)和奥格尔比(Ogilby)对律师、注册会计师与学者三者开展调查研究,以期进一步探究法务会计师的主要技能和特征。[1] 这种多元化的研究结论很有价值,它所提供的信息源于不同的视角:律师(法务会计服务的需求者)、注册会计师(法务会计服务的提供者)、学者(法务会计师的启蒙者)。其研究结果(与我们的从业经验一致)表明,法务会计师应当具备三项基本特征和技能:批判性思维、逻辑推理和沟通技巧。

1.5.1 批判性思维

如前所述,法务会计师在提供服务时,大多数(不是所有)情况涉及批判性思维的运用。一般来说,批判性思维的主要特征包括以下各方面[2]:

- 理性——不带偏见地考虑所有已知的证据。
- 质疑——在进行不确定性决策时,充分地考虑证据、内容和方法。
- 合理性——以合理的判断、常识评价行为和结论。
- 信息完备——拥有充足和可靠的信息。
- 思想开放——无偏见地接受新的信息和他人的想法。
- 自我意识——意识到自己的情绪和偏见,以及它们如何影响决策。
- 坚守——不会草率地下结论。

什么是批判性思维

被誉为现代批判性思维之父的约翰·杜威(John Dewey,1993)将批判性思维定义为"能动、持续和细致地思考任何信念或被假定的知识形式,洞悉支持它的理由及其指向的结论"。[3] 下面按照时间顺序列举了其他学者的观点,它们反映了批判性思维的核心内容及其演进。

麦克佩克(McPeck,1981)将批判性思维定义为"以慎思的怀疑态度从事活动的倾向或技能"。[4]

布鲁克菲尔德(Brookfield,1987)认为,批判性思维是"人们挑战自己思想和行为去认

---

[1] Davis, C., Farrell, R., & Ogilby, S. (2010). Characteristics and skills of the forensic accountant. American Institute of Certified Public Accountants, FVS Section. www.pearsonhighered.com/rufus for a link to this white paper

[2] Facione, P. A. (1990). Critical thinking: A statement of expert consensus for purposes of educational assessment and instruction. *American Philosophical Association Delphi Research Report*. California Academic Press.

[3] Halpern, D. F. (2003). *Thought and Knowledge: An Introduction to Critical Thinking* (4th Ed.). Lawrence Erlbaum Associates.

[4] McPeck, J. (1981). *Critical Thinking and Education*. St. Martins.

识与研究假设的过程"。① 布鲁克菲尔德指出,当人们进行批判性思考时,会发生以下五种行为或过程:

- 批判性思维是一项富有成效和积极的活动,需要我们积极地参与生活。
- 批判思维者要求不断质疑假设,因此批判性思维是一个过程,而不是结果。
- 批判思维者的思考过程会根据所处背景的不同而千差万别。
- 人们经历了积极和消极的事情,从而对先前信奉的假设提出质疑,由此产生了批判性思维。
- 批判思维者在思考过程中应全神贯注,在假设面前同时保持感性和理性。

李普曼(Lipman,1988)指出,批判性思维是熟练的、可靠的思考,因为它对背景很敏感、依赖于标准、是自动调整的,所以有助于形成有效的判断。②

恩尼斯(Ennis,1996)认为,批判性思维是理性的、反思性的,其目的在于决定我们的信念和行动,也就是决定相信什么和做什么的思维。③

美国注册会计师协会(1999)将批判性思维定义为,"将来自不同学科的数据、知识和洞察力有机地结合在一起,从而为决策提供信息的能力"。④

班宁(Banning,2006)将批判性思维定义为,"对来自各方面的信息资源进行评估和反思,从而形成思想或做出行为的决策过程"。⑤

上述定义普遍含有质疑假设的思维,特别是对因果关系的关注。批判思维者根据过去的观察和经验形成标准从而做出决策,整个过程稍纵即逝,对所处的情境高度敏感。最后,批判性思维将不可避免地影响决策、引导行为。

批判性思维的价值

对于任何类型的调查、研究或科学探究来说,批判性思维都是一种必要的技能。正如本书所强调的,法务会计师所运用的分析过程是一种基于科学的方法。这种方法涉及以下内容:(1)识别问题;(2)收集充分相关的数据;(3)分析数据;(4)得出结论;(5)沟通结果。在这个过程中,批判性思维作为一个指导性框架,确保了科学过程的完整性。而对科学过程完整性的威胁主要表现为"盲点",它是由错误的推理、非理性行为、偏见、理解上的错误及自身利益导致的。作为个体人来说,我们都会出现"盲点"。然而,只要不断地练习运用批判性思维进行思考,我们就能有效地察觉出自己及他人所存在的"盲点"。

---

① Brookfield, S. D. (1987). *Developing Critical Thinkers: Challenging Adults to Explore Alternative Ways of Thinking and Acting*. Jossey-Bass.

② Lipman, M. (1988). Critical thinking: What can it be? In L. S. Behar-Horenstein & A. C. Ornstein (Eds.), *Contemporary Issues in Curriculum* (pp. 145-53). Allyn and Bacon.

③ Ennis, R. H. (1996). *Critical Thinking*. Prentice Hall.

④ AICPA (1999). Broad business perspective competencies. www.pearsonhighered.com/rufus for a link to this article

⑤ Banning, M. (2006). Measures that can be used to instill critical thinking in nurse prescribers. *Nurse Education in Practice*, 6(2), 98-105.

深入探讨

"盲点"这个概念可以通过"针锋相对"的思维练习来识别。这种练习要求选择一个你感觉特别尖锐的话题,然后进行深入分析,提出截然相反的两派观点并加以论证。当然,这样做的目的在于提升你的批判性思维技能——从思考"什么"转向"如何"思考。

1.5.2 逻辑推理

逻辑推理是一种从已知或假设的事实中形成推论或结论以解决问题的技能。[①] 逻辑推理与批判性思维有着紧密的联系,表现在两者都是尝试理解一起事件或一种行为的理性过程。就像夏洛克·福尔摩斯(Sherlock Holmes)一样,法务会计师必须运用演绎推理和归纳推理两种思维方式,识别线索、收集和评价证据、质疑争论和得出结论。

演绎推理

演绎推理被定义为,"从一般推导到特殊,或者说从一般性的前提出发并得出逻辑上有效的结论"。[②] 换句话说,我们事先要找到两个或更多的一般性前提(已知的或假定为真实的),然后将这些已被接受的真理运用到具体的情境中。重要的是,演绎推理的结论意味着有100%的确定性。

首先,让我们分析一个演绎推理的经典案例:

> 大前提:人都会死亡。
> 小前提:苏格拉底是人。
> 结论:苏格拉底会死亡。

接下来,我们看看前述卡彭案所运用的财产净值法。

> 大前提:你不能花费你所没有的东西。
> 小前提:卡彭所花费的金额大于其报告的金额。
> 结论:卡彭瞒报了其收入(这意味着他有逃税行为)。

这些例子说明了演绎推理的基本思路:结论是通过基本前提推导得出的。值得注意的是,在这里我们没有利用其他资料。如果某些事情在大前提下是真实的(人都会死亡),它就适用于所有同类事物(苏格拉底是人),那么真理适用于这类事物中的所有成员(苏格拉底会死亡)。演绎推理的确定性建立在基本前提真实性的基础之上,如果任意一个基本前提是错误的,那么推理逻辑就会中断,结论就会变得不可靠了。

归纳推理

与演绎推理相比,归纳推理是由模型得出结论。归纳推理是在一系列具体的观察、事

[①] *Websters' New World College Dictionary*. (1999). 4th Ed., 1194.
[②] *Websters' New World College Dictionary*. (1999). 4th Ed., 377.

实或数据的基础上形成有效假设,最后得出一般性结论。

归纳性论点(假设)的形成远远超越事物的基本表象,它来自大量的经验总结。换而言之,归纳推理允许我们基于过去的观察预测未来的结果。由于带有预测性,因此归纳推理的结论并不是100%确定的。

下面以一个简单的例子说明归纳推理:

观察:每次向上踢球,球弹向空中后又落回地面。

结论:下一次向上踢球,球还会落回地面。

法务会计师的工作是证据导向型的:收集证据、分析证据、得出结论。实际上,这就是一种归纳推理的过程。正因如此,法务会计师解决的是可能性问题,而不是确定性问题。这一命题对于法律中"标准证据""专业确定的合理程度"等概念(将在第2章详细介绍)的理解是至关重要的。

 特别提示

法务会计师也会运用直觉推理——心理学领域的一项重要内容。① 直觉是对事物一种快速的、无意识的、整体的判断。② 因此,直觉推理可以说是基于对事物表象而非事实和数据的感觉或感知。法务会计师应当形成将直觉推理作为归纳推理逻辑起点的良好习惯。然而,由于直觉很容易受个人偏见和误解的影响,因此必须谨慎使用。

1.5.3 沟通技巧

如前所述,科学化方法的最后一步是沟通结果。在法务会计中,专家和接受者之间往往存在不可逾越的知识鸿沟,这可能是整个过程最具有挑战性的部分。因此,法务会计师应当在书面和语言表达上具有过硬的沟通技巧。我们在第2章会提及,专家证人的首要任务是提供一种专业意见,而且是一种能够有助于事实的审判者(法官或陪审团)理解证据的意见。为了达到这个目的,专家意见必须基于可靠的事实、数据及方法论,并以一种合法、论证充分的方式进行陈述。

法务会计师所报告的内容(包括其中的每一个字),都有可能面临严格的审查和质证。因此,所有的书面报告必须清晰、简明而全面,语句通顺,并以一种专业的语气进行陈述。作为一项规则,在诉讼过程中撰写的专家报告不必遵循专业报告的写作标准。然而,除诉讼目的外而撰写的报告可能会受到相应准则的限制,包含对形式和内容的具体要求(在第12章详细讨论)。

---

① Gore, J., & Sadler-Smith, E. (2011). Unpacking intuition: A process and outcome framework. *Review of General Psychology*, 75(4), 304-16.

② Dane, E., & Pratt, M. G. (2009). Exploring intuition and its role in managerial decision making. *Academy of Management Review*, 32, 33-54.

与此同时,法务会计师还必须具备娴熟的口头沟通技能。无论是与律师、客户还是与法官、陪审团进行沟通,法务会计师都应当以一种简洁、专业、有说服力的方式表达相关意见,这是成功的关键因素之一。因为一个有效的沟通必然是含义与理解相互作用的结果,你所传递的信息必须根据接收者的特征进行调整。

沟通失败往往是因为误解。这种误解通常与口头沟通中的三个关键要素有关:(1)肢体语言,大约传递了5%的信息;(2)语调,大约传递了35%的信息;(3)用词,仅仅传递了10%的信息。① 因此,非语言因素是至关重要的——你怎么说比你说什么更重要。然而,传递具有实践性,真正地对你的分析报告的质量有信心才是有效沟通的关键。因此,任何"门面功夫"都不能够掩饰一项毫无根据的意见,特别是在被当事人或法官质证(如交叉询问)的时候。

 特别提示

法务会计师通常被法庭传唤向法官或陪审员解释证据。最近一种现象被人们称为犯罪现场调查(CSI)效应,即陪审团成员因没有亲临犯罪现场而对法务会计师提供的证据更加依赖,进一步导致陪审团每次都希望法务会计师能提供充分的证据,从而夸大了法务会计师作为专家证人的作用。一旦这种效应起作用,就会影响包括法务会计师在内的专家证人对证据的陈述。考虑到许多法务会计业务具有单调乏味、数据密集的特点,对于法务会计师来说,如何撰写一份生动活泼的报告是一项非常艰巨的任务。

总而言之,戴维斯等人(Davis et al.,2009)的研究结论也支持我们的经验总结,即与传统的会计从业人员相比,法务会计师的工作需要更多的其他技能。除核心会计技能外,法务会计师必须具备司法程序(法律环境)的业务知识,基本的证据概念,以及取证、形成专业意见的能力。此外,优秀的法务会计师必须拥有不同实践领域的专业知识,譬如企业估值和舞弊调查等。我们提出的法务会计师的技能"金字塔"与美国注册会计师协会注册金融法务资格的"同心车轮"知识体系相一致(见图1-3)。这是对取得美国注册会计师协会注册金融法务资格所需技能的概述,我们将在后续章节讨论。

1.6 法务会计资格与支持组织

据美国注册会计师协会估计,目前有25 000名注册会计师提供法务会计服务。② 随着该服务需求的持续增加,专业从业者群体的规模将不断扩大。2011年,一项针对美国注册会计师协会会员的调查显示,绝大多数调查对象(79%)认为在未来2—5年对法务会计服

---

① Harmeyer, J., Golden, S., & Summers, G. (1984). *Conducting Audit Interviews*. Institute of Internal Auditors.
② AICPA Press Release. (Aug. 31, 2010). AICPA contracts NACVA to develop course for CPA forensic credential exam. www.pearsonhighered.com/rufus for a link to this press release

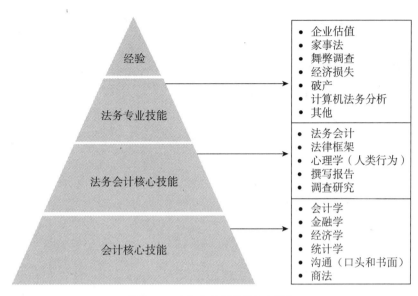

图1-3 法务会计技能"金字塔"

务将有更大的需求。在这些调查对象中,67%的人认为该增长源于经济损失计量,56%的人认为源于婚姻纠纷,54%的人认为与舞弊调查有关。[①] 此外,该调查显示,受聘法务专家中的绝大多数(94%)为注册会计师。

对法务会计服务的强劲需求意味着对接受过专业教育及技能培训的从业人员的需求。美国会计学会(AAA)意识到这种需求后,最近成立了法务及调查会计部(FIA)。该机构主要致力于提高法务会计方面的研究与教育。如今,许多专业协会提供法务资格认证、继续教育和网络交流机会,其中三个协会最具代表性(见表1-3)。

表1-3 法务会计证书

协会	专业认证	网址
美国注册会计师协会(AICPA)	商业价值评估资格(ABV) 注册金融法务资格(CFF)	www.aicpa.org
美国注册评估师与分析师协会(NACVA)	注册估值分析师(CVA) 注册法务金融分析师(CFFA)	www.nacva.com
注册舞弊审查师协会(ACFE)	注册舞弊审查师(CFE)	www.acfe.com

戴维斯等人(Davis et al.,2009)的研究报告(与我们的从业经验相一致)证实了资格认证能够为法务会计师提供强有力的竞争优势。为了应对这一需求,美国注册会计师协会下设的法务及估值服务部(FVS)提供了两种法务会计资格认证:注册金融法务资格(CFF)和商业价值评估资格(ABV)。如果要取得这两类资格认证,申请者(注册会计师)必须成功通过相应的资格考试,并且满足最低的工作经验和教育要求。

---

① AICPA. The 2011 Forensic and Valuation Services (FVS) Trend Survey. www.pearsonhighered.com/rufus for a link to this survey.

以下是注册金融法务资格和商业价值评估资格考试包含的主要知识领域，我们也附上本书所对应的章节。

注册金融法务资格考试

- 职业责任及实践管理：第10章。
- 基础法务知识：第2章。
- 专业法务知识，如欺诈、商业价值评估、计算机法务及经济损失计量：第6、7、11、12章。

商业价值评估资格考试

- 定性和定量分析：第8、9章。
- 估值分析：第11章。
- 相关专题，如具体业务与执业准则：第3、4、5章。

除美国注册会计师协会外，美国注册评估师分析师协会（NACVA）目前是法务会计培训的行业领跑者。虽然注册评估师与分析师协会以其商业价值评估认证（注册估值分析师，CVA）为人们所熟知，但是它实际提供的培训项目更为广泛。截至本书出版时，注册评估师与分析师协会已经培训了超过18 000名注册会计师，以及在商业价值评估、金融法务等诸多相关专业服务领域的其他专业咨询人员。鉴于注册评估师与分析师协会的良好声誉及其投入的多样性，美国注册会计师协会授权注册评估师与分析师协会开发相关课程以帮助注册会计师准备注册金融法务资格考试。

1.7　法务会计的职业生涯

如前所述，社会对拥有法务会计资格专业人士的需求极大。私人及公共部门为法务会计师提供了诸多就业机会（见表1-4）。入门级职位的年薪为30 000—60 000美元，这取决于地理位置及企业规模。对于拥有专业资格认证的从业者来说，年薪60 000美元起；经验丰富从业者的年薪能够达到十几万美元；那些行业佼佼者的年薪更是能够达到250 000—500 000美元。

表1-4　法务会计职业

雇主	职位
各类公司、组织	内部审计师、稽查员
会计师事务所、咨询公司	外部审计师、估值分析师、专家证人、咨询专家、舞弊调查员
保险公司	理赔审查员、舞弊调查员
执法机关（州和联邦）	文档审查员、数据分析师、法务分析师（美国联邦调查局）、特工（美国联邦调查局）
监管机构（如美国联邦储备委员会或证券交易委员会）	金融分析师、稽查员

(续表)

雇主	职位
美国税务局	税务审查员、税务专家、税务稽查员、税务代理员、刑事调查员
美国审计总署（GAO）	金融分析师、财务审计师、刑事调查员

法务会计的职业供给多种多样,主要体现为对个人禀赋和技能要求的差异。当然,不是每个人都具有出庭作证的天赋,有些人可能更适合"幕后"的分析工作。通过本书的学习,你对法务会计会有更深入的了解,并从中找到更适合自己的领域。除此之外,本书所涉及的基础知识在许多其他职业中也具有广泛的适用性。

1.8 本章小结

法务会计是一个富有活力的职业领域,其规模和重要性在美国乃至全世界都呈现持续增大的趋势。虽然每项法务会计服务具有其业务特殊性,但是所有的法务会计业务一般分为四个阶段:(1)明确业务;(2)收集证据;(3)分析证据;(4)沟通结果。

法务会计专业学生及从业法务会计师经常被问,什么是法务会计?法务会计与传统会计的区别是什么?我们的回答是,法务会计师接受过调查取证和法律环境方面的专门培训,具体包括发现、取证、方法论、司法程序、举证和证明标准,以及形成与表达专业意见等。法务会计师因此有资格在民事或刑事诉讼中担任专家证人或咨询专家,提供专业意见以帮助事实审判者裁决复杂的专业问题。此外,每项法务会计业务具有其特殊性,目的不同、挑战不同,由此形成各自的特征。

优秀的法务会计师在抽象技能(包括批判性思维、逻辑推理及沟通能力等)方面与众不同。为了形成这种竞争力,对于法务会计师来说,正规教育、实践经验和专业培训缺一不可。

关键术语

财务可行性调查	法务会计	舞弊检测	舞弊检查	舞弊防范
推理	归纳推理	演绎推理	直觉推理	思维方式
批判性思维	事实证人	专家证人	咨询专家	调查服务
诉讼服务	举报投诉			

简答题

1-1 阿尔·卡彭因什么罪名被判刑入狱?

1-2 弗兰克·威尔逊被公认为美国法务会计师第一人。他使用什么方法确定阿尔·卡彭未申报的应纳税所得?请说明如何运用这种方法。

1-3 请定义什么是法务会计。
1-4 什么是法务会计师的思维方式?
1-5 法务会计业务包括哪四个阶段?
1-6 讨论法务会计师所提供的调查服务的类型。
1-7 讨论法务会计师所提供的诉讼服务的类型。
1-8 试比较作证专家和非作证(咨询)专家的角色区别。
1-9 定义并描述法务会计师可能从事的两种非舞弊调查业务。
1-10 如何区分法务会计师和会计师的角色?
1-11 如何区分法务会计师和外部审计师的角色?
1-12 如何区分法务会计师和内部审计师的角色?
1-13 法务会计师应当具备的三种基本技能是什么?
1-14 什么是批判性思维?这一思维过程的主要特征有哪些?
1-15 请定义并举出归纳推理和演绎推理的例子。
1-16 法务会计师在执行业务时是否用到归纳推理或演绎推理?请解释。
1-17 为什么书面和口头沟通技能对法务会计师都十分重要?
1-18 请指出一份好的书面报告应具备的特征。为什么?
1-19 讨论当犯罪现场调查效应与法务会计师相关联时会产生什么影响。
1-20 指出两个提供法务会计资格认证的协会。资格认证如何增强法务会计师的职业竞争力?
1-21 哪些类型的组织可能聘用法务会计师?法务会计师的薪酬大概为多少?

选择题

1-22 谁是公认的第一位法务会计师?
A. 阿尔·卡彭(Al Capone)　　　　　　B. 埃利奥特·内斯(Elliot Ness)
C. 弗兰克·威尔逊(Frank J.Wilson)　　D. 埃德加·胡佛(J. Edgar Hoover)

1-23 下列哪一项最能描述法务会计师的思维方式?
A. 一种基于生活教训的固执态度　　　　B. 一种探索问题、挑战传统观点的本能
C. 一种关于舞弊如何实施的先入为主的理念　　D. 一种保守的调查方法

1-24 下列哪项不是法务会计师提供的服务?
A. 企业估值　　　B. 舞弊检测　　　C. 舞弊检查　　　D. 财务报表编报

1-25 下列哪一项不是法务会计的业务范围?
A. 家事法　　　　　　　　　　　　　B. 舞弊检测
C. 税务和企业并购估值　　　　　　　D. 财务报表的独立审计

1-26 下列哪一项是舞弊检查的目标?
A. 增强财务报告的可信度　　　　　　B. 调查舞弊的质疑和指责
C. 履行监管要求　　　　　　　　　　D. 向利益相关者提供财务报表

1-27 下列哪一项不是法务会计师的基本技能?
A. 批判性思维能力　　B. 逻辑推理能力　　C. 起诉能力　　D. 沟通能力

1-28 如果狗都吃肉,而谢尔登也吃肉,我们可以用演绎推理得出什么结论?
A. 谢尔登是只狗　　　　　　　　　　B. 肉吃谢尔登

C. 谢尔登喜欢肉食 　　　　　　　　　D. 不可能得出谢尔登是狗的这个结论

1-29 你吃一个苹果抽筋了,吃一个梨子抽筋了,吃一个樱桃也抽筋了,你可以得出这样的结论:吃水果会使你抽筋。这是什么类型的推理?

A. 演绎推理　　　　B. 交互推理　　　　C. 归纳推理　　　　D. 线性推理

1-30 法务会计师在撰写书面报告时,应当做好以下哪项工作?

A. 书写清晰　　　　　　　　　　　　B. 杜绝所有的语法错误

C. 简明但涵盖要点　　　　　　　　　D. 以上都是

1-31 与法务会计相关的组织(如注册舞弊审查师协会、美国注册评估师与分析师协会和美国注册会计师协会等)向其会员提供多种有价值的服务。下列哪一项服务不是这些组织提供的?

A. 网络交流机会　　　　　　　　　　B. 继续教育机会

C. 资格认证　　　　　　　　　　　　D. 确保顺利完成法务会计业务

1-32 下列哪一项不是预防舞弊的积极策略?

A. 举报人的奖励　　B. 录用前的筛选　　C. 员工培训　　　　D. 行为准则

职场应用

1-33 请描述法务会计师为了成就事业需要哪些教育、培训和经验?

1-34 利用互联网在法务会计领域搜索工作机会。确定两份拟申请的工作,并准备一份备忘录给你的导师,内容包括雇主、职位、岗位职责、要求的资格、经验和工资待遇等。

1-35 撰写一份"十年法务会计职业生涯发展计划"。

深度思考

1-36 批判性思维能力是法务会计师的一项必备技能,也是科学化方法的重要组成部分。请查找三篇已发表的有关科学化方法的文章。根据你的研究,准备一份备忘录给你的导师,解释科学化方法的每一步是如何运用批判性思维的。

1-37 法务会计师需要很强的逻辑推理能力,各查找一篇已发表的有关归纳推理和演绎推理的文章。准备一份备忘录给你的导师,比较这两种推理的不同。

1-38 法务会计师必须具备以书面形式进行有效沟通的能力。研究如何写好商业计划书这一命题,然后准备一份备忘录给你的导师,总结你从中学到了什么。

1-39 利用互联网,研究两家在法务会计领域提供资格认证的机构。访问每家机构的网站,探索资格认证的性质及其如何获取(如在教育、经验和考试方式方面的要求)。

第 2 章

法务会计的法律环境

2.1 引言
2.2 联邦政府 VS 邦妮·贝恩案
2.3 理解法律环境
2.4 过程：对审判的剖析
2.5 证据与专家
2.6 沟通保密特权
2.7 与律师共事
2.8 尾声：联邦政府 VS 邦妮·贝恩案
附录 2-A：美国法律层级
附录 2-B：诉状范例
附录 2-C：答辩状范例

学习目标

通过本章的学习,你应该能够

目标1:解释为什么法务会计师必须掌握法律环境的业务知识

目标2:描述法律的分类(种类)和民事诉讼的基本结构(三阶段)

目标3:解释举证责任的概念及证明标准

目标4:描述法庭在确定证据的可采性时担当"守门员"的角色

目标5:明确针对专家证言的证据规则及专家证言可采性的具体标准

目标6:描述道伯特标准的目的与过程,明确在评价专家证言时应考虑的因素

目标7:明确确立律师——当事人保密特权的必备要素

2.1 引言

法务会计的独一无二的特性之一就是其所处的法律环境。法务会计师在特定的法律环境中执业,他们有责任了解司法程序、步骤,以及证据的相关规则。本章的目的是介绍那些构成法务会计法律环境的关键性概念。本章的诸多内容对读者来说很可能比较陌生,因为其范围超出了商法课程通常要求商学院学生应掌握的内容。此外,本章所讨论的内容立足于法务会计师而非律师的视角。我们没有(其实也不可能)提出法务会计师可能涉及的所有法律诉讼的概念。然而,正如第 1 章所述,我们采用一种目标方法,强调法务会计师作为出庭作证专家证人和咨询服务专家所面临的具体问题与挑战。

 特别提示

以上叙述仅仅是出于教学目的,不应视为法律上的建议。我们从一宗刑事案件——联邦政府 VS 邦妮·贝恩的概要开始,该案涉及本章所讨论的诸多法律概念。本案例概要包含的所有信息均为公开的。

2.2 联邦政府 VS 邦妮·贝恩案

2.2.1 案件背景

2007 年 10 月 2 日,BB&T(分支银行与信托控股公司)的一位区域现金经理在分析现金管理效率数据时,发现一家位于西弗吉尼亚州查尔斯顿的分支银行(西区支行)存在异常行为,其货币需求量水平异常,以及对该支行来说比预算量超出近十倍的"存款"和"取款"存根。① 现金经理将这些行为标记为"可疑"事项,并且将其观察提交分析师做进一步调查。

接下来,分析师进行了"交易调查"。在调查过程中,他就可疑的行为询问了西区支行的经理。在对经理的回答不满后,分析师于 2007 年 10 月 4 日联系了区域运营经理,要求对整个支行(包括出纳员、保险库、ATM 机和所有现金结点)进行审计。在接下来的几天里,审计人员到达西区支行并展开工作。在审计过程中,他们发现邦妮·贝恩女士(Bonnie J. Bain,5 号出纳)保管的现金柜少了 100 万美元。除此之外,审计人员还发现了伪造的取款存根合计 973 715 美元,总计 1 973 715 美元的现金短缺。贝恩女士立即被要求行政休假(带薪)并等待进一步调查。

---

① "存款"和"取款"存根是用来证实银行客户交易的。如果客户进行存款,那么相应的文件就是存款存根;如果客户兑现支票,那么相应的文件就是取款存根。这些文件(如已兑现支票和取款存根)在每个工作日后送到数据部门核对与保管。

随后,该案件被移交到 BB&T 的公司调查部(CI),以进一步明确"是谁、何时、做了什么、如何做,以及涉案金额"等欺诈行为。基于前述内容,公司调查部假设贝恩女士在 2000 年至 2005 年 10 月挪用公款,并且利用同事及操纵银行记录隐匿其罪行。

2.2.2 银行的调查

BB&T 的公司调查部调查包括收集与分析纸质文件、电子证据、雇员访谈及个人观察。由于记录发生丢失,公司调查部的分析被限于 2004 年 5 月 27 日至 2007 年 10 月 5 日。从 2007 年 10 月 5 日往后倒推,公司调查部运用了一套被称为"交易分析"的方法。该方法涉及编制发生在银行员工、部门和支行之间的内部交易(逐日),如前台出纳员与金库出纳员之间的交易(购买与出售现金)、出纳员与数据部门之间的交易。公司调查部追踪出纳员 5 号(贝恩女士)经手的所有交易。对于该特定时期,通过交易分析,公司调查部确认挪用损失金额为 640 923 美元。

2007 年 11 月,公司调查部发表了调查结论,指出贝恩女士挪用公款完全是个人行为。公司调查部认为贝恩女士利用"虚假平衡"出纳现金柜隐匿其罪行,欺骗同事并躲过了审计。例如,假设贝恩需要 120 万美元"算平"某天营业结束时的现金库,她只需开具一张 120 万美元的取款凭证交给数据部门;数据部门将这份伪造的取款凭证做相应的标识(失衡),然后返回贝恩女士(总出纳),这样现金余额就"平衡"了。公司调查部总结并提出贝恩女士人为操纵账面记录以"上下浮动"现金溢余,而所有这些都是精心设计的骗局。除贝恩女士挪用公款外,公司调查部报告还指出,支行内部控制存在许多"问题",诸如包括审计报告在内的资料遗失、审计失败及规避监督和政策的各种行为等。

2.2.3 联邦政府的调查

BB&T 将其调查结果呈报给联邦当局,联邦当局展开了自己的刑事调查。① 调查工作由联邦经济情报局与联邦调查局承担,措施包括采访证人(如家庭成员)、分析贝恩女士的金融交易情况(如银行记录与税收返还),并考虑她的生活方式与其他行为模式(如赌博、吸毒和馈赠等)。通过这些工作,联邦当局试图追踪那些被挪用的款项,并以此确认贝恩女士挪用款项的金额。

2.2.4 争议的声辩

2011 年 6 月 6 日,贝恩女士对美国检察官办公室进行诉讼声辩,以下内容随后公布于司法部(DOJ)的刊物②:

BB&T 前员工对其编制虚假的银行分录供认不讳

位于西弗吉尼亚州查尔斯顿的分支银行与信托控股公司(BB&T)前员工邦妮·贝恩在联邦法庭约翰·科彭哈弗(John T.Copenhaver)法官面前对其编制虚假的银行分

---

① 刑事调查的目的是收集证据以确定嫌疑人,并支持公诉或定罪。
② www.pearsonhighered.com/rufus for a link to this press release

录供认不讳。60岁的贝恩女士来自西弗吉尼亚州卡诺瓦县贝尔地区,曾于1977年至2007年11月供职于BB&T公司。在2004年至2007年10月期间,贝恩女士担任BB&T查尔斯顿西区支行的出纳主管,同时兼任主现金库出纳。

贝恩女士承认自2004年3月至2007年10月,从BB&T西区支行挪用至少200 000美元现金的公款。为了隐瞒挪用公款的阴谋和导致的现金短缺,贝恩女士供认在公司账目上编制虚假分录,从表面上使得现金余额被调平了,但事实上并非如此。贝恩女士运用各种方法"上下浮动"她所保管的现金柜与总分类账的差额。贝恩女士承认为了进一步实现其挪用阴谋,虚假调平其保管的现金金额。贝恩女士也承认在其他情况下,她会开具虚假的取款凭证以减少其保管的现金。贝恩女士将面临最高30年的监禁和100万美元的罚款。

尽管贝恩女士对其行为供认不讳,但是她不认同美国检察官办公室认定的挪用金额。对该案的争议声辩设定了最低金额(大于200 000美元),但未设定上限。联邦政府根据BB&T的调查,认定贝恩女士挪用了640 923美元公款。然而,贝恩女士的代理律师——玛丽·露·纽伯格(Mary Lou Newberger)女士表示,确切的金额应该是293 376美元,这与她聘请的法务会计师所认定的一致。挪用公款的数额非常重要,因为它决定了判决(监禁时间)和赔偿金额,而这将由法庭在听取口头辩论及量刑听证会上的专家证言后做出裁定。

2.3 理解法律环境

法务会计师必须掌握何种程度的"法律知识"?

- 律师——法务会计服务的需求者?
- 法庭——专家证据的守门员?
- 陪审员——法务会计证词的评价者?
- 职业协会——法务会计服务的发起者和监管者?

最简洁的答案是:最高水平。正如本章所讨论的且一贯强调的,在对法务会计师进行质证时,他们的资质(教育、培训和工作经验)、工作过程(做了什么、为什么要这样做、凭什么这样做),以及他们由此得出的观点将面临抗辩者的全面质疑。同时,他们也应该意识到,他们对司法过程的认知和适用的专业标准都会被质询。为什么会面临如此严格的审查?简单地说,专家证人的证言很可能成为诉讼成败的转折点。正因为有如此关键的作用,所以对方律师会抓住任何弱点或过失来挑战专家的能力、信誉和意见。

特别提示

当专家意见被当作或呈送为证据使用时,法庭有义务扮演守门员的角色。由对方律师提出的用于排除专家证言的质询通常称为道伯特标准。正如本章将讨论的,道伯特标准是一项在法官审判前进行的特殊听证(不需要陪审团),主要用于确定:(1)专家证人是否具有资格;(2)专家意见是否建立在可靠的事实、数据和方法的基础上,而不是仅依靠猜测或猜想。专家证言被法庭排除会对法务会计师的职业生涯造成长期的负面影响。专家证言被排除的经历会影响以后的诉讼事项,并且相关内容会在线向公众开放(如 Daubert Tracker 网站 http://www.dauberttracker.com)。这种排除记录具有累积影响,因为法庭可能仅仅根据一位专家证人过去的某一排除经历而拒绝承认其现在的证言。①

正如第 1 章所讨论的,美国注册会计师协会已经明确了作为一名法务会计师在该领域的实践能力:会计核心技能、基础法务知识、专业法务知识。对法律环境的理解应该属于基础法务知识。与美国注册会计师协会和注册金融法务资格认证程序②的内容一致,本章介绍了业务知识所需的关键性概念。接下来,我们从"零基础部分"开始讨论。

2.3.1 法律的定义与功能(零基础部分)

在美国,我们提倡法治原则,即遵循法律原则的治理优于任何领导人(如独裁者、国王或总统)的统治,并且法律面前人人平等。也就是说,没有人能够凌驾于法律之上。③

《布莱克法律词典》将法律定义为"国家制定或认可的、由国家强制力保证实施的、以规定当事人权利和义务为内容的具有普遍约束力的社会规范、秩序与体制"。④ 根据这个定义,法律旨在影响、保护、调节和维护我们的社会。此外,该定义还意味着,法律会随着社会、经济和政治力量的变化而不断地发展与完善。

法律有三项基本功能:(1)解决争端(刑事与民事诉讼);(2)保护财产(例如,使用财产和签订合同的权利);(3)保卫国家。⑤ 法律的制裁措施具有强制力。在刑事案件中,制裁包括入狱、居家隔离、缓刑、日报告⑥、罚款,甚至死刑。在民事案件中,制裁通常包括赔偿损失或失误(如经济损失)。

2.3.2 法律与正义

美国公民享受宪法承诺的正义,这一点明确写在了《美国宪法》的序言中。

> 我们美利坚合众国的人民,为了组织一个更完善的联邦、树立正义、保障国内的安宁、建立共同的国防、增进全民福利,以及确保我们自己与我们后代能安享自由带来的幸福,乃为美利坚合众国制定和确立本宪法。⑦

---

① *Nunez v. Allstate Ins. Co.*, 604 F.3d 840, 847 (5th Cir. 2010).
② AICPA. (2012). CFF Content Specification Outline. www.pearsonhighered.com/rufus for a link to this document
③ *Black's Law Dictionary*. (2009). 9th ed., 1448.
④ Ibid., 942.
⑤ Cravens, S. M. (2007). In pursuit of actual justice. *Alabama Law Review*, 59. University of Akron Legal Studies Research Paper No. 07-09.
⑥ 指未被执行监禁的罪犯必须定期性地向案件负责人报告与其监管相关的事项,否则将被监禁服刑的一种制裁措施。
⑦ U.S. Constitution, Preamble.

正义的概念丰富而深邃,一般要根据语境进行界定。例如,《布莱克法律词典》定义了多重形式的正义①:

- 民事正义——正义涉及公民的私人事务及其各自的权利,包括不论种族、性别或宗教的一定的言论自由和行动自由,以及平等的待遇、保护和机会。
- 刑事正义——一个直接涉及逮捕、起诉、辩护、量刑、监禁、监督或指控嫌疑人的系统体系。
- 个人正义——争端涉及双方之间的公正。
- 社会正义——符合道德原则的公正(例如,人,生而平等)。
- 实质性正义——司法人员在执法过程中严格按照行政、民事和刑事等实体法律的规定处理各种类型的案件(如公平审判)。

虽然法律与正义是不同的概念,但是大多数人还是认为法律即代表着正义。在司法情境中,正义被认为既是一种程序正义又是一种结果正义。对于程序正义来说,正义意味着在司法系统内公平而平等的对待(权利和保护)。程序正义由法律的审判者(法庭)处理和实现。对于法务会计师来说,程序正义中的两个最重要的要素是程序与证据。我们将在接下来的章节中对此展开讨论。结果(或裁决)是由事实审判者决定的。事实审判者是陪审团中的陪审员,或者是无陪审员的审判员。裁决是(或被期望是)基于审理中的呈堂证据做出的决定。

 特别提示

各地的法院都面临一种挑战:如何处理陪审员利用科技手段(如智能手机,Facebook、Twitter 等社交软件和 Google 等搜索引擎)收集或分享关于案件和正在进行审讯的信息。如前所述,陪审员只应该根据审理中的呈堂证据达成一项裁决(这就是法庭允许的)。一旦违反该项规则的事实被确认,将导致开除陪审员、无效审判或上诉等结果。正如人们所预料的那样,在一些备受瞩目的案件中,检察官已经开始对陪审员的博客或网页进行监控。

2.3.3 法律的分类

法律可以分为两类(见图 2-1):公法和私法。公法规范公民与国家的关系,并致力于维护公众利益。公法可以划分为三大类:刑法、宪法和行政法。通常,法务会计师涉及的公法主要包括税法、劳动法、破产法、环境法、银行法和证券法等。私法(或民事法)调节一国内的个人或主体之间的关系,并致力于保护或确认其权利和责任。通常,法务会计师涉及的私法主要包括离婚法、合同法、侵权法、财产法、代理法、合伙法、公司法和销售法等。

---

① *Black's Law Dictionary*. (2009). 9th Ed., 942-43.

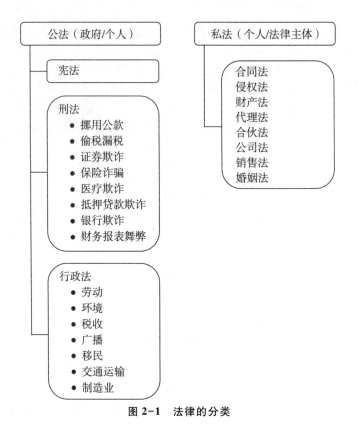

图 2-1 法律的分类

在本章中,我们强调民法与刑法的异同。如前所述,民事法(私法)界定和保护个人的权利。相反,刑法规定了通过立法(州或联邦的法律)禁止的行为,旨在维护国家的权威、保障人民的福祉。

特别提示

关于法律的来源和层级的完整讨论已经超过本书的范围与目的,本章结尾部分提供了一个法律层级图例(见附录 2-A)。如果想获取这方面更多的信息,读者可以重温商法的相关知识。

2.4 过程:对审判的剖析

我们知道的(或我们自以为知道的)关于司法程序的知识主要来自电视节目或者电影。其描绘的场景具有很强的娱乐性,并没有反映我们所处的现实。我们的经验表明,至少有以下五点不同:

- 诉讼并非是我们所看到的那么快。诉讼并不是只有一两个小时;与此相反,民事诉讼一般会持续一两天，接下来可能还有一年（甚至更长）的诉讼程序。[1]
- 很少有（甚至没有）"逮着你了"这样的时刻（例如，"你不能操纵事实！"[2]）。调查取证过程正是为了消除审判时类似这样的惊喜。此外，一般来说，律师要自己准备好证人。
- 电视节目有戏剧性效果。由于存在庭外调查取证过程，真正的审理（除了判决）很少会出现戏剧性效果。当然，除非你是原告或被告。
- 陪审员的选择和公开陈述是审理中最重要的部分——而不是电视节目或电影中经常出现的交叉询问与闭庭争辩。挑选哪些人参与审理当然是最重要的。开庭陈述为双方提供了阐述事实并与陪审员沟通的首次机会。
- 陪审员的作用不是被动的。因为陪审员充当审判者的角色，所以他们必须积极评估证据，以决定相信谁或相信什么。

为了将这些概念付诸实践，让我们分析一下民事审理的过程（或结构），其中包括三个基本阶段：辩护阶段、调查取证阶段和审判阶段。如前所述，民事诉讼是涉及私人财产权的非刑事诉讼。

2.4.1 辩护阶段

民事诉讼程序从提起诉状开始，诉状确定了双方当事人，概述了所指控的事实及一个或多个违法行为，并提出了补救（如赔偿经济损失）的要求。一旦收到诉状，作为个人或法律主体的被告就应该在规定的时间内（如 20 天）填写答辩状，以做出回应。答辩状应该针对控诉的每一项内容进行承认、否认或者声称缺少充分了解等回应。答辩状也可以主张积极的辩护。[3] 如果没有在规定的时间内回应诉状将导致缺席判决，这是针对因某些因素阻碍当事人出庭而做出的约束性判决（类似于体育比赛中的因弃权而被判失败）。

附录 2-B 和附录 2-C 提供了关于诉状与答辩状的案例。

2.4.2 调查取证阶段

诉讼程序的第二阶段是调查取证。顾名思义，调查取证过程允许从对方及第三方证人处收集信息。一般来说，信息通过质询（调查取证）来收集，由此形成传票和证词。在联邦法院，调查取证过程应遵循《联邦民事诉讼规则》（FRCP），特别是第 26—37 条规则。[4] 虽然各州政府可能会制定自己的条款，但大部分的遵循条款还是以《联邦民事诉讼规则》为模板的。与法务会计师有关的条款包括第 26（a）（2）、26（b）（1）、26（b）（4）和 26（e）（2）条规则等。

---

[1] 审理中的诉讼程序将在后续章节中讨论。
[2] 电影 *A Few Good Men*（2005）中的著名台词。
[3] 在被指控的条款均属实的情况下进行主张，原告的主张并不会得到偏袒。
[4] www.pearsonhighered.com/rufus for a link to this document

第 26(a)(2)条规则

该条款要求披露所有拟出庭作证的专家证人(包括法务会计师)。通常应当一同披露专家证人的书面报告,该报告必须包含以下内容:

- 一份完整表述证人所有观点的报告,并附上依据和理由。
- 形成证人观点所依据的事实或数据。
- 任何将用于总结或支持观点的物证。
- 证人的资质,包括在过去10年发表的出版物列表。
- 在过去4年中,证人作为专家参与作证的所有其他案件(不论是否出庭)列表。
- 一份关于支付本案调查与证词报酬的声明。

第 26(b)(1)条规则

该条款对"非特权"信息的调查取证进行了规范,目的在于排除任何特权信息。①

第 26(b)(4)条规则

该条款规定了专家与相关辩护人沟通、草拟报告、进行调查取证的规则,还对在审讯准备阶段拟帮助辩护人但不出庭的专家证人意见的调查取证进行了规范。

第 26(e)(2)条规则

该条款要求作证专家对之前没有提供但准备用于庭审的信息进行补充、替换或追加以完善报告。该规则的主要目的是防止在庭审过程出现"证据突袭"②,妨碍司法程序的公正性。

2.4.3 审判阶段

随着调查取证阶段的完成,接下来将进入审判阶段。在陪审团审理的案件中,这一阶段从挑选陪审团开始。陪审员候选人来自当地有选举权的公民,一般从纳税人名单中随机选择并传唤到法院。陪审团是根据一个被称为"预先审核"的程序选出来的。在这个程序中,每名陪审员候选人要填写一份表格,并接受检辩双方针对个人背景和信仰的询问。如前所述,陪审团的挑选是审判中十分重要的环节。一般来说,刑事案件的大陪审团由23人组成,一般案件有12名陪审员,民事案件则有6名陪审员。这些陪审员统称为事实审判者,他们肩负做出裁决的责任。③

在选定陪审团后,被告与原告双方的律师便要开庭辩论(陈述)。首先由原告陈述案情和所有支持的证据。紧接着陈述的是被告,当然他也有权选择推迟陈述直到案情有了一定的结果。开庭辩论十分重要,因为这是双方与陪审团的第一次交流机会,借此可以获得陪审团的同情。

接着对原告传唤的证人(如法务会计师)进行直接询问。值得注意的是,每一方只容

---

① 详见本章后续关于律师—当事人保密特权与律师工作成果豁免原则的探讨。
② 证据突袭是指隐藏重要的证据而不让对方知道,等到关键时刻突然出示给对方,使对方没时间准备如何应对而导致败诉的风险。
③ 这只限于有陪审团的审判。在没有陪审团的审判中,法官是事实审判者。

许向自己的证人提问有争议的问题,除非此证人是敌意的、不合作的。在这种情形下,证人可以被引导提出这些问题,甚至可以对证人进行盘问或反诘问。

盘问或反诘问是专为律师盘问对方证人设计的程序。其目的是使证人的证词无效或者使证词对己有利。如果盘问使证人的证词不利于其作证一方,那么作证方的律师可以要求重新询问证人以澄清或制止证人的证词。在举证和交叉询问后,双方要发表他们的最后陈述。这是双方最后一次总结证词并强调关键点的机会。

在最后陈述和法官对陪审团进行指引后,案件进入陪审团审议。在陪审团审议期间,陪审员会集体评估证据从而做出裁决。虽然各州法庭有所不同,但是对联邦案件的裁决必须是一致的。对陪审团进行指引的主要内容是指导陪审团如何运用法律,包括何方负有举证责任及如何衡量必要的证明标准,这将在后续章节进行讨论。

2.4.4　刑事案件的结构是否不同?

我们的答案为:既"是"也"不是"。在基本结构方面,刑事案件与民事案件类似,只是多了第四个阶段——判决。此外,刑事案件的辩护阶段有所不同。刑事案件由提交"控诉书"或"起诉书"开始,并由控告人在法官面前宣誓保证指控的内容。被告初次到庭(传讯)时,将获告知被指控的犯罪、有关的宣誓书、依法享有的诉讼权利,包括聘请律师或者要求给予指定律师的权利、要求预审的权利等。此时,被告也进入针对指控的辩护阶段——认罪或不认罪。接下来为调查取证阶段①及审判阶段。如前所述,若被告被认定无罪,则案件结束;若被告被认为有罪,则案件进入判决阶段。刑事案件的裁决与民事案件不同,前者表现为有罪或无罪,后者表现为承担责任(赔偿)或不承担责任。

在法庭正式判决之前,案件将由缓刑部门进行评估并提交判决前报告(PSR)。判决前报告总结案情(包括被告的简介、罪行与犯罪事实)并对判决提出建议。法务会计师经常在涉及白领犯罪的刑事案件中协助律师(如联邦政府 VS 邦妮·贝恩案),因为量刑和赔偿在很大程度上是由经济因素决定的(例如,税收流失或挪用金额等),法务会计师可以在这方面发挥重要的作用。

民事诉讼与刑事诉讼的关键因素对比如表 2-1 所示。

表 2-1　民事诉讼与刑事诉讼的对比

项目	民事诉讼	刑事诉讼
范畴	个人	公众
目的	解决个人或实体之间的矛盾	对被告定罪并惩处
目标	赔偿、防范	惩处、防范、平反、维护国家利益
诉讼发起者	原告(可能是个体或实体,包括政府)	政府(检方)
回应方	被告	被告

---

① 在刑事案件中,只需披露控方。

(续表)

项目	民事诉讼	刑事诉讼
举证责任	原告	政府
证明标准	通常为证据优势,即"很可能"。在特定案件中,证明标准是"明确而有说服力的证据",比证据优势更优	排除合理怀疑,即基于理性和常识没有明显的怀疑
裁决	各州不同;联邦法庭要求一致裁决	必须一致
决定	原告或被告可能承担责任、不承担责任或承担部分责任	被告有罪或无罪
制裁	赔偿(损害赔偿金);但不能被监禁	监禁、罚款、刑罚等
裁决规则	民事诉讼规则	刑事诉讼规则
上诉	双方	只有被告

2.4.5 举证责任和证明标准

举证责任是指原告或检方有责任证明被告应赔偿(民事案件)或有罪(刑事案件)。而被告不须证明他或她的无罪——当然,这只是一种假定。

无罪推定取决于所依据的证明标准。证明标准描述了原告出于证明案件所需提供的证据的数量。在民事案件中,这个必要标准是证据优势①——很可能(大于50%的可能性)。但某些民事案件(如民事欺诈)应采纳明确而有说服力的证据。"明确而有说服力"通常比"证据优势"更好,但是不能用具体的百分比进行衡量。在刑事案件中,检方负有法律责任以"排除合理怀疑"地证明指控罪行(如欺诈、逃税或谋杀)的所有因素。② 此时,也没有具体的百分比可以适用。举证责任和证明标准由法官向陪审团做出解释,并包括在陪审团指引中。③

证明标准的等级如图2-2所示。

法务会计师必须知晓其参与诉讼所适用的证明标准,并相应地阐明他或她的立场。例如,在一个以证据优势作为证明标准的民事诉讼中,专家证言必须以专业确定的合理程度进行陈述,也就是很可能(大于50%)。这一点非常重要,因为法庭会拒绝采信不符合特定证明标准的专家证言。在这种情况下,当事人将失去专家的协助,而法庭则很可能采信对方专家的意见。

---

① 证据优势是指如果全案证据显示某一待证事实存在的可能性明显大于其不存在的可能性,法官就有理由相信它很可能存在,即便不能完全排除存在相反的可能性,也应当允许法官根据优势证据认定这一事实。换句话说,当证明某一事实存在或不存在的证据的分量与证明力相比反对的证据更具有说服力或者相比反对的证据的可靠性更高时,法官则采用具有优势的一方当事人所列举的证据认定案件事实。

② 为了量刑,证明标准被简化为证据优势。

③ 法务会计师可能遇到的另一个证明标准是合情推理,通常由大陪审团使用,以决定是否提起刑事控告;但也有可能用于民事诉讼,如果原告谋求在审前得到赔偿。

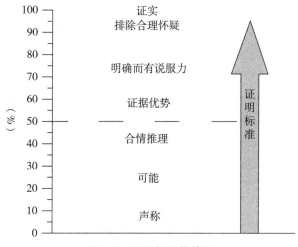

图 2-2　证明标准的等级

2.4.6　非诉讼解决机制

诉讼并不是解决当事人纠纷的唯一方法。法务会计师也有可能参与非诉讼解决机制，最常见的形式是调解和仲裁。调解是一个无约束力的非正式过程，其中双方互相选择调解员评判双方的争议，以帮助双方达成共识。如果调解失败，那么双方再提起诉讼。而仲裁实际上是一种"迷你审判"，双方将案情提供给一位或多位仲裁人，然后由仲裁人做出一个具有约束力的裁定，这种裁定通常无法上诉。仲裁一般是自愿的，但也可能是强制的（例如由双方达成的条款或合同要求）。

非诉讼解决机制可能比诉讼更受青睐，因为其费用较低、效率较高，并且具有很好的私密性，对双方的隐私都是一种保护。除此之外，非诉讼解决机制通常适用于复杂的或纯技术性的案件，此时双方当事人可以选择专业人士作为调解员和仲裁人。在这方面，法务会计师将大有可为。

2.5　证据与专家

在对诉讼程序有了基本了解之后，我们将目光投向另一个对法务会计师来说十分重要的法律要素——证据。

2.5.1　法庭作为守门员的角色

庭审法官负责处理案件并且进行法律裁决，其中包括审查证据的可采性。一般来说，证据规则（将在接下来的章节详细讨论）更重视第一手资料。意见证言一般不被鼓励使用，除非在特定环境下（专家证言），而传闻证据则被直接排除。

法庭在确定证据的可采性时担当守门员角色是非常重要的，尤其对法务会计领域来说更是如此。与其他无可采性的证据（如传闻证据）相比，证据规则允许专家证人作证，并给予了最大的宽限。因此,专家证言一般被认为具有较高的可信度。正如接下来即将讨论的,庭审法官面临的挑战在于如何判别专家证人及其证言的适格性。

证据规则

证据规则在不同的管辖范围可能有所不同,甚至在不同的法庭(如刑事、民事或家事法院①)中也不同。然而,大部分州的证据规则都是基于《联邦证据规则》(FRE)②制定的,这也成为我们讨论的基础。这项规则规定了"在什么情形下、什么时候、什么样的证据、以什么目的"才能被允许呈现在事实审判者面前。《联邦证据规则》第102条明确指出了证据规则的目的,它这样写道:

> 本规则将用以保证公正施行,消除不合理的耗费和延误,促进证据法律的发展壮大,以实现确定事实真相、公正处理诉讼。

总而言之,《联邦证据规则》的目的就是公平合理地追求公正与真理。

什么是证据

正如《布莱克法律词典》所定义的,证据是"用于证明或反驳被指称事实存在的事物(包括证言、文件和实物等)"。③ 换句话说,证据被呈现以说服事实裁判者(法官或陪审团)有关案情属实的可能性。如前所述,《联邦证据规则》建立了证据可采性的指导原则。根据《联邦证据规则》第401条的规定,"相关证据"必须要有某种倾向"使决定某件在诉讼中待确认的争议事实的存在比没有该项证据时更有可能或更无可能",而且事实必须是"决定行动的结果"。

作为一项普遍原则,除非其他证据规则或相关法律另有规定,否则所有的相关证据都是可采的。《联邦证据规则》第403条允许排除不具"证据力"的证据,即如果"可能导致不公正的偏见、混淆争议或误导陪审团的危险大于该证据可能具有的价值时,或者考虑到过分拖延、浪费时间或不必出示重复证据时,也可以不采纳"。例如,有证据表明,车祸受害者明显是一个"骗子,像花花公子一样道德低下的欺骗者",这一点可能被认为是别人对他的一种偏见。但这些评价与他能否对货车的轮胎制造商提请产品责任的有效索赔(货车侧翻导致严重的脑部损伤)无关。④ 这些陈述会遭到对方的反对("法官大人,我反对!");当然,反对必须说明理由(例如,对车祸受害者的评价是偏见或传闻),并最终由法庭裁定——驳回或继续。

除证据力的排除外,许多社会政策的实施也会排除相关证据。例如,责任保险⑤、事后

---

① 主要审理婚姻案件、家庭案件、继承案件及其他亲属关系纠纷的法庭。
② www.pearsonhighered.com/rufus for a link to this document
③ *Black's Law Dictionary*. (2009). 9th Ed., 635.
④ *WinfredD. v. Michelin North America, Inc.* (2008). 165 Cal. App. 4th 1011.
⑤ 《联邦证据规则》第411条规定,关于某人曾经或者未曾进行责任保险的证据,不能被采纳以证明该人行为是否有疏忽或其他过失的争议。本规则不要求有关责任保险的证据在为其他目的,(如证明代理、所有权或占有、证人有偏见或不公正等)出示时也加以排除。

的补救措施①、和解与和解提议②,以及支付医疗或类似费用③等作为证据使用时都是有限制的。这是为什么?因为使用这些证据会削减各方投保、应对危机、提出和解与认罪的积极性。

证据种类如表2-2所示。④ 部分内容与法务会计更为相关,但是从业人员至少应当了解所有的种类。

表 2-2 证据种类

证据种类	描述
法律证据	所有可采的证据(包括口头和书面的)要合理、充分地证明论点,而不是仅仅增大了怀疑或猜测
可采的证据	相关并具有被法庭接受的特征(例如,不是不公正的偏见或基于传闻)
相关证据	既具备证据力(使事实更可能或更不可能),又是重要的证据;除非被排除,否则具有可采性
物证	与相应的事实或问题有逻辑联系
直接证据	基于个人认知或观察的证据,如果属实就能够证明事实,且不含推断或猜测
间接证据	基于推断而非个人认知或观察的证据,也称旁证。例如,指纹、DNA样本、财务犯罪中被告生活方式的证据
品格证据	关于某人的人格特质或人品的证据,基于其名声或他人对该人的看法
实证证据	可以观察和检查的实物证据
书面证据	以书面或其他文件提供的证据,且必须在可采之前进行鉴定
传闻证据	证人的证言并不是其亲眼所见,而是道听途说;取决于他人而非证人的可信度;一般不可采
特权证据	根据一个或多个成文法和习惯法的相关规定,从对方成果中免除的证据(如律师—当事人保密特权)
专家证据	具备某种知识、技能、经验,接受过某种训练或教育的专业人士,针对专业事实问题提供科学、技术意见,也称专家证言

2.5.2 针对专家的证据规则

有些证据规则具体针对专家证人证言,这对法务会计师来说非常重要,它们分别是第702、703、704和705条规则。

---

① 《联邦证据规则》第407条规定,当一起事件发生后采取了那些如果事先采取很可能使该事件避免发生的措施时,关于这些事后补救措施的证据不能被采纳以证明与该事件相联系的过失或应受处罚的行为。本规则不要求排除为其他目的而提供证明采取了事后补救措施的证据,如为证明所有权、控制权或者预防措施的可行性(如果遭到辩驳或异议)。

② 《联邦证据规则》第408条规定,关于在对一项诉讼主张进行和解或企图和解的过程中,提出、表示或允诺提出/接受、表示或允诺接受一项值得考虑的证据,当该诉讼主张的效力或数额引起争议时,不能被采纳作为证明对该诉讼主张无效或其数额负有责任的证据。

③ 《联邦证据规则》第409条规定,关于支付、表示或允诺支付因伤害而引起的医疗、住院或类似费用的证据,不能被采纳作为证明对伤害负有责任的证据。

④ *Black's Law Dictionary*. (2009). 9th Ed., 635-40.

第 702 条规则

第 702 条规则指出,如果科学、技术或其他专业知识有助于事实审判者理解证据或确定争议事实,凭借其知识、技能、经验、训练或教育有资格成为专家的证人可以用意见或其他方式作证。在这一规则下,只有同时满足以下三个条件时,专家证言才具有可采性:

- 证言是基于充分的事实或数据。
- 证言是可靠原则和方法的产物。
- 原则和方法已被可靠地应用于案件事实。

专家证人的资格通常在直接询问开始时进行认定。资格审核主要基于专家的专业知识、技能、经验、培训和教育。当然,并不需要同时满足以上五项内容。

第 703 条规则

第 703 条规则对专家证言的基础做出一定程度的豁免。在特定案件中,专家意见或推理所基于的事实或数据可以是专家听证时或听证前知悉的。如果专家对待证问题形成意见或推理所依据的是在特定领域可合理作为根据的事实或数据,那么这些事实或数据不必作为证据予以采纳。

第 704 条规则

第 704 条规则指出,在一般情况下,允许专家对某项涉及待事实裁判者决定的最终争议进行作证(例如,离婚诉讼中的商业价值评估)。除关于被告人精神状态或境况的专家证言外,可采纳的意见或推理证据不能因其涉及有待事实裁判者决定的最终争议而受到异议。

第 705 条规则

第 705 条规则指出,专家可采用意见或推理的方式作证并提供相关理由,除法庭另有要求外,不必事先公开该意见所依据的事实和数据。无论怎样,在交叉询问时可以要求作证专家公开其意见所依据的事实和数据。交叉询问是一个十分重要的环节,因为此时的专家意见与其基于的事实、假设、数据或方法同等重要。

2.5.3 专家方法

如前所述,专家证人的意见及其依据的基础(事实、数据和方法)很可能面临对方律师的全面质疑。这些质疑主要表现为以下两种方式:

- 是否为不可靠的"伪科学"。因为这种质疑涉及法律问题,必须由法官运用道伯特标准进行判断。
- 作为交叉询问的法定内容之一。即使法官允许专家证人作证,他或她的证言也会面临交叉询问。

道伯特标准

道伯特标准(Daubert challenge),也称可靠性与相关性标准,是一种在庭审法官判断专家意见的相关性和可靠性之前进行的特殊听证程序,针对其可采性进行裁决。为了使专家意见满足可靠性要求,专家必须具备相关领域的资格,而且专家意见必须依据充分的相关事实、数据和可靠的方法,并合理地将该方法运用于案件中。道伯特标准这一术语出自1993年美国最高法院案件——道伯特 VS 美里尔·道(Merrell Dow)制药公司。①

道伯特标准确立了庭审法官在《联邦证据规则》的规定下,履行"守门员"职责,以确保专家证言的科学有效性。该标准提出了在评估专家证言时应当考虑的五个因素:

- 可检验性争议的科学理论或技术能被检验或者已被检验。
- 该理论和技术已得到同行认可且已有相关出版物。
- 受争议技术的潜在错误率已知。
- 该理论或技术在职业团体中被普遍接受的程度。
- 专家方法在案件诉讼之前是否已存在。

正如道伯特案中所言,"法庭必须专注于方法,而不是方法所产生的结论"。也就是说,道伯特听证并不是为了判断专家证言正确与否。反面证据(包括对方专家的意见)和交叉询问才是攻击可疑专家证言的合理方法。

在道伯特案之前,确定科学证据的可采性的控制标准是弗莱依标准(Frye Standard,又称普遍接受检验规则)。② 在这项标准中,只有当专家采用的方法是被"普遍接受"的,基于科学化方法得出的专家意见才具有可采性。但反对者认为,弗莱依标准过于严格,该标准对于那些新的、还未被普遍接受的科学事物不够灵活。在道伯特案中,最高法院使用《联邦证据规则》替代弗莱依标准,成为联邦法庭中专家证言的可采性标准。此后,美国许多州的法庭纷纷效仿,采用道伯特标准取代原来的弗莱依标准。

道伯特标准三部曲

道伯特案的四年后(1997年),在通用电气 VS 加力尔(Joiner)案③中,一审法院采用道伯特标准排除了专家证言;但二审巡回法院推翻了一审判决,认为本案法官在判断专家证言时滥用权限。最后,最高法院否决了上诉法院的裁定,支持地区法院的一审判决。最高法院明确表示,允许地区法院在更广的范畴内决定是否采纳专家证言。在随后(1999年)的锦湖轮胎(Kumho Tire)VS 卡迈克尔(Carmichael)案④中,最高法院规定将道伯特标准的五个因素运用于所有专家证言,包括非自然科学的专家证言(例如,法务会计等人文社会科学)。⑤ 在这个规定中,最高法院还准许初审法庭考虑其他合理的因素。总的来说,这三例案件被称作道伯特标准三部曲,对《联邦证据规则》第702条做出了很好的解释。⑥

---

① *Daubert v. Merrell Dow Pharmaceuticals*, 509 U.S. 579 (1993).
② 基于弗莱依 VS 联邦政府,293 F.1013(1923)。
③ *G.E. v. Joiner*, 118 S. Ct. 512. (1997).
④ 在该案中,原告卡迈克尔(Carmichael)驾驶汽车时由于汽车爆胎,造成一人死亡多人重伤。随后,卡迈克尔将锦湖轮胎公司推上被告席,同时递交了一位机械工程师的证言——他从技术的角度论证爆裂完全是由于轮胎存在质量瑕疵而非老化所导致。
⑤ *Kumho Tire Co. v. Carmichael*, 119 S. Ct. 1167 (1999).
⑥ Stern, A. J. (2011). *Federal Civil Practice Update 2011: A Practical Guide to New Developments, Procedures & Strategies*. Practising Law Institute.

2.6 沟通保密特权

沟通保密特权①是一种保护发生在保护关系内的沟通的法律原则。一般来说,这种保护关系包括律师与当事人、丈夫与妻子、医生与患者、牧师与忏悔者等。这种特权主要是针对委托方(例如,当事人或忏悔者而非律师或医生)。沟通保密特权源于 1981 年美国最高法院审理的厄普约翰公司(Upjohn Co.)VS 联邦政府一案。② 为了促进当事人与律师自由地交流,强迫律师公开与当事人之间的谈话内容是不正当的,因此法律禁止未征得当事人同意公开双方谈话的内容。沟通保密特权的设置是为了保护一些特殊职业的执业人与其当事人或具有特定身份人员之间自由交流的权利。

然而,沟通保密特权与充分的信息披露职责是相互冲突的,因此会被法庭谨慎而严格地加以执行。如前所述,在民事诉讼的调查取证阶段,无论证据对其是否有利,双方都有义务将所有相关的、非特权证据透露给对方,以供在庭审时使用。

2.6.1 律师—当事人保密特权

律师—当事人保密特权是最早在法律上受保护的特权,其被定义为"当事人具有可以拒绝公开或者阻止其他人公开为了向当事人提供法律服务而进行的秘密交流内容的特权"。③ 律师—当事人保密特权包括以下要素④:

- 当事人向律师进行法律咨询。
- 与当事人所寻求的法律服务密切相关。
- 在秘密的状态下进行。

律师—当事人保密特权的目的是鼓励法律纠纷的当事人能够与受托律师自由交流,从而使律师能够给出合理的法律意见。目前,律师—当事人保密特权可以延伸至帮助律师提供法律服务的非律师(如下属和咨询专家)。

2.6.2 工作成果豁免原则

工作成果豁免原则(也称律师卷宗特权或诉讼预期特权)由美国最高法院在 1947 年审

---

① *Upjohn Co. v. United States*, 449 U.S. 383 (1981).
② 厄普约翰公司为了调查公司内部普遍存在的、向业务所在地政府官员支付不合法报酬的现象,由公司法务人员向海外子公司发放相关调查问卷,并且承诺将该调查作为内部秘密,以确保调查结果的真实可靠性,由此形成了诸多回复函及谈话记录等材料。事后,美国国内税务局调查人员要求查阅相关人员的名单。从而引发了这些材料是否移交以及能否作为控诉证据的争论。
③ *Black's Law Dictionary*. (2009). 9th Ed., 1317.
④ 关于律师—当事人保密特权的基础和来源,详见联邦政府 VS 联合制鞋设备公司(United Shoe Mach. Corp.)案(110 F. Supp.295,1953)。

理泰勒(Taylor)VS 希克曼(Hickman)案①时确立,即在诉讼中,对于律师准备的文件、访谈和声明等材料有限地免于审前预示。工作成果豁免原则有利于律师在其工作成果没有被泄露给诉讼对方的风险下积极准备应诉。② 与律师—当事人保密特权类似,工作成果豁免原则也可以延伸至帮助律师提供法律服务的非律师。③

由于律师工作成果的外延过于宽泛,律师在几乎所有审前阶段、为了诉讼而进行的准备成果都可以被认定为工作成果,如果不加选择地全部适用工作成果豁免原则的话,将使得为了提高诉讼效率和避免诉讼突袭而设置的证据调查取证程序④形同虚设。因此,恰当地界定工作成果的范围、确定特权应予保护的成果范围是此原则适用于实践的首要问题。⑤ 一般而言,当事人及其代理人为即将提起的诉讼或审判所准备的、处于律师监督之下的工作成果才能受到工作成果豁免原则的保护。如果制作文件不是为了即将提起的诉讼或审判,那么就不能对这些文件给予保护,如许多为商业目的而制作的文件。

作为一项规则,确定一份文件是否应予以豁免主要考察该文件是律师主观思维的记载还是证人陈述的客观记录。如果属于前者则属于绝对豁免的范围,如果属于后者则自然是相对豁免的范围。⑥

2.6.3 律师—当事人保密特权与工作成果豁免原则的延伸

联邦法规(以及大多数州)中并不存在会计师—当事人特权和会计工作成果豁免原则。⑦ 任何特权的保护是基于当事人与律师的委托关系、通过律师—当事人保密特权和工作成果豁免原则来实现的,只是在一定的条件下,这些特权可以延伸至法务会计师。其中,最重要的条件就是法务会计师参与的活动的性质——法务会计师是否以咨询或鉴证专家的身份提供服务。

律师与咨询专家之间的沟通一般也受到律师—当事人保密特权或工作成果豁免原则的保护。直到最近,与鉴证专家的沟通才得到相应的保护。这个变化始于2010年12月,修订的《联邦民事诉讼规则》(FRCP)第26(b)(4)条允许工作成果豁免保护原则延伸至大部分律师—专家沟通及所有的专家报告草案。这一规则促使实务发生了巨大变化,有效地减少了诉讼成本、提高了诉讼效率。

---

① *Hickman v. Taylor*, 329 U.S. 495 (1947).
② 与律师—当事人保密特权不同,工作成果豁免原则是一项针对律师而非当事人的权利。
③ *U.S. v. Nobles* (422 U.S. 225, 238, 1975).
④ 证据开示(Discovery)又称证据展示、证据交换或调查取证,是指控辩双方在庭审前或审理过程中,依照一定的程序和方式,相互之间开示各自控制或掌握的诉讼证据及与之有关资料的一种制度。
⑤ *Maine v. United States Dept. of Interior*, 298 F.3d 60 (1st Cir. 2002).
⑥ Russell, R. (2009, Oct. 18). Case exposes tax work papers to IRS. *Accounting Today*.
⑦ 除联邦政府授权的税务编制人员外《联邦民事诉讼规则》(IRC)第 7525 条规定,他们享有有限的、在民事诉讼中的"税务建议"特权;17 个州保护(由法规规定的)不同程度的会计师—当事人沟通保密特权。

深入探讨

关于律师—当事人保密特权和工作成果豁免原则的深入了解,我们建议读者阅读2007年出版、由鲁弗斯和米勒(Rufus and Miller)合著的 *The Value Examiner* 中 Attorney-Client Privilege and the Forensic Accountant 一文。

2.7 与律师共事

除之前讨论的规则与原则外,法律框架中的另一个关键因素是与律师共事。一名优秀的法务会计师必须与委托律师保持开放、诚实的工作关系。当然,要保持这种工作关系所涉及的因素很多,其中最重要的五个方面为:

- 沟通——法务会计师必须清楚地知晓自己要做什么、工作应该什么时候完成、费用的支付,以及案件的性质和审理地点(联邦的还是州的、民事的还是刑事的)。这些都必须在双方的委托书中明示。
- 尊重——双方都要尊重各自在案件中扮演的角色。律师的职责当然是为当事人积极辩护——以获胜为目的。类似的,鉴证专家必须为其意见积极辩护。当作为专家证人时,法务会计师必须保持中立和客观——不受律师与外界的影响。
- 积极回应——法务会计师必须在从收集、分析数据到及时修改、完善并表达最终报告的整个过程中保持积极的回应。律师也必须在及时提供专家证人所需的信息、适时通知日程变更等方面保持积极的回应。
- 责任——法务会计师有责任对委托律师在完善和表达专家意见时保持应有的职业谨慎。而且,对于法庭,法务会计师有责任客观、诚实地发表和完善专业意见。
- 道德义务——某些案件会出现介于法律规范与道德义务的"灰色地带"。① 它是指那些违反了社会道德的约束但没有明确的相关法律界定是否违法的某些行为。"灰色地带"源于法律的不完善,一是法律没有涉及的领域,主要是由立法者的知识及预见的局限性所致;二是虽然法律对该领域有所涉及,但是描述得不是十分明确,有的甚至模棱两可。由于法律的不健全,"灰色地带"必须以公正且合乎道德的方式解决。

深入探讨

历年来,许多影片为人们展现了司法审判的过程,虽然某些内容有些过时,我们还是鼓励读者观赏以下电影:*Twelve Angry Men*(1957年)、*Anatomy of a Murder*(1959年)、*Inherit the Wind*(1960年)、*To Kill a Mockingbird*(1962年)和 *Presumed Innocent*(1990年)等。

---

① 例如,同性恋或同性婚姻、人体摄影、赠送代金券或购物券的变相行贿、网络自媒体广告等。

2.8 尾声：联邦政府 VS 邦妮·贝恩案

2.8.1 基于法务会计师的分析

为了应对量刑听证，贝恩女士的律师聘请了一位法务会计师，以提供关于挪用数额的专家证言。该专家证人采用净值法，以专业确定的合理程度（量刑听证的证明标准）断定了这个数额。因为贝恩女士财富净值的增加值可以合理地确定，这样专家的工作就变成一个很简单的问题了。也就是说，挪用数额可以通过贝恩女士的消费（例如，生活开支和可自由支配的个人开支）减去合法来源收入（例如，工资、礼物和贷款等）计算出来。与联邦调查局的调查类似，专家的工作包括调查访谈、分析贝恩女士的财务记录、考察其个人生活方式与其他行为模式。与联邦调查局的主要差别是，专家有机会采访贝恩女士本人。有趣的是，专家的计算结果与联邦调查局的结论基本一致。

贝恩女士的法务会计师也查看了由 BB&T 的公司调查部起草的调查报告。虽然她认同调查报告的结论——贝恩女士操纵了银行的内部控制（其本人对此供认不讳），但是法务会计师在其报告中表达了对公司调查部所观察内容的质疑。摘录如下：

- 政策的变化使得我们很难判断差额（缺口）是被挪用、疏于监管还是管理不当。
- 对于资金被挪用的方式与时间，我们仍然没有具体的证据。
- 深入而广泛的调查已经确定了 5 号出纳员（贝恩女士）与公款挪用具有高度的关联性。
- BB&T 有可能在收购该分支银行时故意对外隐瞒了挪用案。

专家报告得出贝恩女士在挪用案中单独作案且负全部责任等与 BB&T 调查结论相一致的结论。与此同时，专家报告还指出 BB&T 调查存在的一些不当之处。例如，

- 对于他人进入金库的"入口"没有进行调查。
- 对于他人进入识别控制（如柜台的账户和密码）的入口没有进行调查。
- 对于可能存在的同伙没有加以考虑和调查。
- 公司调查部的报告对"证据"的法律概念存在一定程度的误解。
- BB&T 的调查指出了监督和内部控制失败的迹象，但是没有确凿的证据表明贝恩女士到底挪用了多少资金。
- BB&T 的调查结果带有一定的偏见，并没有以专业确定的合理程度表达其调查结论。

2.8.2 量刑听证

为了佐证和强化各自的论点，被告和公诉人均提交了专家报告的副本以供法庭参考。由官方提供的专家报告（BB&T 的报告）在 2012 年 1 月 12 日法庭量刑听证的一开始就遭到

了质疑。这份报告没有以专业确定的合理程度表达调查结论,不能完全支撑其论点;而且,法院不赞成专家所认为的一些事"必然"会发生的观点——贝恩女士是携带超过 100 万美元现金走出银行的。由于以上不足,法庭拒绝采纳官方提供的专家证词。

接下来,法庭认可了贝恩女士的法务会计师撰写的调查报告,赞同其采用的方法(净值法)及理论基础有效地支持了所得出的观点和结论。法庭也认同了联邦调查局类似的分析与调查结果。在法庭的调解下,案件以专家的调查结果(293 376 美元)作为量刑与赔偿的依据并结案。

司法部刊物发布了贝恩女士的宣判结果(2012 年 2 月 6 日)。①

BB&T 前员工因编制虚假银行分录被判入狱 30 个月

联邦地区法官约翰·科彭哈弗宣判,位于西弗吉尼亚州查尔斯顿的分支银行与信托控股公司前员工邦妮·贝恩因编制虚假的银行记录而判处入狱 30 个月。

贝恩女士承认自 2004 年 5 月至 2007 年 10 月,从位于查尔斯顿的 BB&T 西区支行挪用了 200 000—400 000 美元的现金。为了隐瞒挪用的事实及其导致的现金缺口,贝恩女士承认在公司账目上编制虚假记录,使现金余额表面上平衡但事实上并非如此。贝恩女士运用各种方法"上下浮动"其保管的现金与总分类账中现金的差额。为了进一步实施挪用阴谋,贝恩女士供认她有时会通过记录虚拟现金、开具虚假取款凭证来虚假算平现金柜中的现金。

"银行雇员一般很受人们的尊敬和信任。"美国律师布斯·古德温(Booth Goodwin)说,"滥用这种信任是昧着良心的,亵渎了信任。这不仅是对银行的犯罪,也是对那些把钱交由被告以保证资金安全的每一个人的犯罪。我很荣幸能将她绳之以法,我也希望她的判决能够向人们传递强有力的震慑信息"。

最后,法庭宣判贝恩女士赔偿 293 376 美元,每月分期付款 250 美元。贝恩女士已于 2012 年 3 月 16 日开始服刑。

 特别提示

联邦政府 VS 邦妮·贝恩案强调了鉴证专家的工作在目标、内容和责任等方面与舞弊调查员不同。更重要的是,它论证了这两个角色理解法律环境的必要性。

---

① www.pearsonhighered.com/rufus for a link to this press release

附录 2-A：美国法律层级

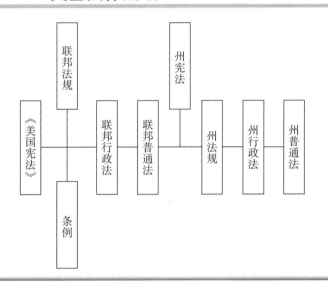

附录 2-B：诉状范例

西弗吉尼亚州卡纳瓦县巡回法庭

(原告)约翰和珍·冬

VS　　　　　　　　　　　　　　　　民事诉讼编号_____

(被告)罗伯特·费洛

致：罗伯特·费洛　　　　　　　　　　服务一个人

阿法贝特街111号

WV 25701,亨廷顿镇

传票

致上述被告人：

兹以西弗吉尼亚州法庭的名义传唤你,你必须针对你的民事诉讼进行回应,并将答辩状与可能的反诉状呈送至约瑟夫·琼斯先生(西弗吉尼亚州查尔顿斯25301,邮箱号111)。本案诉状的副本已经后附并送达你处。你需要在收到此传票的(20)个工作日内(不含收到日)准备答辩状。如果你没有按时回应,本院将根据原告的诉讼请求及已经提交法院的证据材料进行缺席判决,由此你会被禁止在上述类型的民事诉讼中进行反诉讼。

日期：2012年12月1日

法院书记员：_____

西弗吉尼亚州卡纳瓦县巡回法庭

（原告）约翰和珍·冬
VS   民事诉讼编号_____
（被告）罗伯特·费洛

诉状

1. 原告：约翰和珍·冬（以下简称"原告"）系西弗吉尼亚州卡纳瓦县查尔顿斯镇的居民。

2. 被告：罗伯特·费洛（以下简称"被告"）系西弗吉尼亚州喀拜尔县亨廷顿镇的居民。

3. 2012年4月1日，被告在西弗吉尼亚州卡纳瓦县查尔顿斯的查尔斯顿镇大学校园中驾驶产于1962年的大众"甲壳虫"轿车。

4. 在上述日期，原告正行走在查尔斯顿大学学生会门前的马路上。

5. 被告在打电话时，他驾驶的车由于超速失控撞向了原告，造成原告严重的身体伤害。

6. 因被告的过失而造成的直接后果是，原告受到多处严重的永久性创伤并产生了大量的医疗费用，今后很可能还会继续产生医疗费用。

7. 与此同时，因被告的过失而造成的直接后果还有，原告身体上的伤害对其带来了精神上的痛苦和情绪上的困扰，并被剥夺了享受生活的能力。

因此，原告恳请法院对被告判处如证据所证明的赔偿数额。

原告要求由陪审团审理上述所有问题。

约翰和珍·冬及其代理律师

约瑟夫·琼斯（WVSB #1111）
邮箱 111，查尔斯顿 25301，西弗吉尼亚州
（304）555-1111,（304）555-1112（传真）

附录2-C：答辩状范例

西弗吉尼亚州卡纳瓦县巡回法庭

（原告）约翰和珍·冬
VS   民事诉讼编号_____
（被告）罗伯特·费洛

被告罗伯特·费洛的回应及反诉

现在，被告罗伯特在辩护人扎卡理·加拉格尔的陪同下，对原告的指控辩护如下：

第一次辩护

原告的指控没有完整地说明行为过程、全面地解释事故的成因。因此，根据西弗吉尼亚州《民事诉讼规则》第12（b）(6)条规则，该指控应就此作废。

第二次辩护

1. 被告没有足够的知识及信息承认或否认原告诉状第1条的指控，被告请求再次进行审查。

2. 被告承认原告控诉中第2条的控诉。

3. 被告否认他驾驶的是1962年产的大众"甲壳虫"轿车，但是被告承认原告控诉中第3条的指控。

4. 被告没有足够的知识及信息承认或者否认原告诉状中第4条的指控，被告请求再次进行审查。

5. 被告承认使用了手机，但是否认高速行驶。被告否认原告诉状中第5条的其他控诉。

6. 被告没有足够的知识及信息承认或者否认原告诉状中第6条的指控，被告请求再次进行审查。

7. 被告没有足够的知识及信息承认或者否认原告控诉中第7条的指控，被告请求再次进行审查。

第三次辩护

被告再次否认原告的指控。

第四次辩护

被告不会在任何程度上对原告负责。

第五次辩护

如果有的话，原告应对因自己的疏忽行为而造成他人的伤害负责。

第六次辩护

被告援引共同过失和相对过失为自己辩护。

第七次辩护

被告声称本答辩状所阐述的辩护均符合西弗吉尼亚州《民事诉讼规则》第8(c)条款。

第八次辩护

被告对自己披露的信息负责并进行抗辩。因此，被告请求解除原告对被告的诉讼，并且赔偿被告的诉讼费用。

反诉

接下来是罗伯特的反诉讼，申诉如下：

1. 罗伯特是居住在西弗吉尼亚州喀拜尔县亨廷顿镇的公民。

2. 在2012年4月1日，罗伯特是产于1964年大众"甲壳虫"轿车的所有者和使用者。

3. 在所述的日期，原告曾试图横穿马路而不小心踏进被告的车道。

4. 原告的不谨慎行为、自身的疏忽和不当的处理导致了原告所主张的伤痛。

5. 造成原告受伤唯一的可能原因，正是如前文所述的疏忽和不当处理。

因此，罗伯特请求法官判决如下：

1. 判决原告诽谤被告，并赔偿罗伯特100万美元的精神损失费。

2. 判决原告对造成罗伯特的烦恼、不便、尴尬、羞辱及生活失控负责，并赔偿罗伯特200万美元。

综上，罗伯特反诉请求法官判决原告赔偿共计 300 万美元，或者经陪审团同意后，加上判决前利息、成本及律师费。

罗伯特·费洛及其代理律师

扎卡理·加拉格尔（WVSB #2222）

邮箱 2222，查尔斯顿，西弗吉尼亚州 25301

（304）555-2222，（304）555-2223（传真）

西弗吉尼亚州卡纳瓦县巡回法庭

（原告）约翰和珍·冬

VS   民事诉讼编号 _____

（被告）罗伯特·费洛

服务证明

本人扎卡理·加拉格尔，系被告罗伯特·费洛的辩护人。我保证遵纪守法，提供真实正确的信息与通信地址，已预付的邮资并于 2012 年 12 月 15 日邮寄。

约瑟夫·琼斯
邮箱 111，查尔斯顿 25301，西弗吉尼亚州

扎卡理·加拉格尔

关键术语

裁决	制裁	预先审核	调解	调查取证
无罪推定	仲裁	证据	证据优势	举证责任
证明标准	相关证据	证据力	《联邦证据规则》	道伯特标准
工作成果豁免原则	明确而有说服力的证据		正义	排除合理怀疑
律师—当事人保密特权		保密沟通	专业确定的合理程度	
《联邦民事诉讼规则》				

简答题

2-1 请解释美国的"法治原则"。

2-2 试描述法律的三大基本功能，并解释这些功能对美国司法体系的重要性。

2-3 公法可以分为哪些类型？涉及法务会计的有哪些？简要说明每个分类。

2-4 私法可以分为哪些类型？涉及法务会计的有哪些？简要说明每个分类。

2-5 请区分美国司法程序与电视节目(如 Law & order、CSI)所描述的五种主要不同之处。
2-6 民事审判的三个步骤是什么？试简要说明每个步骤。
2-7 一般来说,提交诉状的人是谁？诉状主要包含哪些信息？
2-8 什么是答辩状？由谁提交答辩状？如何提交？
2-9 调查取证的目的是什么？期间要进行哪些活动？
2-10 根据《联邦民事诉讼规则》,专家报告应包含哪些特定项目？
2-11 预先审核的含义是什么？在预先审核中,法庭会调查陪审员候选人的哪些个人信息？
2-12 民事审判的关键程序有哪些？请阐述这些程序重现了什么内容。
2-13 民事审判与刑事审判显著的不同之处有哪些？
2-14 谁承担法律诉讼的举证责任？为什么？
2-15 民事案件有哪两种证明标准？试简要解释每种标准。
2-16 在刑事案件中,检察官判断证据的可靠性有什么标准？该标准有哪些可能的级别？
2-17 为什么专家证人可以在民事或刑事案件中提供意见,但其他的证人不可以？
2-18 美国司法系统《联邦证据规则》的目标是什么？
2-19 美国司法系统的证据有哪些分类？
2-20 什么是相关证据？相关证据在什么情况下具有可采性？
2-21 什么是证据力？举例说明因证据力不足而被排除的情形。
2-22 试分析讨论在《联邦证据规则》第702条规则下,专家证言必须具备的三个标准。
2-23 在审判中质疑专家证言有哪两种方式？
2-24 什么是道伯特标准？是谁开创了这一标准？
2-25 在道伯特标准下,法官应该考虑哪五个因素以判断专家证言的可采性？
2-26 什么是沟通保密特权？试举例说明。
2-27 律师—当事人保密特权有哪三个要素？
2-28 请描述什么是工作成果豁免原则,其主要目标是什么？
2-29 影响法务会计师与律师工作关系的五个关键因素是什么？

选择题

2-30 根据美国注册会计师协会,法律环境的应用知识是法务会计的核心技巧。
A. 正确　　　　　　　　B. 错误

2-31 下列哪一项不是法律的职能？
A. 国家保护　　　　　　　　B. 确保所有审判的公平性
C. 财产保护　　　　　　　　D. 解决争端

2-32 司法程序是由律师执行和管理的。
A. 正确　　　　　　　　B. 错误

2-33 为了获得案件的额外信息,允许陪审团执行个人调查。
A. 正确　　　　　　　　B. 错误

2-34 下列哪一项不属于公法？
A. 合同法　　　　　B. 刑法　　　　　C. 行政法　　　　　D. 宪法

2-35 通常涉及法务会计师服务内容的私法不包括下列哪一项？
A. 合伙法　　　　B. 侵权行为法　　　C. 销售法　　　　D. 合同法
E. 以上都是

2-36 电视节目和电影呈现的是美国司法系统的真实运作状况。
A. 正确　　　　　B. 错误

2-37 下列哪一项是民事审判的特定阶段？
A. 调查取证阶段　B. 陪审团听证阶段　C. 辩护阶段　　　D. 以上均不是

2-38《联邦民事诉讼规则》规定了从民事诉讼中收集信息的方式，这些规则适用于民事案件的哪一个阶段？
A. 陪审团审议　　B. 量刑　　　　　　C. 陪审员的选择　D. 调查取证

2-39《联邦证据规则》第26(a)(2)条规则要求所有的专家意见（如法务会计师的意见）都要在调查取证阶段向对方披露。
A. 正确　　　　　B. 错误

2-40 在法律诉讼的审判阶段中，预先审核是指法官和律师质疑陪审员候选人的背景与信仰。
A. 正确　　　　　B. 错误

2-41 "证据优势"是比"明确而有说服力的证据"更高的证据标准。
A. 正确　　　　　B. 错误

2-42 在刑事审判中，证人的个人观点不能作为证据。
A. 正确　　　　　B. 错误

2-43 在美国大多数州，证据的可采性由以下哪一项进行规范？
A.《联邦民事诉讼规则》B. 证据采用程序　　C. 普通法规定　　D.《联邦证据规则》

2-44 专家证言的主要目的是什么？
A. 确保其他证人的证词是相关的　　　B. 帮助事实审判者理解复杂问题
C. 帮助律师陈述开场和结束辩词　　　D. 以上都不是

2-45 下列哪一项不是审判法官评估专家证词时应当考虑的道伯特标准？
A. 同行对方法的接受程度　　　　　　B. 理论是否在业内被接受
C. 方法是否经过论证　　　　　　　　D. 方法已知或潜在的出错率
E. 以上都不是

2-46 律师和作证专家之间的交流受到工作成果豁免原则的保护。
A. 正确　　　　　B. 错误

2-47 下列哪一项不是律师—当事人保密特权保护中的必要因素？
A. 当事人向律师进行法律咨询　　　　B. 由警察局官员实施的
C. 与当事人所寻求的法律服务密切相关　D. 在秘密的状态下进行

2-48 工作成果豁免原则的主要作用是什么？
A. 使得律师在准备诉讼时消除泄露信息给诉讼对方的风险
B. 确保所有的法庭文件已经完成的并能及时呈现
C. 查证所有证人提供的证词
D. 确保所有呈上来的文件按法院规定的方式存档

职场应用

2-49 根据联邦政府 VS 邦妮·贝恩案,请回答以下问题:
1. 为什么 BB&T 将调查限制在内部文件和与内部员工的交流中?
2. 为什么 BB&T 的调查报告所包含的信息有利于贝恩女士的辩护?
3. 为什么贝恩女士被"带薪休假"?
4. "证据优势"与"排除合理怀疑"有何区别?
5. BB&T 的调查员期望其调查报告被提交法庭并受《联邦民事诉讼规则》第 26 条规则的约束吗?
6. 充分、合法的专家意见应包括哪些要素?
7. 专家意见应有多大程度的确定性?"貌似""可能"和"很可能"之间有什么区别?
8. 充分的事实或数据意味着什么?
9. 什么是可靠的方法?
10. 法务会计师期望其意见报告被提交法庭吗?

2-50 结合联邦政府 VS 邦妮·贝恩案,请列出作为一名被告可能通过调查取证过程获取的证据。

2-51 旁观一个联邦或地方法庭的案件审判。如果时值挑选陪审员,尝试了解被告和原告的律师决定接受或者拒绝陪审员候选人时所考虑的因素。如果时值审判,观察哪些证据可以上呈法庭,是否符合本章讨论的《联邦证据规则》。如果时值专家证人作证,观察该专家如何证明其专业能力是值得信赖的,专家意见又是如何呈现在法庭上的。描述专家证人质证与交叉询问的区别。请准备一份备忘录给你的导师,指出你的观察结果及其与本章所学概念的关系。

深度思考

2-52 登录美国注册会计师协会网站并阅读一篇标题为 Characteristics and Skills of the Forensic Accoutant 的文章,请指出律师认为的五种最主要的特征或技能,并对比注册会计师认为的五种最主要的特征或技能。将以下问题记录下来提交给你的导师:
  A. 将这些特征按重要性进行排序   B. 讨论每一种特征或技能的属性
  C. 探讨律师和 CPA 对特征重要性排序的不同

2-53 回顾《联邦民事诉讼规则》第 26(a)条规则,记录该条规则中关于专家报告应包含的特有信息并提交给你的导师。

2-54 回顾《联邦民事诉讼规则》第 26(b)条规则,记录以下相关信息并提交给你的导师。
  A. 材料   B. 专家   C. 声明的特权

2-55 回顾《联邦民事诉讼规则》第 26(e)(2)条规则,请列出对专家证人在审理中应该提供额外信息(非预先提供的信息)有哪些要求。

2-56 回顾《联邦证据规则》,特别是第 101、102、103 和 104 条规则,请指出每条规则的适用情形,并指出每条规则如何影响民事审判和刑事审判的调查取证。

2-57 回顾《联邦证据规则》,特别是第 401 和 402 条规则,请解释什么是相关证据,并指出具备何种特征的相关证据才具有可采性。

2-58 研究《联邦证据规则》第 702 条规则,符合什么标准的证人才能成为专家证人?在什么情况下需要专家证人出庭作证?请指出对专家证人证言的要求。

2-59 在互联网上查找关于道伯特 VS 美里尔·道制药公司案的总结分析。请指出主审法官在判断专家证言证据力时应考虑的五项标准。

2-60 获取由鲁弗斯和米勒合著的 *The Value Examiner* 中的 Attorney-Client Privilege and the Forensic Accoutant 一文（网络链接：www.pearsonhighered.com/rufus），学习该文章并指出在哪些情形下，律师—当事人保密特权可以延伸至法务会计师。

2-61 观看影片 *My Cousin Vinny*（网络链接：www.pearsonhighered.com/rufus），其中描写了一个幽默的案例——一名专家证人的资质是如何被质疑的。观看完片段后，请指出衡量一名专家证人是否适格的关键因素有哪些，并说明专家证言对陪审团考量证据所产生的影响。

第 3 章

筛选与规划业务

3.1 引言：马特柯公司 VS 安永会计师事务所案
3.2 筛选业务
3.3 规划业务
3.4 尾声：马特柯公司 VS 安永会计师事务所案
附录 3-A：业务约定书范例

学习目标

通过本章的学习,你应该能够

目标 1:明确筛选业务时应考虑的五大要素

目标 2:了解法务会计利益冲突的含义,说明披露利益冲突的重要性

目标 3:描述业务约定书的目的与内容

目标 4:明确构建解决框架的基本因素,解释每一部分之间的联系

目标 5:了解科学化方法在法务会计中的应用

目标 6:理解调查在法务会计中的重要价值

3.1 引言：马特柯公司 VS 安永会计师事务所案

在法务会计中，筛选与规划业务是相当重要的。筛选，顾名思义，就是采取一系列的措施与程序以避免遇到某些欺诈客户和风险大于收益的情况。筛选与招聘员工的审查类似，目的在于寻找合适的客户或者接受合适的业务。规划，简而言之，就是对整项业务进行合理的计划，利用有限的资源完成和出具报告。

本章讲解这些基本程序中应慎重考虑的因素，其作用不容忽视。首先，我们指出在承接业务之前需要考虑的一些重要因素；其次，我们介绍作为双方经济合同的业务约定书的使用；再次，明确具体的控制因素以构建解决问题的框架；最后，采用有效的科学化方法与调查进行审查复核。在整个学习过程中，我们会针对实际问题提出一些建议，并且帮助从业者识别一些潜在的陷阱。总而言之，本章的目的就是让你熟悉承接业务之前必须做的一些准备工作。

马特柯锻造公司 VS 安永会计师事务所案

在开始本章内容的学习之前，我们先了解马特柯（Mattco）锻造公司（以下简称"马特柯公司"）起诉安永会计师事务所（以下简称"安永"）的案件。该案是筛选与规划业务失败的案例，并导致十二年一直纠缠不清的诉讼。

本案会计职业界最重要的案例之一，主要有以下三个原因：（1）这是第一例起诉主要会计师事务所并提供诉讼支持服务的胜诉案例；（2）这也是首次采用"案中案"方法确认会计不当行为的案例；（3）它是限制使用专家证人豁免权的先例。

公司背景

马特柯公司是一家位于美国加利福尼亚州帕拉蒙特市的制造商，它给许多企业（包括通用公司）提供金属加工制品。1985年9月，马特柯公司向通用公司提起联邦民事侵权诉讼，状告通用公司基于种族歧视取消其分销承包商的资格。为了赢得诉讼，马特柯公司需要出具合理的、确切的损失证明，并且要证实这些损失是由通用公司错误的行为所导致的。

为了打赢这场官司，马特柯公司聘用了恩斯特-杨会计公司（后合并为安永会计师事务所）作为损失顾问和专家证人。对于安永来说，其面临的最大难题就是如何确认和计量由通用公司错误行为所导致的损失。值得注意的是，安永委派了一位合伙人——理查德·兰平（Richard E.Lamping）负责该项诉讼服务，这主要是出于他拥有专业的法务会计及法律诉讼方面知识的考虑。

特别提示

1989年5月19日，原"八大"会计师事务所中排名第五的恩斯特-惠尼（Ernst & Whitney）与排名第六的亚瑟-杨（Arthur Young）合并为安永（Ernst & Young），成为当时世界上最大的会计师事务所。安永是世界上最大的专业服务公司之一，也是目前"四大"会计师事务所之一。目前安永在全球150多个国家（地区）有办事机构728个、190 000多名员工，2014财年收入达274亿美元。目前在北京、香港、上海、深圳、广州、大连、成都、武汉、苏州及澳门等城市设有分所及办事处，截至2013年年底聘用专业人员超过10 000人。

业务承接

作为专家证人，安永必须收集大量的相关证据，并运用科学化方法得出结论。因此，安永期望能够收集更多的真实证据，而不是推测。当然，如果发现了"其他"导致损失的因素，则应该对损失的计算方法和结果做出相应的调整。

安永指派托马斯·布鲁默（Thomas Blumer）接手马特柯公司的这项业务。虽然布鲁默既是注册会计师也是安永诉讼支持组的一员，但是布鲁默并没有接受过相关法务会计知识的培训，也没有处理相关诉讼案件的经验。

 特别提示

在第1章和第2章中，我们了解到法务会计的特征之一是案件所处的法律环境。基于这一原因，法务会计师必须接受有关调查和法律环境的专业知识培训，譬如调查取证、证据学、心理学、司法流程，以及形成与表达专家意见等。你可以回顾一下FRE 702规则，它将有助于专家证人验证所提供的证据是否属实、是否与案件直接关联。

马特柯公司经营损失的计量

计算经营损失的一般过程为：(1)损失的总收入；(2)可避免成本的计量；(3)净经营损失=损失的总收入-可避免的成本。换句话说，只有净经营损失才被认可为"损失"。

为了计算马特柯公司发生的净经营损失，布鲁默将注意力放在了马特柯公司之前与通用公司签订的招标合约，特别是其中的六份工作文件。这些文件包含了由马特柯公司自己估算的经济损失。在审核这些现有文件的过程中，布鲁默发现有26张估算表不见了。在布鲁默的要求下，马特柯公司提供了新的估算表。布鲁默将这些新的报表纳入工作文件中，据以计算马特柯公司的经营损失。

在安永递交专家报告后，通用公司要求安永补充提供形成其专家报告的所有支持文件的副本。作为回应，布鲁默将六份工作文件及马特柯公司重新估算的报表打包寄给了马特柯公司的律师，并由其转交通用公司。

通用公司的反诉讼

1987年8月,通用公司在审查安永提供的证据及其他收集的证据后,提出解除与马特柯公司的合约,并起诉马特柯公司利用安永伪造证据、进而夸大损失。通用公司特别指出,马特柯公司在安永的法务会计师的协助下,变更和编制了安永据以计算损失的估算表。

马特柯公司从以下方面予以反驳:首先,新的估算表是在安永的要求下编制的,这些报表只是大概的估计;其次,安永也知道这些新的估算表并不是那些丢失报表的副本;最后,根据理查德的证词,马特柯公司辩解这些新的报表与损失没有太大的相关性,而且安永也没有基于这些报表计算损失。

法院的裁定

1989年4月,在对证据进行复核后,联邦法官理查德·加德布瓦(Richard Gadbois)宣布通用公司有权解除与马特柯公司的合约,依据如下:

- 马特柯公司故意变更和编制假的估算表计算损失,由此对通用公司、法院和整个司法程序构成欺诈。
- 安永基于虚假的估算表计算损失。
- 马特柯公司涉嫌伪造所有的证据。
- 由于安永从一开始就参与虚假证据的编制,因此禁止安永在未来的进程中参与此次事件的调查。
- 后期诉讼不允许使用安永提供的工作底稿、文件或其他材料作为证据。

与此同时,加德布瓦法官认为,针对马特柯公司伪造证据这一事实罚款1 400万美元。马特柯公司并没有对此裁定提起上诉。

3.2 筛选业务

在马特柯公司的例子中,我们发现是否接受某项业务的委托是一项慎重的决策,它要求我们对业务的风险和收益进行评估。风险一般包括业务的合法性、自身的专业胜任能力、所耗费的人力和物力等资源、未能按时完成委托的可能性、客户财务的可查性、面临的法律和诉讼处罚、对执行人和公司专业名声的损害。收益一般包括报酬、认可度、专业声誉、成就感、员工或公司道德。

评估一项业务的风险和收益可以用风险报酬率衡量。在实际操作中,风险报酬率的评估值因人而异,原因是每个人对风险和收益的界定与重要程度都有自己的主观看法。换句话说,任意两个人对风险和收益的组成部分及其数值的评估结果都是不同的。特别是对于从事法务会计的新手来说,他们可能会过分注重收益,而低估该业务的潜在风险。

 特别提示

在第10章,我们将介绍业务风险、防护措施,以及如何做出正确的决策。美国注册会计师协会的《102—505号规则的遵循指南》也给我们提供了有益的帮助。

3.2.1 承接业务应考虑的因素

作为筛选过程的一部分,在承接业务之前,我们应该考虑一些相关因素。

代理人(客户)律师

律师秉持"胜者为王,败者为寇"的信条。因为他们的职责就是为客户辩护,所以他们会寻找一些专家来帮助他们实现目标。对于所有的专家而言,法务会计师必须意识到,某些律师可能会不惜毁掉专家的名声以实现他们的目标。

以下列举了"坏客户"具有的共同特征:

- 曾有不道德的行为或记录。
- 曾利用专家的行为。例如,草率地与专家签订业务协议,非法复制专家的名字或非法利用专家的名声,没有提供重要的证据,随意篡改专家对证据的评估,让专家在不擅长的领域工作,不签订业务约定书。
- 没有及时提供信息和数据。
- 拖延付款的时间。

与此相反,"好客户"一般具有以下特征:

- 能够直接、及时和畅通地沟通。
- 对专家证人给予理解和尊重。
- 及时提供所需数据,不隐瞒负面信息。
- 及时付款。

利益冲突

在接受委托之前,法务会计师必须认清是否存在任何潜在的利益冲突。这是为什么?什么是利益冲突?我们又该如何识别利益冲突?

首先,我们了解一下什么是利益冲突。在法务会计中,利益冲突是指两位客户或某位客户与法务会计师(或公司)之间存在经济利益关系。[①] 如果的确存在利益冲突,客观性与独立性就最容易受到影响。客观性要求法务会计师保持中立(无偏见)和诚实的态度,独立性则指不接受那些会妨碍公正的业务委托。如果意识到存在利益冲突,法务会计师就必须在接受业务委托之前向客户披露。除此之外,还要签署书面协议。只有这样,双方才能清楚地认清利益冲突问题,法务会计的客观性和独立性才不会受到破坏。

其次,我们回答"为什么"。对法务会计师而言,独立、正直、客观是他们的名片,除此之外,他们还拥有过硬的专业知识与技能。如果陷入有关利益冲突的指控,那么不论是真还是假,都会有损法务会计师作为专家的可信度。因此,即使有书面协议,我们也建议发现存在利益冲突的时候拒绝接受任何业务委托。

我们可以通过核实原告与被告的情况、案例事实、双方的律师来识别利益冲突。作为

[①] *Black's Law Dictionary*. (2009). 9th ed., 341.

专家,法务会计师还应该考虑之前与客户是否存在利益关系,以此判断当前的委托是否存在利益冲突。

 特别提示

法务会计师被称为联合专家,或者同时为双方工作的专家,这种情况大多发生在国内(离婚)诉讼中。原因之一在于,聘请一位专家既可以节省费用,又可以节约时间。除此之外,还可以排除为两位不同客户工作的偏见,即联合专家的意见会更公正。尽管存在这些优势,但我们还是反对这种做法,因为这对于专家而言,其风险实在太大了。与此同时,我们的经验表明,任意一方都很可能对专家的意见不满。

实际上,联合专家是处于一种非常危险的境地。他可能同时被双方起诉,从而导致诉讼风险倍增。如果专家不是被律师聘任而是被法院任命,则诉讼风险可以大大降低。法院任命的专家会被授予准司法豁免权,这样就限制了针对玩忽职守的诉讼。尽管如此,我们还是建议拒绝接受联合专家这种业务。

专业能力和职业谨慎

在承接业务之前,法务会计师应该对所需的执业能力与自身所拥有的技能和资源进行比较。这一点相当重要,因为目前涉及的法务业务大多是非常多元化的。例如,擅长于企业估值的人不一定擅长舞弊调查或者损失计量;反之亦然。在处理那些拥有多家子公司的母公司来说,经验欠缺的法务会计师一定要接受监督和培训。(请记住托马斯·布鲁默的失误!)

法务会计的业务约定书都有时间限制,即最后期限。这些最后期限一般由法院设定,不在律师或专家的控制范围之内。错过了提交报告的最后期限会导致严重的后果,如法院判决、客户申诉及名声毁损等。因此,在承接业务之前,法务会计师必须明确委托的时间表(适用的最后期限),并且权衡能否满足这些要求。经验表明,草率的业务约定书注定是一场灾难——就像一辆汽车飞速地冲进校园一样,收益大于风险的情况基本不存在。

业务的性质和范围

在承接业务之前,还有一个需要考虑的因素就是业务的性质和范围,或者确切地说是专家准备执行的业务内容。除对专家能否完成这项工作进行评估外,还要对业务环境进行评估,其中的因素包括证据是否可获取、证人是否可获得、一些不可预料的风险、出差的需要、范围限制,以及其他一些特殊的情况。评估业务的性质和范围使得专家能够更加有效地评估风险,并做出恰当的战略性决策(如接受、规划、人员配置和定价等)。

报酬

在承接业务之前,最后一个需要考虑的因素就是报酬。你将从委托业务获得多少报酬? 由谁及什么时候支付这些报酬? 如何解决报酬争议?

关于报酬问题,我们应考虑一个基本的安全边际:按小时计算的报酬和预付定金。每小时的报酬由参与者的教育背景和经验或者一些市场因素(供给和需求)决定。按小时计算报酬的好处在于委托业务结束后就可以获得收益。预付定金在提供服务之前支付,在业务完成之后返还,这与按小时计算的报酬不同。这样做的目的是避免专家和客户之间存在债权、债务关系,从而使专家保持其独立性和客观性。定金的多少则应该由服务范围决定。

鉴于法务会计业务存在很大的不确定性,我们不赞成固定的支付方式。除此之外,专家绝不允许在或有收费、努力取得成功或者结果导向约定的情况下提供服务。因为在这种情况下,专家的独立性和客观性会受到严重的影响。

3.2.2 业务约定书

在决定接受业务委托后,下一步就是签订业务委托书。这也是规划业务的一部分,因为在这一阶段,法务会计师可以识别或认定那些不愿意接受其提出的条件(有关双方责任义务、收费标准及支付方式等)的客户。

业务约定书的目的

业务约定书明确双方的责任、界定双方关系的性质、列出工作的范围与局限性,并强调一些具体的事项(如费用列表和支付方式)。总而言之,业务约定书是明确双方法律关系的经济合同,它表明了客户对此合同的理解,以及对责任的承担。为了确保双方都能知悉合同的内容,我们建议双方(律师、客户或专家)都要在业务约定书上签名。

业务约定书一般寄给代理律师,据此与法务会计专家建立代理关系。正如第2章所讨论的,在律师—当事人保密特权和工作结果豁免原则下,这种代理关系有利于保护双方的沟通。当然,作为一名出庭作证(不是咨询)的专家,这种保护也有一定的局限性,因为专家证人通常被视为律师的受托人。

从实践的角度来看,一些律师会犹豫是否应该签订业务约定书,因为他们不想因收取专家费用而承担个人责任。在这种情形下,客户还是可以签署业务约定书,虽然这本来应该由律师完成。对于那些不愿意与专家建立合同关系的律师来说,这确实是一个比较合理的妥协。对于那些不愿意承担付款责任的律师,我们必须小心谨慎。

随着委托业务的进展,修改和补充完善业务约定书是很常见的。当然,由于业务约定书是一种经济合同,任何修改都必须得到双方的同意和确认。

当法务会计师提供诉讼支持服务的时候,是否也要签订业务约定书呢?我们的回答是肯定的。在前面章节讨论过,法务会计师在特定的法律环境下工作,必须承担咨询或作证专家的具体责任。业务约定书最重要的功能就在于它明确了业务的性质,确定了对各方权益的保护(基于律师—当事人保密特权和工作结果豁免原则)。

 特别提示

1961年,联邦政府 VS 科沃尔(Kovel)案做出了里程碑式的决定,确立了为律师服务的会计人员受"律师—当事人保密特权"保护的原则。按照这一规定,业务约定书确立了律师和法务会计专家的关系,这种约定也被称为"科沃尔约定"。值得注意的是,"科沃尔约定"的目的是确保专家能够协助律师提供法律服务。关于"科沃尔约定"的重要性、发展历程、最新进展以及更深层次的讨论,请参阅 Rufus and Miller(2007)合著的 *Attorney-Client Privilege and the Forensic Accountant*。

尽管业务约定书具有诸多优点,但是美国注册会计师协会发布的执业标准并没有强制要求(只是鼓励,非强制要求)诉讼服务应该签订业务约定书。但无论如何,业务约定书对保护从业人员与委托人的权利、减少双方的误解都是非常重要的。

业务约定书的内容

业务约定书的具体内容取决于委托业务的性质。一般而言,业务约定书应当包括以下内容①:

- 明确责任双方。
- 业务的目的(服务内容)。
- 关系的性质(咨询或专家凭证)。
- 工作范围及其局限性。
- 独立性、利益冲突、保密性等问题。
- 证据材料、律师工作结果的使用及其所有权。
- 收费、定金及其支付方式。
- 终止业务委托的权利。
- 条款争议的解决方法。

在起草业务约定书时,我们就应该意识到作证专家的业务约定书很可能被他人利用。在这种情况下,业务约定书可能变成诉讼对方反诉的宝贵资源。除此之外,诉讼对方也可能利用业务约定书质疑专家的工作过程和结论。如果专家没有完成预期的委托任务,这种缺陷就很容易成为质疑的目标。值得注意的是,尽管业务约定书中一些内容是必需的,但是过量的信息可能成为对方交叉询问的突破口。

委托人可能会频繁地要求法务会计师回应完成任务的时间及完成任务所耗费的成本。由于这些因素不在业务约定书的范围之内,我们不建议双方达成有关这方面的协议。但是,如果必须要有定论,法务会计师必须确保委托人理解其数据只是估算的结果,而不是一种保证。除此之外,我们还要留意业务约定书本身的不完备而产生的问题。

3.3 规划业务

在决定承接业务并签订业务约定书之后,法务会计师必须对业务进行具体规划。如前所述,规划涉及计划和协调业务,与其相关的内容包括构建框架、科学化方法、研究价值等。

---

① 参见《诉讼服务的业务约定书——法务和估值服务》实务指南,04-01(AICPA,2004)。

 **特别提示**

读者对于构建框架应考虑因素的理解会随着后文的学习变得更加透彻。我们本阶段的目标是引导读者以法务会计师的方式思考问题。

3.3.1 构建框架

框架的构建至少应考虑以下具体要素的组合：

案件类型

如前所述，案件的类型（刑事或者民事）决定了所需的证据标准（优势证据或排除合理怀疑）。证据标准将主导证据的收集过程（例如可获得性和重要性），影响业务的范围，还决定了专家意见的表达方式。

司法权

司法权是法院行使司法权威的区域。不同的司法权（联邦 VS 州、州 VS 州、家事法庭 VS 巡回法庭）具有不同的特征，进而影响案件的解决方式、证据的收集方式和专家提交意见报告的方式。比如，联邦案件的裁判过程通常比较正规（正式场合），而且大部分的联邦法院拥有强大的技术资源支持，使得证据可以得到更好的呈现，如展示照片、播放录像及幻灯片等。而州法院就没有那么正规，家事法庭就更不用说了。

更重要的是，不同的司法权经常采用不同的法律，采取不同的程序收集证据。例如，由于美国州与州之间的法律是不一样的，因此离婚案件中的企业估值业务必然受到影响。如第 2 章所述，尽管大部分的州采用联邦的证据和程序规则，但是少数州拥有自己的规则。①因此，在承接业务之前，从业者应该与法律顾问一起解决潜在的司法问题。除此之外，从业者还应该熟悉相关的法律法规，并准备随时根据具体业务的需要施行额外调查。

执业准则

法务会计师在处理业务时，一定要遵守相关的执业准则，例如美国注册会计师协会、美国注册评估师与分析师协会等发布的准则。在法务会计中，一般应遵循最高级别的执业准则，通常包括：

- 一般/道德准则，包括正直、客观、专业能力、应有的职业谨慎等内容。
- 业务准则，主要针对专家意见的形成过程（包括数据的充分性和可靠性、范围限制及方法等）。
- 报告准则：主要针对专家报告的格式与内容。

---

① 例如，在案件裁决方面，根据联邦政府和大部分州的制度，刑事案中的十二名陪审员必须达成全体一致的决定方能裁决；而在俄勒冈州的刑事案中，十对二即可裁决。民事案的陪审员只要达成大多数的共识就可以判案；美国各州的民事陪审员法律都不同，加利福尼亚州是九对三定案，俄勒冈州是十对二定案。

专家必须熟知以上执业准则,因为这些准则的遵循情况很可能成为质证和交叉询问环节的关键内容。更重要的是,如果不遵循以上准则,就会降低专家针对专业问题发表意见的有效性,并且有损专家未来的声誉。

业务性质

业务性质(如舞弊调查、企业估值或损失计量)是区分不同案件的主要特点。它会主导证据的收集过程,如收集何种证据、如何分析证据、如何形成结论。

尽管法务会计师都应当具备专业胜任能力,但不同类型的业务会涉及其他专业知识和技能。因此,法务会计师必须针对不同的业务做好相关知识的准备。例如,从事企业估值的从业者可能应熟悉某些行业领域,如石油、天然气、健康医疗等。当然,正如前面所提及的,从业者不可能对每一种业务都十分了解。

业务目的

不同类型的法务会计业务有着不同的目的;即使是相同类型的业务也有不一样的目的。比如,舞弊调查可能源于内部怀疑或者正式的犯罪指控。同样,企业估值也可以出于多种目的,如源于离婚、财产或赠予税、股东纠纷等。

业务目的与业务类型一样,都会影响案件的诉讼过程。例如,基于财产或赠予税案中的企业估值程序相比基于离婚案中的企业估值程序要复杂得多,主要是因为遵循的规则(IRS发布的收入裁决59—60)不同。而基于离婚目的的企业估值,在司法上应区别对待,其中企业的商誉被认为是婚姻双方共同持有的(可以分割),而个人的商誉是独有的(不可以分割)。

范围

业务内容经常受到范围的限制,范围也界定了调查分析的内容。范围限制通常表现为专家所做出的一系列假设。一些假设对于大多数业务是共同的,如结论的得出是基于委托人的陈述或未经独立验证的第三方数据等。

举例来说,在舞弊调查中,分析范围可能局限于某个特定的人、时间框架、地点或行为。对于企业估值而言,计算范围会受到可获得数据(财务数据、组织记录、管理层访谈、行业或经济数据等)匮乏的限制。经济损失的计量大多必须对未来进行预测,因此需要许多假设。因为未来具有不确定性,对诸如受损方未来经济利益的流入、在职时间及生命周期等因素都要做出合理的假设。更重要的是,这些假设都需要法务会计师进行确认和量化处理。

相关日期

大多数法务会计业务涉及时间段或时间节点,这与范围限制类似。举例来说,舞弊调查可能涵盖某一时间段,主要由可疑活动持续时间的长短决定(如从2012年1月至9月)。同样,企业估值也有时间节点(如2012年6月30日)。尽管时间结点看上去相对比较容易直接确定,但它是非常重要的因素。如果舞弊调查的时间区间有误,就可能导致收集不到证据或者很可能得出错误的结论。时间节点在企业估值中也是非常重要的,因为在不同的时间节点,其价值计算的结果是不一样的。

我们从图 3-1 中可以看出,所有组成案件框架的要素融合了法律和会计的相关知识——法务会计。构建框架的过程能够让法务会计师以一种正确的顺序了解和熟悉案件。这种过程使得法务会计师对业务的规划变得更加有效,同时也使得任务完成得更加有效率,达到当事各方满意的结果。

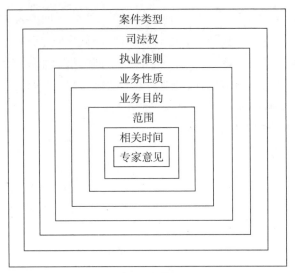

图 3-1　案件框架

正如本书一贯强调的,框架中的这些因素是一个相互联系的整体。因为一个因素的改变会导致其他因素随之变化,所以我们绝不能孤立各因素,而一定要放在一起加以考虑。最后也是最重要的,构建框架明确了规则要求和证据的充分性,同时指明了专家意见的沟通方式。如果在业务初期没有构建好解决问题的框架,就会导致严重的后果,譬如因不当行为引起的相关诉讼和法律制裁。

3.3.2　科学化方法

法务会计师经常面临收集、汇总和总结证据的挑战。确实,收集和过滤大量的数据是一项非常艰巨的工作。经验告诉我们,最有效的方法就是采用科学化过程。科学化过程包括五大步骤(见图 3-2),它们指明了完成任务的顺序、原因及方向。除此之外,科学化过程的运用使得专家意见更具可信度,也便于针对这些意见进行沟通和交流。

明确目的或问题

第一步是明确目的或问题,其相对来说是比较简单的,类似于前面确定业务约定书的目的。明确目的或问题在整个过程中是首要考虑的。你应该干什么?你的分析会得出哪些结论?这个结论有助于解决这个问题吗?明确目的及认识所存在的问题,可以为后续案件的解决起引导作用。也就是说,在判断潜在数据或方法的相关性时,我们始终应该考虑的是:我们得出的结果如何阐明要实现的目的或解决的问题。

形成假设

对于学生和从业者来说,形成假设在科学化过程中都是最困难的。因为假设并不是对

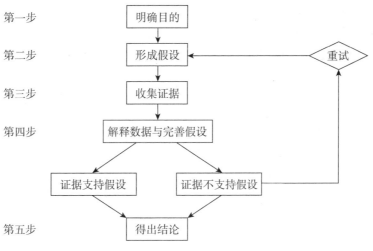

图 3-2 业务的科学化方法

事实的陈述,而是基于最初的观察(案件事实或猜想)的合理解释。最初的观察由工作组或专家的独立研究完成。

在法务会计业务中,假设的目的并不是简单地找到"正确的答案",而是根据现有证据、针对目前的问题提供合理的解释或者解决方案。识别潜在的解释是通过无序的抽象推理得到的,而不是系统性的程序。由于推理过程本身就存在不确定性,因此这种技能只有在不断的实践和运用中才能得到提高。

收集证据

收集证据的目的是检验假设的正确性。换句话说,这些证据是否支撑假设?案件事实是否与我们的假设一致?证据的收集是一个反复的过程。这意味着,随着新证据不断地出现,法务会计师必须不断地重新评估已有的假设。

法务会计师通常使用以下方法或技术收集证据:直接观察、面谈、结构性活动(如调查和小组讨论)、财务报表分析、统计分析、与既定标准做比较(如行业或产业数据)、案例研究。

 概念辨析

注册会计师在执行财务报表审计业务时,主要采用检查(文件资料和有形资产)、观察、询问、函证、分析程序、重新计算和重新执行七种方法或程序收集审计证据。

解释数据与完善假设

解释数据包括对所有收集到的证据进行评估,从而判断假设正确的可能性。尽管我们可以采用一些统计技术得出具体的概率,但这在法务会计实务中比较少见。因此,对于大多数业务来说,法务会计师对"概率"的运用较为谨慎。

在对证据进行评估时,法务会计师不应该忽视负面因素,以及对假设提出质疑的分歧。相反,这些内容很可能是完善假设的基础和原因。最后,法务会计师应该运用批判性思维,而不应该满足于证据的表象,记住,事情并不一定是我们所看到的那样!

在对证据进行评估时,法务会计师应该将所有涉及的项目以文件形式记录下来并标明日期。这会让整个过程变得有条不紊,起到事半功倍的效果。除此之外,这些记录也可以在最后阶段向法庭证明整个业务活动的公正性,加强最终结论的有效性。因为这些数据记录如同业务约定书,会被诉讼对方作为反驳专家证人的信息来源。所以,记录的内容只能是事实和直接观察到的,而不能是猜测的。

得出结论

在收集了充分的事实、数据及利用可靠的方法之后,法务会计师将得出最后的结论或意见。这一步骤要求运用逻辑推理和归纳推理。如果科学化过程的前几个步骤做得非常充分,结论自然就会从数据分析中得出。当然,执行框架中存在的任何不足都会降低结论的可信度。

关于撰写结论报告的具体策略(例如《联邦民事证据规则》第 26 条)将在第 12 章中讲解。现在,我们只需要了解专家报告大致包含的内容:业务的目的和性质、具体完成业务的步骤、明确需要考虑和依赖的信息、限制性条件、提供结论或意见,以及需要披露的相关信息等。

我们必须理解从业者会根据特定的业务或者不同的环境形成自己独特的方法和技术。然而即使是这样,我们仍认为应该遵循科学化方法(见图 3-2),使用科学化方法具有以下优势:

- 确保该系统性过程具有可验证性,从而证明结果的合理性。
- 反映专业性和应有的职业谨慎。
- 消除错误程序以减少不必要的法律纠纷。
- 促进过程和结果的沟通(针对报告格式和专家证言)。
- 加强结论和意见的可信度(因为整个过程要被专业人士认可)。

3.3.3 调查的价值

人是如何认知世界的?人们能够通过教育、培训、观察、感觉、经验、他人的建议及媒体的披露来获得认知吗?让我们在法务会计的情境中思考这个问题。

法务会计师必须在特定的环境下遵循可接受的程序,运用专业的理论和方法完成具体的业务。如前所述,法务会计师必须收集充分的、相关的事实与数据,同时运用恰当的方法分析证据,最终得出并支持结论。由此可见,法务会计工作涉及大量的调查。

什么是调查

调查是一个系统的调研过程,包括从发现问题(业务的目的)开始,到收集分析、解读数据,再到最终回答并解决问题或者对情况具有更好的理解。① 调查在一定程度上提高了我们的批判性思维能力和逻辑推理能力,减少了错误的发生,并做出正确的决定。换言之,我们得到了更全面、更可信、更可靠的意见。

主要调查

法务会计工作可分为主要调查和次要调查。主要调查是与业务具体相关的,包括收集、分析和解读原始数据。法务会计师考虑的主要调查信息来源包括:

- 目击证人的访谈。
- 现场观察。
- 财务数据(税收返还、总分类账、财务报表、工资表、预算表、审计报告及资产明细表)。
- 银行记录(银行报表、已兑现支票和贷款单)。
- 资产保护数据(保险政策和评估)。
- 组织数据(股票证明、公司文件及股东/运营协议)。
- 交流数据(电话记录和电子邮件历史记录)。
- 个人数据(人事政策、员工个人文档及组织机构图)。

由于法务会计业务会频繁地接触数据,主要调查相当耗费时间和成本,而且法务会计师不可能对全部数据加以分析,因此法务会计师经常会选择一些样本进行调查。样本量可能取决于一些外部因素,如委托人或数据的可获得性等。这种情况意味着调查范围受到了限制,法务会计师必须披露此事。

此外,需要注意的是,在处理法务会计业务时,法务会计师必须制订一份非常详细的调查计划,并且随着业务的开展而不断地完善计划。有了这份计划,我们可以更好地分析所收集的数据。在制订调查计划时,我们应当考虑两个关键问题:(1)数据是否可获得;(2)是否能够在规定的时间内完成业务。在数据分析阶段,调查计划可以起到引领的作用。因此,调查计划应当与业务的目的相联系,这样有助于解决所调查的问题。

次要调查

与主要调查相比,次要调查主要是收集、分析和解读其他人提供的或已出版公布的数据或信息。这些来源的信息很少是针对案件本身的,但它一般与问题或者案件的主题相关。法务会计师会在完善假设、形成推论、选择方法时要使用次要调查。次要调查也可以作为主要调查的出发点,帮助识别相关的数据、选择恰当的样本。法务会计师实施次要调查的信息来源主要包括:

- 已发布的统计数据(税收、就业、收入、教育、寿命预测、历史经济数据)。
- 已发布的经济预测(趋势和规划)。
- 学术出版物(理论发展、方法发展及主要调查实体)。

---

① *Webster's New World College Dictionary*. (1999). 4th Ed., 1219.

- 专业出版物(最优的做法、趋势、理论和方法的应用及案例分析)。
- 法律文献(法律评论、案件法总结及辩护与诉讼策略)。
- 已发布的法庭判例。
- 媒体(报纸、杂志和电视等)。

在线调查

互联网对于法务会计师来说是非常宝贵的资源。许多次要调查的数据来自互联网。除独立第三方公布的数据外,互联网还包含一些未正式公布的关于公司和个人的信息,如公司的网页、网络日志、社交论坛及聊天室。这些"未公布"的数据或许也可以成为重要的证据。

对法务会计师而言,尽管在线调查是非常有用的工具,但它也是一把双刃剑。互联网确实有很多优势,包括增强了问题的广度和深度,提供了便捷的通道,可以随时随地得以快捷地使用。但是,它也可能包含一些错误或误导性的信息,这与道伯特标准是相冲突的。除此之外,这些海量信息很容易掩盖我们要搜寻的重要信息且难以处理,最终导致调查失败。因此,我们建议读者以一种审慎并质疑的态度对待互联网上的数据,方便的话,尽量使用学术引擎搜索信息,如 ProQuest 检索平台①和律商联讯(LexisNexis)②等。

高质量调查的特征

无论是从业者从自己的主要调查中收集的证据,还是参考了次要调查中的信息,只有通过高质量调查所收集的证据才能支持专家的意见。正如前面所强调的,在线调查会产生不同质量的信息来源。尽管我们倾向于将精力集中于那些与业务本身具有高度相关性或者支持工作假设的调查,但是一定要注意这些调查是否反映了适当的调查过程。"低质量调查"往往不容易被发现,即使名望卓著的刊物也会发表质量较差的调查研究报告。为了帮助从业者评价自身的调查成果和他人的工作,我们总结了"高质量调查"应具备的特征如下:

- 调查由一个具体的问题开始。
- 调查按照计划的程序实施,目的是收集充分、适当和可靠的数据。可靠的数据一定是出自权威来源,如学术或者评论期刊。
- 调查由具体的问题或工作假设引导。如前所述,工作假设是基于观察得到的感性解释。最终,假设要么被证实可接受,要么被否决。

---

① ProQuest 检索平台是美国 ProQuest 公司开发的综合性学术研究数据库,内容涵盖商业经济、教育、历史、传播学、法律、军事、文化、科学、医学、艺术、心理学、宗教与哲学、社会学等领域,收录了 4 000 多种综合性期刊和报纸的文章,网址为 http://search.proquest.com。

② 律商联讯是全球领先的专业法律数据库,收录了美国、英国、加拿大、澳大利亚、新西兰、印度、中国、欧盟、法国、德国、俄罗斯、新加坡、南非等几十个国家和地区的法律、判例、论文等法律文献,收录了超过 750 种法律评论与学刊,其中国部分收录了中国香港地区的判例、立法和法规、香港法律及霍尔兹伯里香港法律等内容,网址为 http://www.lexis-nexis.com.cn/zh-cn/home.page。

- 调查接受了特定的重要假设,从而为分析提供基础或框架。
- 调查运用了可靠的方法收集、分析和解读数据。

3.4 尾声:马特柯公司 VS 安永会计师事务所案

对通用公司的诉讼被驳回后,马特柯公司准备起诉安永。

马特柯公司 VS 安永案——第一部分

1989 年 7 月,马特柯公司以八大不当理由起诉安永,包括职业过失、虚假陈述及蓄意隐瞒等。

在审理之前,安永对专家诉讼特权进行了分析和总结,提出重新审理的提案。安永的陈述是基于证人豁免规则,该规则长期保护并鼓励证人以公正和直截了当的方式提供陈词,不要害怕遭诉讼报复。一般而言,申请该特权的条件为:(1)在司法的过程中;(2)诉讼当事人或授权参与者;(3)为了实现诉讼目的;(4)与行为存在一定的逻辑关系。① 这份提案被法庭接受,马特柯公司准备上诉。

马特柯公司 VS 安永案——第二部分

在上诉的过程中,马特柯公司指出,专家诉讼特权不适用于安永,因为安永是自愿性(友好的)的专家,并从其提供的服务中获取报酬。马特柯公司进一步认为,专家证人应遵循专业准则、具备专业胜任能力、保持应有的职业谨慎并对其过失负责。② 最后,马特柯公司反驳,公司是基于安永宣称具备法务会计和诉讼支持方面的特殊经验的虚假陈述而聘用安永的。

法庭认为,专家诉讼特权并不可以让安永摆脱承担专家过失和合同违约的责任。因此该上诉获受理,案件又得重新审理。

马特柯公司 VS 安永案——第三部分

案件于 1994 年 2 月开庭。由于安永的过失和欺诈,马特柯公司诉通用公司一案败诉了,因此马特柯公司指出除了由通用公司造成的损失,马特柯公司还发生了巨额费用(包括会计和法律费用)。

马特柯公司始终认为,如果不是因为安永"愚蠢的损失计量程序"就不会产生 26 页的新估算表,马特柯公司也不会基于这些估算表为弥补损失而提起诉讼。马特柯公司指出,安永的宣传手册鼓吹其事务所有能力协助律师和客户获取"真实或明显缺失的数据"。此外,这些新的估算报表根本就没有必要,因为实际发生的成本都有详细的记录,利用这些记录就可以估算损失。最后,马特柯公司认为安永虚假地陈述它在诉讼支持上的培训和经验,其中最关键的证据包括公司"宣传手册"上的内容、布鲁默缺乏专业胜任能力,以及安永没有遵循美国注册会计师协会发布的执业准则。

---

① *Mattco Forge, Inc. v. Arthur Young & Co.*, 6 Cal. Rptr. 2d 781, 787 (Cal. Ct. App. 1992).
② *Mattco Forge, Inc. v. Arthur Young & Co.*, 60 Cal. Rptr. 2d 780, 788 (Cal. Ct. App. 1997).

特别提示

正如前面所讨论的,法务会计师必须遵循专业标准。马特柯公司案例涉及美国注册会计师协会发布的《职业行为守则》201规则(一般准则),即从业人员应具备专业胜任能力并保持应有的职业谨慎,对于业务的完成应进行充分的计划和督导,应收集充分、相关的证据以便为发表意见提供合理的基础。

尽管美国注册会计师协会的专业标准在第10章进行详细讨论,但是我们建议读者结合马特柯公司案例的情境去查阅和理解《职业行为守则》201规则。

在整个诉讼过程中,安永认为马特柯公司对通用公司的诉讼的胜算不大,因此安永侥幸地认为即使被发现存在过失也无须承担责任。为了支持其论断,安永提供了联邦法官加德布瓦的初步裁决。同时,安永尝试提供专家证词,以证明马特柯公司对通用公司的诉讼的胜算不大。但是,法庭拒绝接受安永提供的专家证词,因为法庭发现其存在投机性。

该案件的审理持续了4个月(2月至6月),涉及40个证人和880份证据。针对该案,法庭给予陪审团的指引如下:

- 如果你认为马特柯公司无须承担举证责任(优势证据),那么制裁的一定是安永。
- 如果你认为马特柯公司须承担举证责任,那么制裁的一定是马特柯公司。
- 如果你认为马特柯公司有权追讨安永所造成的损失赔偿,那么你必须考虑以下因素:马特柯公司VS通用公司案的损失费用,马特柯公司发生的额外费用,额外费用的利息,明确而有说服力的证据表明安永因欺诈而应当赔偿损失。

1994年6月,陪审团递交了支持马特柯公司的裁定,裁决安永应赔偿4 220万美元,包括1 420万美元补偿性赔款和2 800万美元惩罚性赔款。安永应对职业过失、虚假陈述及蓄意隐瞒事实承担法律责任。安永认为法庭裁决不合理而提起上诉,其始终坚持即使自身不存在过失,马特柯公司在与通用公司的诉讼中也会败诉。总而言之,安永认为,缺乏因果关系的指引让马特柯公司无须承担举证责任以证明安永的过失导致了马特柯公司败诉给通用公司。

马特柯公司 VS 安永案——第四部分

1997年2月,加利福尼亚州上诉法院①判决预审法庭的基本判决存在错误与偏见,因此撤回了对马特柯公司的相关损失赔偿,但是扣除马特柯公司发生的额外费用(100万美元,包括支付给安永的45 000美元)及其利息。该案又要重新进行审理。

1997年4月30号,马特柯公司重新上诉,但该上诉最终被驳回。当事双方后来达成和解,该起诉讼随之被撤诉。

---

① No. B087488. Second Dist., Div. Three. Feb.7, 1997.

深入探讨

马特柯公司VS安永案向我们展示了筛选业务、规划业务的重要性。请认真思考一下陪审团的最终裁定:职业过失、虚假陈述、蓄意隐瞒。同时也思考一下针对安永的铁证事实:26张虚假的估算表、愚蠢的损失计量程序、夸大的宣传资料、违背美国注册会计师协会执业准则。你从中学到了什么?

附录3-A:业务约定书范例

2012年2月29日

扎卡里·M.加拉赫尔(Zachary M. Gallagher)先生

邮箱2222,查尔斯顿,西弗吉尼亚州25301

回复:帝国混凝土公司诉梅尔斯货运等
民事诉讼第_____号

尊敬的加拉赫尔先生:

本业务约定书主要针对上述业务制订一些条款。

任务

我们将协助您评估关于该项诉讼所造成的所有经济损失。

利益冲突

我们已经对相关记录进行了复核,并根据复核结果确定了与贵公司指定的个人或经济主体的职业关系。基于我们的独立判断,我们认为不存在任何利益冲突或职业关系会妨碍我们进行上述工作。

收费

我们的工作是基于时间和材料的数量计算的,按照以下标准收费:

理查德·塞克(Richard Thacker):275美元/小时(350美元/小时庭审或者作证);

雪莱·约翰逊(Shelley Johnson):200美元/小时(250美元/小时庭审或者作证);

行政支持:45美元/小时。

每小时收取的费用会根据我公司员工的经验及市场行情进行一定的调整。如果费用要调整,我们会在第一时间通知您。您应该根据新的小时费用标准支付报酬。我们将预收律师两小时的作证费用,如果48小时之内取消合作,这笔资金是不予退还的。

支付方式

所有的发票在出庭作证时到期。若30天之内未得到兑现,我们将按照每月1.5%的利率(或者按法律允许的最高利率)收取利息。

如果没有在规定的时间内收到报酬,我们有权停止向贵公司提供服务。当然,我们不会轻易行使这种权利,除非贵公司真的不能按时支付。

如果您对发票或者收取的费用有异议,请在收到发票30天之内与我们联系。我们会及时向您说明原因或者更正错误。

定金

鉴于该业务的特性,我们将预收5 000美元可退还的定金,定金可以直接抵扣发票金额。同时,我们会根据服务的预期范围对该定金的数额进行适当的调整。

文件复核

应有的职业谨慎要求我们对您寄来的所有文件进行复核,复核费用按照小时计算。

保密原则

我们理解,在整个过程中,我们与贵公司的所有沟通(不论是口头的还是书面的,还包括收到的文件与材料)都受法律保护,我们会对此保密。相应地,根据法律和法庭的要求,我们不会向任何外人(包括贵公司的竞争对手、或非本公司员工或其他人员)披露我们之间的沟通信息以及收到的文件材料。

工作成果

我们撰写的任何工作报告或文件的所有权均归塞克&约翰逊公司所有。除非经过我们同意,否则这些文件仅适用于该项诉讼,不能对外公布,也不能有其他任何目的。

文档保存

在业务的最后,对于我们在档案中不予保留的文件或者材料,贵公司有两种处理方法:一是要求我们归还所有的文件;二是授权我们销毁所有文件。请及时联系并告之我们有关您对处理这些文件的想法。如果您在业务结束90天后仍未联系我们,我们有权销毁这些文件。

争议解决办法

如果您对我们收取的费用有任何异议,我们同意通过第三方的协助共同解决争议。如果第三方也不能解决,我们也同意将此争议递交美国仲裁协会处理。我们相信协会会给出最后的仲裁结果。

如果上述条款让您对我们的业务有了真实而全面的了解,请在下方签名并尽快返还本业务约定书。

塞克&约翰逊公司

_____

接受方:

关键术语

独立性　　　客观性　　　调查　　　科学化过程　　　主要调查
次要调查　　司法权　　　执业准则　　书面同意　　　业务约定书
利益冲突

简答题

3-1　在接受一项业务之前,法务会计师应该考虑哪五大要素?

3-2　在决定是否接受律师委托的业务之前,哪些消极因素会预示一种不利的职业关系?

3-3　在决定是否接受律师委托的业务之前,哪些积极因素会预示一种有利的职业关系?

3-4　请举例说明利益冲突。为什么法务会计师应该避免利益冲突?

3-5　客观性和独立性概念是如何与可能的利益冲突相关联的?

3-6　假如法务会计师不能识别潜在业务的具体利益冲突,但该利益冲突在职业领域中容易被识别。能够接受该业务吗?请说明观点及原因。

3-7　法务会计师如何利用相关投诉判定是否存在潜在的利益冲突?

3-8　什么是联合专家?如果你受聘成为联合专家,在接受业务之前你应该考虑哪些因素?

3-9　什么是专业胜任能力?如何确保法务会计师的专业胜任能力与从事特定业务所需的技能相一致?

3-10　在马特柯公司 VS 安永案中,托马斯·布鲁默缺乏专业胜任能力是如何体现出来的?

3-11　法庭所要求的案件截止日期如何影响法务会计师对应有的职业谨慎的考虑?

3-12　请解释法务会计业务中"决定性质和范围"的含义?

3-13　在确定一项业务中的收费结构时,法务会计师应该考虑哪些因素?

3-14　法务会计业务中较常见的收费结构是按小时收费外加定金的形式。请定义并解释这种设计。

3-15　法务会计师应该接受或有收费形式的业务吗?请说明观点及原因。

3-16　业务约定书的目的是什么?

3-17　假如律师要求您提供一项咨询服务但拒绝签订业务约定书,我们应当怎么处理?

3-18　什么是"科沃尔约定"?试分析其在法务会计业务中的意义。

3-19　美国注册会计师协会的执业准则要求必须签订业务约定书吗?

3-20　请指出业务约定书应包含的九个要素,并简要说明。

3-21　为什么说法务会计师实际执行的业务与业务约定书规定的具体任务相一致是非常重要的?

3-22　什么是构建案件框架?

3-23　构建案件框架的目的是什么?在构建过程中应考虑哪些类别?

3-24　为什么案件的类型(刑事的或民事的)具有重要意义?

3-25　请从法务会计业务的角度定义司法权。

3-26　案件的司法权会影响呈堂证据的方式吗?请解释。

3-27　当业务涉及多项职业准则时,法务会计师应该如何处理?

3-28　哪一种案件框架要素最容易体现案件的特征?为什么?

3-29　业务目的如何影响法务会计师的工作成果?

3-30　请界定法务会计业务的范围,并举出常见的范围受限的例子。

3-31 为什么明确相关日期对法务会计业务是至关重要的？

3-32 什么是科学化过程？该过程包括哪些步骤？简要说明每个步骤。

3-33 什么是工作假设？

3-34 为什么法务会计师要收集证据？

3-35 请指出三种收集证据的技术方法，并做出简要解释。

3-36 在科学化过程的数据解读步骤中，法务会计师应该考虑哪些内容？

3-37 试讨论法务会计师在科学化过程中得出结论应具备的技能。

3-38 在法务会计业务中运用科学化过程具有哪些优势？

3-39 定义"调查"的含义。对于法务会计师来说，其价值是如何体现的？

3-40 什么是主要调查？指出并讨论两个主要调查信息来源的例子。

3-41 描述什么是调查计划。在法务会计中如何运用调查计划？

3-42 什么是次要调查？指出并讨论两个次要调查信息来源的例子。

3-43 定义什么是在线调查。当法务会计师使用在线调查时应该注意哪些问题？

3-44 简要讨论高质量调查应具备的五项特征。

3-45 作为一名法务会计师，从马特柯公司 VS 安永案中可以吸取哪些经验教训？

选择题

请在下列与承接业务决策相关的问题中选择最佳答案：

3-46 在决定接受或拒绝一项法务会计业务时，法务会计师应当认真考虑案件的风险和收益。

　A. 正确　　　　　　　B. 错误

3-47 下列哪一项不是决定是否接受法务会计业务的主要因素？

　A. 代理律师的声望　　　　　　B. 职业环境

　C. 收益　　　　　　　　　　　D. 胜任能力及应有的职业谨慎

　E. 利益冲突

3-48 下列哪一项是"糟糕"委托人的表现？

　A. 拖延付款　　　　　　　　　B. 草率签约

　C. 不能提供材料证据　　　　　D. 盗用专家的签名或声誉

　E. 以上都是

3-49 下列哪一项是"优质"委托人的表现？

　A. 付款及时　　B. 及时沟通

　C. 尊重专家的工作　　D. 不愿分享信息

　E. 以上都是

3-50 对利益冲突的检查必须在签订业务约定书之前进行。

　A. 正确　　　　　　　B. 错误

3-51 如果法务会计师的客观性和独立性受到损害，那么很有可能存在利益冲突。

　A. 正确　　　　　　　B. 错误

3-52 下列哪一项意味着客观性？

　A. 干涉　　　　B. 无偏　　　　C. 参与　　　　D. 从事

3-53 独立性是指客观性不受损害。
A. 正确　　　　　　　B. 错误

3-54 如果存在潜在的利益冲突,则一定要证实其存在并书面确认,且在业务完成后必须予以充分披露。
A. 正确　　　　　　　B. 错误

3-55 不能确知但疑似存在利益冲突,那么最好的办法就是拒绝这项委托。
A. 正确　　　　　　　B. 错误

请在下列与接受业务相关的问题中选择最佳答案:

3-56 证实利益冲突存在的最好信息来源是什么?
A. 代理律师　　　B. 审判长　　　C. 查阅诉状　　　D. 询问原告

3-57 如果一家会计师事务所的会计人员都通过了注册会计师考试,那么他们就拥有了相应的能力以承担任何形式的法务会计业务。
A. 正确　　　　　　　B. 错误

3-58 在确定业务的性质和范围时,法务会计师应该完成以下哪一项工作?
A. 评估业务风险　　　B. 制订业务计划　　　C. 制作监督计划
D. 业务定价　　　　　E. 以上都是

3-59 定金是指提前支付的、随着服务的完成而实现的款项。
A. 正确　　　　　　　B. 错误

3-60 较好的法务会计师收费标准是什么?
A. 按损害赔偿金的一定比例收费　　　B. 基于业务最终结果的或有收费
C. 计时收费加上额外定金的形式　　　D. 以上都可接受

3-61 业务约定书未能确定哪一项业务内容?
A. 在庭审中交叉询问证人的一方　　　B. 相关责任方
C. 收费标准　　　　　　　　　　　　D. 范围受限
E. 关系的性质

3-62 业务约定书是确定法律关系及各方责任的经济合同。
A. 正确　　　　　　　B. 错误

3-63 一旦各方已经签署业务约定书,之后就不可以进行变更。
A. 正确　　　　　　　B. 错误

3-64 "科沃尔约定"提供了在"律师—当事人保密特权"下保护法务会计师进行信息沟通的基础。
A. 正确　　　　　　　B. 错误

3-65 美国注册会计师协会要求法务会计师提供法律服务时必须签订业务约定书。
A. 正确　　　　　　　B. 错误

请在下列与构建案件框架相关的问题中选择最佳答案:

3-66 一个案件框架的构建涉及解决案件的主要问题。
A. 正确　　　　　　　B. 错误

3-67 在构建案件框架时,下列哪一项不是法务会计师应当考虑的因素?
A. 业务约定书的日期　　B. 司法权　　　C. 业务的性质
D. 执业标准　　　　　　E. 以上都是

3-68 案件框架的构建有助于法务会计师在沟通意见时采用法律上有效的方式。
A. 正确 B. 错误

3-69 下列哪一项对于理解案件类型（民事的或刑事的）不是有用的？
A. 确定必要的举证责任 B. 提供证据收集应考虑的因素
C. 有利于法务会计师与律师的沟通 D. 明确业务范围
E. 专家表达意见的方式

3-70 案件的司法权影响案件发展的方向和证据的呈现方式。
A. 正确 B. 错误

请在下列与科学化方法相关的问题中选择最佳答案：

3-71 收集、分类和汇总大量证据的最佳方法是什么？
A. 法务方法 B. 公认会计原则方法
C. 科学化方法 D. 合法证据法

3-72 下列哪一项不是科学化方法的步骤？
A. 得出结论 B. 收集证据 C. 确定目标 D. 宣誓作证

3-73 工作假设是源于初步观察后的感性解释。
A. 正确 B. 错误

3-74 为了验证一个工作假设，法务会计师应该开展哪一项工作？
A. 实施法定审计 B. 收集证据
C. 观察其他法务会计师的做法 D. 按公认会计原则执业

3-75 在解读数据时，法务会计师应尽力确定假设成立的概率。在这个过程中，法务会计师必须认真、仔细而不应忽略什么？
A. 负面事实 B. 数据的不一致性 C. 对案件持有的异议 D. 以上都不应忽略

3-76 在收集证据时，法务会计师应该如何整理证据？
A. 考虑所有证据的序号和日期 B. 按字母顺序排列证据
C. 按年代顺序排列证据 D. 在单独的活页夹中汇编类似的项目

3-77 在形成结论时，法务会计师应当对所收集的证据进行归纳和推理。
A. 正确 B. 错误

3-78 将科学化过程应用到法务会计业务中有具体的方法。
A. 正确 B. 错误

请在下列与调查价值相关的问题中选择最佳答案：

3-79 调查是为了形成和支持结论而收集充分、相关的事实与数据。
A. 正确 B. 错误

3-80 调查提高了批判性思维和逻辑推理能力，因此会得出更好的结论。
A. 正确 B. 错误

3-81 下面哪一项不是主要调查的信息来源？
A. 采访目击证人 B. 检查历史电子邮件
C. 分析银行记录 D. 收集已经发布的经济数据
E. 以上都是

3-82 法务会计师应分析所有可能收集到的数据。
A. 正确 B. 错误

3-83 调查计划的一个主要功能是筛选所需收集和分析的数据。

A. 正确　　　　　　　　B. 错误

3-84 次要调查对于法务会计师在凝练假设、得出关键假设和选择分析方法上大有裨益。

A. 正确　　　　　　　　B. 错误

3-85 下列哪一项不是次要调查的信息来源？

A. 法庭判例　　　　　　B. 针对当事方组织的市值评估

C. 学术出版物　　　　　D. 历史市场交易数据库

E. 以上都是

3-86 互联网资源（如个人网页和聊天室）可以提供符合道伯特标准的数据。

A. 正确　　　　　　　　B. 错误

3-87 下列哪一项是有用且可靠的互联网资源？

A. 律商联讯　　　　　　B. 注册会计师威廉·海伦的个人网页

C. 南部某大学网页　　　D. 维基百科

E. 以上都是

3-88 下列哪一项不是"高质量调查"的特征？

A. 由一个有效的假设引导　B. 采用一套可靠的方法

C. 问题表述是明确　　　　D. 完全建立在次要数据的基础上

职场应用

3-89 请参考马特柯公司 VS 安永案，指出并讨论法务会计师在实际操作过程中可能遇到的问题，并根据《联邦证据规则》第 102 条规则和美国注册会计师协会执业准则第 201 条款，进一步完善你的分析。同时，思考安永的雇员在哪些方面没有遵循美国注册会计师协会执业准则，将你在分析过程中的发现提交给你的导师。

3-90 假设你是一名受聘于安永的注册会计师，结合马特柯公司 VS 安永案和本章内容撰写一份业务约定书。如果你对业务约定书的组成要素不是特别了解，可以参考美国注册会计师协会发布的《诉讼服务的业务约定书——法务和估值服务》实务指南 04-01。

3-91 用本章提出的要素为马特柯公司 VS 安永案构建框架，该框架应该包括以下具体内容：

（1）案件类型；

（2）司法权；

（3）执业标准；

（4）业务性质；

（5）业务目的；

（6）业务范围（局限）；

（7）相关日期。

请在本章内容的指导下准备一份备忘录提交给你的导师，要求概述该框架组成要素的具体内容，并分析与该业务有关的风险。

深度思考

3-92 获取一篇名为 Expert Witness Malpractice Actions: Emerging Trend or Aberration? 的文章(发表于 2004 年 3 月的 The Practical Litigator 杂志),请阅读该文章并回答以下问题:

(1) 文章的主旨是什么?

(2) "善意专家"特指什么?

(3) 文章所述案件是如何阐明专家的玩忽职守行为?

(4) 马特柯公司 VS 安永案是否支持文章的论点?

(5) 文章最后得出的结论是什么?

(6) 在本章中我们讨论了接受业务之前应考虑的因素,这些因素如何有效防止"善意专家"的疏忽行为?

3-93 获取奥奈达公司案[In re.Oneida Ltd.et al,案件编号:06-10489(ALG)]的相关内容,该案涉及奥奈达与皮特·J. 所罗门(Peter J. Solomon)公司有关贷款业务约定书的条款纠纷,由美国纽约南部地区破产法院宣判。在通读该案件后,请准备一份备忘录提交给你的导师,要求包含以下内容:

(1) 业务约定书的争议条款;

(2) 双方对业务约定书中条款所持有的态度;

(3) 法院的裁决及理由;

(4) 阐述你对业务约定书约束双方责任的看法。

3-94 请准备一份关于科学化方法的研究报告。你的研究报告至少应引用五篇学术论文并包括以下关键内容:

(1) 科学化过程的步骤;

(2) 优点;

(3) 缺点;

(4) 根据已学的概念评价其可靠性。

案例分析

3-95 巴尼·菲尔德(Barney Fifield)律师专门从事贪污案件诉讼代理业务,他怀着全力以赴的精神对经手的每一起案件抱有必胜的决心,事实也是如此。在为客户辩护的努力中,他给团队施加了巨大的压力。他自己处理信息的速度很慢,但是却希望能从其雇员、顾问及聘请的专家那里迅速得到回复,以便帮助辩护团队。菲尔德的客户都十分富有,且愿意支付高额报酬。菲尔德要求客户预先支付费用,但一般情况下,他是在案件结束 90 多天后才向顾问和专家团队支付报酬。他为自己的决定如此辩解:"与我共事的专家赢得了案件,这为他们吸引其他客户赢得了声誉并提供了很好的参照。"现在,菲尔德接受了一起新的案件,并准备聘请你作为专家证人提供相关服务。

请回答以下问题:

(1) 在决定是否接受这项业务时,你应该考虑哪些因素?

(2) 你会接受这项委托吗?请阐述接受或不接受的理由。

证据收集：访谈和观察

4.1 引言：联邦政府 VS 朗达·尼克松案
4.2 访谈：收集证据的主要方法之一
4.3 实施访谈
4.4 观察的价值
4.5 尾声：联邦政府 VS 朗达·尼克松案
附录 4-A：联邦政府 VS 朗达·尼克松案访谈备忘录

学习目标

通过本章的学习,你应该能够

目标1:了解访谈在法务会计业务中的使用

目标2:认识肢体语言在沟通中的重要作用

目标3:描述法务会计师运用的访谈类型及其访谈内容

目标4:识别访谈过程的三个基本阶段

目标5:解释观察在法务会计业务中的重要价值

目标6:解释法务会计师如何利用公共记录收集证据

4.1 引言：联邦政府 VS 朗达·尼克松案

根据法务会计业务的工作方式和解决问题的框架，法务会计师应当收集证据以形成、验证和完善工作假设。正如第2章所讨论的，证据包括证词、文件和可以用来证实待证事实的实物。① 证据的类型、收集证据的方法和时间以及证据的分析都取决于案件的性质与范围。然而，法务会计师的角色——是当事人的代理人还是受律师委托的行业专家——决定着案件所遵循的特定程序。例如，执法机构（如联邦调查局、税务局和国安部等）必须遵循明确的证据收集规则，而收集证据一般从取得相关搜查令开始。对于律师来说，证据的收集贯穿整个调查过程。

一般来说，法务会计师所收集的证据可分为两类：文件证据和交互证据。文件证据包括财务记录（如总分类账、财务报表和纳税申报单等）、组织文件、通信日志（如电话和电子邮件等）及图片等。我们将在后面章节深入探讨文件证据的分析技巧，本章主要介绍交互证据。从字面意义来看，交互证据是通过互动的过程（访谈和观察）而获取的信息。交互证据的一个显著特征是人际沟通的性质。这从一个侧面表明，法务会计师可以在收集证据和解释证据方面起到关键性的作用。采访者应具备一系列的专业技能，这些技能超出了传统会计的知识范畴。本章就此内容展开论述，当然，这些技能还应在后续的实践中不断发展和完善。

特别提示

尽管法务会计业务从本质上是具有对抗性的——包含对立的双方，但大多数时候并不是互相威胁的。即便如此，因为访谈和观察是一种互交式的过程，从业者必须熟知自身的处境并谨慎地尽量避免折中的情况。换句话说，从业者应该始终保持中立。

联邦政府 VS 朗达·尼克松（Ronda Nixon）（2009）案是法务会计师利用访谈和观察获取证据的典型案件。该案件展现了法务会计师如何获取证据、在法庭上如何被质问，它既突出了收集证据方法和相关记录技巧的重要性，也强调了法务会计活动的易变性、不确定性及理解法律环境的必要性。

联邦政府 VS 朗达·尼克松案

案件背景

2007年7月，加里斯·普鲁特——美国肯塔基州卡特莱茨堡的普鲁特-索纳律师事务所（Pruitt & Thorner, L. C.）的合伙人，被社区信托银行告知公司的经营信用证已处于过期

---

① *Black's Law Dictionary.* (2009). 9th Ed., 635.

状态。因为确信贷款先前已付清,普鲁特迅速联系了其他合伙人和公司的注册会计师来调查此事。

经对公司会计记录的初步查阅,证实了公司存在大额到期的欠款,并发现了公司前员工朗达·尼克松未经授权所借的大量贷款。尼克松女士是公司的记账员,在公司工作了约四年,有意思的是,她最近取消了在某法律学校的报名。接下来,普鲁特着手联系所投保的保险公司和当地律师事务所,指控尼克松女士涉嫌欺诈。

法务会计师的分析与发现

2007年8月9日,普鲁特聘请了法务会计师协助处理这起涉嫌欺诈案。法务会计师的主要职责为确认责任方、作案手段和被盗用款项的金额。基于普鲁特初步的观察,调查和分析时段被界定为2006年6月1日至2007年5月31日的一年时间。

与对普鲁特进行了详尽的访谈后,法务会计师制订并完善了调查计划。该调查计划包括:综合分析公司总账(G/L)、银行记录、电子数据(包括电子邮件、电话记录和总账审计日志);巡回检测公司设备(包括个人工作站);与合伙人、员工和第三方(银行职员和公司的注册会计师)深度访谈。2007年10月16日,法务会计师与普鲁特会晤,汇报了初步调查结果并确认了可疑交易的非法性。

2007年10月31日,法务会计师试图电话联系尼克松女士,她回复了一条带有简短介绍和联系方式的信息,并同意进行一次电话访谈。第二天早上8:05,法务会计师接到尼克松女士的电话。在电话访谈的一开始,法务会计师告知了尼克松女士有关调查的性质和访谈的目的,重点在于为其在普鲁特·索纳律师事务所工作期间涉嫌贪污一案收集信息。尼克松女士拒绝为访谈安排时间,因为与学校课程时间和家庭事务相冲突。在法务会计师的劝说下,尼克松女士才同意进行20分钟的简短访谈。此时,尼克松女士对法务会计师的调查是非常重要的,法务会计师将其作为一名确凿证人来对待。

 特别提示

学完本章后,你会理解实际情况和理想状态常常相距甚远。假如在访谈开始前法务会计师没有做好充分的准备,那么在这次电话访谈中法务会计师就很难从尼克松女士的肢体语言和压力作用中判断其是否有罪。最后,访谈时间(20分钟)的限制也的确给法务会计师处理这些问题带来了压力。因为明确了这种压力和风险,担心这很可能是询问尼克松女士的唯一机会,法务会计师决定精心准备这次电话访谈。

在接下来20分钟的访谈中,总体来说,尼克松女士提供了以下信息:

- 她最近才知道普鲁特先生对她的指控。
- 目前她没有聘请辩护律师。
- 她知晓此次指控的严重性;然而,她认为双方应该共同努力以达成对双方均有利的局面。

- 她承认盗用了公司信用卡进行非法支付,也意识到贷款金额超出了公司的信用额度。
- 她承认签发未授权的支票,包括对信用额度的透支及更改收款人。
- 她指出没有其他人参与这次挪用公款事件。
- 她对挪用金额(125 000 美元)提出质疑,并宣称她在自家的电脑里保存了未经授权交易的记录。
- 她没有为自己的行为提供辩解理由(如经济困难或吸食毒品等)。
- 她指出曾让其丈夫联系普鲁特先生,希望为这次指控"做一些努力"。

深入探讨

法务会计师立即对尼克松女士毫不掩饰的坦诚和供认不讳产生了怀疑。而事实上,尼克松女士曾选修法律专业并在律师事务所拥有工作经验,但是为什么她看上去对被询问的情况并不在意?为什么她要供认自己的罪行?为什么她一直试图维护其他各方的利益?难道她有最后的"杀手锏"吗?

法务会计师将访谈内容和录音转录为访谈笔录,并将一份副本递交普鲁特以供参考。在访谈报告定稿之前,法务会计师联系了普鲁特,并提醒他特别注意本次访谈的内容及尼克松女士的供词。最后的访谈报告包括先前收集的证据和尼克松女士的供词,这些证据表明尼克松女士确实将公司价值 79 998 美元的财产据为己有。但这些数额并不包括未经证实的可疑款项,特别是奖金津贴以及供日用和度假的生活补贴。

为了给上诉提供支持性材料,普鲁特随后将法务会计师的访谈报告提交给保险公司。同时,这份访谈报告也被上交至美国联邦调查局和美国联邦检察官办公室,以供起诉尼克松女士的罪行使用。

特别提示

隶属于美国司法部的联邦检察官办公室宣布推迟普鲁特的起诉,除非相关法规另有要求。推迟起诉的原因至少包括(但不限于)以下内容:缺少材料与证据、政治诉求、陪审团呼吁、案件的复杂性、涉案金额的重要性。换句话说,罪行可能按重要性次序被推迟处理了。朗达·尼克松案被认为具有一定的代表性,可能因为证据的特殊性(访谈和交互式证据,包括尼克松女士的供词)与确认非法盗窃金额的重要性。最后,此次诉讼案没有公开审理。你还能想到其他的原因吗?

无罪申诉

面对联邦大陪审团的起诉,尼克松女士于 2008 年 7 月 28 日对涉嫌联邦诈骗罪进行无罪申诉。① 该案由肯塔基州阿什兰地区法院提审,她被指控 18 项电信欺诈罪、1 项银行诈

---

① Hart, K. (2008, July 28). Former law firm worker pleads not guilty. *The Independent* (Ashland, KY).

骗罪和 1 项盗用身份罪。如果所有指控罪名成立,尼克松女士将面临 50 年的监禁和高达 150 万美元的罚金。

4.2 访谈:收集证据的主要方法之一

访谈成为深受法务会计师偏爱的收集证据方法主要有两个原因:其一,访谈是获取信息或资源的直接手段;其二,访谈能提供及时的结果。如前所述,访谈是一种带有目的性的两人或者多人(包括采访者和受访者)问答式对话。① 然而,有效的访谈不只是提出问题后回答,它是一个由计划、规划、实施和积极倾听组成的系统过程。

在访谈的过程中,采访者必须留意某些暗示着受访者感觉到压力、不适或者说谎等相应行为的变化。从我们的执业经验来看,与在整个访谈过程中撒谎相比,受访者更可能遗漏某些事实。因此,采访者应该努力寻找某种暗示着隐瞒和欺骗的迹象。

4.2.1 沟通过程

沟通是访谈的基础,让我们首先思考基本的沟通过程。沟通过程主要包括以下六个主要部分②:

- 访谈者——交流是一个动态、交互性的过程,发送信息和接受信息的人都是访谈者。
- 讯息——讯息就是被分享的信息或访谈者的理解。
- 通道——通道是沟通的途径(如面对面交流、视频电话访谈或者电子邮件)。
- 解码——信息解码的能力对于理解已发生的事件是至关重要的。因此,沟通要求采访者和受访者的编码或者语言具有一些同质性。
- 噪声——噪声是阻碍和混淆信息的第二类信号源。噪声可能发生在交流的任何时间点,既可能是由内部产生的也可能是由外部产生的。内部的噪声归咎于访谈者自身,外部的噪声则归咎于现实环境。内部噪声诸如疲劳、消极倾听、态度、缺乏兴趣、害怕、不理解、缺乏共同的经历和情感等;外部的噪声主要体现在分心、电话连接中断、网络问题或时间问题等。
- 环境——影响沟通的环境主要由两个方面构成:客观因素(如地理位置和气候等)和主观因素(如个人经验和访谈者的文化背景等)。

鉴于沟通包含的上述诸多要素,沟通不只是一种技巧,更不像其本身看起来那样简单,而是涵盖了很多不同的技巧。例如,积极倾听、对信息的编码和解码、观察非语言交流(肢体语言),以及意识并管控自己和他人的压力与情绪等。

---

① Vessel, D. (1998, October). Conducting successful interrogations. *FBI Law Enforcement Bulletin*.
② Foulger, D. (2004). Models of the communication process. *Evolutionary Media*.

4.2.2 积极倾听

有效的访谈要求积极倾听。顾名思义,积极倾听要求采访者专心致志、一心一意、眼睛和耳朵高度集中、全身心投入。积极倾听不仅是采访者收集信息的重要途径,也意味着采访者应对受访者谈及的内容感兴趣。不打断受访者的回答并不予评价地接受受访者的回应都是采访者感兴趣的表现。接下来,采访者可以通过重复或转述受访者的回答来确认自己的理解。除了确认作用,重复或转述还可以帮助采访者测试受访者的情绪(如气愤、压力大或沮丧等),以及为完成访谈报告提供便利。总而言之,积极的倾听者应该在受访者的口头语言和肢体语言之间找到平衡。

 概念辨析

经验丰富的法务会计师经常使用的另一种访谈策略是鉴别式倾听。① 鉴别式倾听对受访者的说话速率、语句的多少、语调和其他声音的变化及其他非语言线索非常敏感。鉴于听者和说者之间对交流的信息存在严重分歧的概率在35%左右,鉴别式倾听是一项非常有价值的技巧。②

 深入探讨

大多数人是懒惰、消极、被动的倾听者。积极倾听是一种经验性的技巧并需要不断地训练。最后,我们鼓励读者从网络上查找有关倾听技巧的专题,积极思考并做一些角色扮演练习。

4.2.3 肢体语言

肢体语言体现了你所说的——实际上没有说一个字。它通过身体器官(头、眼、颈、手、肘、臂、身、胯、足等)有意或无意的位移和变化来传递信息,形象地借以表情达意的一种沟通方式。有关调查表明:沟通过程的信息有55%是通过肢体语言传达的,有35%是通过语调,只有10%是完全通过话语内容本身。③ 因此,了解和掌握肢体语言对法务会计师来说是非常重要的。

我们关于肢体语言的讨论将按以下注意事项为框架展开:

- 因为肢体语言随文化背景而有所不同,所以文化背景是需要考虑的关键因素。
- 评价肢体语言需要一些基本的参照。只有界定了正常行为,才能构建非正常行为的标准。因此,对采访者来说,在评价肢体语言之前,对受访者的肢体语言设定一

---

① Kline, J. (1996). *Listening effectively*. Maxwell Airforce Base, AL: Air University Press.
② Harmeyer, W. J., Golen, S., & Sumners, G. (1984). *Conducting audit interviews*. Institute of Internal Auditors.
③ Ibid.

个标准是非常必要的。
- 肢体语言是一种双向沟通的过程。换句话说,在沟通过程中,受访者也在解读采访者的肢体语言。

与身体不同部位联系起来的肢体语言及其含义如表4-1所示。

表4-1 肢体语言示例

肢体语言	位置或手势	常见的说明
手势	手心向上	邀请、开放
	手心向下	拒绝、敌对
	握拳	气愤、沮丧
	用手指点	敌对、有侵略性
	躲避	欺骗
	自我抚摸(如摩擦脸部和胳膊、握紧的双手、接触头发)	一个自我镇定的表情,可能暗示着欺骗和不确定性
头部	点头	赞同
	摇头	不赞同或拒绝
	平视	自信
	头上扬	优越感
	头左转或右转	感兴趣
脸部	脸色改变	惊恐或失望
眼睛	抬高眉毛	怀疑
	四处看看	无聊或沮丧
	向下看	屈服
	回避眼神交流	欺骗
	转动眼球	不相信或沮丧
	多次眨眼睛	欺骗
手臂	手臂交叉	害怕或防卫
	手放臀部	气愤或有侵略性
体态姿势	懒散的姿势	不安全感、无聊、冷漠
	脚向着某人	感兴趣
	脚远离某人	没兴趣或欺骗
腿和脚	坐时交叉腿	通常是为了放松
	站时交叉腿	紧张
	夸张的动作	欺骗
	抖腿	一种缓解焦虑的安慰性姿势

资料来源:Hagen H.,(2008). *The Everything Body Language Book.* Avon,MA:Adams Media;Walter S.,(2000). *The Truth about Lying:How to Spot a Lie and Protect Yourself from Deception.* Naperville,IL:Souvcebooks, Inc.

深入探讨

鉴于肢体语言内含视觉元素,视频是了解、分析与掌握肢体语言的有效工具。我们建议读者登录 History 网站(www.history.com)观看"肢体语言的秘密"系列视频,也可以点击本书的资料链接(www.pearsonhighered/rufus)尝试获取。

4.2.4 访谈过程的压力作用

压力通常被定义为一个人应对外界压迫(如访谈)所承受的心理或身体方面的负担。[①] 从心理学的角度来说,它是人们对非正常状态下的威胁所做出的调节性行为反应。压力会抑制高效的访谈,因为它所制造的内部噪声会对我们的听说能力造成显著的消极影响。为了消除这种消极影响,采访者应该对受访者的压力信号非常敏感。

反应或适应压力可以体现在身体和情绪方面诸多的症状。身体方面的症状表现为血液循环加快、肾上腺素增加、皮肤过敏(如脸和颈部出现红斑点)、呼吸困难、紧张的手势(如无意识地自我抚摸)。常见的情绪症状是气愤和沮丧,通常表现为侵略性或自卫性的行为。

值得注意的是,访谈的目的是收集信息。尽管我们不能掌控受访者的压力大小,但我们可以调节访谈的内容或过程,以缓解受访者在特定时点的紧张感。例如,难度大的问题应该在访谈过程中间歇性地或者直到最后才提出。采访者在一开始就应该采取预防性的措施以营造一种轻松的访谈环境,而不是在压力出现之后才试图减轻压力,其中一种较好的策略是与受访者建立融洽的关系。

4.2.5 融洽关系的价值

融洽关系是联系采访者和受访者的纽带,并成为访谈双方建立信任和自信的基础。访谈过程中的压力与融洽关系的效用是相反的。压力对访谈的作用是消极的,而融洽关系的作用则是积极的。融洽关系能够使访谈转化为非敌对状态,营造一种"谈话是很安全"的氛围。[②] 相关调查显示,融洽关系减少了错误信息的数量从而提高了目击者回忆的质量,对于开放性问题的回答尤为如此。[③]

在访谈的计划阶段,法务会计师应该考虑如何构建融洽的关系。采访者一开始就应当选择一种能使人身心愉悦的访谈环境。在访谈的整个过程中,采访者应该注意随时调整技巧以构建融洽的关系。例如,采访者应调整他们的呼吸、说话的速率和音调以配合受访者。

---

① Cotetiu, A., & Toader, R. (2007, May). Considerations on stress and its consequences regarding the communication process. Paper presented at the 7th International Multidisciplinary Conference, Baia Mare, Romania.

② Walsh, D., & Bull, R. (2010). Interviewing suspects of fraud: An in-depth analysis of interviewing skills. *Journal of Psychiatry & Law*, 38(12), 99-135.

③ Vallano, J., & Compo, N. S. (2011). A comfortable witness is a good witness: Rapport-building and susceptibility to misinformation in an investigative mock-crime interview. *Applied Cognitive Psychology*, 25(6), 960-70.

4.2.6 理解个人空间

建立融洽的关系需要理解、尊重受访者的个人空间。我们通常可以使用四种概念化"地带"界定个人空间。①

- 亲密地带——人与人之间的距离为6—18英寸,一般为亲密关系。
- 私人地带——人与人之间的距离为18英寸—4英尺,一般为朋友或同事关系。
- 社交地带——人与人之间的距离为4—10英尺,人与人之间一般没有或很少相互关注。
- 公共地带——人与人之间的距离大于10英尺,属于陌生人地带。

忽略受访者的个人空间可能会破坏融洽关系并且形成压力。采访者和受访者之间的合适距离大约为2英尺(私人地带)。如果有必要,采访者可以随着访谈的进程而调整距离。

4.3 实施访谈

在理解了访谈的过程和影响访谈有效性的主要因素之后,我们现在探讨如何实施高效的访谈。

4.3.1 访谈的类型

法务会计师可以进行正式或非正式的访谈。正式访谈是系统性的,是开放性问题和结构化问题的混合。开放性问题不能简单地用"是"或"否"回答,它是专门用于引导和激励谈话内容的,允许受访者用自己的方式讲述自己的故事,并主动提供他们所认为的重要信息。与此相反,结构化问题是简答式问题(如年龄、婚姻状况和教育信息等)或封闭性问题(用"是"或"否"回答)。大多数的正式访谈一般是从结构化(介绍性)问题开始向开放性(信息性)问题过渡和推进。

非正式访谈是非系统性的,它不对特定的具体问题做出限制。尽管采访者可能会事先准备一些关键性的问题,但非正式访谈主要依赖于在互动过程中自发产生的问题。为了促成这种自发性,采访者应该使用友好、平和的语调。非正式访谈往往应用法务会计活动的早期阶段,因为此时还缺乏大量信息实施正式访谈。

 特别提示

法务会计师很少实施带有审讯性的访谈。如前所述,访谈的目的是收集信息。从另一方面来说,审讯是一种运用侵略性策略收集信息的谈话方式。审讯主要应用于犯罪调查,只有在收集了充分的证据之后才能使当事人怀有负罪感、承认罪行并忏悔。

---

① Evans, G., & Wener, R. (2007). Crowding and personal space invasion on the train: Please don't make me sit in the middle. *Journal of Environmental Psychology*, 27 (1), 90-94.

4.3.2 提问的三种类型

正如本章所强调的,访谈是带有目的性(收集信息)的交流,而收集何种信息主要由提出的问题所设定。因此,采访者必须审慎考虑提问的类型、语调和用词。尽管访谈问题的内容是由特定的调查和环境所决定的,但法务会计师常用的提问类型有以下三种:

介绍性问题
- 个人信息(姓名、地址、联系方式等)。
- 目的在于构建融洽关系(建立联系并予以安慰)。
- 通常为结构化提问(简短回答或者用"是"或"否"回答)。
- 问题应该是友好的、非刺激性的。
- 可以用于定性受访者(观察肢体语言、说话的语调及神情态度等)。

信息性问题
- 目的在于收集相关信息。
- 可能包括以下问题及其组合:
  开放性问题(要求给出独白式回答);
  封闭性问题(仅限于用"是"或"否"回答);
  引导性问题(答案部分包括在问题中);
  直接性问题(只针对特定的事实和事件);
  交叉性问题(在不同的时点、以不同的方式提出相同的问题,确认回答的一致性);
  回顾性或重复性问题(用于总结和确认对问题的理解)。
- 提问的顺序应该从一般到特殊。

终结性问题
- 目的是概括前面的回答,收集更多受访者拟分享的信息。
- 通常包括以前面回答为基础的引导性问题。
- 总结此次访谈。

特别提示

从专业的评定机构来看,还有一种类别叫做挑衅性提问,它主要有两种形式——评估式问题和寻求承认式问题。评估式问题用于测定回答的可信度,而寻求承认式问题往往是获取对某项事务的坦白。尽管没有哪一种单纯的方法适用于访谈的所有情况,但根据我们的经验,挑衅性提问往往会使结果适得其反。出于这个原因,挑衅性提问很少被运用于法务会计等中介服务。再次重申,我们的目标是收集信息!

4.3.3 访谈的阶段

访谈过程包括三个阶段:计划、实施和记录。在本节,我们结合法务会计活动实践对每个阶段的内容进行介绍。

在访谈的计划阶段,法务会计师应完成以下三项基本任务:

- 确认与特定事件相关的目击者和其他目击证人的作用。相关类似的考虑如下:
目击者会提供什么信息?
目击证人与当事人的关系或利益活动的关系有多紧密?
证人与其他目击证人提供的情况是互相吻合还是相互冲突?是否证实了当时的情形?
- 根据工作假设和任何可利用的主要资源列出问题框架或大纲。每个问题都应该围绕终极目标——收集更多的相关证据。
- 制作访谈计划表(包括人物、时间和地点)。

实施阶段即执行访谈计划。访谈计划为访谈的实施提供了有价值的参考点,但必须保持一定的弹性,允许根据实际情况调整计划。因为每个访谈都是独一无二的,我们不能提供详尽、细致的指导或检查表;然而,以下的指导非常实用。

第一步,营造理想的环境(舒适或紧凑)。在挑选访谈地点和环境方面,我们必须考虑安全性。如果可能的话,我们强烈建议以团队协作方式进行挑选。

第二步,以介绍性问题开始,再提出信息性问题。

第三步,规范受访者的行为——为受访者正常的肢体语言构建标准。

第四步,做一名积极的倾听者。

- 重复回答以确认理解;
- 识别口头语言和肢体语言的一致性;
- 观察或倾听口头语言和非口头语言,以辨别其是否暗示着欺骗;
- 提出后续问题。

第五步,鼓励受访者在访谈过程中尽可能多地(80%—85%)用语言表达。

第六步,如果你感觉受到威胁或者场面失控就应立即中断访谈。

第七步,做访谈笔录。

第八步,以给受访者机会提供任何他认为有关的信息的方式结束访谈。

访谈的最后阶段是记录或进行转录。如前所述,我们建议在访谈过程中做笔录。尽管访谈时做笔录会影响访谈的效率,但这将传达给受访者一个信号——他们的回答很重要。更重要的是,这为说过或未说过某项内容提供记录。为了将中断记录的可能性降到最低,我们推荐由两位采访者实施访谈——一个人提问另一个人记录。

访谈的手写稿记录应该尽快转录为正式的访谈备忘录。这样会增强记录的可读性和可信性,而且易于突出主题和强调关键点。在转录过程中,采访者应该尽量使用受访者的语气和语调,以表明是直接引语。如果可能的话,应该与受访者一同回顾访谈备忘录,以确定其准确性和完整性。尽管事实应该永远以无偏见的形式呈现在人们面前,但是备忘录也可能包括采访者的发现、观察、适当的推荐和建议。当然,采访者记录的任何内容、得出的任何结论都应该清楚地予以表述。法务会计师的关于联邦政府 VS 朗达·尼克松案访谈备忘录参见附录 4-A。

最后,从业者应该意识到访谈笔录可能被第三方查阅。出于这个原因,一些采访者(包括执法人员)会选择在他们的手写笔记被转录以后就立即丢弃访谈笔录。这样一方面可以防止文件的堆积,另一方面可以避免被对方律师质疑任何转录的错误、删减或修饰的可能性。

特别提示

访谈应该被记录吗?在某些情形下,记录访谈可能是必要的。例如,当涉及大量的细节信息时,我们建议记录访谈内容。当然,因为记录需要一定的训练和器材,它不应该成为采访者记录访谈内容的唯一的手段。值得注意的是,避免潜在地违反各州法规或联邦法律,受访者也应该做相应的记录。在实务中,访谈记录应该从与受访者确认访谈日期、访谈时间和参与方开始。与此同时,采访者还应让受访者意识到他或她的回答将被记录并经其同意。

4.3.4 确定受访者的顺序

正如前文所强调的,调查阶段通常遵循从一般到特殊的原则。当面临从多个主体中收集潜在信息时,我们应该确定受访者的先后次序。我们建议应该从主体与案件的关联程度出发确定访谈的顺序,从案件外围相关人员开始,然后是案件的当事人。例如,在犯罪调查过程中,访谈顺序通常如下:

- 中立的第三方——了解情况但不参与当事人具体事项的第三方。
- 佐证证人——与本案无直接关联但能证明特定事实的人。
- 涉嫌同谋——案件中的被指控方,从罪行的可能性从小到大排序。
- 目标嫌疑人——犯罪嫌疑人。

以罪行的可能性大小为顺序安排受访者使得法务会计师在采访犯罪嫌疑人之前就可以尽可能多地掌握相关的信息。在很多案件特别是犯罪案件中,通常只有一次采访关键证人的机会。因此,最大限度地做好准备工作是至关重要的。

4.3.5 合法性和专业性的考虑

与司法人员一样,法务会计师的职业行为必须遵循相应的职业规范。而且,他们必须意识到与访谈相关的潜在法律问题。值得注意的是,只有合法获取的证据才能呈现在法庭上或者作为专家证言的基础。考虑到证据的复杂性和敏感性,在实施访谈前,法务会计师必须与律师进行充分的协商与沟通。

雇员面谈

作为一项规则,只要提供信息的要求是合理的,雇员有义务与内部(舞弊)调查合作;而且,雇员没有权利委托自己的律师代理访谈。第五次和第六次修订的《联邦宪法》涉及与雇员接受内部调查和访谈相关的权利与义务。因此,按照第五次或第六次修订的《联邦宪法》,雇员不能因此项事务而起诉私人雇主。

如果没有行政处罚,私营企业员工可能拒绝回答法务会计师的问题,因为这可能会揭露他们犯下的过错。如果不能确定是否存在被曝光的风险,雇员可以在访谈之前联系自己的律师寻求帮助。然而,无论是公共部门雇员还是私营企业雇员,他们在行政或者民事诉讼中都有可能因拒绝接受访谈或回答提问而被罚款。

 职场范例

利用雇员访谈收集证据是一个颇具争议的话题,2013 年的佐治亚州政府 VS 贝弗利·霍尔(Beverly Hall)案就是一个很好的佐证。2013 年 3 月,霍尔女士和其他教育工作者被指控宣传错误的言论和作品、虚伪发誓以及不恰当地影响证人。然而,从她与其他教育工作者中收集的关键辩护证据是以胁迫手段(特别是失去工作的威胁)获取的。这种行为违反了第五次修订的《联邦宪法》的相关内容。辩方律师援引 1967 年美国最高法院对新泽西州政府 VS 加里蒂(Garrity)一案的审判结论,主张不能解雇那些因罪行有曝光的可能而拒绝接受访谈的公职人员。

2013 年 6 月,美国富尔顿县的法官杰瑞·巴克斯特(Jerry Baxter)发现被告遭受被解雇的威胁。截至目前,霍尔女士一直否认任何的不法行为和涉嫌舞弊。目前该案件仍在审理中。

如果受访者是会员则另当别论。《国家劳动关系法》第七条规定,雇员有权参与集体谈判或其他形式的互助或保护。根据 1975 年联邦最高法院对国家劳资关系委员会(NLRB)VS 韦恩加藤(Weingarten)的判决①,如果"有理由相信"调查访谈可能导致制裁行为,加入工会的雇员就有权在接受调查访谈时邀请工会代表参加。对于非工会员工是否拥有这项权利,国家劳资关系委员会一直举棋不定。1982 年,国家劳资关系委员会将类似的权利扩展到未加入工会的雇员,授权他们邀请同事参加可能导致制裁的调查访谈。但在 1985 年,国家劳资关系委员会做出了相反的决定,拒绝将韦恩加藤案所引发的规则适用于没有受到承认或认证的工会。但三年之后,国家劳资关系委员会又肯定了这一做法。在 2001 年的判例中,麻风病基金会开除了两名雇员,该决定被国家劳资关系委员会指控为不正当雇佣行为。也就是说,国家劳资关系委员会重新解释了《国家劳动关系法》第七条,再次承认韦恩加藤规则适用于非工会会员的雇员。

---

① 可参考维基百科的相关介绍,https://en.wikipedia.org/wiki/NLRB_v._J._Weingarten,_Inc

特别提示

在民事诉讼案中,法务会计师在调查取证过程中可能就有关问题询问不同的受访者。如果他们拒绝合作,那么律师可以考虑让证人以庭外宣誓的形式提供口头证词。庭外宣誓一般由律师主导,尽管宣誓证词是在一个更为规范化的环境中产生的,但是它有助于法务会计师准备访谈的问题。当然,之前所述的一般访谈技巧仍然适用。例如,可以在访谈过程中营造一定程度的舒适感和融洽关系。观察肢体语言也是一个值得考虑的方面,特别是当宣誓没有被录音时。

4.3.6 实施高效访谈的建议

正如大多数复杂的技巧那样,访谈技巧是在长时间的实践和试错中积累起来的。而且,每个访谈都会面临不可预期的独特机会和特殊挑战。即便如此,基于工作经验,我们向大家提供以下十条建议:

第一条,选择合适的时间和环境。再次重申,安全第一!

第二条,有所准备。在访谈之前熟悉案件事实和所有可利用的记录与数据。换句话说,必须明白你在与谁交谈、准备谈些什么。

第三条,避免与多人同时访谈。

第四条,掌控整个访谈局面,不要被受访者牵着鼻子走。

第五条,选择最佳的问题组合策略。

第六条,不要主动回避对自己立场不利的信息。

第七条,将敏感性和难以回答的(容易引起受访者紧张的)问题放在访谈的最后。

第八条,做一名积极的倾听者。

第九条,在得出结论后立即记录访谈。

第十条,记住,你的目标是收集信息而不是为难或影响受访者。

特别提示

大家常常对测谎仪的使用及其在法庭上的可采性很感兴趣。第一次使用测谎仪是在1920年,主要用于测定能暗示生理压力和欺骗的特殊指标:心律、血压、呼吸的频率和排汗量等。尽管测谎方法本身具有客观性,但是提问技巧方面具有很多的不确定性(例如,问题的类型与顺序,提问的用词与语调),这些会影响测谎结果。换句话说,测谎仪并不是非常科学的,因此由测谎仪获取的证据并不被认可为十分可靠。

4.4 观察的价值

因为法务会计师通常是在案件发生之后（如挪用公款、欺骗、死亡或者离婚申请）才接手调查，所以，我们的观察通常从收集和分析数据开始。即便如此，对于法务会计师来说，亲临犯罪现场调查或者实地考察商业环境仍是有价值的。为什么？在联邦政府 VS 朗达·尼克松案中，法务会计师为什么要考察办公地点？

观察是视觉性的。实地考察有助于意见的形成，因为他们有机会看见案件发生的现实环境，如设施的状况与布局、个人工作地点、环境的安全性等。可能更有价值的是观察环境中的人员，包括雇员之间是如何交流的、特定任务是如何完成的、使用了何种会计软件、设置了什么样的内部控制、工作流程是怎样的、全员的整体气氛如何，等等。

从调查中收集各个环节的视觉信息可以让法务会计师找到事实的"连接点"，以进一步完善工作假设。因此，观察本身可以产生证据，或者它们使已有证据更加明晰，还可以获得其他的额外证据。最后，观察是非常重要的，因为这是获取肢体语言信息的重要途径。

实际上，法务会计师通常从"四个角落"观察案件。例如，在联邦政府 VS 朗达·尼克松案中，法务会计师从每个角落观察尼克松的办公地点并拍录影像。多角度地观察有助于最大化地捕捉相关信息；而且，为观察创建记录（如照片或影像）有利于检测后续步骤。从生理角度来说，一个人立即感受到环境中的每一处细节变化是不太可能的，而且环境中的一些特殊事物可能不会被立即注意到。根据对办公地点的调查，法务会计师勾勒出办公室的整体布局并绘制出会计业务流程图。这些图表有什么价值呢？尼克松女士的办公地点能告诉我们什么？

4.4.1 合法观察

在进行观察时，法务会计师务必小心谨慎，确保信息的获取途径是合法的；并且，这些信息可以作为形成专家意见的可靠基础。合法观察通常是在公共场所进行的，包括视觉观察（我们所看到的）和听觉观察（我们所听到的）。合法的视觉观察（通过观测或者监视获得）包括正常视野所能看见的东西，例如，高速公路上的汽车、驾照上的号码、民居或者房产的位置、会议的时间和地点、人们的日程安排表或路线图、生活习惯，等等。

合法的听觉观察是我们听到的、不涉及隐私的声音，如在饭店或影剧院里的对话。与视觉观察相比，听觉观察往往受到更多的限制，因为这要求更相近的、感兴趣的话题。与合法的听觉观察相反的是，非法的听觉观察是利用安装在某个位置的监听器记录谈话，除非经对方同意，否则这就是非法的。

4.4.2 公共记录

法务会计师通常通过公共访谈获取信息。这类记录可以用来支撑或完善工作假设、确认事务的关系及访谈中的潜在事项。许多公共领域的记录可以从相关政府机构免费获取，如地址、事迹、链接、商法典文件、商业组织文件及破产文件等。然而，对于综合性信息来说，由于收集过程需要一定的时间，也需要特定的知识和资源，因此提供此类数据的数据库服务是有偿的。

除公共领域的记录外，合法观察被看作公共记录的一种形式。另外，最近还有一类就是很多通过个人或商业网站及社交网站在互联网上获取的多样信息。当然，主流网站很明确是面向大众的，而社交网站则索要一定程度（访问权限）的隐私。截至本书完稿时，互联网存在100多个知名社交网络平台，最流行的当属脸书（Facebook）、推特（Twitter）和领英（LinkedIn）等。由于访问这些网站的限制可以轻易地被操纵，因此这些网站中包含的任何信息可以被认可为一种公共记录。

在法务会计的调查阶段搜索公共记录有四大优势：信息是公开的，任何人都可以获取；获取的途径是快捷且廉价的，尤其是互联网中可利用的资源；与其他调查方式相比，这种方法是非私密性的；结果是可见的，而且是可以被复制的。

4.4.3 关于托辞

欺骗性托辞是假扮他人或者利用他人的身份标识获取某人不愿意公开的信息。在极少数情形下，使用托辞可能是合乎情理的（如向癌症患者隐瞒病情以利于治疗）；但是在大多数的调查取证中，托辞的使用通常是不合理的甚至是违法的。例如，获取未对外公开或未经授权的记录（诸如银行记录、电话记录或邮件记录等）是违法的。

 职场范例

2006年的惠普公司（Hewlett-Packard）丑闻就是一个典型的例子。时任惠普公司董事长帕特里夏·邓恩（Patricia Dunn）为了调查向媒体泄露公司战略信息的公司董事会内鬼而雇用了三名外部调查员。在调查过程中，调查员利用未经授权的欺诈手段获取了董事会成员和惠普公司、管理层的电话记录，根据加利福尼亚州的法律，这种做法属违法行为。检方对邓恩提出的指控包括使用欺诈手段从公共机构获取机密信息、非法使用计算机数据、身份盗用以及共谋实施上述各项犯罪。虽然惠普公司高管和员工的所有刑事指控被撤销，但三名调查员被指控犯有盗窃罪和共谋罪。2012年12月，三名调查员之一的布莱恩·瓦格纳（Bryan Wagner）被判处3个月监禁及2年察看，调查员约瑟夫·狄芬特（Joseph Depente）和马修·狄芬特（Mathew Depente）（两人为父子关系）被判处3年缓刑。

根据美国《公平信用报告法案》，获取个人的信用信息必须征得本人同意。具体来说，法案明文禁止以下行为：

- 利用虚假的、欺诈性的说辞或文件从金融机构或直接从金融机构的某个顾客处获取其他顾客的信息。
- 利用篡改的、丢失的或窃取的文件从金融机构或直接从金融机构的某个顾客处获取其他顾客的信息。

- 利用虚假的、欺诈性的、篡改的、丢失的或窃取的文件询问某人,从而获取其他顾客的信息。

4.4.4 可疑文档

在调查过程中,法务会计师通常需要查看大量的信息源文档(如支票、发票等)。尽管很少接受可疑文件检测(QDE)方面的培训,但法务会计师应该关注任何由工作假设引出的可疑事项。例如,支票是否虚假的或伪造的、发票是否被捏造或篡改等。

可疑文档则无论是整体可疑还是部分可疑都属于真实性和原创性问题。可疑文档经常涉及违法活动,如成为侵吞、挪用公款的犯罪证据。法务会计师日常所接触的可疑文档通常包括支票、纳税申报表、发票及合同等文件。法务会计师在形式审查此类文档时,如果怀疑任何签名、笔迹、打印文件或其他可疑痕迹,就应该移交接受过可疑文件检测培训的专家进行确认。

 深入探讨

我们建议读者访问美国联邦调查局(FBI)官方网站(www.fbi.gov),了解其质检部门所实施的各项法务文件检查内容,如签名、笔迹、纸张、打印体、手写体、影像鉴别、身份识别和书写顺序等。

4.5 尾声:联邦政府 VS 朗达·尼克松案

审理

2009 年 2 月 9 日,联邦政府 VS 朗达·尼克松案进入审理程序。该案参审人员包括合伙人普鲁特先生、银行和信用卡的代表、尼克松女士的家庭成员、朋友和旅行同伴,法务会计师和联邦调查员。法务会计师的专家意见对于案件的审理是至关重要的,特别是针对尼克松女士的认罪其极力隐瞒的事实。

在直接询问①环节,检察官询问法务会计师有关其调查的性质与范围、涉及的数据与事实、采用的技术方法及结论性意见。法务会计师对尼克松女士的访谈记录被详尽地呈现在陪审团面前。针对检察官的询问,法务会计师逐一进行了分析和说明,并强调了以下关键点:

- 报告结论是基于客观的、系统的及科学的步骤而得出的。
- 每笔可疑交易都被认真检查以确认其合法(或违法)。
- 尼克松女士对指控供认不讳,特别是未经授权非法使用信用卡、假冒取款、篡改支

---

① 直接询问又称主询问,通常由提供证人的一方当事人通过其律师的询问提出主张,是开庭审理并询问证人的第一阶段。

票等事项。
- 尼克松女士没有为其犯罪意图提供辩护或理由。
- 尼克松女士对罪行供认不讳,只是对所涉金额表示异议。
- 尼克松女士宣称她掌握着可以证明其挪用金额的证据。

在交叉询问①环节,针对法务会计师的质疑主要集中在两个方面:调查的局限性和尼克松女士的访谈备忘录。经尼克松女士的代理律师质问,法务会计师承认以下内容:

- 她(指法务会计师,下同)从没有亲眼见过尼克松女士。
- 普鲁特先生确认尼克松女士是贪污犯嫌疑人,并提供了尼克松女士的人事档案资料副本。
- 普鲁特先生概述了他所怀疑的诈骗行为,包括指控计划。
- 普鲁特先生对分析范围做出了一定的限制。
- 最理想的访谈应该是面对面而不是通过电话进行。
- 她与尼克松女士的电话访谈并不算理想的访谈方式。
- 她不能绝对确认在电话另一边接受访问的是尼克松女士本人。
- 她并不知晓受访者周围的环境如何或者他人是否在场。
- 电话访谈的效果会受到内部障碍和外部障碍的影响,如听力不好、存在噪声、时间不恰当及糟糕的电话连接信号。
- 语言仅仅是访谈过程的一个组成部分,而不是全部。
- 她无法评估接听者的身体或心理状况。
- 尼克松女士的回答显得非常直率和配合。
- 她对尼克松女士的坦白存有疑虑,感觉"似乎少了什么"。
- 在与尼克松女士访谈后,她曾询问普鲁特先生是否还有其他证据。
- 她并不知道普鲁特先生打算把她的报告递交给美国联邦调查局。

在检察官进行再次直接询问②环节,法务会计师做出如下回应:

- 她非常确信受访者是尼克松女士,因为受访者对身份验证性问题(如身份证号码、出生日期以及在律师事务所的工作经历)都回答得非常清楚。
- 尼克松女士承认了具体的犯罪行为,但是质疑所挪用的总金额。
- 当天通话的连接信号非常清晰。
- 访谈在当天被迅速转录。
- 基于合理的专业判断,尼克松女士至少挪用了 79 998 美元。

尼克松女士的代理律师没有再进行交叉询问。

---

① 交叉询问是由一方当事人或其律师在法庭上对另一方证人进行的盘诘性询问。《布莱克法律词典》对此的解释为:"在审判或听证中由与传唤证人出庭作证的一方相对立的另一方对该证人进行的询问。"
② 再次直接询问又称再询问。在交叉询问结束后,进行主询问的一方根据情况需要可以决定再次询问其传唤的证人,就对方进行反询问所涉及的新事项进行再询问,是整个询问证人过程的第三阶段。

法务会计师的证词随后得到了联邦调查局的特别代理人蒂莫西·考克斯的佐证。代理人考克斯作证他也曾采访尼克松女士,她承认的很多(但不是全部)信息与法务会计师的访谈备忘录是一致的。代理人考克斯还指出他曾经单独调查,并确认尼克松女士挪用了公司资金及冒用身份。

定罪与判决

2009年2月12日,在历时4天的审讯后,联邦陪审团最终认定尼克松女士盗用前雇主普鲁特-索纳律师事务所约100 000美元的17项罪行指控成立。① 具体来说,她应对11项欺诈罪、2项银行诈骗罪、3项盗用身份罪和1项非法使用设备罪承担责任。

2009年8月,尼克松女士被判入狱服刑54个月,刑期至2013年8月31日。

附录 4-A:联邦政府 VS 朗达·尼克松案访谈备忘录

日期:2007年11月1日
回复:普鲁特-索纳律师事务所
主题:由×××对朗达·尼克松进行的电话访谈
上午 8:05 收到朗达·尼克松的电话回复留言后进行访谈

简介

a. 对回复电话表示感谢。

b. 基本信息如下:

- 访谈受加里斯·普鲁特之托;
- 目的是调查其在普鲁特-索纳律师事务所任职时涉嫌挪用资金事件;
- 拟获取尼克松女士针对指控的态度。

c. 尼克松女士询问我是如何得到她的电话号码的。

- 由×××建议的。

访谈要求

a. 尼克松女士声称她最近才知道针对她的指控。

b. 尼克松女士说她可能不能进行当面访谈,因为忙于学校和家庭事务。

c. 尼克松女士表示她的丈夫昨天已经联系了普鲁特先生并希望庭外和解。

d. 尼克松女士表示她的时间很紧张,只能给我20分钟的访谈时间。

(要求暂停一会以整理文件,在 8:10 由×××继续进行电话访谈)

确认和资格

a. 美国社会安全号(SSN)。

---

① 美国联邦调查局新闻稿(2009年8月),卡特里茨堡(肯塔基州)的记账员因在律师事务所工作期间犯诈骗罪而被监禁。新闻稿链接详见 www.pearsonhighered.com/rufus。

b. 出生日期（DOB）。

c. 确认人事档案信息（雇佣关系/起止日期/办公细节）。

d. 是否接受过任何关于会计方面的培训；尼克松女士回答"没有"。

e. 询问她报读法律学校的目的；尼克松女士回答："为了改变我的生活"。

尼克松女士的自主回答

a. 没有聘请代理律师，"希望自己能解决好这件事"。

b. 承认8月9日与普鲁特先生的关于债务和信用卡的邮件往来。

c. 确认指控的严重性。

d. 坚信"庭外和解"对每个人来说是最好的结果。

e. 希望能将这件事缓一缓，以后再说——事务所合伙人的反应过度了。

f. 承认在事务所任职期间曾将公司信用卡用于个人支出。

- 尼克松女士知道将公款用于个人支出是违法的，即便他们都这么做；
- "唯一的关键问题是所涉金额"；
- 我指出目前的确认金额为75 000—125 000美元，这一点令她很有兴趣坐下来进行讨论；
- 我承认有一些事项尚未被确认；
- 我指出我们遗漏了部分信用卡和银行记录。

g. 尼克松女士表示125 000美元太多了。

- 尼克松女士表示，大多数个人支出项目通过信用卡进行交易，很少涉及支票。

h. 尼克松女士指出其个人电脑里的一份记录可以证明她挪用金额的数目。

i. 尼克松女士表示她也有可能遗失了一些记录。

j. 尼克松女士表示她只用过一次信用卡——美国运通银行（AMEX）。

k. "情况失控了"。

l. 她"对私自将公司信用卡用于个人支出的罪行负责"。

询问有关尼克松女士的支取记录——为什么保存着

a. 申请了三张信用卡，但只有一张是她的。

b. 她有保存自己支出记录的习惯。

c. 记录个人支出金额，准备将来以奖金偿还。

d. 保存记录以防她需要解释这些交易。

- 解释如何记录？尼克松女士的回答为"就像今天一样"（有疑）。

e. 我提出想要一份她的支出记录的副本；尼克松女士的回应为"应该没有问题"。

询问使用信用卡的原因

a. 信用卡由她申请——"我有权利使用它"。

b. 知晓信用卡最主要用于商业用途。

- 如何知道的？尼克松女士回答"其他人包括合伙人也私自使用信用卡"。

c. 尽力偿还债务。

- 如何偿还？尼克松女士的回答为"通过未获得的公司基金和奖金"；

- 询问原因,而尼克松女士的回答为"10%的奖金和基金都未获得";
- 尼克松女士为公司节省了资金,但没有得到相应的报酬。

询问和律师事务所的关系

a. 小公司,但人际关系并不紧密。
b. 和外面其他的公司没有联系。
c. 在公司以外没有私人关系。

询问内部会计——由谁负责

a. 尼克松女士声称她是律师助理并负责所有的内部财务事项。
b. 尼克松女士还负责登记总账(简易的账目)。
c. 支取工资和支付账单。
d. 尼克松女士表示她有签发支票的权力。
e. 经常与银行工作人员交谈并负责存款。
f. 尼克松女士表示她经常与注册会计师交谈。
g. "律师操纵着法律",而她掌控着这家律师事务所。

询问具体方法

a. 针对公司信用卡用于个人支出:
- 尼克松女士供认不讳;
- 我指出她挪用的金额大约为45 000美元,包括从7月7日至9月6日的247项交易——尼克松女士表示记不清具体数目,她要和自己的记录做比较;
- 我说明我们遗漏了从2007年5月5日至2007年5月18日的记录——尼克松女士再次重申她保存了信用卡交易的记录;
- 我要求她确认第一次使用公司信用卡的时间——尼克松女士回应说不确定;
- 我询问她为什么保存信用卡的使用记录——尼克松女士说明是以备日后她需要这些记录,"就像今天一样";尼克松女士表示其购买的很多东西是合法的;
- 我提议把发生的信用卡交易按类别(如衣服、汽油)整理——尼克松女士承认其中一些用于汽油费支出,但在沃尔玛超市支付的费用是合法的,她希望看到更多的细节以便确认;我提出面谈以便进行审核,但是她要求采用电子邮件形式;
- 我询问有关支付法律学校的费用(11 000美元)——尼克松女士说数额肯定有误,不可能是11 000美元;我同意对数额进行核实。

b. 变更收款人:
- 尼克松女士承认存在此类问题;
- 我询问2006年11月20日在总账中以信托付款形式支付给×××的7 229.40美元支票,后来这笔交易在总账作废但实际上是她自己支取而被清除的,并且她将该笔款项存入自己的账户——尼克松女士指出隐约记得有该笔支出,并表示她要查看这笔交易才能确认;×××曾是事务所的一名员工;
- 我询问她对总账记录简易审核日志的看法,该日志能追踪总账的变化——尼克松女士表示这超出她的权限,对此一无所知。

c. 关于未经授权的奖金、贷款及差旅补助支票:
- 尼克松女士表示她确实曾收到合法的奖金和差旅补助——奖金是基于业绩10%的报酬;
- 尼克松女士记不清未经授权的是转账支票还是现金支票;
- 尼克松女士承认奖金应该已经通过工资账户发放;
- 尼克松女士记不清作为贷款支付的支票;
- 我询问关于2006年9月21日签发给×××一笔金额为1 060美元的支票(很明显已由×××背书提现)——尼克松女士表示这与×××无关,对此一无所知;尼克松女士说她隐约记得这笔交易,记得×××兑换了现金支票并且给了她一些钱;尼克松女士表示大部分支票是按月支付给清洁服务的(每周60美元);我建议计算交易前后的周数以确认按60美元/周支付给×××的合计金额;尼克松女士表示她记不清了,不能确定这些金额;尼克松女士再次重申×××与此案无关。

d. 非法贷款:
- 尼克松女士表示她有权在信用额度内支取事务所信用账户的金额;
- 承认还有其他"额外"支出包含在信用卡和支票交易中;
- 不会撤回与事务所合伙人的和解建议。

案件是否涉及其他人

a. 尼克松女士声明不涉及其他任何人。
b. 尼克松女士的丈夫对此事毫不知情。

关于辩护

a. 尼克松女士并没有提出任何辩护。
b. 我特别询问她有关是否受胁迫、滥用药品、赌博、吸毒等问题——尼克松女士否认了这些。
c. 要求尼克松女士解释这样做的原因,是否故意犯罪吗?——尼克松女士承认她做错了但并没有故意犯罪;她打算以后偿还挪用金额。

总结性问题

询问她是否有再补充的问题或者想让我们考虑的地方:
- 尼克松女士表示她没有需要补充的;
- 尼克松女士表示她不怀疑这些指控,但问题是金额的多少;
- 尼克松女士表示如果我们得出了最后的金额或者有其他额外的问题,可以再联系她,我提议审核她的文件记录,有助于确认问题回答的正确性;我提供了我的电子邮箱地址;
- 尼克松女士表示她在下午3点半的时间有空;我通知她我会核查她的文件,以便更新我与事务所合伙人的分析和审查,我将在3:45左右打电话给她。

后续行动说明

与普鲁特先生再进行讨论:
- 确认普鲁特先生与尼克松女士及其丈夫有过访谈;

- 对尼克松女士迅速认罪感到疑虑,为什么?——还有其他额外的证据吗?为其他人(丈夫/姐妹/他人)掩盖事实吗?
- 尼克松女士为什么说信用卡的使用"每个人都这样做";
- 尼克松女士为什么说"在庭外和解是对每个人最好的结果";
- 尼克松女士似乎隐瞒了一些事实。

关键术语

访谈	正式访谈	非正式访谈	访谈备忘录	开放性问题
结构化问题	计划阶段	实施阶段	目标嫌疑人	涉嫌同谋
佐证证人	中立的第三方	压力	托辞	审讯
个人空间	记录	积极倾听	沟通过程	合法观察
融洽关系	《公平信用报告法案》			

简答题

4-1 访谈的目的是什么?

4-2 高效访谈的四个要素是什么?

4-3 访谈过程中的六个主要组成部分是什么?请逐一简要讨论。

4-4 解释积极倾听的含义。

4-5 积极倾听者应保持怎样的态度?

4-6 什么是鉴别式倾听?它对法务会计师有什么作用?

4-7 什么是肢体语言?讨论其在访谈中的重要性。

4-8 何时观察受访者的肢体语言?法务会计师应该注意什么?

4-9 举例说明五种用于传递信息的手势,并逐一讨论。

4-10 举例说明五种能提供沟通线索的头部动作。

4-11 怎样从个人的眼神中洞察他或她的情感状态?

4-12 个人的手臂动作能提供沟通线索吗?请解释。

4-13 怎样从一个人的姿势判断他/她是否对正在讨论的问题感兴趣?

4-14 怎样从一个人的大腿和脚的姿势与位置判断其紧张情绪?请解释。

4-15 定义压力。压力是如何影响沟通的?

4-16 一个人在压力下,其情感和身体状况会发生怎样的变化?

4-17 什么是融洽关系?它在沟通过程中有何作用?

4-18 法务会计师怎样利用融洽关系增强访谈的效果?

4-19 在访谈过程中,如何界定与建立融洽关系相关的个人空间?

4-20 请指出法务会计师通常采用的两种访谈方式。

4-21 什么是正式访谈?如何组织该类型访谈的问题?请举例说明。

4-22 什么是非正式访谈?如何组织该类型访谈的问题?

4-23 收集信息性访谈与审讯有何区别?

4-24 法务会计师在访谈中最常用的三种问题是什么?针对每种问题举例说明。

4-25 讨论访谈过程的三个阶段。

4-26 在访谈的计划阶段,法务会计师应当完成哪三项基本任务?

4-27 实施访谈的关键步骤是什么?请解释。

4-28 为什么转录笔记对访谈的成功是至关重要的?

4-29 访谈应不应该录音?讨论原因。

4-30 请指出应以何种顺序安排证人进行访谈?

4-31 根据雇员归属于私营企业或公共部门,分别讨论在受访时雇员是否有权聘请代理律师参与。

4-32 请指出高效访谈的十条建议。

4-33 什么是观察?视觉观察和听觉观察如何为法务会计师带来帮助?试举例说明。

4-34 讨论搜索公共记录的四种好处。

4-35 在《公平信用报告法案》下,法务会计师要合法获取个人信用报告应该怎样做?该法案特别禁止哪些行为?

选择题

请在下列与访谈过程相关的问题中选择最佳答案:

4-36 在沟通过程中,传递信息者仅限于采访者。
  A. 正确　　　　　　　　B. 错误

4-37 下列哪一项不属于沟通的途径?
  A. 面对面访谈　　B. 电子邮件　　C. 语音音质　　D. 电话访谈

4-38 为了使沟通易于理解,它必须被正确地:
  A. 运用　　B. 解码　　C. 安排　　D. 引用

4-39 噪声是沟通障碍之一,下列哪项不属于噪声?
  A. 糟糕的电话连接状态　　B. 恐惧　　C. 指控的性质　　D. 发送者的态度

4-40 下列哪项不是积极倾听者应具备的特征?
  A. 在谈话者说话时插入问题
  B. 允许谈话者完成其陈述
  C. 以解释信息的方式将受访者的观点复述一遍
  D. 在受访者的口头语言和肢体语言之间探寻平衡点

4-41 大多数专家相信手的放置比身体的其他部位展现出更多的情绪状态。
  A. 正确　　　　　　　　2. 错误

4-42 下列哪一项是敌意的表示?
  A. 身体向上伸展　　B. 揉脸　　C. 手指向一个物体　　D. 摇头

4-43 当你坐在桌子旁与你的导师谈话时,他或她的身体偏向于你。这个动作可能暗示什么?
  A. 敌意　　B. 主动　　C. 感兴趣　　D. 冷漠

4-44 压力被定义为因受到外来压迫而产生的身体和心理上的反应。
  A. 正确　　　　　　　　B. 错误

4-45 压力可以从人的身体状态或者心理状态表现出来。

A. 正确　　　　　　B. 错误

4-46 下列哪一项是法务会计师应该在访谈中建立的？

A. 主导地位　　　B. 融洽关系　　　C. 友谊　　　D. 以上都不是

4-47 下列哪一项不是与个人空间有关的概念化地带？

A. 公共地带　　　B. 么人地带　　　C. 亲密地带　　　D. 偏好地带

4-48 当采访者尊重受访者的个人空间时，受访者常常会感觉到压力。

A. 正确　　　　　　B. 错误

请在下列与实施访谈相关的问题中选择最佳答案：

4-49 下列哪一项不是高效访谈的要素？

A. 积极倾听　　　B. 计划　　　C. 组织　　　D. 执行

E. 以上都是

4-50 访谈是有目的地进行搜寻和交换信息的对话。

A. 正确　　　　　　B. 错误

4-51 在正式访谈过程中，问题都是非系统性的。

A. 正确　　　　　　B. 错误

4-52 以下关于正式访谈和非正式访谈的描述中，哪一项是错误的？

选项	正式访谈	非正式访谈
A. 主要使用开放性问题	是	否
B. 主要使用封闭性问题	是	否
C. 基于即兴的一系列问题	是	是
D. 由特定的一系列细节性问题控制	是	否

4-53 审讯是法务会计师在舞弊调查中经常使用的访谈方法。

A. 正确　　　　　　B. 错误

4-54 下列哪一项不属于访谈计划阶段的组成部分？

A. 决定如何与受访者建立融洽关系　　　B. 列出问题

C. 考虑怎样恐吓证人　　　D. 列出访谈时间安排表

4-55 在实际实施访谈时，法务会计师通常从介绍性问题开始，然后过渡到信息性问题。

A. 正确　　　　　　B. 错误

4-56 记录访谈通常包括下列哪一项行为？

A. 询问细节性问题　　　B. 谨慎地用磁带录下访谈内容

C. 将访谈笔录转录为访谈备忘录　　　D. 上述都属于记录访谈的行为

4-57 对访谈进行录音被认为是获取受访者真实答案的最有效方法。

A. 正确　　　　　　B. 错误

4-58 以明确访谈目的为开端的访谈是最好的。

A. 正确　　　　　　B. 错误

第4章
证据收集：访谈和观察

4-59 下列哪一项不属于访谈中使用的问题类型？

A. 信息性问题　　　B. 总结性问题　　　C. 介绍性问题　　　D. 过渡性问题

4-60 当被问到公司问题时，员工有权委托律师作为代理人。

A. 正确　　　B. 错误

4-61 假设受访者是公众部门的雇员，如果可能导致制裁行为，受访者有权聘请律师参与访谈。

A. 正确　　　B. 错误

请在下列与观察价值相关的问题中选择最佳答案：

4-62 法务会计师在执行与案件相关的观察时必须注意证据的合法性，并确保其可以作为专家意见的基础。

A. 正确　　　B. 错误

4-63 合法的视觉观察不包括下列哪一项？

A. 寻找嫌疑人的废弃物作为证据　　　B. 观察居住地的环境

C. 评价企业的地理位置　　　D. 阅读犯罪嫌疑人的私人日记

4-64 下列哪一项属于合法的听觉观察？

A. 秘密记录在会议室里的谈话　　　B. 探听在酒店里的谈话

C. 在没有告知对方情形下，录制电话谈话的内容　　　D. 以上都是

4-65 法务会计师可以用公共记录支撑或者完善工作假设。

A. 正确　　　B. 错误

4-66 下列哪一项不属于搜索公共记录的优势？

A. 可以秘密搜索　　　B. 是获取信息的合法渠道

C. 结果不可以被他人复制　　　D. 获取途径快捷且成本低廉

4-67 社交网络平台是法务会计师可以用于获取个人家庭和其他私人事项的信息渠道。

A. 正确　　　B. 错误

6-68 托辞是指利用欺骗手段从外界获取他人隐私的信息。

A. 正确　　　B. 错误

6-69《公平信用报告法案》要求获取个人信用信息必须征得本人同意。

A. 正确　　　B. 错误

职场应用

4-70 回顾在联邦政府VS朗达·尼克松案中法务会计师访谈备忘录的内容，并回答以下问题：

A. 这些记录能表明访谈事先制订了计划吗？　　　B. 访谈的结构安排如何？

C. 这次访谈强调了哪些重点？　　　D. 此次访谈存在哪些不足吗？

4-71 回顾在第2章列举的联邦政府VS邦妮·贝恩案。假设你被贝恩女士聘请为其辩护，考虑本章针对观察价值的讨论，下列哪些是相关的？

A. 银行的布局　　　B. 贝恩女士的工作地点

C. 银行保险库的位置　　　D. 密码和其他控制性信息的使用方式

E. 贝恩女士的家庭　　　F. 贝恩女士的手机

4-72 观看history.com网站有关肢体语言的下列教学视频：

A. "肢体语言的秘密"第一部分　　　B. "肢体语言的秘密"第二部分

请找出这些教学视频中肢体语言的信息,你能够先于专家指出来吗?

4-73 汤姆·戈登(Tom Golden)在名为 My First Fraud Investigation 的视频中讨论了关于职务舞弊的问题,视频链接详见 www.pearsonhighered.com/rufus。

在观看视频之后,请回答下列问题:

A. 汤姆·戈登是怎样侦查舞弊的?

B. 在调查中他是否忽略了道德准则?

C. 如果他要形成初步的工作假设,这应该是什么?

D. 视频中有本章强调的概念吗？如果有,请解释。

4-74 肢体语言是访谈中至关重要的因素。请在 YouTube 网站上观看名为 Forensic Accounting Experiment 的视频,链接详见 www.pearsonhighered.com/rufus。

运用本章讨论的肢体语言知识,回答下列问题:

A. 访谈是如何安排的?

B. 采访者向受访者传递了怎样的肢体语言信息?

C. 你如何解释受访者的肢体语言信息?

D. 在受访者清点了现金之后,你认为她是否说谎了？利用任何语言或视觉线索支持你的结论。

4-75 假设你正在就为什么要上大学的主题采访自己。请列出一份有关个人信息问题的清单与大家分享。导师会利用这些问题对每位学生进行模拟访谈。

模拟法务会计师的思维方式,按照从一般性问题到特定性问题安排访谈。在提出每个问题之后,指出你是否如实地回答了这些问题。

班级同学通过访谈中受访者的语言或非语言信息来确定其回答是否真实。导师将汇总班级同学的观察和感知,探讨访谈的有效性及其原因,并分析受访者的肢体语言是怎样反映回答的真实与否。

深度思考

4-76 登录 www.bing.com/video,以 Lying、How to tell、FBI 为关键词检索关于肢体语言的相关视频,在课堂上开展讨论并回答下列问题。

A. 视频的主题是什么?

B. 从视频中你可以找出哪些本章提及的肢体语言?

C. 你学到了哪些有助于法务会计师职业生涯的肢体语言?

4-77 联邦调查局的退休探员比尔·布朗(Bill Brown)在发布于 YouTube 网站上、名为 FBI Agent Explains How to Spot Liars 的视频中讨论了肢体语言是如何揭穿谎言的(视频链接详见 www.pearsonhighered.com/rufus)。根据此视频,试分析并讨论几种可能暗示着撒谎的肢体语言。

4-78 准备一份关于本章介绍的某种肢体语言的研究报告。报告至少应包含五种权威性的引用,并包括以下内容:该肢体语言的具体表现形式,该肢体语言暗示着怎样的情绪或心理状况,该肢体语言对法务会计师的调查有何帮助。

4-79 在征得导师同意的前提下,选择某个人为对象,利用互联网资源搜索此人的工作、教育背景等个人信息。将你利用的网站和搜索结果列示在一份清单上,并准备好在课堂上展示你的成果。

案例分析

4-80 哥伦比亚河跨越工程项目(CRC)是为提高温哥华、华盛顿、波特兰和俄勒冈州 I-5 走廊的交通枢纽建设工程。该工程预计耗资 31 亿—35 亿美元以及相关贷款利息,工程于 2013 年开始建造,预计 7—9 年完工。

该项目的拥护者宣称,工程完工后将减轻 70% 的交通拥堵,使通勤时间缩减 20 分钟/天,可以大幅度如减少交通事故,改善市民的生活质量;工程还将增加就业机会,使当地经济受益。

然而,当该工程的实质内容对外披露后,私人财团和当地组织开始公开质疑项目的成本和所谓的好处。这些反对者认为,项目建设方案的成本太高,削弱了俄勒冈州和华盛顿其他必要工程基金的筹款;反对者指出,这种耗资巨大的项目通常会超出预算,该工程也不例外,最终的耗费很可能远远超出先前的预算金额;反对者还指出,这项提案违反了《自然环境保护法案》,并不能真正地缓解交通拥堵问题。

该项目的内容与范围已被反对者置于 YouTube 网站上播出,视频名为 The Columbia River Crossing: A Boatload of Questions 1.3, 视频链接详见 www.pearsonhighered.com/rufus。

随着该项目的推进,支出开始超出最初的估计。由于财务报告显示资金不足,主管项目的财务经理不得不聘请法务会计师蒂凡尼·库奇(Tiffany Couch)对项目支出进行审核。

法务会计师的主要结论在项目 2010 年会中公布,两个相关的视频材料如下:

- *Forensic Accountant Tiffany Couch Shares her findings at "Bridging the Gaps" event Part I*(链接详见 www.pearsonhighered.com/rufus)。

- *Forensic Accountant Tiffany Couch Shares her findings at "Bridging the Gaps" event Part II*(链接详见 www.pearsonhighered.com/rufus)。

在查阅视频所讨论的文件材料后,库奇女士撰写了一份综合报告,并递交给位于 R-LaCenter 18 街区的华盛顿州河流管理部门。这份报告被称作 Tiffany Couch's CRC White Paper(链接详见 www.pearsonhighered.com/rufus)。

A. 在观看视频材料后,请回答以下问题:
1. 库奇女士试图收集哪种类型的信息?
2. 库奇女士的主要发现是什么?
3. 当库奇女士宣读她的重要发现时,你从她的肢体语言中察觉到什么?
4. 当库奇女士宣读她的重要发现时,保罗·格皮(Paul Guppy)就坐在她后面,你从格皮先生的肢体动作中察觉到什么?
5. 根据你对库奇女士的观察,请列出一份关于项目财务状况的初步假设。

B. 在阅读了库奇女士回复哥伦比亚河事件的信件前十页后,请回答以下关于证据收集的相关问题:
1. 证据收集的目的是什么?
2. 相关材料是如何传送给库奇女士的?
3. 库奇女士与项目代表的访谈完成了哪些工作?
4. 库奇女士为了将项目代表提供的信息转化成适当的格式应该做哪些工作?
5. 库奇女士针对项目财务问题得出的三个重要发现是什么?
6. 基于库奇女士的信件内容,她得出的关于项目财务问题的结论是什么?
7. 修改并完善之前在问题 A-5 中得出的初步假设。

财务报表分析：字里行间的解读

5.1 引言：ZZZZ 百斯特公司案
5.2 财务报告的情境
5.3 财务报表分析的基础
5.4 财务报表分析方法
5.5 现金流量分析
5.6 会计分录测试
5.7 内容分析法
5.8 个人财务报表
5.9 本章小结
附录 5-A：财务报表分析范例
附录 5-B：个人财务报表范例
附录 5-C：案例研究

学习目标

通过本章的学习,你应该能够

目标1: 理解财务报告所处情境的重要性

目标2: 理解盈余管理的概念及其在财务报表操纵中的作用

目标3: 掌握不同财务报表分析方法的目的和步骤,包括横向(趋势)分析、纵向(共同比)分析、比率分析、现金流量分析和会计分录测试

目标4: 讨论如何在法务检查中有效运用内容分析法

目标5: 区分个人财务报表与商业财务报表的不同点

5.1 引言：ZZZZ 百斯特公司案

法务会计师使用各种信息收集技术，其中最普及且最重要的方法是财务报表分析。正如会计学课程所指出的，财务报表是对一家公司的财务活动所进行的组织和总结。三张基本报表（损益表、现金流量表和资产负债表）反映了一家公司不同的财务活动及其结果。因为财务报表所包含的信息是相互联系的，我们通常应该将它们放在一起予以考虑和分析。财务报表分析的实质是对比报表中的信息，并确认信息之间的联系。

本章的目的是强化对财务报表的理解、增强对公司管理层的信心和对财务报告本质的把握。拥有金融、经济和会计学的基础知识，有助于你掌握如何进行字里行间的解读和分析。在学习本章的过程中，请务必牢记财务报表分析就是一种信息收集技术——一种方法而已，它并不是目标。此外，不要忘记法务会计活动的特定情境性，因此财务报表分析总是由法务会计独特的性质和具体的业务而驱动的。

本章还有助于突破对传统财务报表的基本分析（如横向分析、纵向分析和比率分析）。出于此目的，我们事先假设财务报表很少反映经济实质，并且隐瞒的信息总是多于其披露的信息。从法务会计师的视角来看，经济实质意味着如实且综合的财务反映，是一家公司的财务状况和盈利能力的真实体现。

为了与本书主题保持一致性，本章系统地介绍了收集和分析财务数据的科学化方法的应用。科学化方法具体包括系统方法、客观且精确的观察、对所处情境的理解，以及应有的职业怀疑态度。

ZZZZ 百斯特地毯清洁服务公司案

1982 年 10 月，年仅 16 岁的巴里·明克（Barry Minkow）就在圣费尔南多谷父母家的车库里开办地毯清洁业务。后来，公司总部搬到洛杉矶，注册为 ZZZZ 百斯特地毯清洁服务公司（简称"ZZZZ 百斯特公司"）。1986 年，ZZZZ 百斯特公司成为华尔街证券市场上市值超过 1.75 亿美元的热门股票。然而两年后，该公司破产了，明克也随之入狱。① 2004 年，明克在接受《洛杉矶每日新闻》的一次采访中向公众坦承，公司短期的迅速扩张导致现金流出现严重的问题，他通过伪造汇票、捏造保险理赔、超额收费和开具空头支票等一系列欺骗手段，来维持公司的持续经营。②

在制作审计师培训警示视频期间，明克向美国联邦调查局前任特工约瑟夫·威尔斯（Joseph Wells）承认，ZZZZ 百斯特公司一直挣扎在生死线上。威尔斯的报告指出，该公司最初能够公开发行证券完全是基于虚假的财务报表，包括假造销售收入（保险理赔合同）

---

① Elmer-Dewit, P., & Brown, S. (Jul. 20, 1987). ZZZZ Best May be ZZZZ. *Time*. www.pearsonhighered/ rufus for a link to this article

② Anonymous. (Jul. 22, 2011)."I am a 45-year-old loser" Ex-Valley whiz kid heads back to prison. *Los Angeles Daily Times*, A1.

和虚构应收账款。① 为了使这些虚假的数字合法,明克想方设法从当地的会计师事务所处得到已审财务报表。例如,当注册会计师坚持要去施工现场实地查看时,明克花了几百万美元租了一栋房子,并且使它看起来像一项合法的重建工程,借此掩盖欺诈事实。在公开发行证券后,该公司的证券价格一路飙升。明克的计划是等待美国证券交易委员会两年调查后的批准上市,在此期间他不允许公司内部人出售新发行的股票。接下来,他不可告人的阴谋就是大量出售股票,以清洗之前的欺诈行为,然后金盆洗手开始合法经营。

然而,与许多的舞弊案一样,幸运不可能始终垂青一个人。好景不长,公司一名职员诺曼·罗斯伯格(Norman Rothberg)向审计人员透露,一笔700万美元的重建合同是伪造的,作为标的物的建筑物根本不存在。1987年5月29日,为其提供审计服务的恩斯特-惠尼(Ernst & Whinney)会计师事务所(后与亚瑟·杨合并为"四大"之一的安永会计师事务所)希望明克和ZZZZ百斯特公司的审计委员会积极配合开展舞弊调查审计。明克否认指控甚至辩解根本不认识罗斯伯格。此后不久,罗斯伯格公开撤回指责。接下来,审计师发现明克于1987年5月29日签发给罗斯伯格一张支票,从而加深了公司有欺诈行为的怀疑。恩斯特-惠尼会计师事务所未完成审计工作,于1987年6月2日与ZZZZ百斯特公司解约。②

1987年6月17日,ZZZZ百斯特公司向美国证券交易委员会提交季报,并指出恩斯特-惠尼会计师事务所在没有重要分歧的情形下解约。7月3日,ZZZZ百斯特公司对外宣称明克因重大失误而引咎辞职。7月8日,该公司申请破产保护。7月16日,恩斯特-惠尼会计师事务所回应了ZZZZ百斯特公司最近提交给美国证券交易委员会的文件,解释其解除审计合约主要源于对该公司欺诈行为的怀疑。

1988年1月,明克和12位合伙人(包括罗斯伯格)在一份提及54项指控(包括诈骗、洗钱和证券欺诈等)的起诉书上签字。起诉书指控明克及其合伙人操纵公司谋划了一场巨大的庞氏骗局③,在这个阴谋中,新投资者投入资金的一小部分被用于支付给原投资者,犯罪活动中的黑钱被大量清洗,更多数百万美元的资金被私人挪用。据估计,投资者的损失超过1亿美元。④

明克案的审理于1988年8月24日开庭。检察官宣称,明克是一个拥有价值超过100万美元的别墅和豪华法拉利轿车的行骗大师。明克被指控愚弄了银行家、会计师和经纪人,伪造重建破败建筑的虚假保险合同以骗取投资者的投资。明克的律师大卫·肯纳(David Kenner)辩称,犯罪组织要挟明克精心策划骗局,已实际控制了ZZZZ百斯特公司,

---

① Wells, J. T. (Aug. 2001). Irrational ratios: The numbers raise a red flag. *Journal of Accountancy*. www.pearsonhighered/rufus for a link to this article

② Gaines, S. (Feb. 2, 1988). ZZZZ Best auditors have say. *Chicago Tribune*. www.pearsonhighered/rufus for a link to this article

③ 庞氏骗局是对金融领域投资诈骗的一种称谓,很多非法的传销组织就是用这一招数聚敛钱财,这种骗术被意大利裔投机商人查尔斯·庞兹(Charles Ponzi)演绎得淋漓尽致,成为20世纪最典型的骗局之一。庞氏骗局又称"拆东墙补西墙""空手套白狼",就是使用新投资人的钱向原投资人支付利息和短期回报,以制造赚钱的假象,进而骗取更多的投资。

④ Akst, D. (Jan. 18, 1988). ZZZZ Best Founder indicted on racketeering and fraud charges. *Wall Street Journal*. www.pearsonhighered/rufus for a link to this article

并要求明克在审讯中保持沉默。明克在审讯中坦白自己受到胁迫,并声称他被迫成为"犯罪集团和借款行骗组织的人质"。①

1988年12月14日,历经四个月的审理和五天的陪审团审议,确认明克的犯罪事实成立。1989年3月28日,他被判有期徒刑25年并赔偿2600万美元。然而,在服刑不到八年后,明克被释放了。

威尔斯指出,基本的比率分析就能够揭示ZZZZ百斯特公司的欺诈,从而有效地避免投资者超过1亿美元的损失。流动比率、产权比率和净资产收益率原本可以有效地警示分析人员,察觉欺诈的可能性。威尔斯计算的1985年和1986年的部分财务比率如表5-1所示。

表5-1 ZZZZ百斯特地毯清洁服务公司部分财务比率

比率	1985年	1986年
流动比率	36.552	0.977
产权比率	0.017	1.486
净资产收益率(%)	183.750	46.590

正如威尔斯所强调的:"流动比率反映该公司在1986年没有现金的情形下仍记录了大量的收入,1986年的产权比率与上年相比竟高达87倍多,净资产收益率则下降约75%。这种状况在合法经营的企业中未曾有过。"②

特别提示

1995年,明克在出狱后经营一家反舞弊调查组织——盈利性的白领犯罪调查公司。六年后的2011年3月,屡教不改的明克被佛罗里达州南部地区法院起诉,涉嫌蓄意操纵一家上市公司(Lennar)的股价以牟利。基于明克陈述的欺诈信息,Lennar股票价格的下跌幅度达20%,在2009年1月的两天之内"蒸发"了超过5亿美元的价值。2011年7月,明克被判有期徒刑5年,缓刑3年,并处罚款583 573美元作为赔偿。③

5.2 财务报告的情境

财务报告所处情境的重要性不可低估。什么是情境?为什么情境和财务报表分析有

---

① Adelson, A. (Dec. 15, 1988). Founder of ZZZZ Best is convicted. *The New York Times*. www.pearsonhighered/rufus for a link to this article

② Wells, J. T. (Aug. 2001). Irrational ratios: The numbers raise a red flag. *Journal of Accountancy*. www.pearsonhighered/rufus for a link to this article

③ See press releases from the United States Attorney's Office for the Southern District of Florida (www.pearsonhighered/rufus). Related court documents and information may be found on the web site of the District Court for the Southern District of Florida (www.pearsonhighered/rufus).

关？简单地说,情境是信息周边的事项。通过相关内容的前景、结构、背景和历史的描述,情境能够增强你对特定指标的理解。尽管情境本身可能缺乏具体的含义,但它是信息交流(如财务报表分析)的基础。情境对我们有效比较和对比财务报表是十分必要的。

财务报表所处情境的重要性体现在以下方面:

- 情境为企业外部使用者提供了分析基础。
- 情境可以让我们更好地理解管理层的行为。
- 情境是为特定时期而准备的。
- 情境反映历史信息。
- 情境包含整个企业的活动内容。
- 预设标准以便财务报告具有弹性。
- 情境很少反映经济实质。
- 情境从不描述完整的故事。

5.2.1　财务报告

在分析财务报表时,一个关键的问题是理解它们是否为管理层真实意图的表示。因此,我们从一些关键问题入手:为什么编制财务报表？向谁提供财务报表？通常情况下,财务报表是为了履行对外披露义务和辅助内部决策而编制的。例如,美国所有上市交易公司应向美国证券交易委员会提交年度报告(10-K 表)和已审财务报表。私营公司也被特定的债权人或投资者要求提供年度报告(未审或已审)。

特别提示

美国《1934 年证券交易法》要求上市公司向美国证券交易委员会提交定期报告,资产超过 1 000 万美元、证券所有者超过 500 人的上市公司必须提交年度报告和其他周期性报告。10-K 表是对公司经营成果和财务状况的全面概述,并包括已审财务报表。通常情况下,10-K 表应该在一家公司财务年度结束后的 90 天内向美国证券交易委员会提交。

除遵从法定要求外,财务报表还可用于不同的目的,包括以下方面①:

- 管理层的经营决策,如投资、筹资和运营。
- 现有股东或投资者评估管理层的职责履行情况。
- 董事会董事评估管理层的职责履行情况。
- 潜在投资者评估企业的投资活力。
- 债权人和供应商评估企业信誉。

---

① Conceptual Framework for Financial Reporting 2010. International Accounting Standards Board. www.pearsonhighered/rufus for a link to this document

- 员工评估工资等权益能否得到保障。
- 为现有竞争者提供比较基准。
- 潜在竞争者评估行业状况。
- 评级机构(如标准普尔和穆迪公司)评估企业信誉等级。
- 投资分析师做出买卖证券决策。
- 政府机构评估税收情况。
- 特殊利益群体(如政治家和社会媒体)探讨公众议题。

正如本章后续所讨论的"报告标准",公司应该向财务报表使用者披露所有可能影响其决策的重要信息。值得注意的是,对重要性的评估是从公司而不是使用者的角度出发的。由于不同的使用者对财务的重要性有着不同的理解、不同的决策目标,因此报告公司不可能预测所有报告使用人的信息需求及其如何使用信息。[1]

5.2.2 财务声明的类型

法务会计师必须理解不同类型财务声明(审计、审阅和编报)的区别,以及各自的可靠程度。每种财务声明有着不同的目标,以不同的程度保证财务报表不存在重大错报(见表 5-2)。值得注意的是,这种保证是基于目前的审计条件与能力下审计师所能提供的,而不是报告使用人所期望的,两者可能存在一定的审计期望差。

表 5-2 财务声明的类型

比较内容	编报	审阅	审计
会计师/审计师的目标	协助管理层呈现财务信息,并不以任何程度保证财务报表须做出重大修正	在可接受的审阅风险下、以消极方式对财务报表整体发表审阅意见,提供有限水平的保证。该保证水平低于审计业务	在可接受的低审计风险下、以积极方式对财务报表整体发表审计意见,提供高水平的保证
提供给使用者的保证水平	无 美国注册会计师协会颁布的《会计和报表审阅服务标准公告》(SSARs)要求,签发会计师应阅读财务报表并考虑是否存在明显的重大错报	无 没有发现应对包含会计报表的财务报告进行重大修正	无 审计师对财务报表是否在所有重大方面公允地反映了公司的财务状况和经营结果及现金流量发表意见
理解内部控制和评估舞弊风险的要求	否	否	是

---

[1] Ross, D. (2005). What every ratio user should know about assets. *Commercial Lending Review*, 20, 19-47.

(续表)

比较内容	编报	审阅	审计
执行询问和分析程序的要求	否	是	是
执行验证和实质性程序的要求	否	否	是

资料来源：根据美国注册会计师协会（2010）发布的 What Is the Comparative Difference Between a Compilation, a Review and an Audit? Comparative Overview 改编。

审计

已审财务报表向报告使用人提供了审计师关于财务报表是否在所有重大方面得到公允反映及是否符合一般公认会计原则（GAAP）的专业意见。审计师有责任计划和实施审计工作，以合理保证财务报表不存在重大错报。当然，合理保证不是绝对的保证，而是一种对重大错报的高水平保证（相对较低的风险水平）。正如前面所提及的，保证是基于目前的审计条件与能力下审计师所能提供的，而不是报告使用人所期望的。

审阅

财务报表审阅提供的是一种有限的保证。换句话说，基于会计师的审阅，他或她没有意识到财务报表根据一般公认会计原则应该做出任何重大修正。与审计相比，审阅的范围更狭窄，主要包括对公司职员进行询问和对财务数据运用分析程序。分析程序一般包括对公司历史趋势、财务指标、行业比较的审阅。分析程序还包括调查识别出的、与其他相关信息不一致或与预期数据严重偏离的波动和关系。签发会计师尤其关注不同财务数据之间以及财务数据与非财务数据之间的内在关系，而非其所呈现的保证程度。也就是说，相对于对已有数据的查证，签发会计师更注重会计数据之间的关联。应牢记的是，审阅并未向财务报表使用者提供保证。有限保证是隐含的，而不是实际提供的。

编报

财务声明的最后一种类型是编报，代表了最基本水平的财务报表。编报的目的是在没有保证程度的情况下，协助管理层收集和汇总会计信息以编制财务报表。换句话说，签发会计师不以任何形式保证财务报表符合一般公认会计原则。然而，签字会计师必须遵循《会计和报表审阅服务标准公告》对特定行业知识的要求，并考虑财务报表是否合理且没有明显的重大错报（例如，资产负债表是否平衡）。

5.2.3 报告标准

通常应根据一般公认会计原则编制财务报表。一般公认会计原则根据美国财务会计准则委员会（FASB）制定的、被普遍接受的《财务会计概念框架》规范上市公司的会计行为。基本会计原则（引导规则的概念）内容如下：

- 成本原则。成本原则是指对会计要素应以经济业务发生时的取得成本为标准进行计量。为了避免价值评估的主观性，必须使用成本原则确认、计量和报告交易事项。在应用成本原则时,成本的衡量是基于交易中的现金或现金等价物。换句话说,财务报表反映的金额是历史成本而不是现时价值。

- 配比原则。会计的一个主要目标是确定特定时期的净收益,尤其是将合适的成本和收入相配比(权责发生制)。因为收入会持续不断"流入"企业,配比原则要求:
  ▷ 选择特定的报告期间(月、季度或年度);
  ▷ 收入应在相应的报告期间确认(赚到的而非收到的);
  ▷ 发生的成本应与报告期的收入匹配;
  ▷ 净收益为报告期收入减去对应期间的成本。
- 客观性原则。客观性原则要求企业的会计核算应当以实际发生的经济业务为依据,会计报表应当如实反映企业的财务状况和经营成果。因此,管理层的意见总是受到质疑。
- 一致性原则。一致性原则针对不同的会计方法(如存货和折旧),要求在不同期间一贯运用选定的方法,不得随意变更,以便每个期间的数据具有可比性。
- 充分披露原则。充分披露原则要求财务报表及其附注应当充分披露报告期间内所有重要且相关的数据。重要的会计政策一般应列示在财务报表附注的最前面。
- 谨慎性原则。当某些经济业务存在多种不同会计处理方法和程序可供选择时,应当尽可能选用对所有者权益的影响最小的方法和程序进行会计处理,合理核算可能发生的损失和费用。虽然谨慎性原则不再作为约束条件列入财务会计概念框架中,但是许多会计师仍然认为谨慎性是判断会计政策选择的可行方法之一。
- 重要性原则。重要性原则要求企业的财务报告在全面反映企业的财务状况和经营成果的同时,应重点核算、单独反映重要的经济业务,可以适当简化或合并反映非重要的经济业务。因为现实中的每一个情境都是独一无二的,重要和非重要并不是泾渭分明的,它要求会计人员运用职业判断进行确定。一般认为,如果某项信息的省略或错报会影响使用者据此做出正确决策,那么该信息就是重要的。

一般公认会计原则的报告规则是相当复杂的,是历经了很长时间发展而来的。一般公认会计原则要求采用权责发生制(对应的概念是现金收付制)处理会计事项。如前所述,权责发生制的目的是将特定时期的收入与费用、收益和损失相配比,从而恰当地衡量一家公司的业绩。

5.2.4 监管框架

目前,财务会计准则委员会是美国制定上市公司和私营公司公认会计原则的最高权力机构及非营利性组织。[1] 地方和州政府组织的一般公认会计原则是由政府会计准则委员会(GASB)制定的,联邦政府实体的财务报表是由联邦会计准则咨询委员会(FASAB)规范的。

---

[1] 根据2002年《萨班斯-奥克斯利法案》第101条款,美国证券交易委员会成立了上市公司会计监督委员会(PCAOB),其主要职责在于监督上市公司的审计师行为及其结果,以保护投资者利益并增进公众利益。上市公司会计监督委员会不可避免地对财务会计准则委员会产生重要影响。

近期发展

2009年6月,财务会计准则委员会发布第168号公告——《会计准则汇编》(ASC)。《会计准则汇编》对美国历史上发布的各种来源、各种形式的会计准则文献进行了整理和归类,以达到"一站式"供应美国会计准则并使其更容易被检索、更容易被应用的目的。此外,自2002年起,财务会计准则委员会和国际会计准则委员会(IASB)一直致力于将美国公认会计准则与国际财务报告准则(IFRS)相融合,这一过程被称为"趋同"。双方在重要会计准则上均取得了令人瞩目的完善与趋同。截至2012年年底,国际会计准则委员会与美国财务会计准则委员会达成的谅解备忘录中的大部分短期项目和部分长期项目的趋同进程已完成或接近尾声。

2008年5月以来,私营公司已经按照国际财务报告准则编制其财务报表。2012年7月,美国证券交易委员会发布了有关的工作计划《员工报告》,考虑将国际财务报告准则纳入美国发行人的财务报告系统。该报告标志着美国证券交易委员会指示其工作人员执行的与美国证券交易委员会于2010年2月制订的工作计划相关的工作已宣告完成。鉴于金融的全球化背景,美国证券交易委员会授权采用国际财务报告准则将是必然的趋势。

私营公司会计准则

约15 000家私营公司在美国证券交易委员会注册,而美国私营企业和非营利性组织的总数估计为2 900万家。① 美国注册会计师协会曾提出为中小型企业制定一个非一般公认会计原则的财务报告框架,但该议案遭到来自全美州立会计委员会联合会(NASBA)及普华永道会计师事务所(PWC)的反对。全美州立会计委员会联合会声称,美国注册会计师协会应该做的是赋予美国财务会计基金会(FAF)下设的美国私营公司委员会(PCC)充分的机会为私营公司制定既权威又可作为美国一般公认会计原则组成部分的会计准则。

作为有关私营公司会计准则制定的回应,美国财务会计准则委员会的上级组织美国财务会计基金会决定成立美国私营公司委员会,美国注册会计师协会框架的原意是保留自身对私营公司会计准则制定的影响力,美国私营公司委员会成立后,作为一种"安慰",美国注册会计师协会可以自由地为了满足一些私营中小型公司及其财务报表使用者的需要制定一套以其他体系为基础的会计准则(OCBOA)。美国注册会计师协会框架的初衷就是为不必根据一般公认会计原则编制财务报表的中小型企业提供一个复杂性较弱、成本较低的替代性会计体系。②

5.2.5 盈余管理

精心设计的一般公认会计原则反对利用营运自由和报告自由(管理层判断)操纵财务报表。③ 营运自由涉及在会计期末做出经营决策以改善特定账户的表现(如在年底提前确

---

① Elifoglu, H., Fitzsimons, A., & Sillman, B. (2012). Separate financial reporting standards and standard setting for private companies. *Review of Business*, 32(2), 23-32.

② Lynch, N. (Jul. 2012). The controversy over private company reporting standards. *The CPA Journal*, 82(7), 46-53.

③ Ross, D. (2005). What every ratio user should know about assets. *Commercial Lending Review*, 20, 19-47.

认销售收入),而报告自由涉及改变会计政策或方法以确认报告的金额(如变更折旧方法以影响固定资产的价值)。理论上,根据一般公认会计原则,这些操纵自由违背了会计谨慎性原则,导致管理层随意选择会计政策、会计方法和会计估计夸大资产、收入与利润。

过去三十多年的会计实践表明,财务报告的弹性和管理层的不良动机为盈余管理提供了便利。Schipper(1989)指出,盈余管理实际上是企业管理人员有目的地控制对外财务报告过程,以获取某些私人利益的"披露管理"。[1] 根据 Healy and Wahlen(1999)的界定,盈余管理是"管理者在编制财务报告和规划交易时,利用职业判断变更财务报告,旨在误导那些以公司经营业绩为基础的利益相关者的决策,或者影响那些以会计报告数字为基础的契约结果"。[2]

在实践中,盈余管理包括管理层实施的、影响报告盈余的各种合法和非法的行为。[3] 合法的、适度的盈余管理对改善企业形象是有利的,它可以增强投资者、债权人对企业的信心。合理利用、控制在法律和准则的要求内,可以给企业和管理层自身带来利益。相比之下,非法盈余管理超出了合理范围,导致管理层决策的机会主义,从而损害了其他利益相关者的利益。[4]

盈余管理的决策有保守型、中立型、激进型和舞弊型等多种类型,如表 5-3 所示。

表 5-3 盈余管理决策选择

分类	遵守一般公认会计原则的会计选择
保守型	过于保守地确认准备金或计提负债 收购过程中过高地估计研发支出 过多地确认重组费用和资产摊销
中立型	中立型运营过程产生相应的盈余结果
激进型	低估坏账准备 过于激进地低估准备金或计提负债
	违背一般公认会计原则的会计选择
舞弊型	在未实现之前记录销售 记录虚假销售 篡改销售发票的日期 记录虚假存货以夸大库存

资料来源:Dechow, P. M., Skinner, D. J. (2000) Earning Management: Reconciling the Views of Accounting Academics, Practitioners and Regulators. *Accounting Horizons*, 14(2), 235-250.

---

[1] Schipper, K. (1989). Commentary on Earnings Management. *Accounting Horizons*, 3, 91-102.
[2] Healy, P., & Wahlen, J.(1999). A review of earnings management literature and its implications for standard setting. *Accounting Horizons*, 13(4), 365-83.
[3] Rufus, R. J. (Jan./Feb. 2003). The challenge of earnings management: A valuator's perspective. *The Valuation Examiner*, 18-20.
[4] Parfet, W. (2000). Accounting subjectivity and earnings management: A preparer perspective. *Accounting Horizons*, 14(4), 481-88.

课堂练习

为了更好地掌握上述内容,让我们思考一下表 5-4 中报告方法的分类,这些分类分别对应保守型、中立型、激进型和舞弊型。你是否认同这些分类?为什么?每种方法的后果是什么?是高估还是低估收入?他们在什么情况下会违背谨慎性原则?

表 5-4 报告策略的安排

策略	分类
为财务和税收的报告根据《国内税收法案》(Sec.179)对新设备采用加速折旧法	保守型
对非营运资产不计提减值准备	舞弊型
低估银行贷款损失	舞弊型
因企业合并而减少无形资产使用寿命的估计数	保守型
资本化期间费用	舞弊型
资本化内部软件开发成本	中立型
降低已精算确定的折现率以计算养老金负债	保守型

资料来源:Nelson, M., Elliott, J., Tarpley, R. (2003) How Are Earning Managed? Examples from Auditors. *Accounting Horizons*, 17, 17-35。

舞弊性的盈余管理一般采用以下一种或三种基本手段:(1)高估收入;(2)低估费用;(3)夸大财务状况或流动性。经理及其团队(高级、中级或低级)为什么操纵财务报表?为什么隐瞒真实的业绩?答案是肯定的,但为什么这样做呢?经理为什么用声誉、生计甚至终生的自由冒这个险?表 5-5 列举了一些众所周知的财务报表失败(操纵)的案例。

表 5-5 财务报表失败的案例

公司	年份	手段	说明
微软公司	2000	确认收入	操纵客户合同,高估 6 600 万美元季度盈余
施乐公司	2001	高估收入	在经济下行时期"储备"收入、将经营租赁转为融资租赁,从而加速确认收入共 60 亿美元
安然公司	2001	确认收入、盯市会计及操纵特定实体	安然破产,遗留约 670 亿美元未偿还债务;投资者损失惨重,安达信会计师事务所倒闭
美国在线	2002	确认收入	高管用股票发行所得向广告商支付现金,使广告商得以购买美国在线的广告以增加收入
房地美	2002	平滑收入	2000—2002 年瞒报约 50 亿美元收益,以满足分析师的预期
奎斯特通信	2002	确认收入、低估费用	将持续性收益一次性确认为收入 40 亿美元;将资产交换增值确认为当前收入;将支付的期间费用化资产化,以低估费用

(续表)

公司	年份	手段	说明
世通公司	2002	操纵费用	将合计40亿美元各类期间费用列为资本性开支
南方保健	2003	确认收入、操纵费用	报告虚构销售,在会计期间调整销售时点,共虚报约15亿美元
麦道夫投资证券	2008	庞氏骗局、资产幻象	虚构交易;用新投资者投入的资金满足原投资者的股利支付需求,以维持现金流量;共虚报约180亿美元
雷曼兄弟	2008	操纵资产负债表	与离岸金融机构签订回购合同并确认为销售收入而非负债;舞弊金额高达500亿美元

 特别提示

为什么会发生盈余管理?学术研究认为委托代理问题是根本原因。企业所有权与经营权的分离产生了股东和管理层之间、股东和债权人之间的代理问题。委托人与代理人的效用函数不一样,委托人追求自身财富的最大化,而代理人追求自身工资津贴收入、奢侈消费和闲暇时间的最大化,这必然导致两者的利益冲突。此外,委托人与代理人之间存在信息不对称。代理人拥有内部信息,处于信息优势地位,而委托人处于信息劣势地位,在双方利益不一致的情境下,如果没有有效的制度安排,代理人的行为就很可能损害委托人的利益。因此,在分析公司的财务报表时,委托代理理论的理解成为一个重要的情境。

5.2.6 私营公司和非一般公认会计原则报告

很多私营公司对外公布按非一般公认会计原则编制的财务报表,这主要立足于所得税或现金基础。以所得税基础编制的财务报表遵循由美国税务稽核署颁布的会计法规。以现金基础编制财务报表时,收到现金确认为收入,支付现金确认为费用,两者相减得到利润,但是这样就忽视了一般公认会计原则(收入与费用配比原则)。许多小企业使用现金基础,因为它易于理解、容易操作、成本低廉。针对所得税基础和现金基础财务报表的权威性指导既不明确也不具体,容许更多的职业判断余地。

5.2.7 非财务指标

鉴于财务报告的可疑性,法务会计师在进行财务报表分析时通常考虑非财务指标(NFM)。① 什么是非财务指标?常见的例子包括员工数量、员工离职情况、地理位置、新设备投资、研发投资、客户满意度、生产设施的规模和状态等。

非财务指标与财务指标之间应该存在比较合理的关系。例如,收入的增加意味着增

---

① Brazel, J. F., Jones, K., & Zimbelman, M. F. (2009). Using nonfinancial measures to assess fraud risk. *Journal of Accounting Research*, 47, 1135-66.

长,并伴随着员工人数的增加或技术投资的增加。对非财务指标的分析不仅不会削弱财务数据的重要性,反而会增强分析人员对公司运营环境的理解。

非财务指标的分析还包括评价一家公司的竞争优势和竞争劣势、在行业和目标市场中的份额等。相关研究表明,产业组织理论可以有效揭示财务困境与有关会计舞弊的迹象。一个典型的例证就是迈克尔·波特(Michael Porter)的行业结构分析五力模型。① 这五种竞争力包括新竞争者的威胁、客户的议价能力、替代品或服务的威胁、供货商的议价能力、既有竞争者的强度。

非财务指标增加了法务会计师分析情境的一个重要层面。许多非财务指标包含在公司的年度报告中,这些年度报告均应按 10-K 表形式提交给证券交易委员会。除了财务报表,年度报告还包含其他有价值的财务信息与非财务信息。虽然各有不同的格式,但年度报告一般包括以下内容:主体业务和行业的说明,财务报表,法律诉讼,管理层关于运营讨论与分析,高管薪酬,非一般公认会计原则财务指标,有关公司的董事、执行管理团队信息,公司股票的市场价格及分红记录。

5.2.8　情境小结

法务会计师并不是在"真空"环境下分析财务报表的。财务报表分析要求理解情境——公司的目标、管理水平、所采用会计政策和流程及所处行业等。财务报表所处的情境能够使我们分析得更清晰、透彻,更容易把握重点。情境为我们提供了分析和理解财务报表的合理框架,如图 5-1 所示。

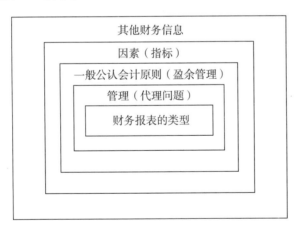

图 5-1　财务报表的情境

5.3　财务报表分析的基础

财务报表分析以获取有关企业经营活动的额外信息(问题或疑虑)为目的,审查财务报表。正如前面所提到的,这种分析并不是在"真空"中进行的,财务数据必须在特定的情

---

① Porter, M. E. (1980). *Competitive Strategy*. New York: Free Press.

境(市场、行业、会计政策、核心员工和历史趋势等)下才有意义。

一般来说,法务会计师采用的分析方法包括趋势(横向)分析、共同比分析(纵向分析或要素百分比)、比率分析、预算比较、行业基准比较、附注检查、总分类账和调整分录审阅。

5.3.1 内部比较和外部比较

财务报表分析要求进行内部与外部的比较,这样可以揭示异常的关系或者超预期的关系。内部比较涉及基于过去的经验比较目标公司当前业绩和财务状况,这种比较可以让我们随着时间的推移考察公司内部的变化。与此相反的是,外部比较涉及比较目标公司与同类公司或作为一个整体的行业(行业平均水平),这种比较可以揭示公司的相对业绩和财务状况。法务会计师常用的行业数据来源如表5-6所示。

表 5-6 行业数据来源

名称	范围	内容
邓白氏(D&B)行业规范和关键业务比率	数据来自超过100万的所有规模的公众及私营公司的信用报告,包括按SIC代码分类的800多个行业	14个关键财务指标,包括流动性、盈利能力和营运能力比率
风险管理协会年度研究报告	数据来自25万多家风险管理协会成员的中小企业提交的财务报表,包括750多个按北美产业分类标准分类的行业	共同比损益表和资产负债表数据,以及19个比率
特洛伊(Troy)商业企业和工业企业年鉴的财务比率	来自美国税务局近500万家美国和国际公司,包括199个行业	50个业绩考核指标
财务研究协会的《中小企业财务研究》期刊	数据来自30 000多家中小企业(资本小于200万美元)的财务报表,由全美1 500多家独立注册会计师公司提供	16个关键财务指标,包括流动性、盈利能力和营运能力比率
斯科菲尔德(Schonfield)联盟与美国税务局企业财务比率	数据来自250个行业类别中370多万家企业的纳税申报表	76个比率,包括共同比损益表和资产负债表数据

5.3.2 法务业务与财务报表分析

法务会计业务通常要求对财务报表进行分析。此类法务会计业务的例子包括企业估值(离婚、兼并收购、清算、房产或赠与税)、管理评估、合同谈判(管理、员工集体谈判、银行)、重组、买卖协议、股权纠纷、损失索赔(产品责任、业务终止赔偿、惩罚性损害赔偿)、融资安排、破产、股票期权激励、政府行为、舞弊或欺诈。

与财务分析师一样,法务会计师也使用类似的分析工具,但思维方式有所不同。在法务会计业务中,法务会计师应保持职业怀疑态度,其目的不仅是确定预期的结果,还可能出现非预期结果并做进一步调查。此外,法务会计师往往利用不完整的信息,采用倒推的工作方式;而会计师或审计师则通常按照记录的经济业务或交易事项的发生顺序开展工作。

5.3.3 财务报表的回顾

在介绍具体的策略之前,我们先简单回顾一下会计流程和基本的财务报表。

会计循环

会计循环的起点是交易或事件。这一过程包括确认、分类、计量、记录交易。当交易发生时,这一过程就在整个会计期间持续重复地进行。在某一会计期间结束时,生成试算平衡表(借方=贷方)并进行相应的调整(调整分录),最终得到财务报表。

基本财务报表

财务报表用于传达一家企业某一特定期间经营活动(和相关的盈利能力)的简明"快照",以及某一特定日期的财务状况。三张基本财务报表包括:

- 资产负债表。资产负债表反映企业在特定日期的财务状况。它是企业经营活动的静态体现,根据"资产=负债+所有者权益"这一平衡公式,依照一定的分类标准和一定的次序,将某一特定日期的资产、负债、所有者权益的具体项目予以适当的排列编制而成。它表明权益在某一特定日期所拥有或控制的经济资源、所承担的现有义务和所有者对净资产的要求权。正如前面所讨论的基本会计原则(成本原则和客观性原则),资产和负债应以历史成本计量。

- 损益表。损益表又称利润表,是反映企业在一定会计期间的经营成果及其分配情况的会计报表。它是一段时间内经营业绩的财务记录,反映这段时间的销售收入、销售成本、经营费用及税收状况,报表结果为企业实现的利润或发生的亏损,它是一张动态报表。损益表可以为报表使用人提供做出合理经济决策所需的有关资料,如分析利润增减变化的原因、企业的经营成本、做出投资价值评价等。

- 现金流量表。现金流量表是反映一定时期内(月度、季度或年度)企业经营活动、投资活动和筹资活动对其现金及现金等价物所产生影响的财务报表。它反映一家企业在一定时期内的现金流入和现金流出动态状况。现金流量表弥补了损益表信息量的不足,便于从现金流量的角度对企业进行考核,有助于了解企业筹措现金、生成现金的能力。

因为这三张基本报表反映了企业财务活动的不同方面,所以它们之间存在一定的勾稽关系。若这种勾稽关系被打破,则可能意味着财务报表失实或存在财务舞弊。这一点值得我们注意。

概念辨析

第四张财务报表是所有者权益变动表,它反映企业本期(年度或中期)内至截止日所有者权益的变动情况。所有者权益变动表既可以为报表使用者提供所有者权益总量增减变动的信息,又可以为报表使用者提供所有者权益增减变动的结构性信息,特别是能够让报表使用者理解所有者权益增减变动的根源。一般来说,私营企业不必编制所有者权益变动表。

5.4 财务报表分析方法

法务会计师运用的主要财务报表分析方法包括横向(趋势)分析、纵向(共同百分比)分析、比率分析和现金流量分析。由于每张财务报表提供了企业财务活动的不同方面,因此针对不同的财务报表应该运用不同的分析方法。由于互补的性质,我们应该交替、综合运用而非独立(或顺序)运用这些分析方法。

在本节,我们首先介绍直接适用于损益表和资产负债表的横向分析、纵向分析和比率分析法。现金流量分析是一种间接分析方法,将以一个单独的章节予以介绍。

5.4.1 横向(趋势)分析

横向分析是按时间(从一个会计期间到下一个会计期间)比较关键财务报表项目,以确定可能需要做进一步调查的变化。这种分析以两种方式进行:

- 绝对金额。比较绝对金额的变化有助于确定外部因素对公司的影响(如投入品价格的改变、各种固定成本的变化等)。
- 百分比。当比较不同规模的公司时,追踪百分比变化是很有用的。

横向分析最重要的一个方面就是提供了一种趋势。随着时间的推移,与目标公司类似的公司或行业平均水平的公司都可以相互比较方向、速度和幅度等方面的趋势。

趋势分析通常包括关键财务数据增长率的比较。其中一个重要的指标是复合年增长率(CAGR),反映某一指标在特定时期内的年度增长率。

 课堂练习

$$\text{CAGR}(t_0, t_n) = V(t_n)/V(t_0)^{1/(t_n-t_0)} - 1$$

假设一家公司报告的收入:2006年为435 321美元,2007年为468 942美元,2008年为502 778美元,2009年为487 581美元,2010年为519 113美元。

2006—2010年四年期收入的复合年增长率计算为:

复合年增长率$(0,4) = (519\ 113/435\ 321)^{(1/4)} - 1$

复合年增长率的一个优点是它平滑了年增长率,从而降低了分析中其他因素的干扰。通过比较关键指标的复合年增长率,我们可以识别指标潜在重大变化之间的关系。例如,如果收入增长远远超过或低于相关费用的增长,就可能需要进一步的调查。

趋势分析的另一个应用是比较企业相关指标的可持续增长率(SGR)。可持续增长率是指在不增发新股并保持目前经营效率和财务政策的条件下,企业销售可以实现的最高增长率。在一定的假设条件下,企业销售的增长必然引起资产的增加,而资产的增加必然等于负债和所有者权益的增加,因此可持续增长率的表达式为:

$$可持续增长率 = \frac{销售净利率 \times 资产周转率 \times 权益乘数 \times 留存收益比例}{1 - 销售净利率 \times 权益乘数 \times 资产周转率 \times 留存收益比例}$$

由此可见,一家企业的可持续增长率取决于销售净利率、资产周转率、权益乘数和留存收益比例四个因素,综合反映企业的投资(销售净利率和资产周转率)、融资(权益乘数)和股利分配(留存收益比例)等各项财务活动的效率,可用于综合评价企业的经营业绩和财务状况。

本章附录5-A描述了针对损益表数据所做的趋势分析。

5.4.2 纵向分析

纵向或共同百分比分析是将报表中各项目的数据与总体(报表合计数)相比,得出该项目在总体中的位置、重要性与变化状况。横向分析注重的是关键项目不同年份的比较,而纵向分析更注重报表内部各项目的内在结构的比较。纵向分析的步骤为:(1)计算表中各项目在总体中的占比;(2)根据比例判断该项目在报表中所占位置、重要性如何;(3)将该比例与基期或上一年度的比例数据对比,观察其变化趋势。财务报表经过纵向分析处理之后也称共同比财务报表或总体结构报表,据此进行同类或与行业平均水平的比较。

本章附录5-A呈现了经纵向分析处理后的共同比损益表和共同比资产负债表。

5.4.3 比率分析

在一些如陈述或审理等正式场合,法务会计师可能要将财务比率作为一家公司的财务实力优势与劣势的定量指标。[①] 财务比率是简单地比较财务报表中两个项目之间的关系,比率可以表示为分数、小数、百分比或关系。例如,比率2/1可以表示为2.00、2倍、200%、2∶1等。

很多财务比率分析植根于会计恒等式"资产=负债+所有者权益"。在一个良好的内部控制系统中,会计交易均以保持会计恒等式平衡的方式记录下来。虽然会计恒等式从数学结构来看是非常简单的,但是会计恒等式的平衡可以使损益表、资产负债表和现金流量表保持一种正常的关联关系。对于财务报表操纵者来说,这种对应关系是很难维持的,因此虚假财务报告往往引发异常的财务比率。

财务比率分析允许很多财务报表项目降至一个有限的比率数值。单一的财务比率无法提供反映公司整体财务状况或业绩表现的充足信息。然而,每个财务比率在识别特定报表项目对公司整体财务生存能力所做贡献方面有自身的优势和劣势。比率分析满足以下两个条件在财务报表分析中才会有意义:

- 比率必须有特定的含义——比较意义重大。
- 必须有一个比较的标准——比率是好还是坏?

---

① Rufus, R. J. (May/Jun. 2003). Financial ratios: Use, predictive power and the Z-score. *The Valuation Examiner*, 14-17.

财务比率一般分为五类,如表 5-7 所示。这种分类有助于描述不同比率所提供的信息。例如,杠杆比率描述了一家企业的债务状况,而流动性比率描述了企业偿还短期债务的能力。本章附录 5-A 计算了损益表和资产负债表的一些财务比率。

表 5-7 相关财务比率

类型	比率名称	计算公式	报告形式
盈利能力	毛利率	毛利/销售额	%
	销售净利率	净利润/销售额	%
	总资产收益率	净利润/总资产	%
	净资产收益率	净利润/所有者权益	%
营运能力	总资产周转率	销售额/总资产	小数
	应收账款周转率	销售额/应收账款	小数
	应收账款周转天数	365/应收账款周转率	天
	存货周转率	销售成本/存货总成本	小数
	存货周转天数	365/存货周转率	天
	营业周期	应收账款周转天数+存货周转天数	天
杠杆水平	资产负债率	总负债/总资产	%
	资本比率	所有者权益总额/总资产	%
	产权比率	总负债/所有者权益总额	小数
	权益乘数	总资产/所有者权益总额	小数
流动性	流动比率	流动资产/流动负债	小数
	速动比率	(流动资产-存货)/流动负债	小数
	净营运资本	流动资产-流动负债	金额
	已获利息倍数	息税前利润/利息费用	小数
权益性	每股账面价值	(普通股-优先股)/普通股股数	金额
	每股盈余	归属于普通股的净利润/普通股股数	金额
	市盈率	每股市价/每股收益	小数
	股利支付率	股息支付/净利润	%
	股利收益率	每股股利/每股市价	%

杜邦模型

净资产收益率(ROE)是一个被广泛认可的盈利能力比率。1919 年,杜邦模型由杜邦公司的财务主管提出。净资产收益率可以分解成三个指标:销售净利率、总资产周转率和权益乘数,计算公式为:

$$净资产收益率 = \frac{净利润}{销售额} \times \frac{销售额}{总资产} \times \frac{总资产}{所有者权益}$$

这种对净资产收益率的解构不仅可以了解公司财务状况的全貌及各项财务指标之间的结构关系,还可以查明各项主要财务指标增减变动对净资产收益率的影响及其原因。杜邦模型强调这样一个事实:有着相同净资产收益率的两家公司可能有着不同的质量。例如,一家盈利能力和营运能力较差的公司可以通过承担更多的债务来提高净资产收益率。

阿特曼 Z 分值模型

纽约大学斯特恩商学院教授爱德华·阿特曼（Edward Altman）在 1968 年对美国破产和非破产生产企业进行考察，采用 22 个财务比率，经过数理统计筛选建立了著名的五变量 Z 分值模型。[①] 阿特曼 Z 分值模型以多变量的统计方法为基础，以 66 家公开上市交易的制造业破产企业为样本，通过大量的测试，对企业的运营状况、破产与否进行分析、判别的系统。公开上市交易的制造业企业的阿特曼 Z 分值模型如下：

$$Z = 1.2(X1) + 1.4(X2) + 3.3(X3) + 0.6(X4) + 0.999(X5)$$

其中，$X1$ = 净营运资本/总资产；$X2$ = 留存收益/总资产；$X3$ = 息税前利润/总资产；$X4$ = 股权市场价值/总负债账面价值；$X5$ = 销售额/总资产。

针对私营企业和非制造业企业，阿特曼对常规模型进行了修正，并给出了相应的阿特曼 Z 分值修正模型。

适用于私营企业的阿特曼 Z 分值模型为：

$$Z = 0.717(X1) + 0.847(X2) + 3.107(X3) + 0.420(X4) + 0.998(X5)$$

适用于非制造业企业的阿特曼 Z 分值模型为：

$$Z = 6.65(X1) + 3.26(X2) + 6.72(X3) + 1.05(X4)$$

因为无法计算私营企业的 $X4$，阿特曼对常规模型进行了修正，以权益账面价值替换股权市场价值；同理，因为在非制造行业企业的 $X5$ 存在很大的差异，阿特曼将这一因素从模型中剔除。

阿特曼研究分析 Z 分值模型后得出，Z 分值与企业发生财务危机的可能性成反比。Z 分值越小，企业发生财务危机的可能性越大；Z 分值越大，企业发生财务危机的可能性越小。为了促进对 Z 分值的运用，阿特曼提供了破产预测的临界点，如表 5-8 所示。例如，当 $Z<1.81$ 时，企业属于破产之列；当 $1.81<Z<2.99$ 时，企业属于"未知区域"，很难简单得出企业是否肯定破产的结论；当 $Z>2.99$ 时，企业财务状况良好，破产的可能性极小。

表 5-8　阿特曼 Z 分值模型临界点

预测	上市交易制造业企业	私营制造业企业	上市交易非制造业企业
破产	<1.81	<1.23	<1.10
未知区域	1.81—2.99	1.23—2.90	1.10—2.60
非破产	>2.99	>2.90	>2.60

[①] Altman, E. I. (1968). Financial ratios, discriminate analysis, and the prediction of corporate bankruptcy. *Journal of Finance*, 23, 589-609.

阿特曼 Z 分值模型越精确，得出的结论就越准确，可以有效避免判断偏误。[①] 阿特曼 Z 分值模型从企业的资产规模、变现能力、获利能力、财务结构、偿债能力、资产利用效率等方面综合反映了企业的财务状况，进一步推动了财务预警系统的发展。

比率分析应用

在运用财务比率时，我们必须检查这些比率的输入值（资产负债表和损益表项目是作为分子还是作为分母）的有效性。毕竟，财务报表分析（任何类型的分析）结果的可靠程度取决于数据源的准确性；否则，"垃圾进，垃圾出"。法务会计工作涉及各种数据类型，范围从"鞋盒里的数据"到已审财务报表。此外，值得注意的是，财务比率代表的是一种结果而不是原因。在计算相关财务比率后对探究其原因是财务报表分析的重要组成部分。通过识别财务比率背后的原因，法务会计师可以获得对公司财务状况更好的理解。

虽然财务比率能够提供有用的信息，但是对它们的解读应慎之又慎。法务会计师在运用财务比率分析时，应避免使用简单的经验法则进行判断，因为有效的判断是基于相对可比的对象，如规模相当的公司或行业平均水平。然而，对于行业平均水平来说，如果样本量较少或者不是同质的行业，也有可能产生误导。另一个值得考虑的重要因素是用于做比较的会计数据的标准化，以确保你正在"拿苹果和苹果做比较"。最后，应注意数据中存在会计估计（如折旧或坏账准备），这可能引起财务比率计算结果的失真。

5.4.4 不要遗漏了财务报表附注

有一句格言叫作"一定要阅读条文细则"，在分析财务报表时尤为如此。之前我们指出，财务报表并不十分明晰，且难以理解。此外，很多披露信息包含或隐藏在财务报表附注之中。

财务报表附注提供了有关长期债务的到期日期和利率等信息，这些能够更好地反映一家公司的流动性和未来现金流量的变化。附注也可能披露以前会计报表或未决法律诉讼处理上错误。在审阅报表附注时，法务会计师应努力寻求和确定财务报表省略了哪些内容。有这样一个典型的例子：2001 年，戴尔（Dell）的子公司戴尔财务服务公司与泰科（Tyco）国际有限公司成立了合营企业，以客户融资方式筹资 25 亿美元，这样就从资产负债表中消除了大额的负债。这会使戴尔的流动性状况和资本结构看起来更好，但实质上没有什么变化。然而，这一信息并不能从财务报表中完全消失；认真的分析人员可以在附注中发现它们。

值得注意的是，虽然附注是财务报表的必要组成部分，但它没有清晰、简洁的标准。附注可能存在的另一个问题是，公司会试图以充满法律术语和会计专业术语的表述误导投资者。

[①] Rufus, R. J. (May/Jun. 2003). Financial ratios: Use, predictive power and the Z-score. *The Valuation Examiner*, 14-17.

5.5 现金流量分析

财务报表分析历来侧重于对损益表和资产负债表的分析。虽然损益表披露了一家公司一段特定时间的经营成果,但它不报告其他活动(如筹资和投资)的结果。同样,虽然比较资产负债表显示了资产、负债和所有者权益的变化,但它没有解释这些变化的成因。只有现金流量表才能提供有关公司经营、投资和筹资活动的信息。①

5.5.1 现金流量表

顾名思义,现金流量表的目的是提供报告期间来自经营、投资和筹资活动有关的现金流入与现金流出的信息。这些活动产生的现金流量净额应等于现金在报告期间整体变化后的余额。

对于法务会计师来说,现金流量表是一种功能强大、值得充分利用的数据源。它的价值归因于它是最难以被操纵的财务报表。尽管如此,但将现金流量表应用于法务会计分析并不广泛。这种不被广泛运用的原因之一可能是:资产负债表和损益表已应用了几百年,而现金流量表的出现则相对较晚(美国财务会计准则委员会于 1987 年 11 月正式公布了 SAS NO.95——现金流量表)。② 另一个原因可能是:一些封闭式运营企业不须编制现金流量表,而对于法务会计师来说,独立编制现金流量表常常是很有必要的。

编制现金流量表的常用方法是间接法。间接法的基本原理为:以企业报告期内按照权责发生制计算的净利润为起点,对有关项目予以调整,转换为按照收付实现制计算的企业当期经营活动产生的现金净流量。以间接法编制现金流量表是对理解损益表和资产负债表及其之间关联性的一种很好的考验。没有这种理解,法务会计师就不可能有效地分析财务报表。本章附录 5-A 提供了一个使用间接方法编制现金流量表的范例。

5.5.2 现金流量分析技术

鉴于现金流量表所包含信息的广度,法务会计师应该采用多种现金流量分析技术。现举例如下:

调节现金

现金流量分析的起点应该是确保特定时期的净现金流与年初至年末报告现金余额的变化相匹配。若存在差异则可能表明:(1)现金流量表的编制不正确;(2)所有现金交易没有准确地反映在损益表和资产负债表中。

---

① Grossman, S. D., & Pearl, D. (1988). Financial analysis of the statement of cash flows. *Ohio CPA Journal*, 47, 11-14.

② Dorrell, D., Gadawski, G., & Brown, T. (2007). Is the moneyed spouse lying about the money? *American Journal of Family Law*, 27(1), 298-327.

现金流比较

另一个有用的工具是比较现金流量,如自由现金流量(经营活动现金流量减去资本性支出)和经营活动现金流量相互比较或者与净利润相比。① 由于一般公认会计原则的应计性质,净利润通常偏离经营活动现金流量。然而,若财务报表被操纵则往往会出现非预期的关系和变化趋势。例如,图 5-2 比较了 1991—2000 年安然公司的关键现金流量指标。我们注意到,经营活动现金流量与自由现金流量自 1997 年开始背离,这是财务报表被操纵的早期预警信号。虽然现金流量与净利润的背离可能存在合理的原因,但是这种规模的变化和差异是令人怀疑的。

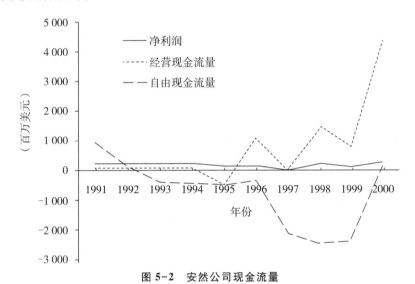

图 5-2 安然公司现金流量

资料来源:安然公司的 10-K 报表。

趋势分析

与损益表和资产负债表一样,横向(趋势)分析也可以应用于现金流量表。现金流量趋势可以提供公司未来发展方向的迹象。② 例如,投资固定资产可能预示着未来的扩张计划。

分析人员还必须考虑一段时间内的现金流入组成的变化以及这些流入资金的质量。③ 现金流入究竟源于经营、筹资和投资的哪一项活动,这对评估公司的财务状况是至关重要的。在正常情形下,一家健康公司的现金流入主要来自经营活动;与此相反,长期通过借贷产生大量现金流入的公司则可能接近破产。

---

① Dorrell, D., Gadawski, G., & Brown, T. (2007). Is the moneyed spouse lying about the money? *American Journal of Family Law*, 27(1), 298-327.

② Grossman, S. D., & Pearl, D. (1988). Financial analysis of the statement of cash flows. *Ohio CPA Journal*, 47, 11-14.

③ Ibid.

5.5.3 操纵现金流量

历经了近年来许多的会计丑闻,财务报表使用者更加怀疑基于收益衡量的财务业绩。这已经导致对现金流量表的关注增强,而对损益表或资产负债表的操纵更难。然而,人为操纵报告现金流量仍然是可能的,且这种方法并不违反一般公认会计原则,举例说明如下[1]:

- 延迟付款。公司提高经营活动现金流量最简单的手段便是延迟支付应付供应商的款项。虽然传统意义上拖延支付供应商款项被解释为公司现金流紧张的迹象,但现在的公司普遍如此,这种做法被认可为一项审慎的现金管理策略。
- 应付款融资。针对应付账款更为复杂的操纵是应付款融资。一家公司在当期以应付款项为抵押从第三方金融机构取得借款并支付给供应商,在以后期间再还清贷款。当然,这种做法延迟了现金流出的时间。
- 应收账款证券化。如果要加速现金流入,公司可以将其应收账款"打包"转让给金融机构以取得现金。在某些特殊情形下,一般公认会计原则允许公司以经营活动现金流入报告销售收入。

随着投资机构将目光转向现金流量表,会计规则也必须随之而调整。美国财务会计准则委员会发布的 SAS NO.95——现金流量表,其中只有十五个段落讨论了现金流量分类的适当性;与此相反的是,其中有大量的规则指引如何计算损益表中的盈余指标。

5.6 会计分录测试

鉴于会计分录能够影响和改变财务报表的可信度,法务会计师必须具备测试会计分录的相关工作知识,以识别不恰当或不寻常的经济活动。在这里,我们建议读者参考和学习美国注册会计师协会颁布的第 99 号审计准则(SAS NO. 99《财务报表审计中对舞弊的考虑》)中有关会计分录测试的相关内容。第 99 号审计准则指出了用于识别欺诈分录的一些共同特点,这些特征可能包括以下类型的会计分录[2]:

- 出现无关、不寻常的或很少使用的账户。
- 由一般不负责登记会计分录的个人编制。
- 在会计期末登记或结转分录时没有任何解释。
- 没有账户对应的号码。
- 不含小数的整数或尾数相同。

---

[1] Siegel, M. A. (2006). Accounting shenanigans on the cash flow statement. *The CPA Journal*, 76, 38-43.

[2] Lanza, R., Gilbert, S., & Lamoreaux, M. (2007). A risk-based approach to journal entry testing. *Journal of Accountancy*, 204, 32-35.

- 所运用的账户涉及复杂的交易、重大估计、期末调整、公司内部交易、过去容易出错的交易,以及与欺诈风险高度相关的交易。

 深入探讨

我们建议读者参考美国注册会计师协会发布的《实务警示公告 NO.2003-02》,它提供了对会计分录测试程序和计算机辅助审计工具使用的指导。

考虑到相关数据范围的广泛性,让法务会计师手工审阅公司总账通常是不切实际的。事实上研究表明,不到1%的财务报告舞弊发生于数字化交易。① 此外,会计分录通常只存在于电子表格中,法务会计师必须提取数据后才可以进行相关分析,而计算机辅助审计工具(CAATs)可以有效替代人工检测与认定异常会计分录和总分类账的记录。

计算机辅助审计工具的自动会计分录测试的优势为:首先,它重点关注财务报告舞弊的基本方法——一级会计分录(管理层所做的调整分录);其次,它发现舞弊的概率更大,因为计算机辅助审计软件可以100%地分析数据而非抽样审计;最后,它基于大量的定量数据得出支持性结论,更加令人信服。② 尽管具备这些优势,但计算机辅助审计技术像任何工具一样有其局限性。它不会取代娴熟的法务会计师,而是让他们将精力集中在高风险的会计分录上。计算机辅助审计工具软件的成本从几百美元到几千美元不等。本书第9章探讨了具体软件的实例。

5.7 内容分析法

财务报表反映的是历史数据。在许多情形下,很多损失(如欺诈)已经发生且不可挽回,因此研究人员一直在寻求更早地检测出会计舞弊的策略,从而减少相关损失的发生。这种策略之一就是内容分析法。

内容分析法是使用特殊编码规则将词语进行内容分类的一种系统技术。简单地说,它是基于语法结构、对特定内容所含信息量及其变化进行定性分析,由表征的有意义的词句推断出准确意义的过程。在舞弊检测中,内容分析法通过对操纵者用语的统计分析来确定某些特征是否意味着舞弊。

Churyk and Clinton(2008)的研究发现,公司年报中"管理层讨论与分析"部分的某些用语或沟通的特征可能意味着财务报表存在舞弊。③ 这些特征包括极少使用冒号、每句话的用词很少、乐观的词句很少、很多词句与下降有关、描述确定性的词句较少、文字说明和实例较少、很少使用自我引用、过去时态的词句很多、现在时态的词句很少。

---

① Lanza, R., Gilbert, S., & Lamoreaux, M. (2007). A risk-based approach to journal entry testing. *Journal of Accountancy*, 204, 32-35.
② Ibid.
③ Churyk, N., Lee, C., & Clinton, D. (2008). Can we detect fraud earlier? *Strategic Finance*, 90(4), 51-54.

在他们的研究中,研究人员使用"语言探索和字词计数"(LIWC)软件,这是一种基于语词计量的文本分析工具。① LIWC软件以词语为单位对文本进行自动分析,把文本中所有的词语(如"我们"或"我")分类到72项内容、461个维度中,并与常规词语进行比较,计算每个维度的词语出现的频率,从而得出相应的结论。其分析结果可以被用于预测很多心理问题,包括人格判断、心理健康、谎言识别等。

5.8 个人财务报表

除了企业财务报表,法务会计师通常还要对个人财务报表进行研读和分析。什么是个人财务报表?为什么要发布个人财务报表?个人财务报表与企业财务报表有何不同?与企业财务报表一样,个人财务报表提供有关个人的财务状况、收益和现金流量等信息。当个人向银行或其他债权人申请贷款时,通常要提供个人财务报表。

一般来说,一套个人财务报表至少包括个人资产负债表,以及个人的收入来源和支出情况。报表的性质和内容取决于相关组织(银行或债权人)的信息要求。会计人员在编制或审阅个人财务报表时,应该附一份书面报告。这份书面报告用于确定或限定会计人员对个人财务报表的责任和保证水平。

5.8.1 个人资产负债表

与企业资产负债表类似,个人资产负债表提供个人特定时点财务状况的"快照"。我们知道,资产负债表是对资产(资源)、负债(义务)和净资产(资产减去负债)的高度概括。

与编制企业财务报表不得违反相关规则(一般公认会计原则中的成本原则)不同,个人财务报表中的资产和负债应以当前估计的数额列报。在确定资产和负债的现时价值时,我们应当考虑以下内容:

- 手头的现金是否均已披露?其中包含保管柜中的现金吗?
- 银行账户余额已经核对了吗?
- 有类似情况下相关资产和负债近期交易的证据吗?
- 前后各期一贯运用估价方法吗?
- 有价证券是否以市场价格确定?
- 人寿保险投资保单的价值小于与之相关的贷款金额吗?披露票面金额了吗?
- 当前投资的价值是基于现值而不是基于账面价值的吗?

---

① 该软件最早由美国得克萨斯大学心理系教授詹姆斯·W.潘尼贝克博士设计和开发。潘尼贝克博士应美国联邦调查局的请求,研究了基地组织的通信记录(包括录像带、访谈录音、信件)。他将单句按照代词、冠词、形容词等词性进行归类计数,结果发现:本·拉登多年来使用第一人称代词的频率保持稳定,而他的副手扎瓦赫里使用这些代词越来越频繁。第一人称使用频率的明显增大显示扎瓦赫里感受到威胁,不安全感上升,也许意味着他和拉登之间权力关系的转换。再如,潘尼贝克博士通过大量的研究发现,一般情况下,男性比较喜欢用冠词,女性则比较喜欢用代词。这种区别也许显示了男性倾向于具体思考,女性则更喜欢从不同角度看待事物。很显然,这一发现对性别的判断大有帮助。

▷ 有证据表明投资价值的确定是基于买卖双方真实的意思表示而不存在强买强卖吗？

▷ 考虑商誉了吗？

- 考虑投资收藏品（如邮票、硬币、枪和艺术品等）了吗？
- 是否有证据（如经评估机构认定）支持房地产的价值？
- 所有融资租赁固定资产的价值是按其未来金额的贴现值计算的吗？折现率是如何确定的？
- 应付款项（包括信用卡和其他负债）是以应付金额的现值确定的吗？
- 是否就折扣额负债予以承诺？
- 是否存在或有负债？是否为另一个债务人提供担保（信用卡、商业贷款或汽车贷款等）？
- 存在未决诉讼吗？
- 有未支付的个人所得税吗？

▷ 基于资产和负债现值计提的递延所得税与其计税基础存在差异吗？

▷ 使用了实际税率吗？它是如何确定的？

5.8.2 个人收益（现金流量）表

与企业损益表类似，基于现金收付制的个人收益（现金流量）表提供了个人过去一段时间有关现金流入和现金流出的信息。个人现金流入主要包括薪金、股息、利息、资本利得、租金收入等；个人现金流出主要包括所有的生活费用，如房租或房贷、车贷、水电费、食品、服装、娱乐支出等。

个人收益表披露了个人的净现金流量（现金流入减去现金流出）。银行和其他第三方基于此信息衡量个人管理财富与偿还信贷的能力。本章附录 5-B 提供了个人资产负债表和个人收益表的范例。

5.8.3 个人财务报表的披露

类似于商业财务报表，个人财务报表也应根据一般公认会计原则的要求充分披露相关信息。① 个人财务报表通常应当披露以下项目②：

- 能够清晰确认的财务报表的有效日期。
- 能够正确识别的财务报表的主体身份。
- 资产和负债按其估计现值记录的声明。
- 主要资产和负债价值确认方法前后各期一贯运用的声明。
- 与他人共有资产所有权以及对共有关系性质的声明。

---

① 美国财务会计准则委员会发布的《会计准则汇编 ASC 第 274 号：个人财务报表》提供了有关个人财务报表的范例。

② FASB ASC 274-10-50-2.

5.8.4 个人财务报表与法务会计业务

个人财务报表是个人应有关机构的要求而做出的一种肯定性声明,它为法务会计师得出相关结论提供了证据。以下三项常见的法务会计业务通常要求分析个人财务报表:

- 家庭关系。在家庭关系(离婚)事务中,个人财务报表分析为法务会计师提供了重要的情境。这些报表衡量了个人在某个具体日期的净资产或财富。此外,比较报表(如过去三年)提供了特定资产和负债的变化量,这种分析有助于查明失踪资产(现金)、报表项目非预期值及债务增加的原因。个人财务报表也是评估支付子女抚养费或赡养费能力的基础。
- 贪污/舞弊。在贪污或舞弊指控中,个人财务报表分析可以为获得或支出的现金提供支持或解释。例如,期初现金余额 100 000 美元可以合理解释某人能够以 10 000 美元银行存款或者现金购买了价值 7 500 美元的轿车。
- 纵火。作案动机的调查是纵火(保险欺诈)案的关键。保险公司在否认索赔时,通常会声称骗保的动机是索赔人目前正处于财务困境。要支持或否认这项指控,法务会计专家必须为双方分析个人财务报表,以确定财务困境的指标。

最后,涉及个人财务报表分析的其他法务会计业务主要包括抵押贷款欺诈、税务欺诈、风险管理审计和就业或背景调查等。

5.9 本章小结

本章论述了在法务审查中有关财务信息分析的概念与关键技术。对会计原则特别是财务报表之间关系的理解是法务会计师运用各种财务报表分析工具的必备知识。财务报表分析为识别异常趋势或未预期差异及进一步调查提供了基础,利用分析结果,法务会计师可以形成初步的工作假设,并运用诸如会计分录测试和内容分析法等额外测试检验这些假设。

附录 5-A：财务报表分析范例

绿山咖啡烘焙公司的财务报表分析如表 5-9 至表 5-15 所示。

表 5-9 绿山咖啡烘焙公司损益表

（截至 9 月 30 日） 单位：千美元

项目	2007 年	2008 年	2009 年	2010 年	2011 年
净销售额	341 651	492 517	786 135	1 356 775	2 650 899
销售成本	210 530	318 477	540 744	931 017	1 746 274
毛利	131 121	174 040	245 391	425 758	904 625
销售和运营费用	72 641	90 822	121 350	186 418	348 696
管理费用	30 781	41 759	30 655	100 568	187 016
营业利润	27 699	41 399	93 386	138 772	368 913
其他收益	54	(235)	(662)	(269)	(8 509)
利息费用	(6 176)	(5 705)	(4 693)	(5 294)	(57 657)
税前利润	21 577	35 459	88 031	133 209	302 747
所得税	(8 734)	(13 790)	(33 592)	(53 703)	(101 699)
净利润	**12 843**	**21 669**	**54 439**	**79 506**	**201 048**

表 5-10 绿山咖啡烘焙公司损益趋势分析

（截至 9 月 30 日） 单位：%

项目	2007—2008 年	2008—2009 年	2009—2010 年	2010—2011 年
净销售额	44.16	59.62	72.59	95.38
销售成本	51.27	69.79	72.17	87.57
毛利	32.73	41.00	73.50	112.47
销售和运营费用	25.11	33.52	53.62	87.05
管理费用	35.66	-26.59	228.06	85.96
营业利润	49.46	125.58	48.60	165.84
其他收益	-535.19	181.70	-59.37	3 063.20
利息费用	-7.63	-17.74	12.81	989.10
税前利润	64.34	148.26	51.32	127.27
所得税	57.89	143.60	59.87	89.37
净利润	**68.72**	**151.23**	**46.05**	**152.87**

表 5-11　绿山咖啡烘焙公司共同比损益表

（截至 9 月 30 日）　　　　　　　　　　　　　　　　　　单位:%

项目	2007 年	2008 年	2009 年	2010 年	2011 年
净销售额	100.00	100.00	100.00	100.00	100.00
销售成本	61.62	64.66	68.79	68.62	65.87
毛利	38.38	35.34	31.21	31.38	34.13
销售和运营费用	21.26	18.45	15.44	13.74	13.15
管理费用	9.01	8.48	3.90	7.41	7.05
营业利润	8.11	8.41	11.88	10.23	13.92
其他收益	0.02	−0.05	−0.08	−0.02	−0.32
利息费用	−1.81	−1.16	−0.60	−0.39	−2.17
税前利润	6.32	7.20	11.20	9.82	11.42
所得税	−2.56	−2.80	−4.27	−3.96	−3.84
净利润	**3.76**	**4.40**	**6.92**	**5.86**	**7.58**

表 5-12　绿山咖啡烘焙公司资产负债表

（截至 9 月 30 日）　　　　　　　　　　　　　　　　　　单位:千美元

项目	2007 年	2008 年	2009 年	2010 年	2011 年
资产					
流动资产					
现金和现金等价物	3 172	965	242 091	4 756	40 512
短期投资			50 000		
应收账款	39 373	54 782	91 559	172 200	310 321
存货	38 909	85 311	132 182	262 478	672 248
其他流动资产	6 369	11 032	21 535	55 835	108 446
流动资产小计	87 823	152 090	537 367	495 269	1 131 527
固定资产(净额)	65 692	97 678	135 981	258 923	579 219
无形资产(净额)	34 208	29 396	36 478	220 005	529 494
商誉	73 840	73 953	99 600	386 416	789 305
其他长期资产	2 964	4 531	3 979	9 961	168 342
资产总计	**264 527**	**357 648**	**813 405**	**1 370 574**	**3 197 887**
负债和所有者权益					
流动负债					
已到期长期负债	63	33	5 030	19 009	6 669
应付账款	37 778	43 821	79 772	139 220	265 511
应计费用	16 893	26 314	37 159	73 515	135 380

（续表）

项目	2007 年	2008 年	2009 年	2010 年	2011 年
应付税款	1 443	2 079	1 225	1 934	9 617
其他短期负债	871	673	3 257	4 377	54 197
短期负债小计	57 048	72 920	126 443	238 055	471 374
长期负债	90 050	123 517	73 013	335 504	575 969
递延所得税	18 330	21 691	26 599	92 579	189 637
其他长期负债				5 191	48 692
负债合计	165 428	218 128	226 055	671 329	1 285 672
所有者权益					
普通股	2 470	2 549	13 081	13 282	15 447
资本公积	45 704	63 607	441 875	473 749	1 499 616
留存收益	58 981	81 280	134 338	213 844	411 727
其他综合收益	(512)	(419)	(1 870)	(1 630)	(14 575)
ESOP 未分配股	(208)	(161)	(74)		
库存股	(7 336)	(7 336)			
所有者权益合计	99 099	139 520	587 350	699 245	1 912 215
负债和权益总计	264 527	357 648	813 405	1 370 574	3 197 887

注：ESOP（Employee Stock Ownership Plans）即职工持股计划，是指由企业内部员工出资认购本企业部分股权，委托一个专门机构（如职工持股会、信托基金会等）以社团法人身份托管运作、集中管理并参与董事会，按股份分享红利的一种新型股权安排方式。

表 5-13 绿山咖啡烘焙公司共同比资产负债表

（截至 9 月 30 日） 单位：%

项目	2007 年	2008 年	2009 年	2010 年	2011 年
资产					
流动资产					
现金和现金等价物	1.20	0.27	29.76	0.35	1.27
短期投资	0.00	0.00	6.15	0.00	0.00
应收账款	14.88	15.32	11.26	12.56	9.70
存货	14.71	23.85	16.25	19.15	21.02
其他流动资产	2.41	3.08	2.65	4.07	3.39
流动资产小计	33.20	42.53	66.06	36.14	35.38
固定资产（净额）	24.83	27.31	16.72	18.89	18.11
无形资产（净额）	12.93	8.22	4.48	16.05	16.56
商誉	27.91	20.68	12.24	28.19	24.68

（续表）

项目	2007年	2008年	2009年	2010年	2011年
其他长期资产	1.12	1.27	0.49	0.73	5.26
资产总计	**100.00**	**100.00**	**100.00**	**100.00**	**100.00**
负债和所有者权益					
流动负债					
已到期长期负债	0.02	0.01	0.62	1.39	0.21
应付账款	14.28	12.25	9.81	10.16	8.30
应计费用	6.39	7.36	4.57	5.36	4.23
应付税款	0.55	0.58	0.15	0.14	0.30
其他短期负债	0.33	0.19	0.40	0.32	1.69
短期负债小计	21.57	20.39	15.54	17.37	14.74
长期负债	34.04	34.54	8.98	24.48	18.01
递延所得税	6.93	6.06	3.27	6.75	5.93
其他长期负债	0.00	0.00	0.00	0.38	1.52
负债合计	62.54	60.99	27.79	48.98	40.20
所有者权益					
普通股	0.93	0.71	1.61	0.97	0.48
资本公积	17.28	17.78	54.32	34.57	46.89
留存收益	22.30	22.73	16.52	15.60	12.87
其他综合收益	-0.19	-0.12	-0.23	-0.12	-0.46
ESOP 未分配股	-0.08	-0.05	-0.01	0.00	0.00
库存股	-2.77	-2.05	0.00	0.00	0.00
所有者权益合计	37.46	39.01	72.21	51.02	59.80
负债和权益总计	**100.00**	**100.00**	**100.00**	**100.00**	**100.00**

表 5-14　绿山咖啡烘焙公司财务比率分析

项目	2007年	2008年	2009年	2010年	2011年
盈利能力					
毛利率(%)	38.38	35.34	31.21	31.38	34.13
销售净利率(%)	3.76	4.40	6.92	5.86	7.58
总资产收益率(%)	4.86	6.06	6.69	5.80	6.29
净资产收益率(%)	12.96	15.53	9.27	11.37	10.51
营运能力					
总资产周转率	1.29	1.38	0.97	0.99	0.83
应收账款周转率	8.68	8.99	8.59	7.88	8.54

（续表）

项目	2007年	2008年	2009年	2010年	2011年
应收账款周转天数	42.06	40.60	42.51	46.33	42.73
存货周转率	5.41	3.73	4.09	3.55	2.60
存货周转天数	67.46	97.77	89.22	102.90	140.51
营业周期	109.52	138.37	131.73	149.23	183.24
杠杆水平					
资产负债率(%)	63.00	61.00	28.00	49.00	40.00
资本比率(%)	37.00	39.00	72.00	51.00	60.00
产权比率	1.67	1.56	0.38	0.96	0.67
权益乘数	2.67	2.56	1.38	1.96	1.67
流动性					
流动比率	1.54	2.09	4.25	2.08	2.40
速动比率	0.86	0.92	3.20	0.98	0.97
净营运资本	30 775	79 170	410 924	257 214	660 153
已获利息倍数	4.49	7.22	19.76	26.16	6.25

表5-15 绿山咖啡烘焙公司现金流量分析

（截至9月30日） 单位：千美元

项目	2007年	2008年	2009年	2010年	2011年
经营活动					
净利润	12 843	21 669	54 439	79 506	201 048
非现金费用	15 759	27 722	39 491	85 206	186 835
非现金损失	159	207	943	385	24 949
税收返还	46	(6 615)	(11 163)	(15 303)	(73 955)
递延费用	4 748	7 004	8 502	1 179	1 747
ESOP贡献	200	200	1 000	1 376	
经营费用	(3 921)	(48 241)	(54 714)	(162 884)	(339 839)
经营活动现金流量	29 834	1 946	38 498	(10 535)	785
投资活动					
购买固定资产	(21 844)	(48 718)	(48 298)	(118 042)	(283 444)
购买短期投资			(50 000)		
出售固定资产	187	407	162	526	1 192
出售短期投资				50 000	
应收票据投资				1 788	499
其他收购			(41 361)	(459 469)	(907 835)

（续表）

项目	2007 年	2008 年	2009 年	2010 年	2011 年
其他投资活动					1 916
投资活动现金流量	(21 657)	(48 311)	(139 497)	(525 197)	(1 187 672)
筹资活动					
信贷额度变动	(12 800)	33 500	(95 500)	145 000	333 835
发行普通股	3 123	5 653	378 046	8 788	955 787
取得长期借款	3 307	6 168	10 761	14 590	67 813
融资租赁				(217)	(8)
发行长期债券	45		50 000	140 000	796 375
支付长期债券	(100)	(63)	(217)	(8 500)	(906 885)
其他筹资活动		(907)	(1 084)	(1 339)	(47 072)
筹资活动现金流量	(6 425)	44 351	342 006	298 322	1 199 845
现金余额其他变动					(5 160)
汇率变动的影响					790
净现金流量	1 752	(2 014)	241 007	(237 410)	8 588
期初现金余额	1 066	2 818	804	241 811	4 401
期末现金余额	2 818	804	241 811	4 401	12 989

附录 5-B：个人财务报表范例

	行政管理批准号：NO.3245-0188
	有效期至：2013 年 8 月 31 日
个人财务报表	
美国联邦中小企业管理局(SBA)	日期：2012 年 6 月 30 日

填写此表：(1)每位经营者；(2)拥有 20% 以上权益的合伙人和每位一般合伙人；
　　　　　(3)拥有高于 20% 股权或投票权的每位股东；(4)为贷款提供担保的个人。

姓名：约翰和玛丽·琼斯	公司电话：304—552—4862
住宅地址：草甸巷 111 号	住宅电话：304—795—4685
市县州 & 邮编：亨廷顿，WV 25701	
申请人/借款人的商业名称	

资产　（美元，省略小数）		负债　（美元，省略小数）	

(续表)

现金(含银行存款)	35 000	应付账款	4 000	
储蓄账户	15 000	银行应付票据	0	
IRA 和其他退休账户	525 000	(详见第 2 部分内容)		
应收款项和票据	0	应付分期付款(汽车)	0	
人寿保险——现金价值	0	月付额		
(填写第 8 部分内容)		应付分期付款(其他)	0	
股票与债券	500 000	月付额		
(详见第 3 部分内容)		人寿保险贷款	0	
房产及其他不动产	775 000	房产抵押	296 000	
(详见第 4 部分内容)		(详见第 4 部分内容)		
汽车——现值	35 000	未付个人所得税	0	
其他个人财产	10 000	(详见第 6 部分内容)		
(详见第 5 部分内容)		其他负债	0	
其他资产	0	(详见第 7 部分内容)		
(详见第 5 部分内容)		负债合计	30 000	
合计	1 895 000	净值	1 595 000	
		合计	1 895 000	

第 1 部分:收入来源		或有负债	
工资	250 000	作为背书人或担保人	0
投资净收入	0	法律索赔和判决	0
房产收入	25 000	计提的联邦所得税	0
其他收入(须详细说明)	0	其他负债收入	0

对第 1 部分中其他收入的说明:

第 2 部分:银行应付票据(可附页,每一附件必须作为该表的组成部分并签名确认)

名称及票据签发人地址	原有余额	目前余额	应付金额	周期(月度)	保护或认可的抵押品类型

第 3 部分:股票与债券(可附页,每一附件必须作为该表的组成部分并签名确认)

（续表）

持股数量	证券名称	成本(美元)	市价(美元)	交易日期	总值(美元)
1 000	ABC, Inc	1 000			500 000

第4部分：拥有的不动产	(可附页，每一附件必须作为该表的组成部分并签名确认)		
	财产A	财产B	财产C
财产类型	自有住房	出租住房	
地址	亨廷顿，WV 25701，草甸巷111号	亨廷顿，WV 25701，1068大街6号	
购买日期	1996年12月12日	2010年5月5日	
原值(美元)	465 000	215 000	
目前市场价值(美元)	550 000	225 000	
抵押权人姓名及地址	BB&T，亨廷顿，WV	无	
抵押账号	32568136		
抵押余额(美元)	296 000		
每月/年支付额(美元)	1 136		
抵押状态	正常		

第5部分：其他个人财产和资产(可附页，每一附件必须作为该表的组成部分并签名确认)

第6部分：未付个人所得税(可附页，每一附件必须作为该表的组成部分并签名确认)

第7部分：其他负债(可附页，每一附件必须作为该表的组成部分并签名确认)

第8部分：持有的人寿保险(可附页，每一附件必须作为该表的组成部分并签名确认)

本人授权美国联邦中小企业管理局查询和确认我个人的信用额度，以便对上述报表的真实性做出判断。本人对上述报表及其附件和声明日期的真实性负责。这些报表基于信贷或担保的需求而编制，本人理解提供不实报表有可能被美国联邦司法部门起诉的法律后果(参见18 U.S.C. 100)。

（续表）

签名：	日期：	社会安全号码(SSN)：
签名：	日期：	社会安全号码(SSN)：
备注:完成本表的填写平均需要 1.5 小时左右。如果您对此有任何疑问或建议,请联系美国联邦中小企业管理局的相关管理部门(华盛顿特区 20416)。请注意,不要将本表提交给行政管理和预算局!		

附录 5-C：案例研究

ZZZZ 百斯特地毯清洁服务公司

我们以 ZZZZ 百斯特地毯清洁服务公司为案例,探讨本章所介绍的财务报表分析方法的具体运用。资产负债表和损益表中包含的数据在 1986 年 12 月 9 日提交给美国证券交易委员会报表的基础上进行了修正,原报表中的普通股为 1 100 000 股,每股 12 美元(潜在发行总金额为 1 320 万美元)。

1986 年的财务报表由新泽西州恩格尔伍德(Englewood)的格林斯潘(Greenspan)公司审计,而 1985 年和 1984 年的财务报表则由加利福尼亚州贝克斯菲尔德(Bakersfield)的注册会计师拉里·G. 拜克(Larry G. Baker)审计。截至 1986 年 7 月 31 日的三个月未审财务报表包含在招股说明书中,但并没有包括在此案例中。美国加利福尼亚州洛杉矶的恩斯特·惠尼会计师事务所审阅此期间的会计报表。

ZZZZ 百斯特地毯清洁服务公司 1984—1986 年的资产负债表和损益表,以及共同比分析与趋势分析如表 5-16、表 5-17 所示。

表 5-16 显示,销售收入从 1985 年至 1986 年显著增长了 291%,而销售成本仅增长了 256%,公司将销售成本的低增长率归因于住宅区清洁效率的提高。这一趋势导致销售毛利率从 1985 年的 53.5% 升至 1986 年的 57.7%。值得注意的是,如果孤立地比较共同比分析报表,我们不会发现任何可疑的关系。然而,趋势分析引出了一个问题,公司如何可以在业务快速增长的同时提高经营效率?

表 5-16 ZZZZ 斯特地毯清洁服务公司损益表

（截至 4 月 30 日）

项目	1984 年		1985 年		1986 年		趋势	
	金额（美元）	百分比（%）	金额（美元）	百分比（%）	金额（美元）	百分比（%）	1984—1985 年（%）	1985—1986 年（%）
销售收入	575 117	100.0	1 240 524	100.0	4 845 347	100.0	116	291
销售成本	284 058	49.4	576 694	46.5	2 050 779	42.3	103	256
毛利	291 059	50.6	663 830	53.5	2 794 568	57.7	128	321
营业费用	138 867	24.1	306 016	24.7	1 125 541	23.2	120	268

（续表）

项目	1984年		1985年		1986年		趋势	
	金额（美元）	百分比（%）	金额（美元）	百分比（%）	金额（美元）	百分比（%）	1984—1985年（%）	1985—1986年（%）
营业利润	152 192	26.5	357 814	28.8	1 669 027	34.4	135	366
其他收益	—	0.0	—	0.0	143 659	3.0	—	—
税前利润	152 192	26.5	357 814	28.8	1 812 686	37.4	135	407
所得税	—	0.0	36 053	2.9	867 041	17.9	—	2 305
净利润	152 192	26.5	321 761	25.9	945 645	19.5	111	194

表5-17的趋势分析显示，很多资产、负债和所有者权益账户有大幅增长，共同比分析也显示了资产类账户与总资产比率关系的变化。例如，固定资产在1985年占总资产的32.3%，而在1986年升至60.6%，这与销售收入的快速增长是一致的。有趣的是，现金占总资产的比重从1985年的17.0%降至1986年的1.7%，应收账款占总资产的比重从1985年的0%，升至1986年的13.7%。然而，快速增长很可能导致现金流紧张，相关的疑问包括：为什么在1985年没有应收账款？什么导致应收账款在1986年资产负债表中大幅增加？这是否意味着将1985年的销售延迟到1986年确认？如果确实是这样，这从根本上有助于收入的快速增长吗？法务会计师根据这些观测形成初步假设，然后进行深入的调查。

表5-17 ZZZZ百斯特地毯清洁服务公司资产负债表

（截至4月30日）

项目	1985年		1986年		趋势
	金额（美元）	百分比（%）	金额（美元）	百分比（%）	1985—1986年（%）
资产					
流动资产					
现金及现金等价物	30 321	17.0	87 014	1.7	187
应收款项（净额）		0.0	693 773	13.7	—
应收票据		0.0	413 231	8.2	—
其他流动资产	76 775	43.1	533 955	10.6	595
流动资产小计	107 096	60.2	1 727 973	34.2	1 513
固定资产（净额）	57 490	32.3	3 059 455	60.6	5 222
商誉		0.0	22 249	0.4	—
其他资产	13 450	7.6	235 994	4.7	1 655
资产总计	178 036	100.0	5 045 671	100.0	2 734
负债与所有者权益					
流动负债					
应付账款和应计费用	2 930	1.6	265 367	5.3	8 957

（续表）

项目	1985年 金额（美元）	百分比（%）	1986年 金额（美元）	百分比（%）	趋势 1985—1986年（%）
应付设备购买款		0.0	575 000	11.4	—
短期负债与已到期长期负债		0.0	928 068	18.4	—
流动负债小计	2 930	1.6	1 768 435	35.0	60 256
应付融资租赁款		0.0	428 471	8.5	—
递延所得税负债		0.0	819 014	16.2	—
负债合计	2 930	1.6	3 015 920	59.8	102 832
所有者权益					
普通股	55 000	30.9	76 675	1.5	39
资本公积	55 000	30.9	942 325	18.7	1 613
留存收益	65 106	36.6	1 010 751	20.0	1 452
所有者权益合计	175 106	98.4	2 029 751	40.2	1 059
负债与权益总计	178 036	100.0	5 045 671	100.0	2 734

本章引言部分指出，比率分析显示1985—1986年的关键比率发生急剧恶化，如表5-18所示。可能的解释（最终发现并非欺诈）是：管理层不能有效地应对公司的快速增长。当然，法务会计师会调查这些不一致，并进一步评估欺诈的可能性。

表5-18　ZZZZ百斯特地毯清洁服务公司财务比率

项目	1985年	1986年
盈利能力		
毛利率（%）	53.5	57.7
销售净利率（%）	25.9	19.5
总资产收益率（%）	180.7	18.7
净资产收益率（%）	183.8	46.6
营运能力		
总资产周转率	6.97	0.96
应收账款周转率	—	6.98
应收账款周转天数	—	52.3
杠杆水平		
资产负债率（%）	1.6	59.8
资本比率（%）	98.4	40.2
产权比率	0.02	1.49

(续表)

项目	1985 年	1986 年
权益乘数	1.02	2.49
流动性		
流动比率	36.55	0.96
净营运资本	104 166	(40 462)

最后,现金流量分析的进展使我们发现更多的问题。如表 5-19 所示,现金流量表提供了来自各项活动的现金流入和现金流出金额,最值得关注的是权责发生制下的净利润与现金收付制下的现金余额的关系。

表 5-19 显示,1986 年的净利润为 945 645 美元,主要来自应收账款(693 773 美元)、应收票据(413 231 美元)和其他流动资产,包括存货(115 477 美元)、预付修理费用(125 307 美元)和预付材料采购款(156 000 美元)。职业怀疑态度要求法务会计师分析这些变化的原因并确认期末余额的真实性。

表 5-19 ZZZZ 百斯特地毯清洁服务公司现金流量表

（截至 4 月 30 日） 单元:美元

项目	1986 年
经营活动	
净利润	945 645
加:非现金项目	
累计折旧	97 588
递延所得税	819 014
经营活动账户变动:	
应收账款增加	(693 773)
应收票据增加	(413 231)
其他流动资产增加	(457 180)
应付账款增加	262 437
经营活动现金流量	560 500
投资活动	
购买厂房和设备等固定资产	(3 099 553)
购买商誉	(22 249)
购买其他资产	(222 544)
投资活动现金流量	(3 344 346)
筹资活动	
短期借款	928 068
融资租赁借款	428 471

（续表）

项目	1986 年
发行普通股	909 000
购买设备借款	575 000
筹资活动现金流量	2 840 539
净现金流量	**56 693**
期初现金余额	30 321
期末现金余额	**87 014**

现金流量分析可能引出的疑问有：应付票据可以通过短期债务延期或融资吗？应收账款和其他流动资产的戏剧性增长是否意味着ZZZZ百斯特地毯清洁服务公司确实完成了实际工作？

关键术语

年度报告	损益表	现金流量表	资产负债表	编报
个人财务报表	报告自由	会计循环	经济实质	成本原则
一致性原则	配比原则	充分披露原则	谨慎性原则	重要性原则
客观性原则	委托代理问题	营运自由	审计	所得税基础
盈余管理	现金基础	审阅	情境	杜邦模型
阿特曼 Z 分值	内容分析法	财务比率	复合年增长率	可持续增长率

简答题

5-1　什么是财务报告所处的情境？

5-2　谁应该对财务报表的结构和内容负责？

5-3　确认五个财务报表的潜在使用者，并讨论他们如何使用财务报表。

5-4　比较编报、审阅和审计的保证水平。

5-5　什么是合理保证和有限保证？比较这两个概念。

5-6　为什么会计原则对财务报表的真实性具有重要作用？

5-7　确认和讨论对财务报表的编制和分析具有重要性的七项基本会计原则。

5-8　上市公司和私营公司是否应遵循相同的会计准则？请解释。

5-9　营运自由和报告自由如何影响财务报告？

5-10　什么是盈余管理？

5-11　定义公司管理层做出的保守型、中立型、激进型和舞弊型的盈余管理决策选择。

5-12　三种最常见的财务报表操纵模式是什么？

5-13　什么是委托代理问题？

5-14　讨论私营公司按照非一般公认会计原则编制财务报表的两种类型。

5-15　什么是非财务指标？法务会计师如何使用非财务指标？

5-16　法务会计调查如何使用波特的五力模型？

5-17　法务会计师从年度报告哪一部分可以获得重要的非财务信息？

5-18　请指出法务会计师常用的七种分析审阅方法。

5-19　为什么对法务会计师来说通过内部和外部比较进行财务报表分析是重要的？

5-20　什么是职业怀疑态度？法务会计师如何应用职业怀疑态度？

5-21　指出法务会计业务需要财务报表分析的五个例子，并讨论法务会计师在分析这些业务时的思维和心态。

5-22　财务报表分析中包含的三个基本财务报表是什么？

5-23　什么是横向分析？它对洞悉财务报表有何作用？

5-24　什么是复合年增长率？它对法务会计师有何用处？

5-25　什么是可持续增长率？它对法务会计师有何用处？

5-26　什么是共同比财务报表？它们是如何计算的？为什么说它们是很有价值的分析工具？

5-27　定义财务比率。在财务报表分析中，比率必须满足哪两个条件才有意义？

5-28　指出五种常用的财务比率，并说明每种财务比率计算结果的形式。

5-29　什么是杜邦模型？它在财务报表分析中是如何发挥作用的？

5-30　什么是阿特曼 Z 分值模型？它对法务会计师有什么价值？

5-31　比较阿特曼 Z 分值模型在上市贸易公司和私营公司中的不同之处。

5-32　在应用和解读财务比率时，法务会计师必须考虑哪些问题？

5-33　为什么法务会计师应该关注财务报表的附注？

5-34　为什么说现金流量表是一种有效的分析工具？

5-35　指出并讨论三种现金流量分析技术。

5-36　三种常见的现金流量操纵方法是什么？

5-37　会计分录测试的目的是什么？

5-38　使用计算机辅助审计工具的优点有哪些？

5-39　SAS 第 99 号审计准则《财务报表审计中对舞弊的考虑》界定的会计分录的六大特征是什么？

5-40　什么是内容分析法？为什么说它对法务会计师来说是非常有用？

5-41　公司年度报告中"管理层讨论与分析"的哪些"用语"或沟通特征可能意味着财务报表存在舞弊？

5-42　编制个人财务报表的目的是什么？它与提交给审计机构的财务报表有何区别？

5-43　解释个人资产负债表的编制基础，并指出它与一般公认会计原则的区别。

5-44　解释个人收益表的编制基础，并指出它与一般公认会计原则的区别。

5-45　根据一般公认会计原则编制的个人财务报表要求充分披露信息吗？请解释。

5-46　请指出法务会计师经常使用个人财务报表的三种情况，并简要讨论。

选择题

请在下列与财务报告情境有关的问题中选择最佳答案（第一部分）：

5-47　一项交易事项的周围环境信息被称为什么？

　　A. 噪声　　　　　　B. 情境　　　　　　C. 贡献　　　　　　D. 标准

第5章 财务报表分析：字里行间的解读

5-48 在分析财务报表时，财务报表应理解为：
A. 管理层的代表　　B. 外部审计的代表　　C. 内部审计的代表　　D. 总是精准和完整的

5-49 财务报告舞弊通常违反以下会计原则的哪一项？
A. 配比原则　　B. 谨慎性原则　　C. 重要性原则　　D. 以上都是

5-50 下列哪一项不是财务报表的使用者？
A. 管理者　　B. 债权人　　C. 政府机构　　D. 以上都是

5-51 下列哪一项意味着最高水平的保证？
A. 审阅　　B. 编报　　C. 审计　　D. 以上都不是

5-52 审计师有责任计划和实施审计工作，针对财务报表不存在重大错报谋求＿＿＿＿。
A. 确信　　B. 合理的确信　　C. 绝对的确信　　D. 合理的保证

5-53 下列哪一项不是基本会计原则？
A. 持续性原则　　B. 配比原则　　C. 重要性原则　　D. 充分披露原则

5-54 自2008年5月起，私营公司要求按照国际财务报告准则编制其财务报表。
A. 正确　　B. 错误

5-55 在对外提供财务报告的过程中，出于特定的意图与目的而获取私利的行为被称为：
A. 盈余监管　　B. 盈余管理　　C. 盈余分配　　D. 盈余推断

5-56 在会计期末，为了美化某些账户的表现而做出经营选择的能力被称为：
A. 营运自由　　B. 报告自由　　C. 管理自由　　C. 会计自由

请在下列与财务报告情境有关的问题中选择最佳答案（第二部分）：

5-57 通过改变会计政策或方法来决定报告的金额被称为：
A. 营运自由　　B. 报告自由　　C. 择时自由　　D. 以上都不是

5-58 引导管理者合理选择方法，避免夸大资产、收入和利润估计的会计原则称为：
A. 一贯性原则　　B. 重要性原则　　C. 配比原则　　D. 谨慎性原则

5-59 下列哪一项不属于盈余管理行为的类型？
A. 保守　　B. 谨慎　　C. 激进　　D. 中立

5-60 下列哪一项不属于财务报表欺诈行为？
A. 高估分红　　　　　　　　　B. 夸大财务状况或流动性
C. 低估费用　　　　　　　　　D. 高估收入

5-61 私营公司可能使用下列哪一种非一般公认会计原则的替代方案编制财务报表？
A. 直接和间接基础　　　　　　B. 所得税和现金基础
C. 谨慎和累计基础　　　　　　D. 当期和递延基础

5-62 下列哪一项陈述没有正确反映委托代理问题？
A. 管理层总是保护股东的集体利益　　　B. 管理层控制组织的运营
C. 股东委托经理人进行决策　　　　　　D. 管理层可以做出对自身有利的决定

5-63 在财务报表分析中，法务会计师应同时考虑财务数据和非财务数据。
A. 正确　　B. 错误

5-64 下列哪一项不是迈克尔·波特五力模型的要素？
A. 新竞争对手的威胁　　B. 重要的支持性行为　　C. 客户的议价能力　　D. 既有竞争强度

5-65 从哪里可以收集到上市公司的非财务信息？
A. 10-K年度报告　　B. 银行贷款申请　　C. 评审报告　　D. 披露报告

5-66 了解财务报表所处的情境能够让我们的分析更清晰、更透彻、更容易把握重点。

A. 正确　　　　　　　B. 错误

请在下列与财务报表分析有关的问题中选择最佳答案（第一部分）：

5-67 财务报表分析是为了获取额外信息而对财务报表进行的检查。

A. 正确　　　　　　　B. 错误

5-68 为了识别异常关系或非预期关系，财务报表分析需要：

A. 实用和有见地的比较　　　　　　B. 一般公认会计原则和非一般公认会计原则

C. 应用和理论计算　　　　　　　　D. 内部和外部的比较

5-69 法务会计师在财务报表分析过程中应保持什么心态？

A. 职业确定性　　B. 职业怀疑态度　　C. 合理的可能性　　D. 违反正常预期

5-70 法务会计师的工作路线总是向前的，即从 A 点开始，取得进展后再走向 B 点。

A. 正确　　　　　　　B. 错误

5-71 下列哪一种报表不是基本财务报表？

A. 现金流量表　　B. 资产负债表　　C. 损益表　　D. 附注

5-72 法务会计师根据什么进行横向分析？

A. 范围　　　　　B. 趋势　　　　　C. 富饶　　　　　D. 结构

5-73 反映某一指标在特定时期内的年度增长率称为：

A. 单利年度增长率　B. 线性年度增长率　C. 复合年度增长率　D. 复利年度增长率

5-74 在不增发新股并保持目前经营效率和财务政策的条件下，公司销售可以实现的最高增长率称为：

A. 复利增长率　　B. 累进增长率　　C. 可持续增长率　　D. 复合年度增长率

5-75 允许不同规模公司的财务报表之间相互比较的分析方法称为：

A. 比较财务报表　B. 横向财务报表　C. 共同比财务报表　D. 独立财务报表

5-76 在编制共同比损益表时，计算公式中的分母是什么？

A. 净利润　　　　B. 总资产　　　　C. 营业利润　　　D. 销售收入

请在下列与财务报表分析有关的问题中选择最佳答案（第二部分）：

5-77 下列哪一项描述了财务比率计算的结果形式？

A. 资产占收入的百分比　　　　　　B. 表示一个单位的分数

C. 净利润占现金流量的百分比　　　D. 绝对金额

5-78 比率分析必须满足哪两个条件才能在财务报表分析中有意义？

A. 稳健性和充分性　　　　　　　　B. 可计算性和可理解性

C. 具有特定意义和可比较的标准　　D. 明确和可理解性

5-79 下列哪一项不是主要财务比率的类别？

A. 营运能力　　　B. 杠杆水平　　　C. 流动性　　　　D. 波动性

5-80 下列哪一项不是杜邦模型中净资产收益率的分解指标？

A. 营运能力　　　B. 杠杆水平　　　C. 流动性　　　　D. 盈利能力

5-81 运用阿特曼 Z 分值模型的目的是什么？

A. 辨别流动性　　B. 预测破产　　　C. 计算盈利能力　D. 判断流动性

5-82 虽然阿特曼Z分值模型在20世纪七八十年代具有实用性,但随着21世纪计算机处理能力的增强,它不再被认可为一个可靠的财务指标。
　　A. 正确　　　　　　B. 错误

5-83 如果计算比率的输入值是无效的也没有关系,法务会计师仍然能够查明相关领域的问题。
　　A. 正确　　　　　　B. 错误

5-84 财务比率可以洞悉一家公司是如何实现业绩的。
　　A. 正确　　　　　　B. 错误

5-85 附注对于财务报表分析并没有价值。
　　A. 正确　　　　　　B. 错误

5-86 附注可以为法务会计师提供公司财务报表省略的信息。
　　A. 正确　　　　　　B. 错误

请在下列与现金流量分析、会计分录测试、内容分析和个人财务报表有关的问题中选择最佳答案:

5-87 现金流量表的价值体现在什么方面?
　　A. 结构简单　　　B. 难以操纵　　　C. 布局严谨　　　D. 由注册会计师解释

5-88 编制现金流量表可以很好地检验法务会计师对损益表和资产负债表的把握以及它们是如何互相_____的。
　　A. 反转　　　　　B. 发展　　　　　C. 联系　　　　　D. 对比

5-89 下列哪一项不是现金流量分析技术?
　　A. 调节现金　　　B. 联合分析　　　C. 现金流量比较　　D. 趋势分析

5-90 下列哪一项不是常见的现金流量操纵方案?
　　A. 延迟付账　　　B. 应付账款融资　　C. 应收账款证券化　　D. 固定资产折价

5-91 正如美国注册会计师协会发布的第99号审计准则《财务报表审计中对舞弊的考虑》所指出的,会计分录测试主要用于确认:
　　A. 可能的欺诈性分录　　B. 内部控制结果　　C. 管理特权　　D. 员工制裁

5-92 计算机辅助审计工具能够帮助法务会计师手工确定所调查的会计分录。
　　A. 正确　　　　　　B. 错误

5-93 _____是使用特殊编码规则将词语进行内容分类的一种系统技术。
　　A. 操作分析法　　B. 内容分析法　　C. 会计分录测试　　D. 数据解析法

5-94 个人财务报表通常由个人资产负债表,以及个人的收入来源和支出等部分组成。
　　A. 正确　　　　　　B. 错误

5-95 个人资产负债表通常根据下列哪一种价值表述?
　　A. 历史成本　　　B. 购买价格　　　C. 市场价值　　　D. 摊余价值

5-96 下列哪一项不是法务会计师参与的个人财务报表分析业务?
　　A. 贪污舞弊　　　B. 征兵诈骗　　　C. 纵火　　　　　D. 家庭关系

职场应用

5-97 根据附录5-C提供的ZZZZ百斯特地毯清洁服务公司财务报表,运用电子表格管理工具Excel编制共同比报表,并重新计算表5-16、表5-17和表5-18提出的财务比率。哪一项计算比较困难?请解释每个比率的含义?你从中掌握了损益表和资产负债表之间的什么关系?

5-98 根据表 5-16 和表 5-17 提供的 ZZZZ 百斯特地毯清洁服务公司财务数据，运用电子表格管理工具 Excel 重新计算表 5-19 中的数据并进行现金流量分析。1986 年的折旧费用为 97 588 美元，全年没有资产处置活动，你认为现金流量表中的哪一项有待进一步调查。为什么？

5-99 正如你从附录 5-C 案例研究所了解的，ZZZZ 百斯特地毯清洁服务公司 1985 年和 1986 年的财务报表均经注册会计师审计。在回顾本章的案例研究及相关类型财务报表隐含的保证水平后，准备一份备忘录提交给你的导师，应包括如下内容：

- 各种隐含保证程度的实质；
- ZZZZ 百斯特地毯清洁服务公司可能违反的会计原则；
- 财务报表所处的情境。

深度思考

5-100 登录 www.tootsie.com 获取图齐罗尔（Tootsie Roll）公司的年报。请利用该公司 2010 年年报完成以下任务：

A. 编制一份共同比资产负债表和损益表。

B. 计算以下财务指标：

- 盈利能力，包括毛利率、销售净利率、资产收益率、净资产收益率；
- 营运能力，包括总资产周转率、应收账款周转率、应收账款周转天数、存货周转率、存货周转天数、营业周期；
- 杠杆水平，包括资产负债率、资本比率、产权比率、权益乘数；
- 流动性，包括流动比率、速动比率、净营运资本；
- 权益性，包括每股账面价值、每股盈余、市盈率、股利支付率、股利收益率。

5-101 利用 ZZZZ 百斯特地毯清洁服务公司的财务报表（见表 5-20 和表 5-21），完成以下任务：

表 5-20 ZZZZ 百斯特地毯清洁服务公司损益表

单位：美元

项目	截至 4 月 30 日		5 月 1 日至 7 月 31 日	
	1985 年	1986 年	1985 年	1986 年
销售收入	1 240 524	4 845 347	638 408	5 395 754
销售成本	576 694	2 050 779	320 460	2 976 205
毛利	663 830	2 794 568	317 948	2 419 549
营业费用	306 016	1 125 541	91 346	622 811
营业利润	357 814	1 669 027	226 602	1 796 738
其他收益	—	143 659	—	37 969
税前利润	357 814	1 812 686	226 602	1 834 707
所得税	36 053	867 041	95 734	938 754
净利润	**321 761**	**945 645**	**130 868**	**895 953**

表 5-21 ZZZZ 百斯特地毯清洁服务公司资产负债表

单位：美元

项目	截至 4 月 30 日		截至 7 月 31 日
	1985 年	1986 年	1986 年
资产			
流动资产			
现金及现金等价物	30 321	87 014	9 907
应收账款（净额）	—	693 773	2 461 098
应收票据		413 231	—
预付材料采购款	—	136 000	1 330 000
其他流动资产	76 775	533 955	441 984
流动资产合计	107 096	1 863 973	4 242 989
固定资产（净额）	57 490	3 059 455	3 698 282
商誉	—	22 249	21 631
其他资产	13 450	99 994	237 189
资产总计	178 036	5 045 671	8 200 091
负债与所有者权益			
流动负债			
应付账款和应计费用	2 930	265 367	428 076
应付设备购买款	—	575 000	—
超过成本的账单	—	—	107 301
递延所得税	—	—	1 400 139
短期负债与本期到期的长期负债	—	928 068	2 169 180
流动负债合计	2 930	1 768 435	4 104 696
应付融资租赁款	—	428 471	418 195
递延所得税负债	—	819 014	236 496
其他长期负债	—	—	515 000
负债合计	2 930	3 015 920	5 274 387
所有者权益			
普通股	55 000	76 675	76 675
资本公积	55 000	942 325	942 325
留存收益	65 106	1 010 751	1 906 704
所有者权益合计	175 106	2 029 751	2 925 704
负债与所有者权益总计	178 036	5 045 671	8 200 091

A. 编制截至 1986 年 7 月 31 日的 3 个月期的共同比资产负债表和损益表。

B. 计算截至 1986 年 7 月 31 日的以下财务指标：
- 盈利能力，包括毛利率、销售净利率、总资产收益率、净资产收益率；
- 营运能力，包括总资产周转率、应收账款周转率、应收账款周转天数；
- 杠杆水平，包括资产负债率、资本比率、产权比率、权益乘数；
- 流动性，包括流动比率、速动比率、净营运资本。

5-102 利用题 5-101 的计算结果，确认进一步分析中值得重点关注的领域，并准备一份你所发现的详细内容的备忘录提交给导师，包括与潜在舞弊行为有关的两个初步假设。

5-103 利用题 5-101 的计算结果，准备一份截至 1986 年 7 月 31 日的 3 个月期现金流量分析。所需的额外信息如下：
- 该时期的累计折旧为 105 651 美元；
- 该时期的商誉摊销为 618 美元；
- 所有的递延税项调整均为非现金性质。

5-104 ZZZZ 百斯特地毯清洁服务公司 1985 年、1986 年，以及截至 1986 年 7 月 31 日的 3 个月期财务报表分别具有何种程度的保证水平？保证水平程度是否影响法务会计师的思维和心态？请解释。

5-105 登录 www.sec.gov，获取 2001 年世通公司（Worldcom）的 10-K405 报表。利用 10-K405 报表中第 F-2 页的损益表和第 F-3 页的资产负债表，完成以下任务：

A. 分别编制 2000 年、2001 年的共同比资产负债表和损益表。

B. 计算 2000 年、2001 年的以下财务指标：
- 盈利能力，包括毛利率、销售净利率、总资产收益率、净资产收益率；
- 营运能力，包括总资产周转率、应收账款周转率、应收账款周转天数；
- 杠杆水平，包括资产负债率（包括少数股东和优先股股东）、资本比率、产权比率、权益乘数；
- 流动性，包括流动比率、速动比率、净营运资本；
- 权益性，包括每股账面价值、每股盈余、市盈率。

C. 经上述分析后，你是否能够形成舞弊假设？请解释。

5-106 登录 www.sec.gov 获取 2002 年世通公司的 10-K 报表。请利用报表中第 42—48 页的重述信息，识别以下领域中的不恰当调整分录（或者缺失恰当的调整分录）：

A. 减值
B. 不恰当地削减采购成本
C. 商誉和无形资产的会计购买记录
D. 长期资产
E. 与收入有关的调整：
- 客户激活或安装延迟，以及预提的收入和成本；
- 应收账款调整；
- 收入确认调整。

例如，世通公司 10-K 报表第 43 页的减值。世通公司因没有进行商誉和其他长期资产的减值测试而高估了净利润。这一资产误记导致 2001 年、2002 年的税前费用分别被低估 12 592 美元和 47 180 美元，同时高估了相同金额的营业利润。

5-107 利用 2001 年世通公司的 10-K405 报表和 2010 年图齐罗尔公司的 10-K 报表，按以下词语作为检索词进行内容分析：舞弊、重述、不恰当、破产、法务、调查、审计、内部控制。

5-108 登录 www.sec.gov 查找"会计与审计起诉公告"（AAERs）栏目。浏览最近一年的起诉公告并挑选一项关于财务报表舞弊的公告，给你的导师准备一份包含以下内容的备忘录：

A. 确认并讨论美国证券交易委员会追查案件的公告。

B. 总结美国证券交易委员会的发现。

C. 讨论公司对调查的反应。

D. 概括该问题是如何被纠正的。

5-109 针对表 5-5 中列举的某一家公司,从学术期刊或实务杂志中找出五篇相关文章,准备一份讨论以下内容的报告:

A. 舞弊发生于何时？如何实施？ B. 谁是受害者？伤害程度如何？

C. 案件是如何解决的？ D. 公司现状如何？

5-110 ZZZZ 百斯特地毯清洁服务公司 1986 年的招股说明书包括以下内容:

A. 1984 年和 1985 年的 4 月 30 日,加利福尼亚州贝克斯菲尔德(Bakersfield)的注册会计师拉里·拜克(Larry Baker)审计了财务报表。

B. 1986 年 4 月 30 日,新泽西州恩格尔伍德(Englewood)市的格林斯潘(Greenspan)公司审计了财务报表。

C. 1986 年 7 月 31 日,加利福尼亚州洛杉矶的恩斯特-惠尼会计师事务所审阅了 3 个月期财务报表。

请思考 ZZZZ 百斯特地毯清洁服务公司的欺诈可能性对这三家会计事务所产生何种影响,然后在网络上调查它们的实际情况,事实和你之前的预测一致吗？准备一份关于你的调查结果和结论的备忘录给导师。

5-111 如 ZZZZ 百斯特地毯清洁服务公司案所披露的,明克因欺诈罪而入狱,利用网络调查他出狱后的职业生涯。在你的调查中,探索与明克相关的"行为一致性理论"概念。准备一份关于你的调查结果和结论的备忘录给导师。

5-112 ZZZZ 百斯特地毯清洁服务公司案导致美国反舞弊财务报告委员会(Treadway 委员会)发布了《1987 年报告》,全面论述了企业反舞弊财务报告的防范领域。请登录 www.pearsonhighered/rufus 查询这份报告,并准备一份备忘录给导师,概述该委员会做出的主要建议。

5-113 作为世通公司舞弊案的后果,美国注册会计师协会(AICPA)发布了第 99 号审计准则《财务报表审计中针对舞弊的考虑》(SAS 99)。请登录 www.pearsonhighered/rufus 查询该项准则,并回顾相关的审计指南。准备一份备忘录给导师,总结相关审计指引针对舞弊的基本要求。

欺诈与白领犯罪

6.1 引言：西弗吉尼亚州政府 VS 皮普尔斯案
6.2 欺诈和白领犯罪
6.3 欺诈理论
6.4 人们为什么欺诈？
6.5 谁进行欺诈？
6.6 白领犯罪的受害者
6.7 政府并不总是正确的
6.8 重要提醒
附录 6-A：西弗吉尼亚州政府 VS 皮普尔斯案审理

学习目标

通过本章的学习，你应该能够

目标 1： 定义欺诈并描述白领犯罪

目标 2： 以欺诈三角形为起点解释欺诈理论的发展

目标 3： 运用不同的理论解释欺诈产生的原因

目标 4： 指出欺诈者的典型特征

目标 5： 描述白领犯罪对受害者的影响

目标 6： 描述政府在起诉白领犯罪中的作用

6.1　引言：西弗吉尼亚州政府 VS 皮普尔斯案

人们常常将欺诈、白领犯罪与法务会计紧密联系在一起。为什么？难道欺诈属于会计问题？欺诈和白领犯罪带来的首要后果就是经济损失。会计职业（尤其是审计行业）有史以来一直被视为公共利益的主要守护者，担当抵御财务犯罪的"防火墙"。在过去的二十多年，大量的财务失败案例突显了审计期望差——审计人员实际上能做到的与公众认为他们应该做到的之间的差距。在涉及欺诈问题时，这种期望差变得极其相关。

欺诈的普遍性和社会公众对欺诈的强烈抗议已经将法务会计推到了聚光灯下。正如本书所强调的，法务会计是威慑、调查和侦测欺诈行为的主要技能。此外，法务会计人员充分了解证据规则和举证责任、洞悉司法程序，能够有效地支持诉讼活动。

本章的目的是介绍欺诈和白领犯罪的相关内容。首先，我们讨论欺诈和白领犯罪的概念、欺诈的不同类型、欺诈发生的条件（"欺诈三角形"），以及几种欺诈理论；其次，我们引出欺诈公式，并将其概括为一种基于特定变量的经济决策；最后，我们探讨一个有助于深入理解欺诈中"人"这一因素的研究——谁犯欺诈罪和为什么犯欺诈罪？

 特别提示

在学习本章之前，我们建议读者查阅美国注册会计师协会发布的第 99 号审计准则《财务报表审计中对舞弊的考虑》，它是美国注册会计师协会应对欺诈的纲领性文件。第 99 号审计准则突显了审计师应秉持职业谨慎态度，并强调将欺诈评估贯穿于整个审计过程。最直接的有关论述见诸于 AU 316.05 和 AU 316.07 段落，其中界定了欺诈的含义，并提出欺诈发生的三个条件（动机或压力、机会与借口）。

本章提供了有关财务犯罪的独特视角，并强调了财务犯罪的五个关键点如下：

- 财务犯罪属于刑事犯罪，因此举证标准超出排除合理怀疑标准。另外，举证责任在起诉方。
- 财务犯罪是蓄意犯罪。若嫌疑人不坦白，则间接证据（包括专家证人证言）可用于确定或推断欺诈蓄意。
- 财务犯罪并不是没有受害者。除了经济损失，财务犯罪还可能导致对个人心理上和生理上的伤害。
- 财务犯罪可能涉及暴力行为。尽管白领犯罪被普遍认为是非暴力行为，但我们不能排除任何暴力行为发生的可能性。
- 政府（检方）不一定总是正确的。刑事起诉书不是对犯罪行为的举证，它仅仅是对一起已经发生的犯罪行为的声明。更重要的是，法律假定每一名被告在被证明有罪之前都是清白的。

特别提示

我们以西弗吉尼亚州政府 VS 皮普尔斯案引出本章要讨论的内容。该案例真实展现了法务会计师所从事的业务及其重要作用,强调了思维倾向、批判性思维和科学化方法的重要性,并展示了刑事审判的过程和内容。虽然主体欺诈(双重支薪)不具有代表性,但该案的侦查过程和司法程序是非常典型的。下文为判例总结,建议读者阅读并思考附录 6-A 所呈现的综合叙述,包括公开陈述、证人出庭、陪审团指引和结案陈词等。

西弗吉尼亚州政府 VS 皮普尔斯案

查尔斯顿警察局遭到欺诈质控

2008 年 5 月 16 日,西弗吉尼亚州(West Virginia)卡诺瓦地区(Kanawha Country)的大陪审团控告基思·O. 皮普尔斯(Keith O. Peoples)通过欺诈手段谋取钱财。起诉书指称,皮普尔斯作为安全专员在查尔斯顿(Charleston)警局当班期间蓄意、非法地从私人雇主——查尔斯顿购物中心(TCM)获得报酬,这种手段通常被称为"双重支薪"。

从对他的传讯中可以知道,皮普尔斯是一名拥有 18 年警龄的查尔斯顿警局老警察,曾获得年度奖章表彰。在刑事诉讼结果出来之前,皮普尔斯的名字立即被列入离职行政人员名单。如果他被判有罪,皮普尔斯将面临长达两年的监禁和高达 2 500 美元的罚款。

深入探讨

正如第 2 章所讨论的,起诉方一般承担举证责任。值得注意的是,皮普尔斯事先是被假定无罪的!刑事案件中的无罪推定只能由排除合理怀疑的证据推翻。如果罪犯不坦白(被视为直接证据),检方通过间接证据来证明皮普尔斯有罪将面临巨大挑战。尽管间接证据可以为推断蓄意提供合理的基础,但是它无法为嫌疑人的犯罪事实提供事实证据。间接证据不能直接证明案件的主要事实,我们必须结合间接证据与其他证据才能够共同证明和确定案件事实。

控诉阶段

对皮普尔斯的审理始于他被起诉一年后的 2009 年 5 月 18 日。助理检察官斯科特·雷诺兹(Scott Reynolds)将案件定性为一起"违背公众信任的典型案例……你不可能同时出现在两个地点"。案件的基础证据是查尔斯顿警局的约翰·泰巴雷蒂(John Tabaretti)警长提供的证词。

市审计师和查尔斯顿购物中心提供的证据证明了各自工资记录的真实性,泰巴雷蒂警长也证实皮普尔斯在 2001 年 1 月 1 日至 2004 年 8 月 31 日曾在两名雇主(查尔斯顿警局和查尔斯顿购物中心）处领取工资，并指出皮普尔斯有 478 小时的重叠时间。换句话说，"他同时为两名雇主工作"。泰巴雷蒂警长还证实，查尔斯顿购物中心对提供安保服务的查尔斯顿警局人员拥有强制性的"下班"政策，皮普尔斯也知悉这一政策。最后，泰巴雷蒂警长强调上述重叠时间的统计证据是无可争议的。

在控诉阶段的最后，针对陪审团的质问——"皮普尔斯是否意识到自己的行为是违法的？""他的确知道。"雷诺兹陈述道。"有证据吗？""当然，回想所提出的证据。"雷诺兹进行了最后的陈述总结，"泰巴雷蒂警长编制的统计数据是无可争议的，并且提供了最完美的且排除合理怀疑地证明了皮普尔斯的行为和动机。"

辩护阶段

皮普尔斯的辩护律师德文·汀斯利（Dwane Tinsley）提醒陪审团，州政府的控诉（包括泰巴雷蒂的调查）"充满了调查错误且推理完全无效"。汀斯利指出，州政府拒绝参考其他几个关于重叠时间计算的备选解释，他还指出州政府完全缺失当事人犯罪事实的直接证据。

首先，辩护律师提供了不同于查尔斯顿警局警官的证词，包括皮普尔斯的前任上司、明确的加班加点记录、早退记录以及不精确的时间表等。正如已退休的布拉德·莱因哈特（Brad Rinehart）警长所提出的精辟陈述："时间表又不是时钟……时间重叠是可预期的、不可避免的。"

其次，辩护律师提出了法务会计专家的分析报告。法务会计专家认为州政府提供的证据存在大量的错误，尤其是泰巴雷蒂的调查。法务会计师指出，调查性失误包括泰巴雷蒂采访关键目击者的失误，以及他拒绝参考不支持州政府控诉的证据。法务会计师认为，泰巴雷蒂在计算重叠事件（时间）时既没有重新验算和确认支持数据，也没有参考其他备选解释；但它们都是有意义的。法务会计师提供了由前任查尔斯顿警局警官支持的有关加班加点与早退的工资错误。法务会计师认为泰巴雷蒂的分析毫无价值，并将其描述为"充满了错误与偏见"。

最后，汀斯利要求陪审团质疑泰巴雷蒂的分析。"我们不怀疑他运用 Excel 电子表格计算和确定重叠时间的能力，因为这是一项简单的任务。"汀斯利说，"然而，你必须质疑他在参考调查备选解释中的失误，包括加班加点时间、早退，以及经认可从购物中心下班的时间和工资金额的错误。"汀斯利底气十足地说："州政府及其调查人员怎么能不准确地调查此案！"他继续说道："扪心自问这是为什么，即使在面对来自皮普尔斯的直接上司和同事的值得信赖的证词时，泰巴雷蒂也拒绝参考这些解释。让我来告诉你们为什么——他们想尽快了结这个案子。这都是虚假指控，他们都清楚这一点。"

法庭的指引

经过五天的审理，2009 年 5 月 22 日，双方提供了 15 名目击证人和 50 多个呈堂物证，由法官向陪审团给出指引，包括了证据概念、蓄意、举证责任、无罪推定和证据规则的法律界定。其中，法官强调了以下几点：

- 你只能考虑已提出的证据,而不能对其他事实的存在进行猜测或推断。
- 以排除合理怀疑的标准证明犯人有罪一直是州政府的责任。
- 如果陪审团对被告有罪的控诉持有怀疑,被告必须被无罪释放。
- 排除合理怀疑是指对事实的认定已没有符合常理的、有根据的怀疑,实际上达到确信的程度。
- 陪审团必须牢记,被告永远不能在有嫌疑、推测或传言的情形下定罪。
- 专家证言在本案中具有可采信,但这并不意味着你必须采纳专家证人的意见。与其他证人一样,如果采纳,你就必须决定在多大程度上依赖其提供的意见。
- 作为一名陪审员,你是判断证言可靠性、权衡证据和认定案件事实的唯一决策人。
- 你必须判定州政府能否基于证人证言和提交的证据认定被告有罪。

陪审团的评议

经过八个多小时的评议,陪审团一致认为皮普尔斯没有犯欺诈罪。

特别提示

在三天的审理之后,汀斯利律师针对陪审员实施了一项审后调查,内容涉及他们对审判策略、证人证词、案件论证和呈堂证据的看法。这项调查的动机是延长陪审团的评议过程。其主要成果如下:

- 在两个小时的评议之后,投票结果是十一票(总共十二人投票)认为被告无罪。
- 一位注册会计师坚持要求陪审团复查各个专家制作的电子表格,他认为"真相就在表格中的数字里"。
- 一位教科学的中学教师作为陪审团主席,确认了备选解释的意义及其重要性。
- 该案件沦为专家证人之间的决斗。
- 该案中最关键的有关蓄意的问题从未经陪审团具体讨论。

6.2 欺诈和白领犯罪

非法从他人处获得财产有两种方法——抢劫和欺诈。抢劫,顾名思义,就是用武力迫使他人交出财产。而欺诈,使用的是骗局。

概念辨析

尽管本章明确地提出"白领犯罪"这一概念,但是我们将它看作欺诈的一个子集。为方便起见,欺诈、白领犯罪和财务犯罪会被交替使用。

请记住欺诈是刑事犯罪,这一点非常重要。正如第2章所提到的,刑事犯罪是指违反了联邦政府、州政府或地方政府所制定的禁止某些行为的法律。刑事犯罪的严重性使证据标准提升到最高等级——排除合理怀疑。犯严重欺诈罪的个体①可能被判处监禁、罚款、罚金、归还、缓期执行或社区服务。此外,犯严重欺诈的罪犯还会被吊销其拥有的职业资格,并失去一定的公民自由(例如,选举权、被选举权、合法持有枪支权等)。

6.2.1 什么是欺诈?

简单来说,欺诈就是通过骗局来非法地获取他人的财产。根据习惯法②,欺诈有以下四个基本要素:

- 存在重大的虚假陈述或者隐瞒真相。
- 犯罪嫌疑人完全知道所陈述内容或被隐瞒的真相是错误的。
- 犯罪嫌疑人蓄意诱导受害者信赖错误的陈述或者隐瞒真相。
- 受害者信赖错误的陈述或被隐瞒的真相,并由此遭受伤害或损失。

根据这些要素,我们可以定义欺诈为:

- 为了诱导他人放弃有价值的东西或者交出合法权利而蓄意歪曲事实。③
- 故意歪曲事实,诱使他人依赖于该事实而失去属于自己的有价财产或放弃某项法律权利。④
- 任何蓄意欺骗他人而导致受害者遭受损失或者行为人获得利益的行为或隐瞒真相。⑤
- 导致被审计的财务报表存在重大错报的蓄意行为。⑥
- 一个专业术语,包含人类创造性所能设计出的一切繁杂(各式各样的)方式,个体通过错误引导、掩盖真相、弄虚作假、狡猾奸诈、不公平等手段欺骗他人,以便从他人身上获取利益。⑦

这些定义有一条共同的脉络,即欺诈是蓄意犯罪。这里所说的"蓄意"指的是什么?法务会计师如何帮助他人确认蓄意?《布莱克法律词典》将蓄意定义为:"与行为相伴随的一种思想状态。动机是某种行为产生的诱因,而蓄意是产生某种行为的决心。当蓄意诱导所产生的一系列行为违反法律时,动机(如好的蓄意)就变得不再重要了。"⑧

---

① 实体(公司、合伙人等)也可能犯欺诈罪。
② 习惯法也称普通法、判例法(Case Law),习惯法没有法定基准,主要根据法院已有的判例形成具有法律效力的判定。美国大多数州(除路易斯安那州法律体系以《法国民法典》为蓝本外)根据英国普通法制定法律。
③ By permission. From *Merriam-Webster's Collegiate® Dictionary*, 11th Edition © 2013 by Merriam-Webster, Inc. (www.Merriam-Webster.com).
④ From *Black's Law Dictionary* (2009), 9th Edition. Material reprinted with permission of Thomson Reuters.
⑤ AICPA. (2008). Managing the Business Risk of Fraud: A Practical Guide. www.pearsonhighered.com/ rufus for a link to this document
⑥ SAS No. 99/AU §316.05
⑦ *Johnson v. McDonald.* (1934). OK 743, 170 Okla. 117, 39 P.2d 150.
⑧ From *Black's Law Dictionary* (2009), 9th Edition. Material reprinted with permission of Thomson Reuters.

蓄意行为是自愿的产物——你想要做的,也就是你有犯罪心理。换句话说,除非思想是有罪的,否则行为本身不会带来犯罪(犯罪蓄意)。确定犯罪蓄意的一项挑战是我们为什么不起诉儿童和有精神障碍的人,因为他们没有能力正确地理解自己的所作所为。尽管如此,但法律不会因"是的,但是"的辩护而改变——"是的,但是我的童年很不幸""是的,但是我现在遭遇财务危机""是的,但是我喝醉了,我吸毒了",等等。

在欺诈和白领犯罪的世界里,涉嫌犯罪是不道德的、不负责任的行为,还可能受到道德上的谴责;但是如果缺乏犯罪蓄意证据(犯罪心态),那就不一定构成犯罪。这里有一个现时例子,即针对2008—2009年金融危机的刑事起诉书的数量很少。① 我们可以证明某些人的行为导致了这次金融危机,但在许多案件中,检察官不能提供有关蓄意的充足证据。

6.2.2 欺诈蓄意的证据

如果罪犯不坦白就无法得到直接证据,那么间接证据就会用于确认欺诈蓄意。出于此目的,法务会计师通常会收集、分析实际发生的客观证据(事实和数据)。确认蓄意的间接证据的可靠性取决于两个关键因素:(1)可替代的解释;(2)所造成影响的程度。换句话说,如果具体观测数据(如上述案件中的重叠小时数)没有备选解释或者所造成影响(与被质疑议题有关的观测数据的重要性)的程度很大,此时间接证据就具有可靠性,且被赋予了作为证据的价值。与此相反,如果存在可替代的解释并且影响程度比较小,此时间接证据的可靠性就很弱,可能被认为几乎没有作为证据的价值。②

除数据分析之外,法务会计师还会考虑行为所处的环境,如有利条件、刻意隐瞒、行为模式、错误陈述和动机诱导。尽管单独地看,这些因素可能都不重要,但是总体看来,它们可能是令人信服的。这就是间接证据的本质,将零散的证据收集起来,可以有力地支持一个推论。应注意的是,法务会计师的分析只是为推断蓄意提供了一个合理的基础,并没有形成犯罪嫌疑人主观蓄意的"确凿证据"。

 职场范例

我们就西弗吉尼亚州政府VS皮普尔斯案做进一步讨论——直接证据、间接证据和蓄意的联系与区别。州政府假设皮普尔斯是"故意地、非法地"同时为两名雇主(查尔斯顿警局和镇购物中心)工作,因此属于双重支薪。如果嫌疑人不认罪,州政府就必须通过间接证据排除合理怀疑地证明该案件是无可争议的。州政府的调查过程如下:

- 泰巴雷蒂编报两名雇主的工资记录以验证州政府的假设,这初步证明了重叠时间的存在。

---

① Eaglesham, J. (May 13, 2012). Missing: Stats on crisis convictions. *The Wall Street Journal*.
② Collotta, M. A. (1978). The role of circumstantial evidence in proving discriminatory intent: Developments since Washington v. Davis. *Boston College Law Review*, 79(4), 795-812.

- 为了完善假设并确认对重叠时间的观测数据,泰巴雷蒂搜寻备选解释(重叠时间的原因而不是双重支薪)。根据泰巴雷蒂所说,任何事情都是不确定的。
- 下一个挑战就是要证明皮普尔斯知道其行为是错的但还是义无反顾地错下去。为了解决这个问题,泰巴雷蒂从镇购物中心管理处收集证据,尤其是针对安保人员在打卡上班前必须从查尔斯顿警局"下班"的政策。此外,镇购物中心管理处还确认了这一政策已经向皮普尔斯传达并解释。

具备了累计的间接证据(有关重叠时间的统计证据和皮普尔斯对镇购物中心管理政策的了解),州政府将该案件表述为一个常识性问题——你不可能同时出现在两个不同的地点。回顾之前的调查过程并确认州政府的立场存在的失败和薄弱环节。假设你是皮普尔斯的辩护律师,你将从哪里入手?证据能够证明或推断出什么?证据能够排除合理怀疑地证明皮普尔斯故意违反法律吗?

6.2.3 白领犯罪

白领犯罪(White-collar Crime)是欺诈的主要类别。白领犯罪一词是美国著名的犯罪学家埃德温·桑德兰(Edwin Sunderland)教授于1939年12月27日在美国社会学协会第34届年会上首次提出的。桑德兰将白领犯罪定义为"有体面身份和较高社会地位的人在其职业活动中实施的犯罪行为"。[1] 桑德兰主要研究相关职业的反社会行为,如专业人士、公司高管和企业高级职员等。

近七十五年来,犯罪学家一直致力于对白领犯罪进行全面的界定,划清其与企业行为、企业管理层行为、企业员工的利己行为之间的界限。美国相关政府部门也对白领犯罪进行了如下定义:

- 1979年,美国国会犯罪小组委员会针对白领犯罪提出了可操作的定义:"为了逃避付款,或者避免金钱或财产损失,或者获得私人的或者商业上的优势,采用隐瞒或欺骗等非物质手段获得金钱或财产的一系列违法行为。"[2]
- 1989年,美国联邦调查局(FBI)将白领犯罪定义为:"以直接、隐瞒或违背信任为特点,且不依赖武力威胁或者暴力手段的违法行为。个人或企业为了获得金钱、财产或某些服务,或者逃避付款,或者避免损失金钱或服务,或者维护个人优势而实施这些行为。"[3]

与前面的定义相一致,相关文献确认了白领犯罪的六种属性如下[4]:

- 欺骗性——错误陈述和隐瞒真相。

---

[1] Williams, H. (2006). *Investigating White-Collar Crime: Embezzlement and Financial Fraud* (2nd Ed.). Charles C. Thomas.

[2] Ibid.

[3] Ibid.

[4] Gottschalk, P. (2010). Categories of financial crime. *Journal of Financial Crime*, 77(4), 441-58.

- 蓄意性——欺诈的发生并不是意外事件。
- 违约性——为了进行欺诈而操纵或者违背信用约定。
- 损失性——白领犯罪是非法地获取他人的财产。
- 隐蔽性——白领犯罪可能持续数年,甚至永远不会被发现。
- 体面性——正如名称所暗示的,白领犯罪通常由似乎无可指责的人士(例如,专业人员和管理人员)所为。

《美国宪法》中的商务条款赋予联邦政府监管白领犯罪的权力。[①] 包括联邦调查局、美国税务局、联邦经济情报局、美国证券交易委员会、美国环保署和美国海关在内的一系列联邦政府机构均参与打击白领犯罪的执法中;除此之外,大部分州政府成立了相关机构在州层面严惩白领犯罪。

6.2.4 白领犯罪的类型

尽管到底什么是白领犯罪一直存在争论,但这一术语至少涵盖了专业人员、公司高管、公职人员为了非法获利而实施的一系列欺诈行为。美国联邦调查局认定并归类了八种主要的白领犯罪类型[②],如表6-1所示。

表6-1 白领犯罪的主要类型

类型	行为/活动
证券与商业欺诈	操纵证券市场、投资基金骗局(如庞氏骗局)、经纪人挪用资金
公司欺诈	财务报表欺诈、企业内部人员进行的内部交易、妨碍业务行为
医疗欺诈	医疗收费骗局、虚假或夸大医疗残疾、过度或不必要的治疗
抵押贷款欺诈	房地产交易中重大遗漏、错误或虚假陈述,以及不负责任的行为 房地产欺诈及其利润欺诈
金融机构欺诈	内幕欺诈(如挪用或滥用资金)、支票欺诈、伪造票据、空头支票诈骗
保险欺诈	保险代理人或经纪人利用投保人保费谋取私利 未经授权和未注册的公司从事保险销售活动
大众营销欺诈	利用电话营销、群发邮件和网络诈骗 预付费欺诈、超额付款欺诈和涉外彩票欺诈
洗钱	不法分子将非法所得投入合法的商业交易

不在联邦调查局主要管辖范围之内的其他白领犯罪类型主要包括税务欺诈、邮件欺诈、社会保障欺诈、食品券欺诈、移民欺诈和银行欺诈等。这些欺诈行为由其他联邦机构负责调查,如美国税务局、美国邮政局、联邦经济情报局、社会保障管理委员会、美国农业部和美国移民局等。

---

① www.pearsonhighered.com/rufus for a link to this document

② www.pearsonhighered.com/rufus for a link to this document

特别提示

全面论述每一种欺诈类型超出了本书的范围。你可以登录联邦调查局或其他政府机构的网站浏览更多的信息,如欺诈类型的特征、重大案件、执法统计情况等。

6.2.5 升级为暴力犯罪

正如前面所论述的,很多类型的白领犯罪涉及社会的各个阶层。尽管这类犯罪通常不具有暴力性,但我们必须谨慎评估每一起财务犯罪所处的环境,必须考虑驱使人们犯罪的压力。如果我们将压力扩大五倍(或更大)以判定白领犯罪者可能用于躲避侦查或惩罚的极端手段,情况可能就不一样了。

暴力行为与白领犯罪的关系引起了广大从业人员和研究人员越来越多的关注。Perri and Lichtenwald(2007)[①]认为,白领犯罪与凶杀案之间关系的行为数据引出白领犯罪的另一个子类别——"红领犯罪"(白领犯罪引发的凶杀行为)。他们的研究结果表明,在这个子类别中,欺诈侦查面临的主要难题是凶杀动机。Brody and Kiehl(2010)[②]运用欺诈三角形理论解释了从非暴力的白领犯罪到红领犯罪这一质的飞跃。具体来说,每一起白领犯罪都有一个压力临界点,随着压力(现实或想象)的增大,暴力倾向也会逐渐增强。

实际上,诸如洗钱、食品券欺诈、医疗欺诈、保险欺诈和身份盗用等一系列财务犯罪经常与有组织的街头犯罪相关联。我们的从业经验也支持这样的观点——白领犯罪变得越来越复杂,并且出现暴力倾向的可能性越来越大。正如本书所强调的,你必须每时每刻考虑安全问题。

在掌握了对欺诈的理解之后,接下来,我们考察欺诈产生的一般条件。

6.3 欺诈理论

欺诈理论是由埃德温·桑德兰教授的学生唐纳德·克雷西(Donald Cressey)提出的。1949年,为了研究侵占行为,他采访了来自美国中西部三所监狱的209名囚犯,对其行为进行定量研究,发现导致欺诈行为的一些共同因素。克雷西在1953年出版的 *Other People's Money* 一书中表述了他的研究结果。他首次提出了欺诈产生是由压力(pressure)、机会(opportunity)和借口(rationalization)三个要素组成的这一理论。

6.3.1 压力

克雷西认为,压力(采访每一位囚犯时都要确认)是欺诈者或舞弊者的一种行为动机

[①] Perri, F., & Lichtenwald, T. (2007). A proposed addition to the FBI criminal classification manual: Fraud-detection homicide. *Forensic Examiner*, 76(4), 18-30.

[②] Brody, R., & Kiehl, K. (2010). From white-collar crime to red-collar crime. *Journal of Financial Crime*, 77(3), 351-64.

或需求。动机或需求问题由多种情况构成,如追求地位、保持职位、紧张的财务问题等。克雷西总结道,无论是真实存在的或者是被感知的需求,均为违背信任、实施欺诈提供了必要的刺激。刺激个人为自身利益而进行欺诈或舞弊的压力大体上可分为四类:经济压力、恶癖的压力、与工作相关的压力和其他压力。

6.3.2 机会

机会是指可进行欺诈或舞弊而又能掩盖起来不被发现或能逃避惩罚的时机。克雷西指出,机会是一个允许欺诈发生的有利条件,机会的大小通常取决于一个人在企业的职位、获授权的责任,以及与资产和记录接触的程度。仅仅拥有动机是不会诱发犯罪的,即使最有动机的罪犯也需要适时的机会才能实施犯罪。机会通常属于那些在日常工作中接受过训练、处于重要职位上的人。换句话说,只有在组织管理中起关键作用的人往往才能操纵或规避机会。从防范的角度来说,机会是欺诈防范中可防御的领域。

6.3.3 借口

借口是欺诈者为了对其舞弊行为予以合理化而进行的解释。克雷西认为,借口(自我合理化)让欺诈者可以"调整"或者调和两套互相矛盾的价值观和行为模式。因此,借口是一个人努力使他(她)的实际行为或预期行为更合理或更合乎逻辑的过程。这一合理辩解让人们将违背信任看作解决非共享问题的合法手段。欺诈者一般会在实施行动前(或同时)寻求托辞。克雷西解释道,"基本上不承担刑事责任、个人不可能承担全部负责"经常成为欺诈或舞弊的借口。有关借口的例子如下:

- 这只是一笔贷款。
- 每个人都这样做。
- 我没有得到应有的报酬或评价。
- 我做这件事是为了帮助他人。
- 损失由保险公司负责赔付。

6.3.4 欺诈三角形

总之,克雷西的研究指出,违背信任(欺诈)通常发生在实施者的信用地位(机会)成为解决特定需求问题(压力)的合理手段(解决方案)之时。这项研究是欺诈三角形理论的基础(见图6-1),三个要素——压力(或需求)、机会和借口——构成了欺诈发生的必要条件。这就像必须同时具备一定的热度、燃料、氧气三要素才能燃烧一样,缺少了任何一项要素都不可能形成欺诈或舞弊。1980年,美国会计学会前任会长史蒂文·阿伯雷齐(Steve Albrecht)以200多家曾经发生舞弊案的公司为样本,对欺诈三角形模型进行了实证分析,在一定程度上验证了前述假说。也就是说,这意味着如果三个要素兼备,欺诈或舞弊的发生就只是一个时间问题。

图 6-1　欺诈三角形

欺诈特征"红旗"

法务会计师必须熟悉欺诈发生时经常出现的一些早期预警信号(条件)。相关研究识别出欺诈或舞弊发生率的几面"红旗"。在表 6-2 中,我们列举了排在前五位的预警信号,它们主要分为两类——个人特征和组织特征。

表 6-2　欺诈的前五位预警信号

序号	个人特征	组织特征
1	生活不尽如人意	过度信任关键雇员
2	滥用毒品、酗酒	未进行职责分离
3	认为没有得到应有的报酬	缺乏完整、及时的调控
4	赌博嗜好	对执行缺乏独立监督
5	过度的家庭压力或同龄人压力	对权力和责任没有明确的界限

 特别提示

如果将这些欺诈特征与欺诈三角形相结合,我们不难发现个人特征与压力和借口相关联,而组织特征与机会相关联。例如,生活不尽如人意可能导致压力,对关键雇员的过度信任提供了机会,认为没有得到应有的报酬可能成为一种借口。

Skousen and Wright(2008)[1]的研究进一步检验了克雷西欺诈理论框架(1953)[2],为其有效性提供了支持证据。其研究结果表明,资产的快速增长、现金需求的增加、外部融资与欺诈的可能性存在正相关关系,而董事会控制(提供了机会)使发生财务报表欺诈的可能性变得更大。

最后,Dechow et al.(2008)[3]发现,市场压力、融资需求与财务报表舞弊具有较强的相

---

[1] Skousen, C., & Wright, C. (2008). Contemporaneous risk factors and the prediction of financial statement fraud. *Journal of Forensic Accounting*, 9, 37-62.

[2] Cressey, D. (1953). *Other People's Money: A Sstudy in the Social Psychology of Embezzlement*. Free Press.

[3] Dechow, P., Larson, W., & Sloan, R. (2008). Predicting material accounting manipulations. Working paper, University of California, Berkeley.

关性。与以前的研究结果一致,他们发现财务报表舞弊的最常见形式是高估收入。大部分财务舞弊公司(例如,安然公司、世通公司和南方保健等)涉及这一伎俩。

欺诈理论的新进展

学者多次尝试扩展克雷西的欺诈三角形理论,以便加深对人们实施欺诈的缘由的理解。虽然这些努力可能具有一定的指导实务的价值,但更重要的作用在于它能够增强我们关于欺诈的批判性思维和推理技巧,其中三个最主要的贡献如下①:

(1)欺诈钻石模型。Wolfe and Hermanson(2004)提出了欺诈钻石模型(见图6-2)。②其基本内容是,除了动机、机会和借口,嫌疑人还必须具备相应的能力才能犯罪。他们形象地描绘道,"机会"打开了大门,"动机"和"借口"将罪犯引向门口,"能力"则推动他们进去。虽然目前没有实证研究支持这个附加的条件,但是法务会计师在实务中必须考虑犯罪嫌疑人的能力(专业知识或才能)。此外,犯罪嫌疑人的"无能"常常作为争论点被辩方律师利用,因为它与蓄意问题非常接近。根据"愚人辩护策略",对方律师会争辩:"即使我的委托人有动机犯下罪行,并且有机会实施,但是我的委托人没有犯罪的能力啊!"

图6-2 欺诈钻石模型

资料来源:*The CPA Journal*, December 2004.

(2)欺诈天平模型。Albrecht et al.(1984)的研究提出欺诈天平模型。他们指出,即使当前的压力和机会存在,某些雇员永远也不会进行欺诈。该理论以操守替代欺诈钻石理论中的借口,认为操守(反映在决定中)对异常行为具有影响。如图6-3所示,欺诈更有可能发生在压力大、机会多和操守低的人身上;反之,欺诈更不可能发生在压力小、机会少和操守高的人身上。当各因素都相同时,欺诈天平处于平衡状态;但当某一因素有所变化时,欺诈天平将处于失衡状态。

---

① 除此之外,有关舞弊原因分析还有 GONG 理论、冰山理论和风险因子理论。GONE 理论是由 Bologna et al. (1993)提出的。该理论认为,舞弊由 G(greed,贪婪)、O(opportunity,机会)、N(need,需求)、E(exposure,暴露)四因子组成,它们相互作用、密不可分,并共同决定舞弊风险程度。冰山理论将导致欺诈行为的因素分为两大类,将其比喻为海面上的一座冰山。露出海平面的只是冰山的一角,是人们可以看得见的客观存在的表象,属于欺诈的结构部分,包括组织内部管理方面的问题;欺诈问题的内在动因是更为危险的潜藏在海平面下的隐蔽部分,是主观的内容,更容易被刻意掩饰起来,包括行为人的态度、感情、价值观念、满意度、鼓励等,属于欺诈的行为部分。风险因子理论认为欺诈风险因子由一般风险因子与个别风险因子组成。其中,个别风险因子包括道德品德、动机等;一般风险因子包括舞弊机会、发现的可能性,以及舞弊后受到惩罚的性质和程度等。

② Wolfe, D., & Hermanson, D. (Dec. 2004). The fraud diamond: Considering the four elements of fraud. *The CPA Journal*, 38-42.

图 6-3 欺诈天平模型

（3）白领犯罪的元模型。Dorminey et al.(2012)①提出白领犯罪的元模型，如图 6-4 所示。顾名思义，元模型是欺诈三角形等概念的集合体。模型的贡献在于强化各个概念之间的关联，尤其将欺诈的成因（压力、机会和借口）与预防和阻止欺诈（内部控制和发现概率）、欺诈行为各组成紧密联系起来，强调行为的一致性。此外，元模型的设计为课堂教学提供了一个"引导框架"，是探索和讨论欺诈成因的最新进展。

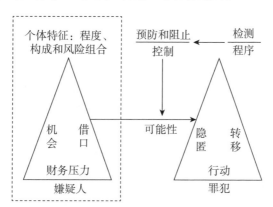

图 6-4 白领犯罪的元模型

资料来源：Dorminey, J., Fleming, A.S., Kranacher, M., Riley, R. (2012). The evolution of fraud theory. Issuesin Accounting Education, 27(2), 555-579.

欺诈案件研究

本章介绍了几个试图解释和预测欺诈行为的理论概念。大家可能很想知道现实是怎样的或者欺诈实际上看起来像什么，表 6-3 汇总了有关欺诈的三项经验研究成果，这些成果为我们展现了不同的视角——真实发生的犯罪数据、欺诈审查人员的调查和犯罪执法的结果。

---

① Dorminey, J., Fleming, A. S., Kranacher, M., & Riley, R. (2012). The evolution of fraud theory. *Issues in Accounting Education*, 27(2), 555-79.

表 6-3 欺诈研究内容

2012 年注册舞弊审查师协会的全球欺诈研究报告	2007 年监督系统的公司舞弊报告	2010—2011 年美国联邦调查局的财务犯罪公开报告
数据汇编自 1 388 个职业欺诈案例	86 名舞弊稽核人员在 2006 年年底所做的全美调查	基于现场办公的犯罪调查
据估计，组织因欺诈损失了全年收入的 5%，接近 3.5 万亿美元	66% 的受访者认为与前五年相比，欺诈变得日益普遍	涉及公共腐败、公司欺诈、证券欺诈、医保诈骗、金融机构欺诈、保险诈骗、洗钱和大众营销欺诈
欺诈从开始到被发现的时间平均为 18 个月	不合理的费用和报销是主要风险	美国联邦调查局采用多方机构（如美国司法部、证券交易委员会、金融业监管局、税务局等）参与调查方式
欺诈大部分通过举报（近 43.3%）而被揭发，相当于通过内部审计（14.4%）和外部审计（3.3%）的两倍多	56% 的受访者亲自经历过欺诈	大多数的公司舞弊案件涉及会计欺诈，欺骗投资者、审计人员和分析师
最常见的小企业舞弊涉及篡改记录和票据欺诈	调查表法并不是一个有效的调查工具	2011 财政年度，由联邦调查局起诉的公司诈骗案为 242 件，其中立案 241 件，挽回经济损失 24 亿美元，罚款 1 610 万美元
在这些案件中，约 26% 的欺诈行为由会计人员所为，15% 由企业高管所为	在欺诈中，43% 的违法者对企业利益和警戒性的意识开始消退	截至 2011 财政年度结束，联邦调查局正在调查证券与商业欺诈 1 846 件、起诉 520 件和定罪 394 件，挽回经济损失 88 亿美元、罚款 7.51 亿美元
在 81% 的案件中，违法者表现出一个或多个与欺诈相关联的"红旗"特征，最常见的"红旗"是入不敷出或正经历财务困难	81% 的违法者表示，实现目标的压力是实施欺诈的主要原因	2011 财政年度，联邦调查局调查了 2 690 件卫生保健欺诈案，产生 1 676 件信息或起诉，定罪 736 件；挽回经济损失 12 亿美元，罚款 10 亿美元，没收 9 600 万美元赃款
内部控制的缺失是欺诈得以实施的主要因素	40% 的违法者表示，没有意识到行为错误是实施欺诈的原因之一	卫生保健欺诈估计占卫生保健支出总额的 3%—10%
在美国，最常见的反欺诈措施是强化行为守则和外部审计	高层领导的意识是防止欺诈行为的最有效手段	特定地域和种族群体使用类似的卫生保健欺诈伎俩

6.4 人们为什么欺诈？

聪明、才华横溢、受过良好教育、体面的人为什么欺诈？传统经济理论认为，这些人受自身利益的驱使而犯罪。我们就此推断，当这样做符合个人利益时，这些人更有可能进行欺诈。按照这种逻辑进行推理,我们提出欺诈公式。

6.4.1 欺诈公式

欺诈公式反映了一个简单命题:当欺诈所带来的收益(R)大于被揭发的概率(P)与预期损失(L)的乘积时,个人就会选择欺诈。这种关系的公式为:

$$R > P \times L$$

这一推演为欺诈决策时提供了一种分析框架。考虑到高管报酬的高低大多取决于公司绩效这一现实,如果公司业绩没有达到既定的指标,高管将损失年终奖金。然而,通过玩弄数字游戏,让报表上的业绩看起来很漂亮(盈余管理),管理层就可以确保获得相应的奖金。面对这一抉择,管理层会权衡收益(配偶的欢心、新车、荣誉等)与潜在损失(失业、丧失声誉、面临刑事或民事诉讼等)和被揭发的权重。欺诈公式表明,当回报超过可能的损失时,管理层更有可能实施欺诈。

当然,之前合理的推理(风险调整、成本—效益分析)仅仅是对现实的粗略估计。人类的行为过于复杂和具有不确定,以这种简单的术语难以准确地描述。相关行为科学研究表明,在某些情形下,一位高管很可能会主导或参与欺诈活动,即使纯粹理性的欺诈公式表明这不会发生。① 这种情况通常出现在诸如过度自信、自利性偏差、压制负面信息等行为因素影响其决策过程之时。

6.4.2 犯罪决策是理性选择吗?②

犯罪决策过程的相关理论(行为背后的原因)一直在不断沿革与发展,当代的许多犯罪决策研究基于理性选择理论。③ 植根于经济理论④的理性选择表明,罪犯是"理性的计算器",他们是选择以有限的努力获得最大的回报这一欺诈行动方针的人。⑤

---

① Prentice, R. (2003). Enron: A brief behavioral autopsy. *American Business Law Journal*, 40, 427-33.

② 以意大利犯罪学家切萨雷·贝卡利亚(Marchese di Beccaria)为代表的古典犯罪学倡导意志自由,认为"欢乐和痛苦是支配感知的两种动机",犯罪是行为人在欢乐和痛苦之间权衡的结果。正是基于此,西方的犯罪学领域将贝卡利亚的犯罪学思想称为理性选择理论。

③ Guerette, R. T., Vanja, M., Stenius, K., & McGloin, J. M. (2005). Understanding offense specialization and versatility: A reapplication of the rational choice perspective. *Journal of Criminal Justice*, 33, 77-87; Horney, J., & Marshall, I. H. (1992). Risk perceptions among serious offenders: The role of crime and punishment. *Criminology*, 30, 575-594; Matsueda, R. L., Kreager, D. A., & Huizinga, D. (2006). Deterring delinquents: A rational choice model of theft and violence. *American Sociological Review*, 71, 95-122; Nagin, D. S., & Paternoster R. (1993). Enduring individual differences and rational choice theories of crime. *Law & Society Review*, 2, 467-96; Wright, B. R., Caspi, A., Moffitt, T. E., & Paternoster, R. (2004). Does the perceived risk of punishment deter criminally prone individuals? Rational choice, self-control, and crime. *Journal of Research in Crime & Delinquency*, 41, 180-213.

④ 经济学理论中的理性人和理性选择概念被引入犯罪学理论,并对犯罪学的发展产生了深远影响。经济学首先假设一个能够权衡利弊、计算收益的理性人的存在,经济学中理性选择论的基本前提是人的理性选择总是为了谋求收益的最大化和成本的最小化。

⑤ Cornish, D. B., & Clark, R. (1986). Crime as a rational choice. In F. Cullen & R. Agnew (Eds.), *Criminological Theory*, 278-83.

实施犯罪的决策一般取决于诸多因素,如气质、教养、自我认知和以往的犯罪经验等。① 一个人一旦决定违法,就会是通过机会分析和成本效益的权衡来选择具体的犯罪(如挪用公款)。犯罪的潜在回报包括较小的努力、较差的技能、较快地实现目标、较高的预期收益率、较少的对抗者和较低的被捕风险;与此相反,犯罪的成本包括较大的努力、较强的技能、较高的被捕风险等。

理性选择是一种针对具体犯罪的理论,因为不同的犯罪满足罪犯不同的需求,而且每一个犯罪行为理性选择发生的情境(成本—效益分析)是独一无二的。换句话说,成本—效益的评估是主观的和不确定的。在合适的环境下,犯罪的威慑风险变得可接受,先前被忽略的回报可能会成为强大的诱因。

决策过程的主观性允许将犯罪活动视为一种理性行为。某项决定对于某个人似乎是非理性的,但对他人可能是完全理性的,因为每个人在做出决策时考虑的因素(成本和效益)不同,而且对这些因素赋予的权重也不同。无论是有意识的还是无意识的,违法者都试图使用分析过程,以合理化他们的罪行。

6.4.3 合理化(中和化)伎俩

欺诈者可以合理化自身的行为,并以各种方式对外界合理化他们的行为。合理化的基本原理是中和化,即违法者通过否认、谴责和更高的忠诚度来减轻其在犯罪中的责任。② 三种常见的否认伎俩如下:

- 否认责任。当罪犯否认责任时,他们将其行为看作无法控制的情况所导致的结果。
- 否认伤害。当罪犯否认伤害时,尽管其罪行是违法的,但他们觉得好像其行为没有伤害到任何人。
- 否认受害者。当罪犯否认受害者时,他们认为受害者罪有应得。

谴责是一种试图把责难转移到那些指责该行为的人(同事、雇主、检察官和执法机构)身上、从而减轻自身责任的行为。例如,学生舞弊者一般会谴责并声称他们的导师是不公平的、不道德的或者不负责任的。

最后一种合理化伎俩是对犯罪团伙的忠诚。违法者通常认为其行为是合法的,因为与传统社会相比,组织机构内部的一系列约束与他们的相关性更强。例如,许多普通职员级别的雇员也参与了"南方保健欺诈",他们的动机不是个人利益,而是对该组织的坚定承诺。

---

① Cornish, D. B., & Clark, R. (1986). Crime as a rational choice. In F. Cullen & R. Agnew (Eds.), *Criminological Theory*, 278-83.

② Copes, H. (2003). Society attachments, offending frequency, and techniques of neutralization. *Deviant Behavior*, 24, 101-27; Evans, R. D., & Porche, D. A. (2005). The nature and frequency of Medicare/Medicaid fraud and neutralization techniques among speech, occupational, and physical therapists. *Deviant Behavior*, 26, 253-70; Gauthier, D. K. (2001). Professional lapses: Occupational deviance and neutralization techniques in veterinary medicine. *Deviant Behavior*, 22, 467-90; Piquero, N. L., Tibbetts, S. G., & Blankenship, M. B. (2005). The role of differential association and techniques of neutralization in explaining corporate crime. *Deviant Behavior*, 26, 159-88.

上述合理化伎俩可能被单独或组合运用。此外,它们可能在犯罪之前、犯罪之后,或者同时在这两个时期被使用。

6.4.4 一般犯罪理论

我们继续采用一般犯罪理论讨论欺诈行为。一般犯罪理论将犯罪解释为"人类无节制地追求快乐和避免痛苦的欲望的自然后果"。犯罪是一种追求自身利益的强有力的引诱工具,因为它可以让人获得"直接的、简单的、短期的快乐"。① 一般犯罪理论适用于包括白领犯罪在内的所有犯罪类型。②

正如 Gottfredson and Hirschi(1990)提出的,犯罪行为需要低自控能力和机会。简单地说,自我控制就是能够控制自己的情绪和欲望。他们将高自控能力界定为避免行为的长期成本超过其货币化利益的"倾向"。③ 换句话说,自我控制能力较高的人会考虑其行为的长期后果,而那些自控能力较低的人则不会这样做。自我控制的相关研究表明,它通常是在早期生活中培养形成的,一旦形成就难以改变。

当然,犯罪动机本身不会产生犯罪。即使是最有动机的罪犯也必须要有犯罪机会。机会在很大程度上是由一个人的日常生活行为(工作、休闲,以及人们获取食物、住房和其他基本需求或欲望的方式)所决定的。④ 因此,常规活动通常为违法者提供了将动机付诸实践的手段。

6.4.5 组织不当行为

欺诈理论适用于个人,但延伸到组织不当行为也是直觉性的。毕竟,组织不当行为是由其代理人或雇员所为。为讨论方便起见,我们将组织不当行为界定为代表一个组织的个人不当行为。关于组织不当行为的已有研究主要集中在"为什么"(发生欺诈行为的原因)。占主导地位的组织不当行为理论指出,组织中的个人遇到适当的"压力"和"机会"、在不担心被揭发的情况下就会实施不当行为。⑤ 在极端情况下,与欺诈理论类似,我们认为组织的代理人是非道德的理性思考者,会权衡成本和收益。

例如,我们承认财务报告舞弊(做假账)是被掩盖真实财务状况的压力驱使。当这种压力出现时,我们不禁要问,是什么导致管理层(特别是低水平的管理层)以公司的名义实施欺诈?是自身利益还是来自同行的压力?或许他们没有意识到这件事情的后果如此严重至不能接受?再者,因为每个组织是独特的——就像在组织中的每个人,这可能没有唯一的正确答案。最后,这很可能是所有动机形成的合集在起作用。

---

① Gottfredson, M., & Hirschi, T. (1990). *A General Theory of Crime*. Stanford University Press.

② Spahr, L., & Alison, L. (2004). US savings and loan fraud: Implications for general and criminal culture theories of crime. *Crime, Law and Social Change*, 41, 95-106.

③ Gottfredson, M., & Hirschi, T. (1990). *A General Theory of Crime*. Stanford University Press.

④ Miethe, T. D., & Meier, R. (1994). *Crime and Its Social Context: Toward an Integrated Theory of Offenders, Victims, and Situations*. State University of NY Press.

⑤ MacLean, T. (2008). Framing and organizational misconduct: A symbolic interactionist study. *Journal of Business Ethics*, 78, 3-16.

在大型组织中,出现财务压力是在所难免的,而且更难以控制不当行为的机会。因此,在塑造伦理道德文化以防范不当行为的诸多举措中,最高管理层的率先垂范与领导态度显得尤为重要,有时这被称为"高层的基调"。研究表明,高层的基调对公司层级结构中较低职位的人最具感染力和威慑力,这也与我们的实践经验相一致。

6.5 谁进行欺诈?

据估计,如果有合适的刺激或触发点,85%的人会选择欺诈,5%的人不论什么情况下都会欺诈,而只有10%的人在任何情况下都不会欺诈。① 你对这组统计数字是否感到惊讶?你又属于上述的哪一类?

随着欺诈理论的发展,相关研究检验了某些人是否比其他人更容易进行欺诈。如果结论是肯定的,那么他们是否可以被辨认出来?换句话说,有典型的骗子吗?根据2011年毕马威会计师事务所(KPMG)对69个美国州政府的348起欺诈案件的调查研究,典型的白领犯罪人员具有以下特征②:智商过人、受过良好教育、年龄在35—46岁、男性、白人、偏好承担风险、欺骗自己的雇主、与其他罪犯相勾结、在公司工作超过十年、属于公司的高管、从事财务或会计相关工作、缺乏焦虑感和同情心、在某些情况(控制范围之外)下容易失控。

 课堂练习

上述欺诈者的典型特征与本章介绍的各种欺诈理论(欺诈三角形理论、欺诈钻石理论、一般犯罪理论等)观点一致吗?你可以将每个特征与具体的理论概念相匹配吗?

6.6 白领犯罪的受害者

白领犯罪被查处的优先级别往往较低。此外,当受害者设法举报犯罪行为时,他们经常遇到怀疑、猜疑和蔑视;甚至当执法机关立案调查时,财务犯罪的举证也是相当困难的且代价极其高昂。这是因为这些案件具有数据密集性的特点,而且运用间接证据推断嫌疑人的犯罪事实面临巨大的挑战。最后,大多数执法机构常常对调查和起诉这类犯罪准备不足。

甚至在审理和定罪时,违法者通常被轻判或没有被拘留,也很少被要求全额赔偿(回顾第2章的邦妮·贝恩)。事实上,在立案之前或抗辩时,违法者已经消耗了大量的社会资源,包括欺诈所获。此外,违法者在被定罪后,其获益能力显著降低,从而其支付赔偿的能力也会下降。在判决后,违法者的应对策略包括破产、依靠现金生活(没有银行账户)和没有累积的资产。当然,这种策略的目标就是使自己"不惧怕判决"。

---

① Lavery, C., Lindberg, D., & Razaki, K. A. (Aug. 2000). Fraud awareness in a small business. *The National Public Accountant*, 40-42.

② www.pearsonhighered.com/rufus for a link to this study

鉴于目前司法制度的现实,欺诈的受害者往往没有受到充分关注,从而影响了其经济上的恢复和心理上的康复。此外,欺诈的受害者也缺少家人和朋友的帮助,因为家人和朋友往往会责怪或嘲弄他们轻信他人。

我们重申,财务犯罪是有受害者的犯罪行为。受害者真正遭受的不仅是经济上同时也是心理上的伤害。

6.7　政府并不总是正确的

政府,像任何一个组织一样,是由个人组成的。正如第2章所讨论的,政府处理财务犯罪的司法程序通常为:登记被告的指控并进行调查,然后针对犯罪嫌疑人的指控收集证据以推进案件。联邦政府或州政府的检察官决定对哪些财务舞弊立案起诉通常取决于定罪概率、违法内容、危害程度和公众影响等因素。值得注意的是,起诉书不是对事实的陈述——而仅仅是一种指责。

尽管绝大多数刑事起诉书基于确凿的证据如实陈述事实,但是针对原告的不当行为并不少见。① 检方不当行为具体涉及试图规避强制披露、劝服陪审团嫁祸于被告、不合理的适用法律量刑等。检方不当行为的例子包括隐匿、销毁或篡改证据,未披露可能开脱罪责的证据,威胁证人等。

深入探讨

请思考可能导致检方不当行为的条件。这些条件涵盖了欺诈三角形的要素(压力、机会和借口)吗?检察官的不当行为的一个典型案例是联邦政府 VS 泰德·史蒂文斯参议员案(United States v. Senator Ted Stevens)。请认真研读该案,并从中吸取一些经验教训。

6.8　重要提醒

学完本章后,您应该很清楚欺诈并不是一个会计问题——它是一种社会现象。因此,对罪犯看法、机会和风险评估过程(欺诈公式)的理解是欺诈活动的关键。

所有组织都受到欺诈风险的威胁,不论如何警惕都没有哪一个组织可以完全消除欺诈。我们应接受这样一个命题:法务会计可能面对的挑战是调查、侦查或防止(但不是消除)欺诈。虽然法务会计师不是犯罪学家,但是他们必须弄清楚违法者为什么犯罪、如何犯罪。你准备得越充分,你的效率就越高、效果就越好。

---

① *Black's Law Dictionary*. 9th Ed., 2009, 1342.

附录6-A：西弗吉尼亚州政府 VS 皮普尔斯案审理

起诉书：利用欺诈获得钱财（重罪）
2008年5月15日

查尔斯顿警局的警官因欺诈罪被起诉[①]

2008年5月16日，卡诺瓦地区的大陪审团控告44岁的基思·O.皮普尔斯以欺诈手段获得钱财。起诉书宣称，2001年1月19日至2004年8月24日，皮普尔斯蓄意、非法诈骗查尔斯顿警局和森林城市公司旗下的查尔斯顿购物中心的金钱与物品。

重罪欺诈起诉书称，皮普尔斯在查尔斯顿警局当班期间，同时担任查尔斯顿购物中心的安全专员，并蓄意、非法地从查尔斯顿购物中心获得报酬，这一伎俩被称为"双重支薪"。本案件的构成要素包括：(1)欺诈动机；(2)实际欺诈行为；(3)使用虚假借口完成欺诈；(4)诱导财产所有者分割其财产。如果罪名成立，皮普尔斯将面临长达两年的监禁和高达2 500美元的罚款。

从皮普尔斯对法庭传票的回应获知，他准备做出无罪抗辩，但是在刑事诉讼判决前，皮普尔斯的名字已被列入离职行政人员名单中。

第一天：双重支薪案的公开陈述

对皮普尔斯的审理始于他被起诉一年后的2009年5月18日。助理检察官斯科特·雷诺兹指出："一个人有两份工作没有什么不同寻常，但是如果一个人在同一时间出现在两个不同的地方就变得很不同寻常了。"雷诺兹还告诉陪审团，查尔斯顿警局实施的内部调查表明，皮普尔斯"同时在两名雇主处（查尔斯顿警局和查尔斯顿购物中心）获得酬金"一事是无可争议的。这一欺诈伎俩被定性为"双重支薪"。

雷诺兹向陪审团确认，有关调查结果的记录和证据都可以证明皮普尔斯的欺诈事实是不可置疑的。雷诺兹还指出，作为调查负责人的泰巴雷蒂警长将"解释皮普尔斯为什么欺诈和如何欺诈"。最后，雷诺兹将该案件定性为一起"违反公众信任的典型案例……你不可能同时出现在两个地点"。

皮普尔斯的辩护律师德文·汀斯利提醒陪审团："这是一起高风险的案件，这会导致皮普尔斯的生活、职业生涯和人身自由处于危险的境地之中。"汀斯利提出，在整个过程中"有两个要点必须牢记——蓄意和举证责任"。他引导陪审团，州政府有责任充分证实每一个犯罪要素以排除合理怀疑，特别是针对皮普尔斯"明知故犯"的指控。

汀斯利建议陪审团质疑泰巴雷蒂的调查报告，因为他的调查"充满了侦查错误和完全不合理的推导"。汀斯利辩称，尽管州政府拒绝参考对重叠时间计算的替代解释，但陪审团有责任参考。他提出"有两份工作并不构成犯罪……在你从第一份工作岗位下班后去开始第二份工作并不构成犯罪"。最后，汀斯利强烈要求陪审员仔细审查州政府提供的证词，并扪心自问"我们为什么在这里，如何做才有意义？"

[①] 请登录 www.pearsonhighered/rufus 查找本文的链接。

紧随双方律师做出的公开陈述,州政府传唤了两名目击证人——工资结算员和市政审计员。两人均证实:向泰巴雷蒂提供的工资记录是"完整的、准确的副本";在在交叉询问中,两人均承认所谓的"准确"指的是"准确地复制"而不是"准确的数据"。市政审计员同时承认,她的部门不审计各个部门提交的工资单,只是在出现跳页的情况下才进行深入的调查。

第二天:警察什么时间下班

在审理的第二天(2009年5月19日),州政府传唤了第三位证人丹尼斯·刘易斯(Dennis Lewis)——查尔斯顿购物中心的安全主任。在直接询问阶段,刘易斯作证如下:

- 他是一名退休的查尔斯顿警局警官。
- 查尔斯顿购物中心通常雇用"执勤"的警务人员担任警卫,因为"风度是非常重要的"。
- 查尔斯顿购物中心付给警官报酬,是为了"其能够在购物中心营业期间履行正常职责,动用的是购物中心的财产"。
- 当他们在商场上班时,他们不应该同时在查尔斯顿警局当班。
- 查尔斯顿购物中心的政策规定,他们必须已"下班"。
- 计算机计时的"刷卡器"记录出入的时点,是非常准确的。
- 计算机存储的工资记录单已提供给泰巴雷蒂警长。

在交叉询问阶段,刘易斯作证如下:

- 他认识皮普尔斯,并认为他受人尊敬,工作做得很好。
- 他并不负责查尔斯顿购物中心工作人员的考勤;这项工作由詹姆斯·桑德斯(James Sands)专员负责。
- 查尔斯顿购物中心关于"员工的职责与责任"的政策由桑德斯授权。尽管该政策应该传达给所有员工并由其签名确认,但桑德斯承认已签署的声明中未发现皮普尔斯的文件。
- 桑德斯与员工直接接触,并负责"招聘"员工。
- 桑德斯"可能是针对员工谈话的最好人选"。
- 身为前警官,他知道警员偶尔早退或接受最少两小时的出庭作证,即便实际上只持续十五分钟。他将此称为一种"惯例"。
- 他认为"下班"这一概念包括前述的早退和出庭作证后余下的时间(与最少两小时和实际时间之差)。

州政府的下一个证人是查尔斯顿购物中心的总经理托马斯·博德(Thomas Bird)。在直接询问阶段,博德作证如下:

- 提供给泰巴雷蒂警长的工资记录单是真实和准确的副本。
- 查尔斯顿购物中心的政策要求安保人员应从查尔斯顿警局"下班"。
- 他了解泰巴雷蒂警长有关重叠时间的工资分析。

- 重叠是不能接受的,因为它涉及公共安全问题——警务人员必须随时待命。
- 皮普尔斯已被停职并等待调查结果。

在交叉询问阶段,博德作证如下:

- 他认识皮普尔斯,并且很尊重他。
- 在此之前,他对警务人员下班的具体政策和程序知之甚少,因为这是安全主任的职责。
- 他并不了解查尔斯顿警局的加班和早退的相关规定。
- "桑德斯负责管理从警局下班的警员……并制定相关政策。"
- 他明白"如果在查尔斯顿警局提前下班不是问题,那么在商场的工作时间就不是问题"。
- 他"不能确定那些时间是工作时间……只能说那些工作时间获得了相应的报酬"。
- 他不能独自确认工资记录,因为"人事部门将所有人的工资记录放在一起"。
- 他相信记录"准确、完整地打印输出"了工资数据。
- 他曾告诉皮普尔斯,员工都很想念他,洗清罪名后随时欢迎他回来。
- 他拒绝交谈,并要求查尔斯顿购物中心的其他员工也不要和辩方聘请的法务会计专家交谈。当被问为什么时,他回答:
  ▷ 这是"浪费时间",因为法务会计师已经与泰巴雷蒂交谈过了;
  ▷ 他不想让他"所说的话被曲解";
  ▷ 他没有得到检察官办公室的批准。

其余的两个证人是查尔斯顿购物中心的员工,他们受州政府传唤而来:一是验证泰巴雷蒂提供的工资单记录是"准确的副本";二是解释"刷卡"制度。

第三天:交叉询问暴露了双重支薪案的弱点

在审理的第三天(2009年5月20日),州政府要求调查负责人(已退休的泰巴雷蒂警长)解释双重支薪案调查的过程和结果。在直接询问阶段,泰巴雷蒂作证如下:

- 他检查了皮普尔斯2001年1月1日至2004年8月31日在查尔斯顿警局和查尔斯顿购物中心的工资单。
- 他的分析(方法)包括"大量的Excel计算表",提供了皮普尔斯在两位雇主处考勤表逐日、逐时、逐分的比较。
- 在分析时只考虑"重叠时间超过5分钟的情况"。
- 基于他的分析,皮普尔斯在两位雇主处共有478小时的重叠时间,即他同时为两位雇主工作。
- 针对辩方提出的予以合理解释(例如加班)的回应,他重新计算了皮普尔斯在两位雇主处的重叠时间(原为478小时),最终的重叠时间为"约100小时"。
- 以11.73美元/小时的工资率计算,皮普尔斯涉嫌欺诈所获资金的金额原来估计为5 600美元。随着重叠时间的减少,这一金额减至1 173美元。

- 11.73 美元的时薪只是一个保守估计,它代表了皮普尔斯在上述期间内收到的最低费率。
- 毫无疑问,从皮普尔斯的重叠时间来看,欺诈造成的经济损失远远超过 1 000 美元。

在交叉询问阶段,泰巴雷蒂警长作证如下:

- 他从查尔斯顿警局局长那里接受的任务。
- 局长确认并描述了皮普尔斯的欺诈方案。
- 尽管他在法务会计方面没有经过专门的培训,但他是一名经验丰富的调查员,并能够熟练地运用 Excel 电子表格软件。
- 他没有什么工作假设,只是"跟着证据走"。当提到这个主题时,他承认局长从总体上分配了任务,并将范围限定在皮普尔斯、查尔斯顿警局和查尔斯顿购物中心三者之间。
- 他认为"准确的工资单"意味着真实和准确的数据,而不仅仅是准确的副本。当数据的准确性被质疑时,他回答道:"这改变不了事实——他得到了他所得的工资。"
- 他略知所谓的"引导学说",认为它要求调查者在调查中随时考虑和跟进合理的线索或提示。
- 他考虑并调查了在案件调查中收到的所有合理线索。然而,当被质疑时,他无法确认具体的线索。
- 他通过对证人进行访谈来收集信息。然而,在质证环节,他承认他并没有就加班和早退问题采访过皮普尔斯的主管。
- 查尔斯顿警局使用手工考勤表而非电子时钟,使得数据"时间不一定准确"。
- 手工考勤表在付薪期的初始由单位主管人员编制,同时用作"工作计划"和工资记录。
- 他实际上并没有检查"源"考勤表,只是汇总(计算机)的数据,因为原始考勤表已被查尔斯顿警局毁坏。
- 一项数据从考勤表输入计算机时可能(尽管不是极可能)发生错误。他认为市政审计师应通过"双重检查"确认时间。
- 他现在明白了"在查尔斯顿警局加班不一定反映出工作时间",警官因出庭作证而获得两个小时加班及加班费,但实际上所需的时间少于两个小时。
- 他调整了原来的时间计算,将重叠时间由 478 小时减至约 100 小时。
- 他没有调整他在审理前的计算,因为他没有意识到加班"并不一定反映实际的工作时间"。
- 他承认,警务人员偶尔(不过"很少")被主管以各种理由要求提前下班;但是:
  ▷ 他不知道早退是如何计算出来的,因为主管可能调整了时间记录表;
  ▷ 他没有证据证明皮普尔斯在上述期间早退的频率,但认为它"不是 100 小时";
  ▷ 他没有调整任何有关早退的分析,因为这是辩方在没有证据情形下的推测。
- 关于加班单和早退问题,他承认在采访皮普尔斯的上司时存在失误,因为他"认为其他员工也是这样做的"。当提及皮普尔斯的上司是谁时,他没有给出明确的答案。

- 他明确该时间段为近四年(3年8个月)。
- 他的确"和查尔斯顿警局的一些人讨论了早退问题",根据这些讨论,他知道考勤记录表按早退时间做了调整。
- 他指出"如果是出于工作奖赏或加班而调整考勤时间记录是没有意义的"。
- 因早退而减少重叠时间的推测是不合理的,这种推测行为是"一种猜测"。不过,他承认采访目击者(如皮普尔斯的上司)是重要的。
- 他承认如果上司同意早退,这不算是推测。
- 他认同来自皮普尔斯直接上司"同意早退"的证词;然而,由于缺乏支持性事实,他仍然认为这只是猜测。
- 他知道州政府负有举证责任。
- 他宣称他的确考虑了替代解释——加班时间的调整;不过,他承认最初并没有考虑这个替代解释。
- 他宣称:"皮普尔斯不可能早退累计达100小时——这是不合情理的。"当被问及"你怎么知道什么是合情理的……如果你不予询问"。他回答:"我知道什么是合情理的……100小时是不可信的。"

在三天传唤七名证人(包括泰巴雷蒂)之后,州政府暂时休庭。皮普尔斯的律师汀斯利请求直接宣判,他认为州政府未承担举证责任,未能提供关于蓄意的确凿证据。然而,汀斯利的请求被拒绝。

第四天:辩方传唤第一位目击证人

在审理的第四天(2009年5月21日),辩方传唤了第一位目击证人——查尔斯顿警局前任局长达拉斯·斯坦普斯(Dallas Staples)。在直接询问阶段,斯坦普斯作证如下:

- 查尔斯顿警局的考勤表并不是严格按时间统计的,它并不能代表实际的工作时间。
- 他认为加班和早退(15—20分钟)是很正常的事,这可能导致出现泰巴雷蒂所计算的重叠时间。
- 时间表没有因早退而由上司调整。
- 在早退的情形下,"警员可以做他们想做的任何事情,回家、去体育馆……兼职第二份工作"。
- 加班并不算实际的工作时间,相反;加班是一种"警员激情的表现"。
- 警员都习惯了早退和因出庭作证而抵扣当班时间。

在交叉询问阶段,斯坦普斯作证如下:

- 他承认一个人同时出现在两个地点是不可能的。
- 他承认一名警官同时为查尔斯顿警局和查尔斯顿购物中心提供安全服务是不合理的。

- 他没有和皮普尔斯的上司讨论有关早退和加班的事情。
- 他没有进行独立的调查。

汀斯利律师随后要求再询问，斯坦普斯作证如下：

- 他复核了泰巴雷蒂的分析，并认为这项分析是不完整的。
- 泰巴雷蒂对重叠时间的计算不能代表州政府所描述的情况："当你提前离开单位就表明已经下班了，加班这种情况也是如此。"
- "这些重叠时间不能证明欺骗的存在……这只能证明皮普尔斯利用其早退和出庭作证余下的时间在购物中心工作。"

辩方的第二位目击证人是皮普尔斯的前任轮班协调员——退休的布拉德·莱因哈特（Brad Rinehart）。在直接询问阶段，莱因哈特作证如下：

- 皮普尔斯是一名"警官中的警官"。
- 早退15—20分钟比不早退更常见。
- 他没有"调整"过考勤时间表。
- 考勤时间表并不是时钟，它不是精确的，允许"在小时数和日期上有误差"。
- 据他回忆，皮普尔斯曾因突出表现而被准许提前下班1-2小时。
- 2小时的最低加班时间是长期的惯例，这并不是实际的工作时间。

在交叉询问阶段，莱因哈特作证如下：

- 他把皮普尔斯当作朋友，并认为他是一名优秀的警官。
- 他记不清皮普尔斯提前下班的次数，但这种情况常常发生。
- 他认为在三年半的时间里早退累计超过100小时对皮普尔斯来说并不过分，因为这种情况经常发生。
- 早退是对某些事项的报酬或奖励，如前一天加班或者工作出色。因此，"调整考勤表是没有意义"。

第三位目击证人是詹姆斯·桑德斯，在直接询问阶段，桑德斯作证如下：

- 他是查尔斯顿警局的退休警官，目前被查尔斯顿购物中心聘为员工协调员。
- 他退休后，曾参加了针对州政府关于"双重支薪和偿还查尔斯顿警局所付薪酬"的抗议。
- 他曾是皮普尔斯在查尔斯顿购物中心的直接上司。
- 他授权了有关查尔斯顿购物中心员工职责与责任的政策。
- 政策非常宽松，有些并不会被执行，这意味着"引导比政策更重要"。
- "提前下班的警员工仍算作当班……只不过可以做他想做的任何事情"。
- 加班被看作一种工作激情的表现，并不必然意味着一定当班（例如，出庭作证也是一种加班）。
- 在出现紧急情况或追捕嫌疑犯时，他授权皮普尔斯可以离开购物中心，但他必须打电话请假。

在交叉询问阶段,桑德斯作证如下:

- 他最近参加了有关双重支薪被认定为重罪的抗议。
- 关于从查尔斯顿警局提前退休和重罪认定,他并不因这些事项而憎恨州政府。
- 他把皮普尔斯当作朋友。
- 皮普尔斯是他在查尔斯顿购物中心的"哥们",他总是乐于助人。
- 他并没有复核有关泰巴雷蒂重叠时间的分析,并大体上提到了早退和加班。
- 他并没有直接了解有关皮普尔斯的早退和加班。

其他的辩方证人(行政人员、主管和其他警务人员)也提供了支持皮普尔斯和辩方论点的证言。

第五天:辩方传唤法务会计专家

在审理的第五天也是最后一天(2009年5月22日),辩方传唤了他的法务会计专家出庭。在直接询问阶段,专家作证如下:

- 他受聘于辩护律师汀斯利。
- 业务约定书规定了三个主要目的:
  ▷ 评估证据的确定性;
  ▷ 评估数据能否得出实质性结论;
  ▷ 评价州政府的陈述。
- 出于既定的业务目标,确定性被定性为州政府的举证责任——排除合理怀疑。
- 合理怀疑由法庭定义;然而,按他的分析框架,"合理怀疑"被认为是"毫无疑问"。
- 他向陪审团提出"可能性的层级",确认了不同的临界含义:可能、很可能、明确而有说服力和排除合理怀疑。
- "可能"是指"可能性概率超过50%……排除合理怀疑的可能性远远高于此……这个概率不能被指定,因为不同的人的概率是不一样的"。相关研究表明,它通常被界定为"可能性概率超过90%"。
- 在评估过程中采用科学化方法。他向陪审团解释了评估过程的步骤和所有的证据来源。
- 州政府所使用的"经验证的工资单"一词是错误的并具有误导性。他向陪审团解释了工资数据的限制和不确定性。
- 州政府(泰巴雷蒂)错误地接受并信任查尔斯顿警局的工资记录单是准确和权威的,然而"事实并非如此"。
- 州政府(泰巴雷蒂)计算重叠时间的事件是正确的,但没有完善和确认数据,也没有参考替代解释。
- 州政府(泰巴雷蒂)并没有紧随线索开展进一步调查,特别是有关工资错误、加班和早退。

- 州政府(泰巴雷蒂)没有就加班和早退问题采访皮普尔斯的上司与同事。
- 州政府(泰巴雷蒂)没有考虑到查尔斯顿购物中心"准许"离岗(例如,紧急情况)而导致的重叠时间事件。
- 专家的结论性意见如下:
  ▷ 证据(工资记录分析)无法提供确定性;
  ▷ 州政府提供的数据不能支持实质性结论;
  ▷ 州政府没有正确调查该指控,包括没有参考替代解释;
  ▷ 重叠时间是可预期的、不可避免的;
  ▷ 州政府的分析基于不可靠的数据、不可靠的事实和有缺陷的方法;
  ▷ 在任何层级的确定性上,州政府都不能证明案件事实。

在限制性交叉询问阶段,强调的事项如下:

- 他承认存在重叠时间的证据。
  ▷ 专家也认同这一点,即专家也认为重叠时间是可预期的、不可避免的,也就是无恶意的。
- 他承认泰巴雷蒂所述的调查计划是合理的。
  ▷ 专家认为问题不在于计划,而在于泰巴雷蒂并没有按计划执行,包括没有完善和确认初始观测数据,也没有参考替代解释;
  ▷ 专家指出泰巴雷蒂忽视了"证据不能支持他的假设",因为"他似乎是在执行一项任务"。
- 泰巴雷蒂将其对重叠时间的计算结果从478小时减至约100小时。
  ▷ 专家拒绝接受州政府的提案——调整是对有关加班的"新知识"的回应。他提出,每一位在查尔斯顿警局工作的人都知道或应该知道加班并不能反映实际的工作时间;
  ▷ 专家拒绝承认泰巴雷蒂的分析有价值,将其称为"失误与偏见的产物"。

由于没有再直接询问阶段,法务会计专家提供证言后,辩方休息。皮普尔斯也没有站在证人席上作证。

法庭的指引

在结案陈词开始之前,法官向陪审团给出了相关指引,并对一些法律概念进行了合法界定,特别是证据、蓄意、举证责任、假定无罪和排除合理怀疑等概念。法官所强调的事项包括以下内容:

- 根据所有证据公正地判定案件事实是陪审团的职责。你们的宣誓要求你们接受并运用指引所陈述的法律概念。你们不能偷换法律概念,也不能将自认为法律概念应该怎样的看法运用到裁决中。
- 你们只能考虑所提供的证据,而不能推测或猜测任何事实的存在。你们不应受任何现象、偏见、不利于被告人或州政府的影响。
- 你们只允许从已经被证明的事实及根据经验、推理和常识认为公正合理的推论得出结论。
- 排除合理怀疑地定罪的举证责任永远在州政府一方……责任永远不应被转移至被告方。
- 如果陪审团在仔细、公正地考虑了案件中所有证据之后,仍然合理怀疑被告有罪的指控,被告将被无罪释放。
- 合理怀疑是基于推理和常识的质疑,这种质疑会让一个理智的人犹豫不决。因此,排除合理怀疑的证明必须具有令人信服这一特点,并且让理智的人毫不犹豫地信赖并做出裁决。
- 陪审团应该牢记,被告永远不会因怀疑、推测或猜测而被定罪。
- 对被告的无罪判决并不意味着被告是无辜的,这只能说明不能排除合理怀疑地证明其有罪而已。
- 代理律师有关此案的一切言行不是你们判定事实的证据。
- 在此案中允许使用专家证言。当科学的、技术性的或其他特定知识有助于对此案件事实的理解时,一位经过特殊训练或在特殊领域拥有经验的人可以对案件事实发表意见,但这并不意味着你们必须采纳专家证人的意见。相比其他证人证言,你们必须决定在多大程度上采纳他们提供的意见。
- 作为陪审员,你们是权衡证据和证人可信度的唯一裁判者。
- 你们应该注意到被告方在该案件的审理中并未作证。被告方有绝对的不作证的权利,证明被告方有罪的举证责任都在州政府一方。被告方无须证明自己是无辜的,即被告对于他自己是否有罪的问题不必提供任何证明。你们不应针对被告方做出逆向推理,因为他并没有作证。你不必考虑和评议此事,但你必须依据证人和现有的证据判定州政府是否证明了被告有罪。

结案陈词

法庭授予双方30分钟结案陈词的时间。州政府建议法庭用20分钟做公开陈述,而用10分钟做反驳。

雷诺兹检察官提醒陪审团,这是一件关于欺诈的案件——以虚假借口获得金钱。他将皮普尔斯涉嫌犯罪描述为一种常见的欺诈伎俩,一起涉案价值超过1 000美元的双重支薪案。雷诺兹陈述道:"这起案件可以归纳为一个简单的道理——你不可能同时出现在两个地点。"他要求陪审团公平、排除任何怀疑地对待泰巴雷蒂已调整的重叠时间分析;即便如此,涉案的欺诈金额仍然超过1 000美元。雷诺兹承认早退的可能性,但不可能是100小时。

在蓄意问题上,雷诺兹承认"我们当中没有人能够看透他人的心思"。他提醒陪审团有关法官对犯罪蓄意的指引——可以通过事实和间接证据来推断。此外,雷诺兹建议陪审团务必牢记事情的真相——皮普尔斯例行公事地在查尔斯顿购物中心打卡上班,同时也在查尔斯顿警局值班,既不是一次,也不是几次,而是超过100小时。

雷诺兹驳回了辩方的辩词——最少两小时加班、早退、被授权离开查尔斯顿购物中心和工资记录错误。他还提醒陪审团以下内容:查尔斯顿购物中心的员工"下班"政策、托马斯·博德关于重叠时间和公众安全问题的证词、退休警长约翰·泰巴雷蒂的分析。

雷诺兹质问陪审团——皮普尔斯是否知道他自己的行为是错误的。"他当然知道。"雷诺兹陈述道,"他确实知道。我们证明过此事吗?是的,请记住之前的证据。"雷诺兹再次强调常识的重要性并总结:"你不可能同时出现在两个不同的地点。"

汀斯利律师以向陪审团提出公开陈述阶段的问题开场:我们为什么在这里?这有意义吗?汀斯利帮助陪审团回顾州政府的指控:首先,针对审计人员有矛盾的证言、人事部门的薪酬记录、泰巴雷蒂的"准确"的工资记录;其次,他提醒陪审团有关泰巴雷蒂"自认为包含在记录中的数据就是正确的""没有什么可以胜过真相",汀斯利强调"记住这些只是准确的副本,并不是准确的数据";最后,汀斯利认为泰巴雷蒂不理解所谓的"数据缺失"。

接下来,汀斯利将重点转向查尔斯顿购物中心代表(丹尼斯·刘易斯和托马斯·博德)的证言。"记住他所说的话。"汀斯利提醒,"桑德斯与员工直接联系……他是一个很好说话的家伙。桑德斯告诉了我们什么?他授权皮普尔斯可以离开商场,但在出现紧急情况时必须立即到场。"

汀斯利认为泰巴雷蒂只是在例行公事,汀斯利说道:"扪心自问,如果泰巴雷蒂是一位受过良好训练的调查员——州政府要求我们相信的,那么他为什么不调查?"汀斯利提醒陪审团,"泰巴雷蒂从警局局长那里接受任务后并没有开展实际调查,而只是建立了一份电子表格……你不能依赖电子表格就定罪……你必须看到这些数字背后的东西。"

在质询州政府的证人后,针对法务会计专家的证词,汀斯利提醒陪审团——受托专家已履行尽职调查工作。汀斯利指出:"我们的专家——在这起案件中只有专家——评估了泰巴雷蒂的工作,并认为它是一个完全失败的调查。"汀斯利继续说道:"我们唯一能肯定泰巴雷蒂的是'不确定性'。很显然,州政府及其调查员泰巴雷蒂对皮普尔斯的指控调查是相当失败的。为什么?是急于求成还是完成任务?我们没有必要猜测他们的动机,我们也没有必要理解他们的想法。然而,我们能知道的是,他们未能尽职调查……一直无视证据的存在、妨碍诉讼。"

汀斯利的结案陈词主要强调了两点:蓄意和举证责任。他提醒陪审团"州政府试图用一份电子表格迷惑你们——他们声称的数学必然性。数学必然性不能证明蓄意。州政府没有提供有关蓄意的证据,没有任何证据"。汀斯利再次提示陪审团,州政府有责任承担排除合理怀疑的举证责任。他继续质疑:"州政府做到了这一点吗?没有!州政府唯一能证明的是不确定性。"

最后,汀斯利强调,陪审团必须考虑这起案件的高风险性——"皮普尔斯的生活、事业、名誉和公民自由都处在危险中"。他援引布拉德·莱因哈特的话:"皮普尔斯是一名警官中的警官。"因此,他总结道:"你们必须无罪释放皮普尔斯。"

在反驳环节中,雷诺兹对陪审团说道,"辩方在把水弄得混浊不堪方面做得好了""辩方把皮普尔斯形容为一名'警官中的警官',对于此,我毫不怀疑。但即便如此,皮普尔斯也不能同时出现在两个地点,这明显是不可能的。"

雷诺兹继续反驳:"辩方使出浑身解数去批评泰巴雷蒂的工作。他们还有什么别的选择？辩方认为数学必然性不能证明蓄意。我们不同意！想一想他们没有质疑的东西——时间重叠的事实。辩方认为100小时的早退是合理的、可预期的、不可避免的。我们也不同意！100小时不能被预期……当然也不能被接受。这不是一个错误，而是一种失察。"

雷诺兹通过强调皮普尔斯的行为与其警官身份的不一致来总结他的陈述。"被告是一名宣过誓的警察……宣誓要维护法律。作为一名警察，他宣誓遵守法律、执行法律——违反与现在指控相同的法律体系。州政府排除合理怀疑地证明他违法——明知故犯地违法。女士们、先生们，我已经完成了我的任务，现在由你们裁决了！"

陪审团的裁定

在八个多小时的审议后，陪审团认定皮普尔斯没有犯欺诈罪。得到这个消息后，查尔斯顿市长丹妮·琼斯（Danny Jones）和查尔斯顿警局局长布伦特·韦伯斯特（Brent Webster）通过媒体告知皮普尔斯，希望他尽快回到工作岗位上。他们还认为，这一裁定实际上发出了"终止调查查尔斯顿警局内部双重支薪"的信号。

结语

2009年6月1日，皮普尔斯被恢复了在查尔斯顿警局的现职。此后不久的2009年6月15日，他回到查尔斯顿购物中心担任安保人员——他的第二份工作。2011年5月，他被提升为中士警衔。

2010年5月21日，在他被指控的两年后，皮普尔斯向卡诺瓦巡回法院起诉查尔斯顿市政府。起诉书声称，州政府的不当调查剥夺了他的自由，被迫回应犯罪指控，承受了精神上的痛苦和紧张压抑的审理过程，受尽人格侮辱和耻笑，并对他的个人声誉造成了永久性的伤害。2012年12月，诉讼双方达成了和解协议。

关键术语

舞弊/欺诈	白领犯罪	压力	机会	借口
欺诈公式	理性选择理论	一般犯罪理论	欺诈三角形	组织不当行为
中和化	检方不当行为			

简答题

6-1 什么因素使得法务会计成为会计职业中的重要组成部分？
6-2 法务会计师在反欺诈调查领域应具备哪些独特的技能？
6-3 指出并讨论财务犯罪的五个关键点。
6-4 抢劫与欺诈有什么区别？
6-5 为什么说"排除合理怀疑"是适用于欺诈指控的证明标准？
6-6 请定义欺诈/舞弊。
6-7 指出并讨论习惯法下欺诈的四个基本要素。
6-8 为什么说欺诈是故意犯罪？

6-9 请定义蓄意。

6-10 如果嫌疑人拒不坦白,如何构建欺诈蓄意?

6-11 请定义间接证据。除了数据分析,哪些其他因素可能为欺诈蓄意提供间接证据?

6-12 请定义白领犯罪。

6-13 定义并解释白领犯罪的六种属性。

6-14 指出参与白领犯罪执法的几个联邦机构。

6-15 指出联邦调查局划分白领犯罪的八种主要类别,并分别举例。

6-16 指出联邦调查局未定义的其他几种白领犯罪类型。

6-17 描述唐纳德·克雷西对欺诈理论所做的开创性研究。

6-18 指出欺诈三角形的三个要素,并简要解释每个要素。

6-19 欺诈三角形是如何帮助法务会计师加深对人们实施欺诈的理解?

6-20 指出可以作为欺诈行为预警指标或"红旗"的三项个人特征,并简要解释说明。

6-21 指出可以作为欺诈行为预警指标或"红旗"的三项组织特征,并简要解释说明。

6-22 个人和组织的"红旗"特征如何与欺诈三角形相关联?举例证明你的观点。

6-23 财务报表欺诈最普遍的类型是什么?这类欺诈的两个主要动机是什么?

6-24 在欺诈钻石模型中,能力是如何增大犯罪可能性的?

6-25 解释"愚人辩护策略"。它与欺诈钻石理论有何关联?

6-26 如何区分欺诈天平与欺诈三角形?

6-27 就传统经济学理论而言,一个人实施欺诈的动机是什么?

6-28 阐述欺诈公式,并讨论公式的每个组成部分。

6-29 简易模型能否全面、准确地解释一个人犯欺诈罪?请解释说明。

6-30 请定义理性选择理论,并讨论其两大组成部分。

6-31 请定义中和化伎俩。它与欺诈三角形有什么联系?

6-32 指出三种主要的中和化伎俩,并简要解释。

6-33 指出欺诈者使用的三种否认伎俩。

6-34 请定义一般犯罪理论,并讨论其组成部分。

6-35 比较高自控力和低自控力的差异,这些条件如何影响一个人犯欺诈罪的倾向?

6-36 个人不当行为和组织不当行为的联系是什么?

6-37 一个组织的高层基调如何影响组织不当行为发生的可能性?

6-38 据研究者估计,当存在合适的刺激时,85%的人会进行欺诈,只有5%的人无论在什么情形下都不会进行欺诈,你对此感到吃惊吗?这种倾向对组织领导力有何价值?

6-39 请列出白领犯罪者的几个典型特点。

6-40 为什么针对白领犯罪的调查在执法优先顺序中排位靠后?

6-41 为什么法务会计师在调查欺诈时必须了解欺诈者的感知、机会和风险评估过程?

选择题

请在下列与欺诈与白领犯罪有关的问题中选择最佳答案:

6-42 两种非法获取他人财产的方式是盗窃和欺诈。

A. 正确   B. 错误

6-43 欺诈是：
A. 使用武力方式获取财产　　　　　　B. 使用欺骗方式获取财产
C. 使用法律方式获取财产　　　　　　D. 使用政治方式获取财产

6-44 下列哪一项不是习惯法下欺诈的要素？
A. 存在一项重大的错报或漏报　　　　B. 欺诈者是欺诈所发生领域的专家
C. 蓄意通过错误信息引导犯罪　　　　D. 欺诈者对报告有误或信息被遗漏知情
E. 受害者依赖了错报或漏报

6-45 下列哪一项是对欺诈最准确的描述？
A. 刑事犯罪　　　B. 资本犯罪　　　C. 政治犯罪　　　D. 以上均不是

6-46 本章所强调的欺诈是一种：
A. 激情犯罪　　　B. 武力犯罪　　　C. 意愿犯罪　　　D. 蓄意犯罪

6-47 如果欺诈者不坦白，那么下列哪一项是为了确认蓄意犯罪所必需的？
A. 直接证据　　　B. 谈判　　　　　C. 间接证据　　　D. 确凿的证据

6-48 为了认定蓄意，下列哪一种关键因素决定了间接证据的可靠性？
A. 影响程度　　　B. 欺诈的性质　　C. 可替代解释　　D. A 和 B 均正确
E. A 和 C 均正确

6-49 下列哪一个条件被认为是可靠的间接证据？
A. 可替代解释存在、影响程度高　　　B. 可替代解释不存在、影响程度高
C. 可替代解释存在、影响程度低　　　D. 可替代解释不存在、影响程度低

6-50 下列哪一项是对间接证据最恰当的描述？
A. 一组逻辑推导出的事实　　　　　　B. 一组支持推理的零散证据的集合体
C. 法务会计师形成的法务观测值和社会模式　　D. 一系列已经法庭审查和核准的证据

6-51 如果间接证据被恰当地形成和呈现，它就可以用来证明某些欺诈蓄意。
A. 正确　　　　　B. 错误

请在下列与白领犯罪有关的问题中选择最佳答案：

6-52 白领犯罪是盗窃的子分类，但它不是欺诈的子分类。
A. 正确　　　　　B. 错误

6-53 针对所有法务会计师，存在一个具体的、综合的欺诈定义。
A. 正确　　　　　B. 错误

6-54 《美国宪法》中的商务条款赋予联邦政府监管白领犯罪的权力。
A. 正确　　　　　B. 错误

6-55 下列哪一项不是联邦调查局认定的白领犯罪类型？
A. 保险欺诈　　　B. 医疗欺诈　　　C. 证券欺诈　　　D. 社会保障欺诈
E. 以上都是

6-56 下列哪一项不是白领犯罪的属性？
A. 隐瞒　　　　　B. 蓄意　　　　　C. 敏捷　　　　　D. 欺骗
E. 以上都是

请在下列与欺诈理论有关的问题中选择最佳答案：

6-57 根据唐纳德·克雷西的定义，欺诈是由哪三种因素引起的？
A. 机会、准备、借口　　B. 借口、压力、机会　　C. 压力、准备、借口　　D. 机会、准备、压力

6-58 引发财务信用刑事犯罪的非共享问题是什么？
A. 压力　　　　　　B. 保密　　　　　　C. 隐瞒　　　　　　D. 机密性

6-59 一个在组织中处于操纵或规避控制职位的人，通常拥有：
A. 权势　　　　　　B. 相关性　　　　　C. 机会　　　　　　D. 追索权

6-60 欺诈者认为其欺诈行为是合理的，因为受害者的先前行为伤害了欺诈者，这被称为：
A. 概念化　　　　　B. 修复　　　　　　C. 报应　　　　　　D. 借口

6-61 下列哪一项不是欺诈"红旗"的前五项个人特征？
A. 深深植根于复仇的渴望　　　　　　B. 感觉工资过低
C. 生活入不敷出　　　　　　　　　　D. 家庭或同行造成的不当压力

6-62 下列哪一项不是欺诈"红旗"的前五项组织特征？
A. 没有明确界定权力　　　　　　　　B. 会计职能之间职责不分
C. 过度信任关键雇员　　　　　　　　D. 独裁式领导风格

6-63 最常见的财务报表欺诈类型是：
A. 资本化费用　　　B. 延迟商誉的冲销　C. 高估收入　　　　D. 操纵期末存货

6-64 欺诈钻石理论是在欺诈三角形理论的基础上增加哪一种元素形成的？
A. 能力　　　　　　B. 敏感性　　　　　C. 会计责任　　　　D. 以上均正确

6-65 当一名律师辩称"即使我的委托人迫于压力的引诱犯下罪行，并且有机会实施犯罪，但是我的委托人并没有犯罪的能力"，这属于哪一种辩护？
A. 理性手段辩护　　B. 愚人辩护策略　　C. 博取陪审团的同情　D. 以上均错误

6-66 欺诈天平模型强化了欺诈三角形中各个概念之间的关联，特别强调了哪一方面？
A. 平衡　　　　　　B. 行为一致性　　　C. 完整性　　　　　D. 调解

请在下列与欺诈动机有关的问题中选择最佳答案：

6-67 根据经济学理论，什么是刺激个人犯欺诈罪的主要原因？
A. 恐惧　　　　　　B. 强迫　　　　　　C. 同行压力　　　　D. 自身利益

6-68 下列哪一项不是欺诈公式的组成要素？
A. 预期损失　　　　B. 收益　　　　　　C. 对受害者的影响　D. 被揭发的可能性

6-69 人类行为是一门可以准确预测的精确科学。
A. 正确　　　　　　B. 错误

6-70 理性选择被认为是一种针对具体犯罪的理论，因为不同的罪行满足罪犯不同的需求，而且每一种犯罪理性选择发生的情境是独一无二的。
A. 正确　　　　　　B. 错误

6-71 中和化是理性选择的一个分支理论。下列哪一项不是违法者减轻犯罪责任的方式？
A. 更高的忠诚度　　B. 谴责　　　　　　C. 否认　　　　　　D. 理性

6-72 下列哪一项不是犯罪嫌疑人合理化其行为的否认伎俩？
A. 否认受害者　　　B. 否认伤害　　　　C. 否认责任　　　　D. 否认陪审团

6-73 将责任推卸到反对欺诈行为的人身上以中和自身的行为。这一行为被称为什么？
A. 谴责　　　　　　B. 推卸责任　　　　C. 交叉指责　　　　D. 否认指责

6-74 一般犯罪理论认为，犯罪是人类无节制地追求快乐和回避痛苦的欲望的自然后果。
A. 正确　　　　　　B. 错误

6-75 犯罪动机本身不会产生犯罪,因为_____也是犯罪所必需的。
A. 勇敢　　　　　　B. 判断力低下　　　C. 机会　　　　　　D. 平庸的精神

职场应用

6-76 请回顾西弗吉尼亚州政府 VS 皮普尔斯案,并回答以下问题:

1. 针对皮普尔斯的指控是欺诈,一种刑事犯罪。试比较刑事诉讼与民事诉讼,指出其中三项最显著的区别。
2. 讨论刑事审理必要的证明标准——排除合理怀疑。这意味着什么?如何衡量?
3. 欺诈是"蓄意"犯罪。在被告方拒不坦白的情形下,州政府试图以间接证据证明皮普尔斯有罪。试讨论蓄意的概念,并指出州政府调查员为了证明蓄意犯罪所需的间接证据。
4. 请指出在进行反欺诈调查时,参考可替代的解释的重要性。它在此案中重要吗?请解释说明。
5. 针对皮普尔斯的指控,试讨论欺诈发生(欺诈三角形)的三个条件?哪些条件可以被认定?
6. 回顾法庭向陪审团给出的指引,为什么这些指引是重要的?
7. 你认为皮普尔斯自己未作证对陪审团的审议有何影响?
8. 公开陈述和结案陈词重要吗?
9. 基于对案件的总结,你认为皮普尔斯是否犯欺诈罪?请解释说明。

6-77 登录美国联邦调查局网站(www.fbi.gov),查阅 2009 Financial Crimes Report 中有关法务会计部分,准备一份总结你的发现的备忘录提交给导师。

深度思考

6-78 登录美国联邦调查局网站,查阅题为 Common Fraud Schemes 的公告。选择其中一份,以幻灯片形式展示并说明欺诈是如何实施的、联邦调查局的反欺诈技巧。

6-79 登录美国联邦调查局网站,查阅题为 2009 Financial Crimes Report 的公告。阅读一般概述、倡议和重要案例部分,利用相关的信息,将关键内容形成一份备忘录提交给导师。

6-80 从网络上获取题为 2012 ACFE Report to the Nations on Occupational Fraud and Abuse 的文章,阅读欺诈者、欺诈受害者和欺诈侦查部分,准备一份备忘录总结你的发现。

6-81 从网络上获取题为 2007 Oversight Systems Report on Corporate Fraud 的文章。阅读文章后回答以下问题:

1. 为什么在 2005 年以后欺诈变得越来越盛行?
2. 欺诈发生的首要原因是什么?
3. 阻止和威慑欺诈的最有效方法是什么?

案例分析

6-82 高山银行是一家总部设在肯塔基州的金融控股公司,拥有近 10 亿美元的资产。在 21 世纪的前十年,通货膨胀变缓,经济逐渐复苏,商业银行开始大规模对外提供房地产贷款。

随着经济的增长,银行之间各种贷款的竞争越来越激烈,在所有贷款类型中,商业贷款是最受青睐的。本案例将重点关注一笔具体的商业贷款。

在此期间,肯塔基州主要休闲娱乐地区附近正筹划新建一所名为"天高云淡"(以下简称"SKY HIGH")的度假胜地。度假胜地将拥有大量的高档设施,其目标群体是来自纽约和新泽西等地区的高端人士。项目总投资成本约1 200万美元。高山银行竞争失利,另一家颇具实力的银行公司成功中标为SKY HIGH提供商业贷款。

项目完工几年后,兼任SKY HIGH法律顾问的高山银行的一名董事建议,度假胜地也许有兴趣向高山银行再融资。于是,高山银行的信贷人员开始分析SKY HIGH的财务报表与业绩表现,并着手筹划审批信贷手续。在此过程中,高山银行的信贷人员突然收到SKY HIGH管理部门的紧急通知,被告之贷款必须在两周内审批完成,否则SKY HIGH将另选其他银行。

高山银行负责审批该笔贷款的职员是特里·兰达尔和保罗·泰德。45岁的兰达尔是高山银行大客户部的资深信贷员,自大学毕业后有着近二十年的商业信贷经验;而43岁的泰德是高山银行大客户部的负责人,自高中毕业后有着18年的商业银行工作经验。

高山银行的这笔贷款出现了几个问题。第一个问题是,虽然贷款总额为1 200万美元,但高山银行的贷款额度只有300万美元,这意味着余下的900万美元贷款必须与其他大型金融机构分享。通常与高山银行合作分享贷款的是一家地区性大银行——国家融通金融控股集团(以下简称"国通金控")。国通金控的信贷人员也必须拥有经济分析能力及信贷方面的业绩和经验,而且也需要至少两周以上的时间完成贷款的审批。

第二个问题是贷款的审批周期。当1 200万美元贷款审批的截止日期到来时,所要求进行的经济分析还没有完成。此外,只有国通金控以非正式承诺方式参与分享该笔贷款。高山银行的信贷人员提前完成了300万美元的贷款授信,还满怀信心地认为国通金控最终会履行900万美元贷款的担保。

国通金控最终接受了贷款中的900万美元,但要求附加一项重要的追索权条款,即国通金控保留该贷款对高山银行的追索权。追索权条款中最重要的一点就是,为调控资金方便见起,整个1 200万美元仍保持以高山银行为名义的信用贷款。因此,这产生了第三个问题——这笔贷款违反了联邦和州法律的相关规定。

高山银行的信贷人员从未告知董事会有关追索权条款一事。由于信贷人员的隐瞒,随后的监管审查、内部审计和外部审计也没有发现此事。直到房地产市场崩盘,违反贷款限额一事才被察觉。国通金控在房地产市场崩盘中发生了大量的贷款损失,为了进一步减少坏账风险,国通金控依据追索权相关条款,要求高山银行立即偿还SKY HIGH的900万美元贷款。

为了收回账面上的900万美元贷款,高山银行信贷人员将其拆分为三笔300万美元的等额贷款,每一笔贷款均以不同的名义贷出,使得每笔次级贷款都在银行合法的贷款额度范围之内。再一次地信贷人员仍然没有将这一信贷策略向高山银行的信贷委员会和董事会汇报。

经济进入衰退时期,SKY HIGH无力偿还1 200万美元。作为应对措施,高山银行的信贷人员暂时冲销了该笔贷款的本金及利息,并且没有通知银行信贷委员会和董事会。他们这样做的一个前提是自认为经济最终会复苏,SKY HIGH将有能力继续偿还贷款本金及利息。然而,经济形势越来越恶化,SKY HIGH破产了。直到此时,高山银行的高层才发现整个1 200万美元贷款的超额信贷风险。

由于SKY HIGH的破产,该度假胜地的房地产估价为300万美元,从而导致贷款中的900万美元被冲销,此举大大恶化了高山银行的资本状况。事实上,即使高山银行没有获得另一家金融机构的担保,它也有可能失策,其不可避免的结果是:员工失业、股东价值减损、生活被无情地践踏。

高山银行董事会聘请一名反欺诈调查员展开调查分析。历时三个月的调查后,该调查员提交了一份报告,详细说明他的调查结果。这份调查报告后来被地方检察官用作指控高山银行职员(包括兰达尔和泰德）的主要依据。

在诉讼辩护阶段，兰达尔和泰德争辩道，他们之所以批准贷款把SKY HIGH纳为自己的客户，是因为他们遭受到来自SKY HIGH董事会的压力。他们进一步指责道，他们被国通金控的附加追索权条款蒙蔽了双眼，况且由于贷款已经发放，因此就没有向信贷委员会和董事会汇报此事。

根据上述案件提供的细节，请回答以下问题：

1. 该案是否属于白领犯罪？请解释。
2. 兰达尔和泰德是不是典型的骗子？请解释。
3. 在该案中，欺诈三角形中的三个因素是否体现出来了？如果体现出来了，请指出并讨论。
4. 假设你是反欺诈调查员，你如何规划调查？你应收集哪些证据？你如何分析这些证据？
5. 诉讼应如何判定兰达尔和泰德的欺诈蓄意？
6. 欺诈公式能否合理解释兰达尔和泰德的行为？
7. 在该案中，兰达尔和泰德有没有使用本章提及的中和化伎俩？
8. 假设你是辩方律师，你准备提出哪些观点应对欺诈辩护而获胜？
9. 请推测该欺诈诉讼的后续结果？兰达尔和泰德会以欺诈罪被定罪吗？如果你是陪审团中的一员，你希望看到哪些令人信服的证据？

第7章

舞弊调查实践

7.1 引言：山地体育用品公司案

7.2 舞弊嫌疑

7.3 公司背景信息

7.4 重要会计政策

7.5 业务约定

7.6 调查

7.7 尾声：山地体育用品公司案

附录 7-A：对苏·布莱恩特的访谈记录

附录 7-B：对安妮塔的访谈记录

附录 7-C：对注册会计师查尔斯·赫斯的访谈记录

附录 7-D：对托马斯·沃克曼的访谈记录

学习目标

通过本章的学习,你应该能够

目标 1:评估舞弊嫌疑的合理性

目标 2:提出初步的舞弊假设

目标 3:通过财务报表分析和会计分录测试,检验与完善舞弊假设

目标 4:开展访谈以检验与完善舞弊假设

目标 5:制订具体方案,开展舞弊调查活动

目标 6:确认舞弊行为导致的经济损失

目标 7:根据已发现的舞弊,寻找可能的解决方案

7.1 引言：山地体育用品公司案

舞弊调查的目的是针对涉嫌舞弊行为收集证据。为了实现这一目标，以下机构或个人可能会聘请法务会计师：

- 执法机关（例如，联邦调查局、税务局或者州警局等）的工作人员；
- 审计团队（内部或外部）的人员；
- 原告（例如，法人团体、审计委员会或董事会）或原告代理律师；
- 被告或被告代理律师。

本章的目的是将前述章节提到的诸多概念、工具和技术应用到具体的舞弊调查中。作为学习前的准备，我们先回顾以下要点：

- 每起舞弊调查都是独一无二的，都有其特定的人物、事实和环境。
- 舞弊调查的开展是以舞弊指控或舞弊嫌疑为前提的。换句话说，一旦舞弊指控或舞弊嫌疑被确认，公司（即受害者）就面临是否开展舞弊调查的抉择。而另一个决择是由谁（内部人员、执法机关、外部审计团队抑或外部私人公司）执行调查。
- 尽管最初的舞弊嫌疑有助于形成案件框架和假设，但保持客观性是十分必要的。如第1章所讨论的，法务会计师应保持不盲从或质疑的精神，以理性的、探索的、客观的、系统的方式评估信息和陈述。
- 科学化流程（回顾第3章讨论的五步法）是开展舞弊调查最快速、最有效的方法。值得注意的是，假设（第二步）并不是事实陈述，它只是建立在初步观察或质疑基础上的尝试性解释。如果不提出工作假设，舞弊调查就成了机械的数据整合。
- 如第2章所讨论的，证据可以证实或否定所指称事实的存在。法务会计师收集与分析的证据既包含文件证据（如财务数据和其他商业记录），也包括交互证据（如访谈和观察）。
- 法务会计师所使用的最重要的证据收集技能是财务报表分析。正如第5章所讨论的，财务报表很少反映经济现实，并且其隐瞒的往往多于其披露的。提醒大家注意财务报表分析所处"情境"的重要性。
- 另一个广泛使用的调查工具是访谈，它主要有以下两个优点：第一，作为一种收集证据的直接方法，它可以提供最接近现场的结果，正如第4章所讨论的，访谈远非仅仅提问题；第二，它是一种要求计划、组织、执行和积极聆听的系统过程。
- 舞弊/欺诈是一种蓄意犯罪。无须招认，间接证据就可以用于构建或推断舞弊蓄意。正如第6章所讨论的，用于构建蓄意的间接证据的可靠性取决于两个关键因素：可替代的解释和所造成影响的程度。因为调查结果无法提供确定性，你应该避免得出有罪或无罪的结论。
- 克雷西的欺诈三角形理论认为，欺诈由需求（压力）、机会和借口三个要素组成。正如第6章所讨论的，调查研究已识别出多个支持克雷西理论的"红旗"信号特征或舞弊迹象。"红旗"信号的识别有助于评估舞弊指控或舞弊嫌疑的合理性。
- 舞弊不是会计问题，而是一种社会现象。法务会计根植于法学和经济学为理论，而非心理学或犯罪学。因此，我们关注人们为什么舞弊，特别是当我们开展舞弊调查时，我们的工作是解释性的（原因和结果），而不是预测性的。基于传统经济学理论的分析，我们认为当可预期收益大于可能损失时（欺诈公式）人们就会选择欺诈。因为舞弊调查是在舞弊嫌疑被确认的基础上开展的，所以本章的侧重点是谁舞弊、什么时候舞弊、如何舞弊和涉案金额多少，而不是为什么舞弊。

拥有了新学到的科学化方法、访谈、财务报表分析和舞弊概念等相关知识，你已具备相应的能力开展你的首次舞弊调查——山地体育用品公司舞弊调查。

 特别提示

本章所用案例（山地体育用品公司：这是一起舞弊案吗？——舞弊调查的案例研究）来自真实的舞弊事件。该案例由罗伯特·J. 鲁弗斯（Robert J. Rufus）和威廉·汉恩（William Hahn）撰写并作为教学资源发表在美国会计学会创办的 *Issues in Accounting Education*（2011年，第26卷，第1期，第201—217页）。读者可以从美国会计学会电子出版系统获取相关教学资源。

7.2 舞弊嫌疑

2009年4月18日，山地体育用品公司在坐落于肯塔基湖岸边的肖尼湾度假村举办年度董事会会议和股东大会。年度大会的主要目的是评述公司年度财务报告（截至2008年12月31日），特别是财务状况和年度绩效。公司总经理托马斯·沃克曼（Thomas Workman）和注册会计师查尔斯·赫斯（Charles Hess）提交了公司财务报告，并对公司业绩未达到预期目标和财务不稳定问题给予了答复。年度大会讨论事项还包括总经理提出的提高公司信用额度和增加员工福利。随后，各位董事、沃克曼和赫斯对搁置未决的独立评估公司经营问题展开了激烈讨论。沃克曼和赫斯以其他公司事项（包括董事和高级职员的选举）为借口推脱了此事。

年度会议结束后不久，公司的两名股东，史密斯兄弟——罗伯特·史密斯（Robert Smith）和纳撒尼尔·史密斯（Nathaniel Smith），与前任联邦检察官杜安·皮普尔斯（Dwane Peoples）律师取得联系，并讨论了他们对公司内部舞弊行为的怀疑。引起他们怀疑的是总经理沃克曼奢侈的生活方式，特别是其购置新房、新车，最近还与公司注册会计师赫斯一同购买风情度假屋的行为。皮普尔斯的员工（包括一名内部注册会计师）总结了以下情况概要：源自2006年12月31日企业评估报告的公司运营历史、规划、财务报表和沃克曼的评述，以及注册估价分析师提供的工作底稿与访谈实录。

7.3 公司背景信息

7.3.1 组织结构与所有权

史密斯(J. D. Smith)于1993年在肯塔基州创办了山地体育用品公司。2006年12月15日史密斯辞世后,公司的日常管理由托马斯·沃克曼接管(聘用合同于2007年1月1日生效),沃克曼时任史密斯的经理助理,并有较长的工作年限。

公司股份的所有权由史密斯的两个儿子(罗伯特和纳撒尼尔)等额(各占50%)继承,他们俩当时(分别为18岁和19岁)还是全日制大学生。史密斯在任期间,截至2006年12月31日,经注册估价分析师以收益资本化法①估计的公司价值为350 000美元。估值所采用的方法和结果均被各方认可,其中包括美国税务局和沃克曼。

根据与公司签订的聘用合同的相关规定,作为总经理沃克曼应对经审计的年度财务报告(含附表与报表附注)负责,财务报告应在公司年度董事会会议和股东大会上公布。山地体育用品公司属于美国S类公司②,应按1120S格式提交年度联邦所得税申报表。

山地体育用品公司在肯塔基州比弗河旁的公园路33号有一个店面,这是公司成立后的第二个办公地点。由于公司新增一个收益中心——典当行,2006年3月1日,史密斯将公司总部迁移至此。该建筑原从黑栎树房地产公司(非关联方)租赁,山地体育用品公司拥有在第一个三年末按评估价值(240 000美元)购买的权利。

根据史密斯的预测,新办公地点和典当行的经营能够有效地拓展公司现有的业务,并在2006年和2007年分别实现10%和15%的营业收入增长率,在其后三年均有10%的增长,其中50%的收益增长由典当行直接创造。更重要的是,公司规定将所有的收益增长积累起来,作为购买房产所需支付的偿债基金20%的首期款。史密斯的预测和实际结果如表7-1所示。

表7-1 营业总收入——预测值与实际值的比较

年份	预测销售额(美元)	实际销售额(美元)	预测增长率(%)	实际增长率(%)
2005	—	2 007 185	—	7.72
2006	2 210 000	2 195 901	10	9.40
2007	2 541 500	2 339 496	15	6.54
2008	2 796 000	2 513 479	10	7.44
2009	3 075 500	—	10	—
2010	3 383 000	—	10	—

资料来源:史密斯的商业计划与财务预测及山地体育用品公司财务报表。

---

① 收益资本化法是将企业未来预期的、具有代表性的、相对稳定的收益,以资本化率折现为企业价值的一种计算方法。该方法通常直接以单一年度的收益预测为基础进行价值估算,将收益预测与一个合适的比率相除或者将收益预测与一个合适的乘数相乘获得。

② 美国股份有限公司分为S类公司与C类公司,两者主要区别在于缴税模式的不同。S类公司更趋向于类似合伙的缴税模式,仅对公司成员征税而不对公司本身征税;而C类公司既对公司本身征税又对公司成员征税。此外,S类公司股东不能超过100人且必须是美国公民或居民,而法律对C类公司的股东人数及身份没有限制要求。

7.3.2 产品与服务

在评估日,公司的总体状况表现为产品质量较高、价格具有一定的竞争力、部分产品还是全国或区域名牌,所提供的商品囊括了运动器材、运动服装、运动鞋类、烟草制品和枪支器械等。自2006年7月1日起,公司典当行还开展短期抵押消费贷款业务。

根据估值报告,公司众多的产品可划分为六大类别,如表7-2所示。在2006年期间,山地体育用品公司收入最少(低于1%)的组成部分是典当行贷款业务。公司以20%的周期利率提供30天的可展期贷款,贷款人可以用各种物品作为贷款抵押,包括枪支器械和电子产品等。

表7-2 产品类别

单位:%

类别 部门	2005年		2006年		平均	
	销售占比	GM	销售占比	GM	销售占比	GM
烟草	43.10	9.61	40.43	13.60	41.76	11.61
鞋类	4.12	44.85	4.21	35.77	4.17	40.31
运动器材	22.60	20.15	23.19	20.46	22.89	20.31
枪械/弹药	23.49	31.14	22.55	29.05	23.02	30.10
许可证	6.69	4.45	8.88	7.74	7.78	6.10
典当	—	—	0.73	50.00	—	—

资料来源:2006年12月31日山地体育用品公司估值报告。

典当业务的种类及其收入占比如表7-3所示。如果在每个三十天周期的最后七天内仍未缴纳利息费用,质押品将没收为典当行的存货进行重新拍卖。公司的存货年度实地盘存不包括没收的质押品。公司将预付款(典当抵押贷款)记为非库存购入(而不是应收款),赎款被记作销售收入(而不是托收)。这些做法均违背了一般公认会计原则,按照会计准则,典当行的抵押贷出的款项应记作应收账款,当到期无人赎回时再将应收账款结转为存货。

表7-3 典当业务

单位:%

种类	收入占比
珠宝	<1
枪械	80
工具	8
游戏和游戏软件	<1
电子产品	5
其他	5

资料来源:2006年12月31日山地体育用品公司估值报告。

根据沃克曼的估计,公司的贷款金额平均为 100 美元,赎回率约为 65%。所有贷款必须以现金偿还,只有利息接受支票付款。根据山地体育用品公司估值报告,公司并没有出台授权典当贷款数额的明确政策。然而,史密斯去世后,只有沃克曼能够批准贷款、确定产品价格。沃克曼的定价信息主要源自自身的产品知识、商品的零售价格和网络价格。当然,客户个人的历史记录也是参考因素之一,老客户的额度通常高于新客户。

7.3.3 客户服务

按照沃克曼所说的,便利的地理位置、独一无二的商品类别和优良的售前/售后服务是公司的竞争优势,尤其是公司致力于识别并提供与目标客户群体相适应的商品。

7.3.4 管理

史密斯辞世后(2006 年 12 月 15 日),山地体育用品公司一直由苏·布莱恩特(Sue Bryant)与沃克曼共同管理,直到 2007 年 1 月 6 日布莱恩特退休。从那时起,根据聘用合同,公司由沃克曼一人掌管。罗伯特和纳撒尼尔并不积极参与公司管理,但会出席年度董事会会议,并查阅由公司审计师赫斯编制和呈送的财务报告。

7.3.5 高管薪酬

据沃克曼所言,按照聘用合同,他的薪酬为 50 000 美元的基本薪资加上所有超出预期销售额 1% 的奖金。但直到目前,公司的销售额从未达到预期水平。预期销售额和实际销售额的对比如表 7-1 所示。

7.3.6 重要雇员的薪酬与福利

公司平均拥有 8 名雇员,包括沃克曼的妻子安妮塔(Anita)和他 17 岁的女儿米娅(Mia)。安妮塔和米娅担任公司内部会计职责。在史密斯去世之前,这些职责均由布莱恩特担任,但他在史密斯去世后不久便退休了。除此之外没有其他重要雇员。公司提供法定福利(社会保障金、工伤保险、联邦和州失业税)及一周带薪休假,但只有沃克曼可以享受健康保险的福利。

7.4 重要会计政策

7.4.1 会计方法

公司遵循权责发生制的会计基本原则。在权责发生制方法下,收入的确认以当期实现为标准,即不是以实际收款而是以拥有收款权利确认收入。费用的确认以发生为标准,即形成付款义务且金额可计量的已发生事项应确认为当期费用。按照注册会计师赫斯的解释，美国税务局要求涉及存货项目的纳税人应采用权责发生制的基本会计原则。[①]

7.4.2 存货核算

在企业中，存货通常是流动资产的最大组成部分，选择合适的存货核算方法对保证企业会计报表的准确性是十分重要的。如果企业不能正确核算存货，就会导致收入与费用无法恰当地配比。如果期末存货有误，资产负债表中存货、总资产和所有者权益的余额就会出错。与此同时，如果期末存货有误，已售商品的成本和损益表中的净利润也会出错。

实地盘存制和永续盘存制是两种最常见的存货盘存制度。2006年12月，史密斯去世后，公司摒弃了先前的永续盘存制而改用实地盘存制。在实地盘存制下，公司在平时只登记商品的入库数量及金额，不登记商品的销售数量及金额，期末通过实地盘点来确定结存数量，并倒推出销售数量及金额。山地体育用品公司现行办法是在每年年末进行实地盘点，并根据盘点结果调整相应的销售成本和期末存货余额。

按照沃克曼的解释，史密斯去世前公司采用的永续盘存制太过烦琐、耗时且成本较高。此外，公司审计师并不反对甚至支持这一会计政策的变更。

7.4.3 期末存货估值方法

存货估值过程比较复杂，要求确定以下事项：(1)实物的范围与数量；(2)成本构成；(3)存货计价方法(成本法、市价法或成本与市价孰低法)；(4)成本流转假设(个别计价法、先进先出法、简单平均法或移动加权平均法)。山地体育用品公司采用的是先进先出法成本流转假设。

除没收的典当物品外，公司将实地盘存的所有拥有法定权利的项目(含订货承诺与在途物资)均确认为存货。公司采用成本与市价孰低法确定期末存货的价值，陈旧过时的商品则由沃克曼按实际销售价格决定其价值。

7.4.4 会计职能

自2007年1月1日起，所有会计职能与日常会计活动均由安妮塔和米娅接任，沃克曼作为公司经理对其进行监管。年度财务报表和相关所得税申报表由注册会计师赫斯编制。

7.5 业务约定

假设皮普尔斯律师约请你讨论案情，参加会议的还有罗伯特、纳撒尼尔、皮普尔斯和估价分析师。在会议期间，公司背景信息已经得到确认，所有的提前假设(详见第3章)也都没有问题。业务委托书中的条款内容如下：

- 你被聘为咨询专家，协助皮普尔斯调查史密斯兄弟提出的舞弊嫌疑。你已明确舞弊的法定要素、必要的证据和举证责任。你也明确在确定相关经济损失(如果有)

[①] 美国联邦所得税法 Reg. § 1.446-1(c)(2)。

时,应该加上7.5%的法定利率。
- 由于调查需要公司职员的协作,你已提前联系公司总经理(沃克曼)和公司注册会计师(赫斯)。他们会被告知以下具体内容:
  ▷ 你受聘于公司的股东;
  ▷ 你的调查目的是评估公司的财务状况;
  ▷ 希望他们能积极配合,提供你所要求的公司记录并被准许与雇员接触。
- 在整个调查过程,你将代表各方独立评估公司的运营情况、财务状况和盈利能力。上述内容必须在保证全体员工的合作和降低阻碍的情况下才能顺利完成。针对这一点,皮普尔斯担心如果沃克曼和赫斯怀疑此次聘任的实质,那么他们有可能终止业务或者毁灭相关文件记录。
- 调查的时间范围为2006年12月15日(史密斯去世日期)至2008年12月31日。

由于很难预测调查所需的时间和经费,我们采用阶段式方法。① 这种方法将调查分为一系列阶段(一种阶梯式框架),每个阶段都有确定的目标。当完成阶段目标后,受托人应与委托人(律师)沟通成果。每一阶段的完成都意味着一个决策点,此时委托人必须决定是继续调查、终止调查,还是调整调查范围。

根据以往的经验,我们认为这种方法具有以下几个优点:通过中期(阶段)报告可以提高委托人的认知度和接受程度;能够使委托人随时掌握调查的耗时、耗费和结果;中途可选择终止调查或调整调查范围,降低了委托人的风险;促进调查资源的高效利用。

针对这项调查业务,我们列出了具体的阶段。

- 阶段一:a.确认舞弊嫌疑的合理性;b.若舞弊嫌疑经确认合理,则提出舞弊假设。
- 阶段二:a.通过财务报表分析检验并完善舞弊假设;b.通过日记账分录分析检验并完善舞弊假设。
- 阶段三:收集交互式证据(如访谈),完善并确定舞弊假设。
- 阶段四:得出结论并与委托人沟通结果,包括判断是否存在私吞挪用,以及开展特别方案的相关讨论。
- 阶段五:讨论赫斯的角色、义务和责任,以及可能的职业违纪行为。
- 阶段六:若确认存在舞弊行为,则提出解决建议和补救措施。

深入探讨

我们建议读者检索典当行业相关资料,进一步了解典当相关事务(例如,平均贷款数额、信贷费用和偿还方式等)。此外,典当行业会计实务、行业准则和相关法规条例等都有助于对本章内容的理解。

---

① 与阶段式方法对应的另一种常见的方法是整体式方法,即没有遗漏地完成全部阶段的调查。

7.6 调查

7.6.1 阶段一(a)：确认舞弊嫌疑的合理性

回顾案件的相关背景资料，找出10个可以确认或者无法确认史密斯兄弟提出的舞弊嫌疑合理性的特征——"红旗"信号。①

为此，我们应该运用欺诈三角形（压力、机会和借口）及专业怀疑态度，思考如表7-4所示的问题。

表7-4 "红旗"信号问题

"红旗"信号	欺诈三角形
史密斯兄弟未积极参与管理	机会
公司摒弃了永续盘存制	机会
沃克曼报酬中的一部分由业绩决定	压力

7.6.2 阶段一(b)：若舞弊嫌疑经确认合理，则提出舞弊假设

在确认史密斯兄弟提出的舞弊嫌疑的合理性后，你必须马上提出舞弊假设。值得注意的是，假设不是事实的陈述，它只是对事件发生的猜测，或者是对事实的尝试性解释。在这一阶段，你将运用批判性思维、推理技巧，甚至发散性思维。一个合理的舞弊假设的例子如下：

> 沃克曼为了便于实施欺诈方案，系统性地侵蚀了公司的内部控制制度和监督职能。

7.6.3 阶段二(a)：通过财务报表分析检验并完善舞弊假设

我们在第5章讨论过，财务报表分析是以获取商业活动的额外信息为目的的财务报表审查。这种分析可能揭露意料之外的关联或者理应存在关联的缺失。

接下来，你应该运用各种分析技术（例如，趋势分析、共同比分析、比率分析和现金流量分析等）分析公司财务报表（见表7-5、表7-6和表7-7）。表7-5和表7-7的数据来自公司所得税申报表，表7-6的数据来自年度报告。我们无法列示现金流量表，这正是本阶段所面临的挑战之一。

---

① 已经确认了超过20种特征信号。

表 7-5 山地体育用品公司的运营分析

单位:美元

项目	2003 年	2004 年	2005 年	2006 年	2007 年	2008 年
销售收入	1 793 346	1 863 321	2 007 185	2 195 901	2 339 496	2 513 479
销售成本	(1 476 447)	(1 533 750)	(1 642 210)	(1 761 292)	(1 926 462)	(2 080 909)
毛利	316 899	329 571	364 975	434 609	413 034	432 570
营业费用						
高管薪酬	60 000	60 000	65 000	65 000	50 000	50 000
职工薪酬	68 002	91 927	110 907	139 723	157 320	161 315
维护费用	1 177	602	2 620	1 297	1 268	1 769
租金费用	12 000	12 000	23 000	24 000	24 000	24 000
特许经营及税费	24 065	27 868	43 085	45 711	50 232	54 543
折旧费用	5 407	5 824	11 647	5 860	6 588	6 534
广告费用	1 941	2 658	5 653	4 216	18 778	27 512
运输费用	9 353	10 831	10 337	11 155	12 241	12 669
保险费用	13 121	16 903	19 287	25 089	32 609	38 149
杂项费用	1 205	1 839	4 168	3 940	2 736	3 115
办公费用	479	357	613	1 040	3 656	4 350
邮寄费用	316	409	847	932	1 082	1 310
低值易耗品费用	2 185	2 248	3 320	1 992	1 670	2 021
通信费	2 372	2 773	3 188	3 374	2 933	3 667
水电费	5 841	5 467	6 372	7 198	7 144	7 246
外部劳务费用	1 587	3 097	11 550	24 192	771	698
差旅和招待费	2 224	3 319	3 541	3 126	5 217	6 051
营业费用合计	211 275	248 122	325 135	367 845	378 245	404 949
营业收入	105 624	81 449	39 840	66 764	34 789	27 621
其他收入(费用)						
利息收入				6 730		
利息费用	(7 928)	(5 789)	(2 731)	(1 648)		
其他收益合计	(7 928)	(5 789)	(2 731)	5 082		
净利润	97 696	75 660	37 109	71 846	34 789	27 621

资料来源:山地体育用品公司所得税申报表(1120S 表格)。

表 7-6 山地体育用品公司年度报告

单位：美元

项目	2008年12月31日	2007年12月31日	变动金额	项目	2008年1—12月	2007年1—12月
资产				经常性收入/费用		
流动资产				收入		
支票	63 904	82 803	(18 899)	销售收入	2 513 479	2 339 496
存货	296 776	281 147	15 629	总收入	2 513 479	2 339 496
流动资产合计	360 680	363 950	(3 270)	销售成本		
固定资产				销售成本合计	2 080 909	1 926 462
家具及设备	123 498	83 498	40 000	毛利	2 080 909	1 926 462
累计折旧	(73 358)	(66 824)	(6 534)	费用	432 570	413 034
固定资产净额	50 140	16 674	33 466	广告与促销	0	
其他资产	1 253	1 253	0	运输费用	12 669	12 241
资产总计	412 073	381 877	30 196	折旧费用	6 534	6 588
负债与所有者权益				保险费用	38 149	32 609
流动负债				杂项费用	3 115	2 736
应付职工薪酬	51 789	49 169	2 620	办公费用	4 350	3 656
应付销售税	18 410	16 593	1 817	高管薪酬	50 000	50 000
流动负债合计	70 199	65 762	4 437	外部劳务费用	698	771
长期负债	42 579	44 441	(1 862)	邮寄费	1 310	1 082
负债合计	112 778	110 203	2 575			

(续表)

项目	2008年12月31日	2007年12月31日	变动金额	项目	2008年1—12月	2007年1—12月
所有者权益				租金费用	24 000	24 000
股本	1 000	1 000	0	维护费用	1 769	1 268
股利	0	(9 066)	9 066	薪资与福利	161 315	157 320
留存收益	270 674	244 951	25 723	低值易耗品费用	2 021	1 670
净利润	27 621	34 789	(7 168)	特许经营与税费	54 543	50 232
所有者权益合计	299 295	271 674	27 621	通信费	3 667	2 933
负债与所有者权益总计	412 073	381 877	30 196	差旅和招待费	6 051	5 217
				水电费	7 246	7 144
				费用合计	404 949	378 245
				经常性收入净额	27 621	34 789
				净利润	27 621	34 789

法务会计
案例解析与应用

表 7-7 山地体育用品公司资产负债表分析

单位：美元

项目	2002 年	2003 年	2004 年	2005 年	2006 年	2007 年	2008 年
资产							
流动资产							
货币资金	72 693	60 540	65 057	38 220	54 162	82 803	63 904
存货	169 025	204 032	214 046	236 681	264 575	281 147	296 776
流动资产合计	241 988	264 572	279 103	274 901	318 737	363 950	360 680
固定资产							
设备	43 996	47 124	49 735	64 642	80 118	83 498	123 498
累计折旧	(31 497)	(36 904)	(42 729)	(54 376)	(60 236)	(66 824)	(73 358)
固定资产净值	12 499	10 220	7 006	10 266	19 882	16 674	50 140
其他资产	1 253	1 253	1 253	1 253	1 253	1 253	1 253
资产总计	**255 740**	**276 045**	**287 362**	**286 420**	**339 872**	**381 877**	**412 073**
负债与所有者权益							
流动负债							
应付职工薪酬		4 879	5 560	15 843	30 190	49 169	51 789
应付销售税		10 901	12 199	12 456	13 802	16 593	18 410
其他流动负债	12 821						
流动负债合计	12 821	15 780	17 759	28 299	43 992	65 762	70 199
长期负债	110 186	89 690	67 056	24 534	34 441	44 441	42 579
负债合计	123 007	105 470	84 815	52 833	78 433	110 203	112 778
所有者权益							
股本	1 000	1 000	1 000	1 000	1 000	1 000	1 000
留存收益	131 733	169 575	201 547	232 587	260 439	270 674	298 295
所有者权益合计	132 733	170 575	202 547	233 587	261 439	271 674	299 295
负债与权益总计	**255 740**	**276 045**	**287 362**	**286 420**	**339 872**	**381 877**	**412 073**

资料来源：山地体育用品所得税申报表（1120S 表格）。

在完成分析后，请思考你的发现能做出什么推断。你发现了什么问题或者产生了什么疑惑？你的分析是否支持所提出的假设？你的假设应该进一步地完善吗？具体的问题可能包括以下内容：

- 公司所报告的本期毛利和净利润是否与上期一致？利润趋势意味着什么？
- 资产负债表中的项目是否与利润表以及你对业务的理解相一致？重点考虑典当贷款、典当贷款利息收入和利息费用。

7.6.4 阶段二（b）：通过日记账分录分析检验并完善舞弊假设

正如第 5 章所讨论的，日记账分录可从根本上影响财务报表和财务报告流程的合法性。因此，日记账分录的重要性是不言而喻的。检查分录的目的是识别并评估任何不合理或不寻常的活动。特别是像本案这种情况——公司内部控制效率低下、管理层凌驾于会计业务之上，检查日记账分录就显得尤为重要了。正如美国注册会计师协会发布的审计准则第 99 号《财务报表审计中对舞弊的考虑》所指出的，日记账分录舞弊具有以下几种常见特征：

- 会计分录中存在无关联的、不寻常的或不常使用的账户。
- 在会计期末登记的异常会计分录。
- 结账后登记的会计调整分录且没有解释或解释很少。
- 包含整数或者与期末数值相同的会计分录。
- 涉及公司内部或关联方的会计分录。

会计调整分录范例如表 7-8 所示。请根据你所掌握的日记账分录检查相关技能，分析山地体育用品公司 2006—2008 年的会计调整分录（见表 7-9、表 7-10 和表 7-11）。请读者务必仔细检查表 7-9 至表 7-11 中的日记账分录，充分关注登记日期、非关联账户（销售和员工贷款）及整数的使用。

表 7-8 2006 年基于总分类账的年末调整分录

单位：美元

销售收入	45 000
信用额度	20 000
员工贷款	45 000
应付职工薪酬	20 000

此外，思考你分析发现的其他额外信息，它们是否支持你的假设？是否有必要进一步修改及完善假设？

表 7-9 2006 年 12 月 31 日总账调整分录

单位：美元

类型	日期	记账日期	列支	借方	贷方	余额
支票						38 220
				2 267 631		
					2 251 689	
支票合计				2 267 631	2 251 689	54 162
存货						**236 681**
调整分录	2006/12/31	2007/02/18	产品销售成本	27 894		

（续表）

类型	日期	记账日期	列支	借方	贷方	余额
存货合计				27 894		264 575
设备						**64 642**
				15 476		
设备合计				15 476		80 118
累计折旧						**(54 376)**
调整分录	2006/12/31	2007/02/18	折旧费用		5 860	
累计折旧合计					5 860	(60 236)
租赁资产改良						
				15 000		
调整分录	2006/12/31	2006/08/20	外部劳务		15 000	
租赁资产改良合计				15 000	15 000	
员工贷款						
				45 000		
调整分录	2006/12/31	2007/03/01	销售		45 000	
员工贷款合计				45 000	45 000	
其他资产						**1 253**
其他资产合计						1 253
信用额度						
					20 000	
调整分录	21/31/2006	2007/03/01	工资负债	20 000		
信用额度合计				20 000	20 000	
应付职工薪酬						**(15 843)**
				15 843		
					10 190	
调整分录	2006/12/31	2007/03/01	信用额度		20 000	
应付职工薪酬合计				15 843	30 190	(30 190)
应付销售税						**(12 456)**
				12 456		
					13 802	
应付销售税合计				12 456	13 802	(13 802)
长期负债						**(24 534)**
				3 593		
					13 500	

（续表）

类型	日期	记账日期	列支	借方	贷方	余额
长期负债合计				3 593	13 500	(34 441)
股本						(1 000)
股本合计						(1 000)
股利						
				10 767		
股利合计				10 767		10 767
留存收益						(232 587)
				33 227		
留存收益合计				33 227		(199 360)
销售收入						
					2 240 901	
调整分录	2006/12/31	2007/03/01	员工贷款	45 000		
销售收入合计				45 000	2 240 901	(2 195 901)
销售成本						
				1 789 186		
调整分录	2006/12/31	2007/02/18	存货		27 894	
销售成本合计				1 789 166	27 894	1 761 292
广告与促销						—
				4 216		
广告与促销合计				4 216	—	4 216
运输费用						—
				11 155		
运输费用合计				11 155	—	11 155
折旧费用						—
调整分录	2006/12/31	2007/02/18	累计折旧	5 860		
折旧费用合计				5 860	—	5 860
保险费用						—
				25 089		
保险费用合计				25 089	—	25 089
利息费用						—
				1 648		
利息费用合计				1 648	—	1 648
杂项费用						—
				3 940		

（续表）

类型	日期	记账日期	列支	借方	贷方	余额
杂项费用合计				3 940	—	3 940
办公费用						—
				1 040		
办公费用合计				1 040	—	1 040
高管薪酬						—
				65 000		
高管薪酬合计				65 000	—	65 000
外部劳务费用						—
				9 192		
调整分录	2006/12/31	2006/08/20	租赁资产改良	15 000		
外部劳务费用合计				24 192		24 192
邮寄费						
				932		
邮电费合计				932		932
租金费用						
				24 000		
租金费用合计				24 000		24 000
维护费用						
				1 297		
维护费用合计				1 297		1 297
薪资费用						
				139 723		
薪资费用合计				139 723		139 723
低值易耗品费用						
				1 992		
低值易耗品费用合计				1 992		1 992
特许经营与税费						
				45 711		
特许经营与税费合计				45 711		45 711
通信费						
				3 374		
通信费合计				3 374		3 374

（续表）

类型	日期	记账日期	列支	借方	贷方	余额
差旅和招待费						
				3 126		
差旅和招待费合计				3 126		3 126
水电费						
				7 198		
水电费合计				7 198		7 198
利息收入						
					(6 730)	
利息收入合计					6 730	6 730
				4 670 566	4 670 566	

表 7-10　2007 年 12 月 31 日总账调整分录

单位：美元

类型	日期	记账日期	列支	借方	贷方	余额
支票						54 162
				2 374 496		
					2 345 855	
支票合计				2 374 496	2 345 855	82 803
存货						264 575
调整分录	2007/12/31	2008/02/20	销售成本	16 572		281 147
存货合计				16 572		281 147
设备						80 118
				3 380		83 498
设备合计				3 380		83 498
累计折旧						(60 236)
调整分录	2007/12/31	2008/02/20	折旧费用		6 588	(66 824)
累计折旧合计					6 588	(66 824)
其他资产						1 253
其他资产合计						1 253
应付职工薪酬						(30 190)
				30 190		
					34 169	(34 169)
调整分录	2007/12/31	2008/03/07	销售		15 000	(49 169)

（续表）

类型	日期	记账日期	列支	借方	贷方	余额
应付职工薪酬合计				30 190	49 169	(49 169)
应付销售税						**(13 802)**
				13 802		
					16 593	(16 593)
应付销售税合计				13 802	16 593	(16 593)
长期负债						**(34 441)**
调整分录	2007/12/31	2008/03/07	销售		10 000	(44 441)
长期负债合计					10 000	(44 441)
股本						**(1 000)**
股本合计						(1 000)
股利						
				9 066		9 066
股利合计				9 066		9 066
留存收益						**(260 439)**
				15 488		(244 951)
留存收益合计				15 488		(244 951)
销售收入					2 364 496	(2 364 496)
调整分录	2007/12/31	2008/03/07	工资负债 长期负债	25 000		(2 339 496)
销售收入合计				25 000	2 364 496	(2 339 496)
销售成本						
				1 937 034		1 937 034
调整分录	2007/12/31	2008/02/20	存货		16 572	1 920 462
调整分录	2007/12/31	03/09/2008	汽车租赁	6 000		1 926 462
销售成本合计				1 943 034	16 572	1 926 462
广告与促销						
				6 278		6 278
调整分录	2007/12/31	2008/03/09	差旅费和招待费	12 500		18 778
广告与促销合计				18 778		18 778
汽车租赁费						
				6 000		6 000
调整分录	2007/12/31	2008/02/20	销售成本		6 000	
汽车租赁费合计				6 000	6 000	

（续表）

类型	日期	记账日期	列支	借方	贷方	余额
运输费用						
				12 241		12 241
运输费用合计				12 241		12 241
折旧费用						
调整分录	2007/12/31	2008/02/20	累计折旧	6 588		6 588
折旧费用合计				6 588		6 588
保险费用						27 609
				27 609		
调整分录	2007/12/31	2008/03/09	外部劳务	5 000		32 609
保险费用合计				32 609		32 609
杂项费用						
				2 736		2 736
杂项费用合计				2 736		2 736
办公费用						
				3 656		3 656
办公费用合计				3 656		3 656
高管薪酬						
				50 000		50 000
高管薪酬合计				50 000		50 000
外部劳务费用						
				5 771		5 771
调整分录	2007/12/31	2008/03/09	保险		5 000	771
外部劳务费用合计				5 771	5 000	771
邮寄费						
				1 082		1 082
邮寄费合计				1 082		1 082
租金费用						
				24 000		24 000
租金费用合计				24 000		24 000
维护费用						
				1 268		1 268
维护费用合计				1 268		1 268

(续表)

类型	日期	记账日期	列支	借方	贷方	余额
薪资费用						
					157 320	157 320
薪资费用合计					157 320	157 320
低值易耗品费用						
					1 670	1 670
低值易耗品费用合计					1 670	1 670
特许经营与税费						
					50 232	50 232
特许经营与税费合计					50 232	50 232
通信费						
					2 933	2 933
通信费合计					2 933	2 933
差旅和招待费						
					17 717	17 717
调整分录	2007/12/31	2008/03/07	广告与促销		12 500	5 217
差旅和招待费合计				17 717	12 500	5 217
水电费						
					7 144	7 144
水电费合计					7 144	7 144
				4 832 773	4 832 773	

表 7-11 2008 年 12 月 31 日总账调整分录

单位:美元

类型	日期	记账日期	列支	借方	贷方	余额
支票						82 803
				2 513 479		
					2 532 378	54 162
支票合计				2 513 479	2 532 378	63 904
存货						281 147
调整分录	2008/12/31	2009/02/16	销售成本	15 629		296 776
存货合计				15 629		296 776
设备						83 498
调整分录	2008/12/31	2009/02/28	员工贷款	40 000		123 498
设备合计				40 000		123 498

(续表)

类型	日期	记账日期	列支	借方	贷方	余额
累计折旧						(66 824)
调整分录	2008/12/31	2009/02/16	折旧费用		6 534	(73 358)
累计折旧合计					6 534	(73 358)
员工贷款						
					40 000	40 000
调整分录	2008/12/31	2009/02/28	设备		40 000	
员工贷款合计				40 000	40 000	
其他资产						1 253
其他资产合计						1 253
应付职工薪酬						(49 169)
				34 169		(15 000)
					36 789	(51 789)
应付职工薪酬合计				34 169	36 789	(51 789)
应付销售税费						(16 593)
				16 593		
					(18 410)	18 410
应付销售税费合计				16 593	18 410	(18 410)
长期负债						(44 441)
					1 862	(42 579)
长期负债合计					1 862	(42 579)
股本						(1 000)
股本合计						(1 000)
留存收益						(270 674)
留存收益合计						(270 674)
销售收入						
					2 513 479	(2 513 479)
销售收入合计					2 513 479	(2 513 479)
销售成本						
				2 090 538		2 090 538
调整分录	2008/12/31	2009/02/16	汽车租赁	6 000		2 096 538
调整分录	2008/12/31	2009/02/16	存货		15 629	2 080 909
销售成本合计				2 096 538	15 629	2 080 909

（续表）

类型	日期	记账日期	列支	借方	贷方	余额
广告与促销费用						
				7 512		7 512
调整分录	2008/12/31	2009/02/28	差旅费和招待费	20 000		27 512
广告与促销费用合计				27 512		27 512
汽车租赁费用						
				6 000		6 000
调整分录	2008/12/31	2009/02/16	销售成本		6 000	
汽车租赁费用合计				6 000	6 000	
运输费用						
				12 669		12 669
运输费用合计				12 669		12 669
折旧费用						
调整分录	2008/12/31	2009/02/16	累计折旧	6 534		6 534
折旧费用合计				6 534		6 534
保险费用						
				30 149		30 149
调整分录	2008/12/31	2009/02/28	外部劳务	8 000		38 149
保险费用合计				38 149		38 149
利息费用						
利息费用合计						
杂项费用						
				3 115		3 115
杂项费用合计				3 115		3 115
办公费用						
				4 350		4 350
办公费用合计				4 350		4 350
高管薪酬						
				50 000		50 000
高管薪酬合计				50 000		50 000
外部劳务费用						
				8 698		8 698
调整分录	2008/12/31	2009/02/28	保险		8 000	696

(续表)

类型	日期	记账日期	列支	借方	贷方	余额
外部劳务费用合计				8 698	8 000	696
邮寄费用						
				1 310		1 310
邮寄费用合计				1 310		1 310
租金费用						
				24 000		24 000
租金费用合计				24 000		24 000
维护费用						
				1 769		1 769
维护费用合计				1 769		1 769
薪资费用						
				161 315		161 315
薪资费用合计				161 315		161 315
低值易耗品费用						
				2 021		2 021
低值易耗品费用合计				2 021		2 021
特许经营与税费						
				54 543		54 543
特许经营与税费合计				54 543		54 543
通信费						
				3 667		3 667
通信费合计				3 667		3 667
差旅和招待费						
				26 051		26 051
调整分录	2008/12/31	2009/02/28	广告与促销		20 000	6 051
差旅和招待费合计				26 051	20 000	6 051
水电费						
				7 246		7 246
水电费合计				7 246		7 246
利息费用						
利息费用合计						
				5 197 219	**5 197 219**	

7.6.5 阶段三：完善并确定舞弊假设

正如前面所提到的（详见第 4 章），访谈是法务会计师收集和评估信息的基本手段。在本调查阶段，你应该：

第一，掌握相关业务的工作知识（包括典当行的运作）。

第二，掌握公司会计信息系统（特别是内部控制）的相关知识。

第三，确认财务报表中任何有疑问的事项。例如，没有典当应收账款、没有利息费用，以及异常的日记账分录。

第四，确认应访谈的关键人物和应深入挖掘的信息。

法务会计师应采访哪些人？采用怎样的顺序？是采用正式访谈还是非正式访谈？为了帮助你完成阶段三的任务，我们推荐以下的访谈顺序：

第一步，中立的第三方——苏·布莱恩特，访谈记录详见附录 7-A。

第二步，见证人和可能的共谋者——安妮塔，访谈记录详见附录 7-B。

第三步，有嫌疑的共谋者——查尔斯·赫斯，访谈记录详见附录 7-C。

第四步，目标对象——托马斯·沃克曼，访谈记录详见附录 7-D。

请务必按顺序仔细阅读每一条访谈记录，以完善并进一步确定你的假设。相关信息都要确认并融入你对案例事实与情景的评估。此时，你可能会有以下疑问：

- 苏·布莱恩特为什么退休？
- 赫斯和沃克曼是什么关系？
- 谁应对这起会计舞弊负责？是安妮塔、赫斯还是沃克曼？
- 他们可能会如何解释某些有问题的业务？
- 安妮塔是佐证证人还是共谋者？
- 蓄意表现在什么地方？这是舞弊吗？或者说这些疑点只是代表无知的错误？
- 赫斯扮演什么角色？谁依靠谁？

除了思考针对疑问的答复，你还应该确认尚未提及的相关问题。最后，请确认任何你想采访的证人并解释。

7.6.6 阶段四：得出结论并沟通结果

这一阶段要求判定"挪用"数额并讨论舞弊所采用的具体手段或阴谋。为了顺利完成本阶段，我们提供以下四种导致损失的因素以供参考：

- 具体交易或事项；
- 未报告的典当贷款利息；
- 未报告的没收典当物品的销售；
- 法定利率 7.5%。

阴谋是"一种狡猾的密谋或计划,通常用于欺骗他人"。① 舞弊阴谋通常发生在小型组织(如山地体育用品公司)中,表 7-12 列示了常见的舞弊阴谋。

表 7-12 常见舞弊阴谋

手段	具体手段
抹零	在进行会计系统登记前"抹去"现金收入的"零头"
现金盗窃	在计入会计系统后挪用现金收入
登记支出	在现金记录中做虚假分录以掩盖欺骗性现金的挪用
减记现金	减少支票存款中的现金
虚假/低估信贷	运用虚假贷款或低估贷款以掩饰偷窃收入
转移贷款收益	将商业贷款收益转移至个人账户
虚构会计记录	伪造财务信息,利用虚假会计分录和设计虚假交易来夸大收益或低估损失
未经授权支出	通过诡计或伎俩未经授权转移公司资金
账单阴谋	未经授权支出类型的一种,舞弊者提供虚假货物或服务的发票或提交个人消费发票以骗取资金
篡改支票	未经授权支出类型的一种,舞弊者伪造、盗窃或篡改公司支票
工资单舞弊	未经授权支出类型的一种,涉及伪造工资记录单,如篡改员工考勤卡、向虚构的员工支付工资
费用报销	员工虚假报销或高估业务费用
佣金/回扣	销售方为诱导或促使未来销售业务而按照销售金额的一定比例返回购买方报酬
互换交易	两家公司出于抬高收益的目的,合谋交换支付和服务的一种阴谋

资料来源:汇编自美国注册会计师协会和注册舞弊审查师协会的相关定义。

特殊事项

特殊事项可从会计分录中辨认,并在访谈中进一步确认。本案件中三个特殊事项的例子如表 7-13 所示。

表 7-13 特殊事项示例

具体事项	手段	2006 年 (美元)	2007 年 (美元)	2008 年 (美元)
2006 年 12 月 23 日支票	未经授权支出;虚构会计分录	45 000		
LOC 公司的支付(3 张支票)	未经授权支出;虚构会计分录		25 000	
支付给经典建筑公司的支票	未经授权支出;虚构会计分录		5 000	8 000

未报告的典当贷款利息和没收典当物品销售

考虑到史密斯是 2006 年 12 月 15 日去世的,你的任务是计算 2007 年和 2008 年未报告

① From *Black's Law Dictionary* (2009), 9th Edition. Material reprinted with permission of Thomson Reuters.

的典当贷款利息和没收典当物品销售额。表7-14确认了典当收益损失推算的特定项目和参考点。

表7-14 典当收益损失推算

单位:美元

	典当利息	典当项目	计算依据/来源
2007年损失项目			
2006年12月31日典当贷款估计值	50 000.00		苏·布莱恩特的访谈
2007年典当贷款	91 230.00		支票支出;经沃克曼确认
预计35%的违约率	(49 430.50)	49 430.50	沃克曼的访谈
可用贷款余额	91 799.50		
2007年典当物品	(48 464.00)		银行存款分析
2007年12月31日典当贷款推算额	43 335.50		
平均可用贷款余额	46 667.75		
每月按20%利率计算的利息	9 333.55		
年度利息	112 002.60		
用支票支付的利息	(57 944.00)		银行对账单分析
估计净损失额	54 058.60		
2008年损失项目			
2007年12月31日典当贷款估计值	43 335.50		
2008年典当贷款	97 315.00		支票支出,经沃克曼确认
预计35%的违约率	(34 060.25)	34 060.25	
可用贷款余额	106 590.25		
2008年典当物品	(52 053.00)		银行对账单分析
2008年12月31日典当贷款推算额	54 537.25		
平均可用贷款余额	48 936.38		
每月按20%利率计算的利息	9 787.28		
年度利息	117 447.30		
用支票支付的利息	(61 942.86)		银行对账单分析
估计净损失额	55 504.44		
年末没收典当物品		(40 000.00)	
没收典当物品按销售处理		43 490.75	
按100%加成*		86 980.00	沃克曼的访谈
估计损失总额	109 563.04	86 980.00	
总计		196 549.00	

注:2007年和2008年各占50%。

法定利率推算

法定利率是一种由联邦或州规定的、用于计算经济损失数额的利息率。为方便起见，在计算经济损失时，你可以使用单利为 7.5% 的法定利率。

7.6.7 阶段五：讨论赫斯的角色、义务和责任

你已收集的证据表明赫斯很可能是同谋，而且赫斯在向山地体育用品公司提供服务的过程中可能违背了美国注册会计师协会发布的职业道德和专业标准。阶段五的活动要求深入讨论赫斯的行为并解决以上疑虑，参照标准包括注册会计师《职业行为守则 101 号——独立性》《职业行为守则 201 号——一般准则》和《职业行为守则 202 号——遵守准则》。接下来，我们建议你从以下问题开始考虑：

- 赫斯是否独立于 2009 年的股东大会？
- 赫斯是否满足以下要求：
  ▷ 专业技能；
  ▷ 应有的职业谨慎；
  ▷ 计划和监督；
  ▷ 充分和相关的数据。

7.6.8 阶段六：提出解决建议和补救措施

假设舞弊行为得到了确认，请提出你的解决建议和补救措施。你的讨论应该考虑以下问题：

- 证据力有多强？
- 是否存在其他替代性解释？
- 是否有必要提交刑事控告书？如果有必要，那么针对谁提起诉讼？
- 是否有必要提交民事控告书？如果有必要，那么针对谁提起诉讼？
- 是否有必要考虑非诉讼纠纷解决机制？

非诉讼纠纷解决机制是解决法律纠纷的一种替代机制。非诉讼纠纷解决机制策略通常包括调解、仲裁，或者两者的结合。调解是一种保密的、无约束力的结构化过程。调解一般由独立的第三方（例如，一名退休的法官）主导，主要负责推进换位思考，鼓励双方达成共识以解决纠纷。一次成功的调解可促成一个双方满意的解决方案。相比于诉讼和仲裁，调解费用更低且耗时更短。

仲裁一般是当事人根据他们之间订立的仲裁协议，自愿将争议提交由非司法机构的仲裁员组成的仲裁庭进行裁判，并受该裁判约束的一种制度。这种协商方式没有审判那么正式，而且参与各方的主要精力聚焦于发掘真相。

与诉讼相比，非诉讼纠纷解决机制的特点如下：

- 时间。耗费数小时或数天而非数年。
- 费用。耗费数百美元而非数千美元。
- 形式。简单而非复杂。
- 灵活性。自主的而非受限制的。
- 隐私性。保密的而非公开的。
- 执行力。高效率而非不可控。

7.7 尾声：山地体育用品公司案

在所有相关方（包括沃克曼、赫斯，以及他们各自的律师）出席的特别股东大会上，你将展示你的调查结果。在会议之前，调查报告的复印件分别被提交给沃克曼和赫斯。皮普尔斯提醒，你的调查报告将有助于商讨解决方案，如果案件被提起诉讼，调查报告还将作为审理的关键证据。

还需要注意的是，赫斯和沃克曼（通过各自的律师）早已准备好解释他们行为的积极抗辩。赫斯会辩称自己很"窝囊"（即以沃克曼妨碍他履行职责为由），并将部分责任归咎于沃克曼。相反，沃克曼会辩称他缺乏相关的专业知识，并将责任归咎赫斯的失职。在为股东大会作准备时，皮普尔斯要求你积极回应这些抗辩，并判定和比较他们的作案动机或蓄意的相关要素。

附录 7-A：对苏·布莱恩特的访谈记录

对苏·布莱恩特的访谈备忘录文件

日期：2009 年 3 月 8 日（3 月 8 日转录）

事由：与苏·布莱恩特女士在皮普尔斯办公室面谈（13:00—15:15）

主题：山地体育用品公司

自我介绍与访谈目的

- 告知本人受聘于皮普尔斯先生——山地体育用品公司股东的代理律师，评估公司业务的运营情况，包括账簿及记录。
- 告知皮普尔斯先生关心企业经营的盈利性和会计报告的准确性。
- 告知本人已查阅以下内容：
    ▷ 公司 2003—2008 年的所得税申报表；
    ▷ 截至 2006 年 12 月 31 日公司经审阅的财务报告及 2007 年和 2008 年编制的财务报告；
    ▷ 截至 2006 年 12 月 31 日的公司估值报告；
    ▷ 公司 2006—2008 年的总分类账和调整分录明细；

▷ 沃克曼的聘用合同。

布莱恩特女士爽快地接受我们的访谈并提供了相关信息。

个人资料

- 67 岁。
- 丧偶且无子女。
- 居住地为西弗吉尼亚州南查尔斯顿。
- 文化程度为高中,商业数学与记账。
- 1993 年帮助史密斯先生开创业务,是他的第一名雇员。
- 开始是兼职,在 2000 年或 2001 年左右逐渐全职。

任职山地体育用品

- 1993—2006 年任职。
- 每周 750 美元的基本工资以及奖金(每年约 45 000 美元)。
- 福利包括健康保险、3 周的假期和交纳个人退休保险。
- 职责包括所有的会计工作与工资发放,具体为:
  ▷ 登记与保管公司所有的账目及票据;
  ▷ 使用会计软件记录所有事务;
  ▷ 确保检查与制衡系统有效运行;
  ▷ 编制月度财务报表;
  ▷ 关注与管理现金流量;
  ▷ 向布洛克税务公司(H&R Block)提交报税单。
- 典当行的经营情况如下:
  ▷ 认为经营典当行是个好主意;
  ▷ 努力制定内部控制方面的政策与程序;
  ▷ 史密斯为成立典当行聘请了一家咨询公司并购置了专业软件;
  ▷ 生意的繁荣源于新交通工具;
  ▷ 2006 年夏季开业,当年年底就有 5 万美元的贷款;
  ▷ 每月 20% 的利息率;
  ▷ 贷款本金的偿付和贷放均使用现金;
  ▷ 利息的偿付通常使用支票(有时用现金);
  ▷ 存款要求提供存款的来源;
  ▷ 未赎回率为 25%—30%(所有未赎回典押品加价 100% 登记为库存);
  ▷ 在计算售价时将这些附加价格计入成本;
  ▷ 史密斯的计划是用典当行的利润支付公司新房产的首期款。

史密斯去世后的公司业务

- 公司完全失控。
- 史密斯没有留下遗嘱,因为两个儿子还在上学,而其配偶的身体状况欠佳。
- 与家人非正式协商与沃克曼共同管理公司,以便分担史密斯的责任。

- ▷ 沃克曼是公司的一名长期(大约十年)雇员;
- ▷ 沃克曼当时是经理助理,但不涉及行政职能,缺乏全面的商业知识,没有典当行的工作经验。
- 开始的15天一片混乱。
  - ▷ 失控,沃克曼宣称完全失控:第一个问题是奖金,沃克曼坚称史密斯承诺过——我们答应解决并与史密斯家人商讨;第二个问题是沃克曼的薪酬和福利,沃克曼要求6万美元(赫斯的提议之一)的年薪——我们认为过高并建议与史密斯家人讨论;第三个问题是赫斯——我同意聘请他帮忙,但结果成了噩梦;
  - ▷ 第一步是授予沃克曼银行签署权限,即他可以开立支票——这成了一个大问题;
  - ▷ 第二步是放弃了会计控制,特别是针对典当行的。
- 2007年1月3日与史密斯家人的面谈如下:
  - ▷ 告知他们工作上的相关问题及计划退休的决定,因为压力太大了;
  - ▷ 建议评估公司价值并出售公司;
  - ▷ 认为沃克曼可以胜任工作——他不辞辛苦,但必须监督;
  - ▷ 建议聘请新的内部会计和其他会计师事务所的注册会计师进行客观审查——而不是赫斯;
  - ▷ 建议和沃克曼签订聘用合同——5万美元的基本工资外加销售业绩一定百分比的提成(激励性);
  - ▷ 公司提供有限的福利——建议给沃克曼购买健康保险;
  - ▷ 建议进行年度审计;
  - ▷ 同意在董事会任职;
  - ▷ 未曾见过沃克曼的聘用合同。
- 2007年6月6日后参与公司事务受到限制,例如:
  - ▷ 未被邀请参加公司董事会与股东大会;
  - ▷ 仅偶尔与赫斯交流商业问题;
  - ▷ 认同由赫斯或其他员工所做的调整分录;
  - ▷ 对安妮塔和米娅担任日常会计工作感到很意外;
  - ▷ 很惊讶公司没有进行年度审计;
  - ▷ 未曾见过当年的年度报告。

布莱恩特就其与安妮塔和米娅的关系的陈述

- 喜欢安妮塔和米娅。
- 安妮塔假期会在店里兼职管理存货。
- 安妮塔很爱女儿。
- 安妮塔不想做全职工作。
- 对安妮塔在公司任会计感到很惊讶。
- 偶尔会通过电话联系。

- 据安妮塔说赫斯将主管会计职能。
- 米娅很亲切,很乐意在公司工作,并认为这是一种美好的经历。

布莱恩特就其与赫斯(注册会计师)的关系的陈述
- 赫斯参与了公司房产租用的谈判,但是为业主工作。
- 公司为拓展业务搬迁后赫斯来过典当行。
- 赫斯是沃克曼的朋友。
- 知道赫斯缺乏经验。
- 相信赫斯将史密斯的去世视为机会。
- 不理解赫斯提出的变更存货盘存制度和公司会计软件的建议。
- 理解沃克曼将赫斯聘为全职员工,这是为了接手她的工作。
- 对赫斯没有直接的了解,大部分从安妮塔处得知。

关于特定事项的讨论

我提出讨论以下事务,布莱恩特陈述如下:

2006年12月23日签发的一张45 000美元的支票最初登记为员工贷款,后重新调整为收入减少。其中,20 000美元来自LOC公司,科目名称为应付个人所得税(向布莱恩特展示了45 000美元支票的复印件)。
- 不曾听闻。
- 感到很震惊。
- 未曾见过支票——可能包含在12月份的银行对账单中(1月中旬收到)。

总结陈述

我总结了访谈并询问布莱恩特是否还有最后陈述或其他信息。布莱恩特陈述如下:
- 十分意外——但并不震惊。
- 知晓沃克曼生活方式(新房、新车和旅游)的改变。
- 不相信安妮塔和米娅知情。
- 相信这些坏建议来自赫斯。

访谈结束。

附录7-B:对安妮塔的访谈记录

对安妮塔的访谈备忘录文件

日期:2009年3月10日(3月12日转录)

事由:与安妮塔·沃克曼女士在山地体育用品公司面谈(18:00—19:30)

主题:会计业务——工作职责

自我介绍与访谈目的

- 告知本人受聘于皮普尔斯先生——山地体育用品公司股东的代理律师,评估公司业务的运营情况,包括账簿及记录。
- 告知皮普尔斯先生关心企业经营的盈利性和会计报告的准确性。
- 告知本人已查阅以下内容:
  ▷ 公司 2003—2008 年的所得税申报表;
  ▷ 截至 2006 年 12 月 31 日公司经审阅的财务报告及 2007 年和 2008 年编制的财务报告;
  ▷ 截至 2006 年 12 月 31 日的公司估值报告;
  ▷ 公司 2006—2008 年的总分类账和调整分录明细;
  ▷ 她丈夫的聘用合同。

安妮塔女士很乐意接受我们的访谈并提供了相关信息。

个人资料

- 出生日期为 1969 年 1 月 26 日(40 岁)。
- 已婚,丈夫为托马斯·沃克曼(结婚日期为 1989 年 5 月 15 日)。
- 一个女儿——米娅(17 岁)。
- 在社区学院接受教育,三个学期的商业课程。
- 工作经历如下:

(1) 2007 年 1 月至今在山地体育用品公司——有需要时工作,已接受成为内部会计的培训。
  ▷ 接受赫斯和其他注册会计师同事的培训;
  ▷ 参加了在公司内部举办的财务会计速成补习班;
  ▷ 每月 1 500 美元的薪酬——工资由注册会计师查尔斯·赫斯决定;
  ▷ 每周 25 小时的工作时间——有时更久、有时更短;
  ▷ 在家中做一些记账工作(如应付账款和编制工资),每周大约一小时;在家中使用公司购买的电脑,会计软件由注册会计师安装;
  ▷ 在公司需要时工作,没有固定计划;缺人手时丈夫会叫她替代米娅;
  ▷ 不参与典当行的业务,它由沃克曼管理,大多是枪火生意;
  ▷ 不涉及库存管理,这由赫斯和沃克曼管理,不确定他们具体怎么做。

(2) 1990—2007 年的工作状态。
  ▷ 起初是全职太太(学校志愿者);
  ▷ 偶尔公司有需要时帮史密斯登记账簿、上货和管理库存——协助布莱恩特的工作。

(3) 1988—1990 年的工作状态。
  ▷ 顶峰期;
  ▷ 在布洛克税务公司兼职,从事个人所得税申报工作。

(4) 1986—1988 年处于个人顶峰期。

- 无健康问题或特殊需要。

配偶托马斯·沃克曼的资料
- 出生日期为 1967 年 9 月 13 日。
- 教育高中毕业。
- 工作经历如下：

(1) 1995 年至今就职于山地体育用品公司。
  ▷ 自 2006 年 12 月史密斯去世后担任经理职务；
  ▷ 除了打猎或垂钓就是工作；
  ▷ 曾担任约 5 年助理经理。
(2) 1990—1995 年为杂货店经理助理(后来关闭)。
(3) 1988 年从事建筑工作。

女儿米娅的资料
- 出生日期为 1991 年 6 月 20 日。
- 教育为高中在读(高三)，已被北卡罗来纳州立大学录取。
- 工作经历如下：2007 年 6 月至今在山地体育用品公司有需要时兼职，大多从事存货出入库登记工作。
  ▷ 每小时 10 美元；
  ▷ 暑假时全职，上学时兼职。

安妮塔对布莱恩特的看法
- 布莱恩特很优秀,对公司业务很熟悉。
- 布莱恩特和蔼可亲并乐于助人；但赫斯几乎不做解释为什么,只让他人执行。
- 布莱恩特经常辅导我的工作；但赫斯和沃克曼从不,他们要安装新的会计系统。
- 布莱恩特从生意起步就跟随史密斯,他们或许是亲戚——不太确定。
- 布莱恩特接受了大学教育,来公司之前曾在高中教数学。
- 布莱恩特熟练使用计算机和软件——它们的功能强大。
- 布莱恩特对史密斯的辞世非常悲痛,她就像史密斯的姐姐一样。
- 布莱恩特最初同意史密斯家人与沃克曼共同管理公司的想法。
- 布莱恩特过早地离职——史密斯去世后 30 天左右就离职了。
- 布莱恩特对聘请赫斯一事极其不满。
- 布莱恩特和沃克曼在史密斯去世后便有矛盾,常常为典当行及为举办枪械展而购买枪支的事务争执；为了安全起见,很多人持有枪支。
- 布莱恩特不欣赏或不信任赫斯。
- 她曾推荐其他的注册会计师。
- 布莱恩特对赫斯的印象不佳,不相信他精通所有的业务知识。
- 布莱恩特坚持审计工作必须聘请外部注册会计师。
- 她决定退休,因为对原有计划的改变不满意。
- 布莱恩特 60 多岁,但老当益壮。
- 布莱恩特和史密斯的孩子很亲密,和米娅也是。

安妮塔就其与注册会计师赫斯的关系的陈述
- 赫斯是沃克曼自高中起的朋友。
- 他们俩常常一起打猎、垂钓和打扑克牌。
- 他们曾前往加拿大(垂钓)、西部(野猪捕猎)和拉斯维加斯(赌博)。
  ▷ 谈到去斐济的旅途时,他们表示需要特殊的步枪狩猎野猪;
  ▷ 他们声称拉斯维加斯的旅途很有成效,生意很成功。
- 不确定旅行的费用是如何支付的:
  ▷ 沃克曼掌控家中的财政大权;
  ▷ 沃克曼有一个银行账户,以支付家庭账单、食品、医药、衣服等开销。
- 在史密斯去世后,沃克曼聘请了赫斯:
  ▷ 沃克曼认为赫斯是他所认识的最聪明的人;
  ▷ 赫斯不喜欢布莱恩特,他认为布莱恩特又老又爱管闲事,想知道所有的事情。
- 赫斯接管了几乎所有的财务——生意上和私人的:
  ▷ 赫斯对家庭财务比她自己了解得还清楚;
  ▷ 沃克曼曾与他商讨信用卡债务问题——她从此再也没有信用卡;
  ▷ 赫斯还掌管他们的人寿保险和个人退休账户;
  ▷ 赫斯编制他们的个人所得税申报单;
  ▷ 协商汽车租赁与按揭贷款事宜;赫斯解释道租车比购车好,可以免税;不清楚是公司还是沃克曼付的款;2007年购买了第一个住所,花费了175 000美元;
  ▷ 最近投资了一套公寓:赫斯说服了沃克曼该投资是明智之举;公寓由赫斯和沃克曼对半持有;投资资金全靠融资而来;知道融资购买可以产生租金收益。
- 赫斯的从业经验较少,只有秘书和两次簿记员经历。
- 赫斯会计师事务所审阅所有会计账务,并编制薪资报告和纳税申报等。
- 她的工作就是支付账单,赫斯的下属会填好账单。
- 她有问题可以拨打赫斯的办公室电话。
- 不记得何时给赫斯签发过支票,不确定他是怎么收到钱的。
- 没有看到过财务报告或公司纳税申报单,它们由赫斯编制。
- 不参加董事会会议。

安妮塔关于典当行业务的陈述
- 对典当业务所知无几。
  ▷ 主要由沃克曼管理;
  ▷ 手头持有现金,通常是10 000美元;
  ▷ 沃克曼将典当行业务与其他事务分开;
  ▷ 沃克曼每周存款一次,有支票和现金;
  ▷ 利息支付通常使用支票;
  ▷ 偿还本金使用现金,在存款单上确认;
  ▷ 对于未赎回典押物的处理毫不知情;

▷ 发放贷款未经其授权。

关于特定事项的讨论

我提出讨论以下事务，安妮塔陈述如下：

（1）2006年12月23日签发的一张45 000美元的支票最初登记为员工贷款，后重新调整为收入减少。其中，20 000美元来自LOC公司，科目名称为应付个人所得税（向安妮塔展示了45 000美元支票的复印件）。

- 想不起曾见过这张支票。
- 毫不知情。
- 不确定这些钱用于何处。

（2）开给经典建筑公司的支票——2007年5张合计5 000美元（每张1 000美元）和2008年2张合计8 000美元（1张3 000美元、1张5 000美元）。

- 经典建筑公司翻新了家里的房子。
- 以为是沃克曼用私人资金付的款。
- 没有理由用公司的钱支付。

（3）2007年由LOC公司开具的3张支票（沃克曼是收款人）合计25 000美元在账簿上无记录，会计分录为销售减少和负债增加（附3张支票的复印件，分别为5 000美元、10 000美元、10 000美元）。

- 毫不知情。
- 会计分录有误。

（4）支付给福特租赁公司的支票——2007年和2007年合计6 000美元。

- 并不感到意外。
- 调整分录有误。

（5）支付给AMX（个人信用卡）的支票——2007年10张合计13 212美元、2008年12张合计21 409美元。

- 对数额和具体费用感到震惊。
- 调整分录有误，这些支付好像是私人的而不是商业的。

（6）2008年5月3日支付给沃克曼的支票——40 000美元。

- 最初登记为向员工贷款，2008年12月31日调整分录变更为家具及装置。
- 对此毫不知情。
- 认为是他们与赫斯会计师事务所的共同投资。
- 认为首付款为10 000美元，之后每期50 000美元。
- 认为沃克曼是从银行借的而不是来自公司。

（7）2008年支付给富达投资公司的支票——3张，每张为3 000美元。

- 记忆中可能是个人退休账户。
- 具体是由赫斯操作的。
- 会计分录登记为销售成本有误。

访谈结束。

附录7-C：对注册会计师查尔斯·赫斯的访谈记录

对查尔斯·赫斯的访谈备忘录文件

日期：2009年3月15日（3月17日转录）

事由：与查尔斯·赫斯在赫斯会计师事务所办公室面谈（8:00—11:15），地址为西弗吉尼亚州查尔斯顿

主题：山地体育用品公司聘用的性质、工作责任与义务

自我介绍与访谈目的

- 告知本人受聘于皮普尔斯先生——山地体育用品公司股东的代理律师，评估公司业务的运营情况，包括账簿及记录。
- 告知皮普尔斯先生关心企业经营的盈利性和会计报告的准确性。
- 告知本人已查阅以下内容：
  ▷ 公司2003—2008年的所得税申报表；
  ▷ 截至2006年12月31日公司经审阅的财务报告及2007年和2008年编制的财务报告；
  ▷ 截至2006年12月31日的公司估值报告；
  ▷ 公司2006—2008年的总分类账和调整分录明细；
  ▷ 沃克曼的聘用合同。
- 告知先前已采访以下人员：
  ▷ 苏·布莱恩特女士（公司上任记账员）；
  ▷ 安妮塔·沃克曼女士；
  ▷ 公司银行经纪人。

赫斯也很爽快地接受我们的访谈并提供了相关信息。

个人资料

- 姓名为查尔斯·布莱文思·赫斯。
- 出生日期为1965年6月14日（43岁）。
- 教育程度为会计学学士（1990年）。
- 于1994年成为注册会计师，每年完成执业后续教育。
- 没有接受专门评估、税收等训练。
- 工作经历如下：

(1) 1994年至今独资经营赫斯会计师事务所。

(2) 1992—1994年加入约翰逊·凯恩注册会计师事务所，担任会计专员/纳税申报表填表人，接受了有限的培训与指导。

(3) 1990—1992年在电路商城任经理助理。

- 未服过兵役。

赫斯会计师事务所

- 独资经营。
- 通过注册会计师考试后组建。
- 业务内容包括筹建公司、总账会计、薪资筹划和纳税申报。
- 不从事审计业务,因为没有经验且有风险。
- 不断寻找新业务。
- 公司正在发展,最近雇用了第二名全职会计人员。
- 根据客户规模和工作性质决定收费,通常按小时计算。
- 广告宣传仅限于电话号码簿和口碑相传。
- 基本上不签订业务约定书——只在特殊聘用时签订,声明不需要业务约定书。
- 是肯塔基州会计师协会和美国注册会计师协会成员。
- 从未被控告过;但出于以防万一,购买了职业责任保险。
- 没有接受任何道德指控。

赫斯就其与沃克曼和山地体育用品公司的关系的陈述

- 从高中起就认识沃克曼。
- 沃克曼是一个喜欢户外活动的人,如露营、垂钓和狩猎等。
- 偶尔交际,如共进晚餐、垂钓、打扑克牌等。
- 俩人曾结伴旅行,去斐济和拉斯维加斯。
- 为黑栎树房地产(业主)提供会计服务,2006年因地产事宜第一次见到史密斯。
- 山地体育用品公司搬迁到黑栎树的房产后因会计事宜见过史密斯——他很满意公司内部记账员并聘请布洛克税务公司负责税务问题。
  ▷ 尝试向史密斯解释注册会计师相比会计专员的优势;
  ▷ 遇见沃克曼并与其共叙旧谊。
- 在史密斯去世后,沃克曼联系他。
  ▷ 沃克曼告诉我他接管了公司;
  ▷ 需要人帮忙管理公司;
  ▷ 希望我接管会计工作;
  ▷ 需要完成2006年的财务报告。
- 对沃克曼的聘用合同所知甚少。
  ▷ 不确定沃克曼是与谁谈妥的;
  ▷ 也有可能曾经见过该聘用合同;
  ▷ 记忆中讨论过薪酬问题——50 000美元加上奖金和福利;
  ▷ 知道沃克曼全权管理公司。
- 与山地体育用品公司聘任合同的内容包括季度和年度薪资税报告、总账核对、财务报表和年度纳税申报。
- 对安妮塔和米娅进行会计信息系统(会计软件)的培训。
  ▷ 她们经常与公司员工讨论问题。

- 根据需要提供帮助。
- 按小时收费,价格随雇员数量而增减。
  ▷ 同意提供发票复印件。
- 想不起曾接受现金或财产支付。
- 山地体育用品公司不是最大前 50 的客户。
- 事务所还帮助采购、安装计算机,以便让安妮塔和米娅可以在家中工作。
- 承认帮助沃克曼进行融资安排,包括生意上的和私人的。
- 承认与沃克曼讨论过存货问题,并建议沃克曼采用实地盘存制;不清楚这是史密斯去世后才改变的,但认为实地盘存制比永续盘存制更好、成本更低。
- 知道公司有典当行,相信典当业务只占公司总体生意的小部分。
- 不清楚沃克曼对典当贷款如何记账,以为沃克曼只在账面上反映信贷业务——记忆中未曾讨论此事。
- 知道支票变现是为了进行典当放贷,备忘录中的支票清单均为典当贷款(2007 年共 91 230 美元,2008 年共 97 315 美元)——惊讶于数额之大。
- 知道所有的贷款(利息除外)必须用现金偿还。
- 相信所有的存款来源都有详细记录,特别是现金存款。
- 知晓典当贷款利息用支票支付。
- 承认购买了一些被没收的典押物,如一副手枪。
- 参加年度董事会会议并呈交财务报告——知道史密斯的儿子对其不满。
- 不认为年度审计是必要的,认为这是一种时间和财力的浪费;他的事务所不承接审计业务;即使要求审计也做不了,因为那就成了审计自己的工作。
- 承认建议沃克曼直接递交编报财务报表,审阅报告没有或少有价值。
- 对典当业务并不擅长,不清楚没收典押物和贷款的账务处理。
- 承认帮助安妮塔做总账调整分录,编制纳税申报所需的资产负债表。
- 公司属于 S 类公司,须提交 K-1s 报表。
- 知道沃克曼不是股东。
- 不知道沃克曼的具体职责,只知道沃克曼是首席执行官。
- 赫斯会计师事务所也负责沃克曼的个人所得税申报。
- 2007 年曾协助沃克曼开设个人退休账户。
- 承认讨论过聘用安妮塔和米娅及其可接受的薪资水平。

关于资产负债表和纳税申报表的访谈

为了检查和确认,向赫斯展示了资产负债表和纳税申报表(2006—2008 年)的复印件,赫斯表示这些均出自他的事务所。

(1) 赫斯的陈述如下:
- 认为资产负债表和纳税申报表比较准确,但并非完美。
- 依赖于沃克曼和安妮塔的管理。
- 知道沃克曼的财务职责对史密斯的两个儿子具有重要意义。

- 承认史密斯的两个儿子依赖沃克曼,而沃克曼在某种程度上依赖他。

(2) 赫斯对利润的看法如下:
- 利润令人吃惊,其趋势似乎偏离了正确的方向。
- 存货可能有问题,应该进一步检查。
- 没有对利润表做过分析。
- 认为典当贷款的利率只是单纯由销售决定。
- 对典当贷款业务不了解,猜测其实际规模很小。
- 认为已报告所有收入。
- 承认盈利趋势似乎有问题,如果有必要就会进行调查。
- 不懂汽车租赁的具体知识。

(3) 赫斯对资产负债表(2002—2008年)的看法。
- 不知道2008年动用个人退休金账户 IRC 179 购进了什么(40 000美元)。
- 认同资金可能用于公司房产首付的说法,但不确定沃克曼如何做的决定。
- 认为应付个人所得税账户余额似乎过高。
- 认同支票的余额,记忆中好像见过调整分录。
- 不确定典押贷款如何或者应在资产负债表上哪里反映。
- 确定收回贷款的现金包含在现金余额中。
- 沃克曼提供存货价值,因为他最清楚。
- 认为资产负债表不包含没收的典当物品。

(4) 赫斯对现金流量分析的看法。
- 无法解释现有现金余额和报告现金余额之间的差额——2006年差额为33 000美元,很可能是股利。
- 布莱恩特经手2006年的总账——这是她主要的工作。

(5) 赫斯对截至2006年12月31日公司估值报告的看法。
- 知道估值的数额为350 000美元。
- 记忆中未曾见过公司估值报告。
- 确信估值是在事务所被聘请之前进行的。
- 承认参与了2006年度财务报表的审阅。
- 财务报表依赖于布莱恩特,她是长期内部会计。
- 记忆中审阅2006年度财务报表是估值人员要求的。
- 记忆中不曾与估值人员讨论相关报表。
- 认为2006年报表审阅在逻辑上参考了2006年12月31日的估值报告。
- 承认报表审阅中的错误陈述会导致估值错误——本人不懂估值知识。
- 承认资产价值低估会影响公司估值。

(6) 关于布莱恩特,赫斯表示:
- 见过一两次面,知道她是长期员工,在史密斯去世后退休。
- 记忆中她参与了2006年度财务报表的审阅。

- 知道她不会与沃克曼、安妮塔或米娅共事。
- 了解她对于没有被聘为经理很气愤,从而怨恨沃克曼。

关于特定事项的讨论

我向赫斯表达了我对以下事项的困扰:

(1) 2006年12月23日支付给沃克曼的金额为45 000美元的支票。
- 最初登记为员工贷款,后调整重分类会计分录,借方为销售45 000美元。
- 赫斯表示对此一无所知,布莱恩特可能调整了2006年的会计分录。
- 赫斯表示他没有与布莱恩特或沃克曼讨论此事。
- 赫斯承认销售的减少可能会影响估值——不太确定。

(2) 2006年12月31日应付个人所得税的过账。
- 过账似乎有错误,高估了应付个人所得税,实际上只有20 000美元;2006年12月23日LOC公司开具的20 000美元支票包含了给沃克曼的支票。
- 赫斯表示2006年审阅报表时没有审阅调整分录,是布莱恩特所为。
- 赫斯承认过账可能(不一定)对估值造成影响——他没有接受过这方面的培训。

(3) 现金支票——计入销售成本账户(2007年共91 230美元,2008年共97 315美元)。
- 赫斯表示他的理解是用于典当贷款。
- 赫斯表示他不知道库存现金是如何调节的。
- 赫斯很惊讶于现金支票竟然少于典当营业额。

(4) 2007年的信用额度。
- LOC公司开具的三张支票(金额分别为5 000美元、10 000美元和10 000美元)的收款人为沃克曼,账簿无记录。
- 2007年调整分录为减少销售和增加负债。
- 赫斯表示自己毫不知情,2007年的调整分录是安妮塔所为。
- 赫斯表示事务所编报而非审计财务报表,但可能没有审查。

(5) 支付给经典建筑公司的支票——2007年五张共计5 000美元(每张1 000美元)和2008年两张共计8 000美元(3 000美元和5 000美元)。
- 该支出最初记为外部劳务费,调整分录为外部劳务费的减少和保险费的增加。
- 赫斯表示他毫不知情,调整分录是安妮塔所为。

(6) 支付给福特租赁公司的支票,2007年和2008年合计6 000美元。
- 最初归类为汽车租赁,每年均做调整分录并调整为销售成本。
- 赫斯表示他知道沃克曼购买了新车,他们讨论过选择购买还是租赁。
- 赫斯表示一辆车情有可原,但两辆车就不同了。
- 赫斯表示他对调整分录毫不知情,会与安妮塔商讨。

(7) 支付给AMX(个人信用卡)的支票——2007年10张合计13 212美元,2008年12张合计21 409美元。
- 这些是沃克曼个人信用卡产生的款项。
- 最初分录中的会计科目为差旅和招待费,后调整为广告费,分别为12 500美元和

20 000 美元。
- 赫斯表示先使用个人银行卡再报销是没有问题的,美国税务局对此行为不禁止。
- 赫斯表示他对调整分录毫不知情,无法解释为什么,也不确定有什么影响。

(8) 收款人为沃克曼的支票(40 000 美元)。
- 最初记为员工贷款,2008 年 12 月 31 日调整分录变更为家具及装置购买。
- 赫斯表示,2008 年 5 月,他和沃克曼合伙购买了一些租赁资产——沃克曼分担了 50 000 美元的首付款;他认为首付款是沃克曼从银行借的,而不是来自公司。

(9) 2008 年 3 月支付给富达投资公司的支票共三张,每张 3 000 美元。
- 公司付款并记为销售成本。
- 赫斯指出这应该是公司支付个人退休账户,不知道为什么记为销售成本。

访谈总结

我总结了上述访谈,并提出以下疑虑:

(1) 相关文件显示所有者权益存在错误(250 000 美元变为 400 000 美元),甚至可能是舞弊。
- 赫斯表示他很吃惊。
- 赫斯表示,他认为沃克曼拥有决策权,他甚至给自己放贷——这是在华尔街每天都会发生的事情。
- 赫斯表示,沃克曼延续了史密斯的经营方式,无法相信沃克曼知道自己在做错事。
- 赫斯很支持此次访谈,并认为如果问题得到纠正,公司的前景将有很大改观。

(2) 赫斯对公司和股东的职责及其与沃克曼关系的比较。
- 赫斯明白其他人依赖于他编制的财务报告。
- 赫斯指出他的角色是事后编报而不是审计。
- 赫斯表示,他不知道公司要求进行年度审计,对沃克曼的聘用合同也不怎么了解。
- 赫斯表示,他的受聘并不要求做分析——应该可以揭露问题但无法保证。
- 赫斯表示,被沃克曼拿走的钱如果没有得到正确报告或者归还会成为一个问题。
- 赫斯担心,他把沃克曼和安妮塔教得太好了。
- 赫斯承认与沃克曼的拉斯维加斯之旅,也承认沃克曼支付了相关的账单;但他们的确商讨了生意。
- 赫斯承认,为了借款曾经和沃克曼去银行,有关生意上的和私人的。
- 赫斯表示,他总是事后知情者。
- 赫斯表示,他不曾注意或认为沃克曼入不敷出,他们总是处于工作中。

当我询问赫斯是否有最后陈述或其他需要补充的时,赫斯表示:
- 沃克曼和安妮塔都是他的朋友,或许他应该更多地关注他们俩。
- 不相信沃克曼知道自己在做错事,沃克曼不会挪用公款。
- 沃克曼很热爱他的工作——业务及其客户。
- 需要达成一个合适的数额使得史密斯的儿子放弃起诉——350 000 美元。
- 沃克曼的家庭可能遭受打击。

- 沃克曼迫切需要一个好的律师来帮助他。
- 访谈结束。

附录 7-D：对托马斯·沃克曼的访谈记录

对托马斯·沃克曼的访谈备忘录文件

日期：2009 年 3 月 15 日（3 月 17 日转录）

事由：与托马斯·沃克曼在山地体育用品公司面谈（13:30—16:15），地址为西弗吉尼亚州查尔斯顿

主题：山地体育用品公司运营评估和会计业务

自我介绍与访谈目的

- 告知本人受聘于皮普尔斯先生——山地体育用品公司股东的代理律师，评估公司业务的运营情况，包括账簿及记录。
- 告知皮普尔斯先生关心企业经营的盈利性和会计报告的准确性。
- 告知本人已查阅以下内容：
  - 公司 2003—2008 年的所得税申报表；
  - 截至 2006 年 12 月 31 日公司经审阅的财务报告及 2007 年和 2008 年编制的财务报告；
  - 截至 2006 年 12 月 31 日的公司估值报告；
  - 公司 2006—2008 年的总分类账和调整分录明细；
  - 沃克曼的聘用合同。
- 告知先前已采访以下人员：
  - 苏·布莱恩特女士（公司上任记账员）；
  - 查尔斯·赫斯先生（公司注册会计师）；
  - 他的配偶——安妮塔女士；
  - 公司银行经纪人。

沃克曼爽快地接受我们的访谈并提供了相关信息。

个人资料

- 姓名为托马斯·安德鲁·沃克曼。
- 出生日期为 1966 年 9 月 13 日。
- 学历为高中毕业。
- 工作经历如下：

(1) 1995 年至今在山地体育用品公司任职。

- 最初担任库存管理员。

▷ 平均薪酬为35 000美元,包括福利;
▷ 每周工作45—50小时。
- 2006年12月史密斯去世后接管店铺经理一职。
    ▷ 薪酬为50 000美元、奖金另算,但至今没有拿过奖金;
    ▷ 每周工作50小时,随时待命;
    ▷ 认为自己酬不抵劳,但很乐于帮助史密斯一家。
(2) 1990—1995年任杂货店(已关闭)经理助理(25 000美元的薪酬、奖金另算)。
(3) 1985—1990年是建筑工人,但工作不稳定。
- 未服过兵役。
- 无重大健康问题。

配偶安妮塔·沃克曼的简历
- 出生日期为1967年1月28日。
- 在社区学院入读两年,获会计学位。
- 工作历史如下:
(1) 2007年2月至今在山地体育用品公司担任秘书和记账员。
    ▷ 每周500美元;
    ▷ 每周在店里工作30—40小时,没有固定时间;
    ▷ 大量工作在家中完成。
(2) 1990—2007年为,全职太太在店里有需要时兼职帮忙。
(3) 1988年—1989年在布洛克税务公司从事纳税申报和簿记工作。

女儿米娅·沃克曼的简历
- 出生日期为1991年6月20日(17岁)。
- 学历为高中在读(高三),活跃于学校活动(校乐团等);是预备大学生。
- 工作经历如下:
2007年2月至今在山地体育用品公司担任助理记账员。
    ▷ 每周250美元;
    ▷ 每周工作20—30小时,没有无固定时间;
    ▷ 大量工作在家里和周末完成;
    ▷ 在典当行帮忙。

沃克曼就其关于与赫斯的关系的陈述
- 从高中起就认识赫斯。
- 俩人是亲密的朋友,一起狩猎、垂钓、旅行。
- 赫斯是自己的财务顾问,是自己、妻子和女儿的人寿保险与个人退休账户的代理人。
- 帮助自己协商聘用合同。
- 在史密斯去世后,公司聘请赫斯编制年度财务报告。
- 出于友谊选择聘请赫斯。

- 赫斯是新晋注册会计师,刚刚起步,很需要业务;收费低且了解典当业务。
- 由于聘请了赫斯,公司从未交纳过税金。
- 赫斯的从业经历当过秘书和两次簿记员。
- 赫斯负责季度报税和年度财务报告——税单、纳税申报表等。
- 有需要时赫斯会提供一些建议。
- 不确定赫斯如何收费——按小时收费(由公司账户支付)。
- 准许赫斯进行采购(按成本价),大多是狩猎与垂钓装备(枪支和弹药),年底以服务费抵扣。
- 赫斯也承接个人所得税申报业务,帮助个人准备银行抵押贷款所需的个人财务报表。
- 赫斯对我的私人服务不收费。
- 在有需要时,赫斯会与我的妻子和女儿一起工作,还帮忙安装电脑及会计软件。
- 2008年和赫斯一起投资了一套海边别墅,首期款(50 000美元)是向LOC公司借的;以个人票据担保贷款,比公司支付多1%;这笔交易对公司是有利的。
- 十分依赖赫斯的建议。
- 存货计价方法的改变(永续盘存制变更为实地盘存制)是赫斯提议的。没有人接受过使用会计软件的培训,常常出现问题;实地盘存制更加简单,为公司省时又省钱。
- 与赫斯商议典当业务——不记录典当存货可以减少财产税、节省保险费、消除减记,这可以为公司省钱。
- 年度审计代价很大,免除审计每年可以为公司省下10 000美元;史密斯的两个儿子是无法理解的。
- 赫斯负责年终会计核算,指导安妮塔并帮忙调整账户,为史密斯的两个儿子编制个人财务报告和纳税申报表。

沃克曼对管理任务/聘用合同的看法

- 他了解自己的聘用合同。
- 他的职责是尽自己所能做更好的决策。
- 他的工作包括维持并促进公司发展。
- 他知道史密斯的两个儿子有些不满;他们总是想要更多的钱,但又干不了实质性的事情。
- 不明白审计和编报的区别,只知道审计的开销更大;不审计每年可以为公司节省10 000美元。
- 自己的薪酬是每年50 000美元、销售额提成外加其他福利。
- 他认为自己理应享受与史密斯一样的福利待遇——他总管公司。
- 史密斯需要钱时就从公司拿——所有的支开都由公司报销。
    ▷ 知道自己只是经理不是所有者——自己不是史密斯;
    ▷ 承认自己对股东负有责任。
- 他相信福利包括旅游行;他总是在上班,每周7天、每天24小时。

- 不确定个人退休账户是否由公司支付,认为理应如此。
- 认为福利包括汽车使用、燃气费和保险费。
- 认为他借公司的钱是合理的,因为这些钱被用于公司的信贷业务(典当生意);认为贷款数额不同;而他常常担保贷款。
- 不确定是否真的签了字据——赫斯应该知道。
- 聘用妻子和女儿是明智的,因为她们懂业务而且有需要时可以帮忙。
- 赫斯帮她们管理财务。

关于典当行的运营情况
- 沃克曼说平均每笔贷款额为100美元。
- 沃克曼估计每月大约有20笔贷款。
- 沃克曼估计平均未偿还贷款余额大约为50 000美元。
- 沃克曼估计赎回率为60%。
- 沃克曼承认自己管理所有的贷款发放与收回。
- 沃克曼表示,贷款收回视作销售,每周登记入账且通常在周六。
- 沃克曼表示,他没有将没收的典当物品计入存货,并估计没收的典当物品价值在40 000美元和60 000美元之间。
- 没收的典当物品以两倍贷款额对外出售(不确定成本价与销售价的差价)。
- 沃克曼将贷款支出登记为购买存货——作为销售成本。
- 典当贷款的现金支票——2007年合计91 230美元,2008年合计97 315美元。
- 沃克曼估计为贷款准备的库存现金平均水平约10 000美元。
  ▷ 沃克曼承认自己挪用了没收物品为自己或家人所用——珠宝、枪支、电脑,估计价值500美元;
  ▷ 沃克曼承认赫斯挪用了没收物品作为服务费——枪支和珠宝;
  ▷ 沃克曼承认对典当事项的会计处理很糟糕——大多手工记账;
  ▷ 沃克曼承认损毁了一些典当事项的文件记录(索引卡),没有大型的典当交易;
  ▷ 沃克曼不签发月发票,但保留索引记录卡;利率为20%,手工计算利息;
  ▷ 典当贷款平均余额约为50 000美元;
  ▷ 每月利息率为20%;
  ▷ 违约率为35%—40%;
  ▷ 所有贷款本金的支付使用现金——在存款单上确认;
  ▷ 典当回收款(现金或支票)在存款单上确认;
  ▷ 现金存款确认为典当收款(2007年合计48 064美元,2008年合计52 053美元)"应该是正确的";
  ▷ 支票确认为典当贷款的利息收回(2007年合计57 944美元,2008年合计61 942美元)"应该是正确的"。

沃克曼关于苏·布莱恩特的陈述
- 双方协定退休(2007年年初)。

- 她很难从史密斯的去世中走出来。
- 她认为自己什么事都应该知道,爱挑剔枝节。
- 布莱恩特总是因小失大。
- 她无法与赫斯共事,拒绝听从赫斯的命令。
- 她很守旧,无法适应新的变化。
- 布莱恩特总是质疑我的权威和决策。
- 她无法与安妮塔和米娅共事。

关于特定事项的讨论

我告知沃克曼我已基本完成了调查,还想讨论以下事项:

(1) 2006年12月23日签发的一张45 000美元的支票最初登记为员工贷款,后重新调整为收入减少;其中20 000美元来自LOC公司,科目名称为应付个人所得税(向沃克曼展示了45 000美元支票的复印件)。

- 沃克曼要求我与赫斯或安妮塔讨论此事——我表示已经和他们俩讨论,现在想知道他的看法。
- 沃克曼表示史密斯去世前他从未享受已许诺的福利——他对典当生意颇有贡献。
- 沃克曼表示不知道史密斯去世后自己未来的出路在哪。
- 沃克曼不清楚他是否将该支票的内容确认为收入,但赫斯应该知道。
- 沃克曼与赫斯和布莱恩特曾商议这个问题。
- 沃克曼相信这是布莱恩特的主意,因为俩人共同经营公司。
- 沃克曼不确定布莱恩特是否获得奖金,认为她应该没有。
- 沃克曼认为他用自己的奖金支付个人债务。
- 沃克曼不清楚自己有没有与史密斯的家人讨论或透露此事。
- 沃克曼未曾和估值人员讨论此事,估值事项是赫斯经手的。

特别说明:
▷ 沃克曼表示这是个误会;如果有必要,那么他会将这笔钱在账上确认为奖金或者如数归还。

(2) 现金支票被登记为销售成本(向沃克曼展示了2007年19张支票合计91 230美元;2008年22张支票合计97 315美元)。

- 沃克曼表示这些现金用于典当贷款,需要准备头寸。
- 沃克曼表示这些现金还用于营业开销,支付水电燃气费、员工午餐等。
- 沃克曼表示这些都是业务需要。
- 沃克曼表示为典当业务准备的平均库存现金为10 000美元。

特别说明:
▷ 我告诉沃克曼兑现的支票额远远超过报告中的典当贷款额及利息;
▷ 我告诉沃克曼库存现金只有3 126美元而非10 000美元;
▷ 我告诉沃克曼现金存款总额少于兑现的支票额。

(3) 2007年由LOC公司开具的三张支票(沃克曼是收款人)合计25 000美元,但账簿上无记录;会计分录为销售减少和负债增加(附三张支票的复印件,分别为 5 000 美元、10 000 美元和 10 000 美元)。

- 沃克曼说他必须向公司汇报债务余额。
- 沃克曼承认他是以公司的名义借的款。
- 沃克曼说自己把钱用于房产的首付了。
- 沃克曼不确定自己是否立了字据或归还了——认为应该归还了。
- 沃克曼说他没有将此事告知史密斯的两个儿子。

(4)支付给经典建筑公司的支票——2007 年五张合计 5 000 美元(每张 1 000 美元)和 2008 年两张合计 8 000 美元(3 000 美元和 5 000 美元);该支出最初记为外部劳务费,调整分录为外部劳务费的减少和保险费的增加。

- 沃克曼承认合同中的施工对象是自己的房子。
- 支付了承包商他才能继续投入工作。

(5)支付给福特租赁公司的支票(2007 年和 2008 年合计 6 000 美元)最初归类为汽车租赁,每年均调整分录并更改为销售成本。

- 沃克曼说不清楚,不理解为什么这件事是重要的。
- 沃克曼不确定有没有告知史密斯家人有关此事。
- 目前有两辆汽车,一辆自己用,另一辆安妮塔用。
    ▷ 公司支付汽油费和车险;
    ▷ 以公司的名义租赁;
    ▷ 这是合理的,因为自己一直为公司做贡献。

(6)支付给 AMX(个人信用卡)的支票——2007 年 10 张合计 13 212 美元和 2008 年 12 张合计 21 409 美元,这是沃克曼个人信用卡产生的款项;最初分录中的会计科目为差旅和招待费,后来调整为广告费,分别为 12 500 美元和 20 000 美元。

- 沃克曼表示,他在生意上一般使用个人信用卡,大单除外。
- 沃克曼指出,有些账单是服装和旅行的开支——他在旅行时也随时工作。
- 沃克曼承认,账单应进行分类,只有业务上的开支才应由公司支付。
- 沃克曼表示,他曾与赫斯讨论所有的生意——赫斯当时也一起垂钓、旅行。
- 沃克曼没有将此事告知史密斯的两个儿子。

(7)2008 年 5 月 3 日支付给沃克曼的支票(40 000 美元)最初记为员工贷款,2008 年 12 月 31 日调整分录变更为购买家具及装置(向沃克曼展示了价值 40 000 美元支票的复印件)。

- 这是为购买公司房产的首期款而存的。
- 沃克曼表示,钱用于公司房产的首付了,这是一项很有价值的投资。
- 沃克曼表示,这是赫斯的主意,非常好的投资。
- 沃克曼表示,公司房产由他和赫斯共同拥有。
- 沃克曼表示,在生意上允许记为雇员和客户占用。
- 沃克曼不清楚是如何入账的,这要问一下赫斯。
- 沃克曼没有将此事告知史密斯的两个儿子。

- 沃克曼记得他签署了票据，赫斯应该知道。
- 沃克曼表示，他会立下契据将利息归还公司。

（8）2008年3月支付给富达投资公司的支票（三张，每张3 000美元）记为销售成本。
- 沃克曼指出，这是支付个人退休金。
- 这纯粹是失误。

（9）2007年（数额为3 117美元）和2008年（数额为3 216美元）支付给银行的未经授权的贷款。
- 沃克曼认为这些付款是合理的。

银行的回应
我就此事询问了银行法定代理人。
- 沃克曼的陈述如下：
  ▷ 他被授权处理银行业务，包括借款和贷款；
  ▷ 他想不起自己与银行的这些业务；
  ▷ 沃克曼认为他本可以告知信贷员他拥有这些权限——他和史密斯的两个儿子讨论过；
  ▷ 沃克曼承认他的聘用合同中不包括这些授权；
  ▷ 沃克曼不认为他向银行提供了其聘用合同的复印件。

访谈总结
我总结了自己对相关文件的观点，并向沃克曼提出以下疑虑：

（1）我对相关文件显示的所有者权益错误（由250 000美元变为400 000美元）表示疑惑：
- 沃克曼说"没有那么多"，公司评估价值才350 000美元。
- 沃克曼同意归还任何有问题的事项。
- 沃克曼说他已经"为公司鞍前马后、鞠躬尽瘁了"。
- 沃克曼说最好的解决方案是他和赫斯按350 000美元（公司的评估价值）买下公司。

（2）我对赫斯在公司中作为注册会计师的角色与实质表示疑虑：
- 沃克曼说他依赖赫斯。
- 沃克曼说所有的会计事项由赫斯决定。
- 沃克曼承认与外部注册会计师相比，赫斯更像是共同经营者。

（3）我对购买房产的决策权表示疑虑：
- 沃克曼说这不是什么问题。
- 沃克曼表示，赫斯已经与黑栎树地产公司洽谈好购买房产，并与山地体育用品公司续租，租金与之前相同。

（4）询问沃克曼打算如何解决他所面临的问题：
- 沃克曼表示，他已和赫斯讨论过买下公司；赫斯正在估值。

（5）询问沃克曼有没有最后陈述：
- 沃克曼承认交易记录有不光彩的地方，但他已经为了发展业务尽了全力。

- 他的妻子和女儿对此都不知情。
- 沃克曼说这只是钱的问题——多少？

访谈结束。

关键术语

法定利率　　　阴谋　　　　非诉讼纠纷解决机制　　　仲裁　　　调解

第8章

将数据转化为证据 I

8.1 引言
8.2 数据分析的作用
8.3 构建数据分析任务
8.4 数据来源
8.5 数据分析计划
8.6 数据收集
8.7 数据整理
8.8 数据分析工具
8.9 访谈转录
8.10 案例应用
8.11 本章小结
附录 8-A：案例应用

学习目标

通过本章的学习,你应该能够

目标 1:描述数据分析在法务会计业务中的作用

目标 2:明确构建数据分析任务的潜在约束与限制

目标 3:比较法务会计师常用的四种数据来源

目标 4:解释数据分析计划的重要性

目标 5:明确在法务会计活动中收集数据的方式

目标 6:讨论数据整理的过程

目标 7:掌握三种数据分析工具:关系图、链接分析和时间表

目标 8:描述作为分析过程和解读过程的访谈转录

8.1 引言

法务会计师通过多种途径收集证据,在前面的章节中我们已经讨论了五种收集证据的常见方式——访谈、观察、公共记录、社会媒体和财务报表分析。在本章,我们将焦点从收集证据转向分析证据。对证据的分析和解读有助于我们得出有说服力的结论。

首先,我们应意识到数据分析在法务会计活动中的重要作用,尤其要关注数据的充分性和相关性。其次,在运用数据分析工具之前,我们应着力构建数据分析框架。最后,在数据分析框架的指引下,我们应运用法务会计业务中通用的分析工具进行数据分析。本章还介绍了访谈转录的数据分析特点,它为后续章节其他分析方法和工具的使用奠定了基础。

8.2 数据分析的作用

虽然我们将数据分析作为整个调查过程的一部分,但实际上,数据分析贯穿整个法务会计活动,对工作假设的形成与完善特别重要。在第7章涉及的山地体育用品公司案中,访谈叙述的过程实际上就是聚焦于数据收集的努力,它有助于引导并得出合乎逻辑、令人信服的结论。当然,数据分析并非千篇一律,它没有固定形式,采用何种方式和方法主要取决于业务特征(如范围和时间的限制)、分析策略、可用资源,以及法务会计师的经验。

8.2.1 什么是数据分析?

数据是信息的载体,包含个体或组织任何定性或定量的信息。诸如观察结果(图像、声音和气味)和文字文件(档案和访谈记录)等定性数据很难被客观地量化;相反,诸如利润、高度、时间和年龄等定量数据可以通过数字进行量化。尽管量化数据为传统会计所钟爱,但法务会计师应认识到孤立的量化数据很难综合、全面地反映案件事实。以宽泛的概念界定数据,其范围则了无边际,法务会计师对个人主观意见的数据并不感兴趣;相反,他们所需的是能充分支持专家意见的观点(充分性),并与特定法务会计活动目标相关(相关性)的数据。

所谓分析就是"将整体分解成独立的个体"。[①] 因此,在数据分析中,我们将一系列的数据分解成一个个易于掌控的部分,其目的是提炼出在整体中不易被察觉的有用信息。这种解读强调了数据分析在法务会计业务中的战略性作用。在法务会计活动中,成功的数据分析非常讲究策略,它要求明确地界限目标、详细地计划及系统化地实施等一系列过程,而所有这些的目的在于完善特定的工作假设。

---

① By permission. From *Merriam-Webster's Collegiate® Dictionary*, 11th Edition © 2013 by Merriam-Webster, Inc (www.Merriam-Webster.com)。

特别提示

尽管在数据分析中会使用定量分析方法,但本章并没未涉及到量化数据的使用。抽象工具在数据分析中是非常重要的,因为它不但是一系列后续分析的基础,而且便于后续重新检测数据是否偏离既定目的。法务会计师必须时刻牢记,分析工具并不是越复杂,效果就越好;相反,在诉讼实务中,对于那些不熟悉审计的人士(如陪审团),要尽量避免过于复杂地呈现数据。

8.2.2 充分相关的数据

法务会计师(专家)的意见必须以充分相关的数据为基础。这一要求明确体现在《联邦证据规则》第 702 条和美国注册会计师协会《职业行为守则》第 201 条中。

特别提示

尽管并非所有的法务会计师都是注册会计师或者美国注册会计师协会会员,但美国注册会计师协会制定的专业标准已成为衡量法务会计服务的一项基准。正如后续第 10 章所指出的,美国注册会计师协会为会计实务提供了大量的指导,并构建了评价会计职业行为的具体标准。由于行为结果影响的广泛性,一旦法务会计师不遵守美国注册会计师协会制定的准则,就会使自己的工作和意见处于危险的境地。

《联邦证据规则》第 702 条

正如第 2 章所提到的,《联邦证据规则》第 702 条指出,如果"科学、技术或其他专业知识"有助于事实审判者(法官或陪审团)裁定争议事实,那么专家证言可以作为证据。在第 702 条规则下,只有当满足以下三个条件时,专家证言才具有可采性:

- 证言是基于充分的事实或数据。
- 证言是可靠原则和方法的产物。
- 原则和方法已被可靠地应用于案件的事实。

缺乏充分的数据或事实为基础,即使运用了可靠的原则和方法,得出的结论也是没有价值的。总而言之,错误的数据导致错误的结果。

美国注册会计师协会《职业行为守则》第 201 条

正如美国注册会计师协会《职业行为守则》第 201 条所提到的,从业者应该"获取充分相关的数据,为所执行的职业服务得出的结论或建议提供合理的基础"。

什么是充分性?根据《布莱克法律词典》的解释,对于数据的充分性而言,"必须在质量、数量、价值和力度上满足既定目标的要求"①;就注册会计师的审计活动而言(SAS No. 106,AU Sec.326),充分性与恰当性有关,与恰当性是"对审计证据质量的衡量"类似,充分性是"对审计证据数量的衡量"。以此类推,对法务会计而言,充分的数据意味着充足的数量,以及足以支持最终意见的质量。值得注意的是,证据的数量与质量同等重要,证据数量上的充分性并不能弥补证据质量上的缺陷。

 特别提示

根据证券交易委员会实施细则和上市公司会计监管委员会(PCAOB)的调查报告②,无法收集到充分的审计证据一直是审计师面临的最大难题,此类缺陷同样发生在法务会计活动中。鉴于法务会计业务的对立性(涉及对方及其专家证人),支持证据的任何弱点都可能成为对方攻击的对象。

什么是相关性?根据《布莱克法律词典》的解释,数据的相关性是"一种逻辑的关联性,倾向于证明或者反驳某一问题中的事实,具有明显的证明价值"。③ 类似地,《联邦证据规则》第401条也指出,"相关证据是指证据具有某种倾向,使决定某项在诉讼中待确认的争议事实的存在比没有该项证据时更有可能或更无可能"。

在法务会计活动中,相关性由特定活动的目标决定,即根据专家所接受的委托内容确定。考虑到法务会计活动存在各种限制和约束,这些目标会引导出一系列工作假设,从而为数据分析指明了方向。

满足临界要求

我们如何确定数据满足了充分性和相关性的要求呢?与法务会计的许多事项一样,这个问题也没有明确的答案。很多事物在本质上是相关的,正如之前所提到的,相关性取决于既定业务的目标,某项数据与某一事项相关但可能与另一事项无关,即便这些事项属于同一类型。例如,在企业估值中,数据的充分性和相关性受诸如评估目的和评估标准等相关因素的驱动。

在评估数据的充分性时,应考虑的关键因素是数据的可获得性。如果受限的数据可以获得,则很容易达到相关性的临界要求。例如,当运用直接方法无法获取充分的数据时,我们可以利用间接手段计算未报告的收入(在12章详细讨论);然而,如果专家忽略了数据的可获得性或者在获取数据时没有进行详尽的调查,则有可能给自己带来巨大的潜在危险,很可能在质证阶段被对方质疑。

证据充分性的临界要求与所适用的证明标准密切相关,无论是优势证据(民事诉讼案

---

① From *Black's Law Dictionary* (2009), 9th Edition. Material reprinted with permission of Thomson Reuters.
② Beasley, M. S., Carcello, J. V., & Hermanson, D. R. (2001). Top 10 audit deficiencies. *Journal of Accountancy*, 797(4), 63-66. Public Company Accounting Oversight Board. (Sep. 29, 2010). Release No. 2010-006. Report on observations of PCAOB inspectors related to audit risk areas affected by the economic crisis.
③ *Black's Law Dictionary*. (2009). 9th Ed., 1404.

件)还是排除合理怀疑(刑事诉讼案件)。在优势证据规则下①,专家证人的意见必须在专业确定的合理程度内得出,这它意味着其可能性的概率大于50%。既然数据都有其内在的限制,那么法务会计师的证言又如何满足刑事标准呢?在此需要强调的是,衡量数据的充分性是针对证据的整体而言,并不是针对证据的某一组成部分。

尽管我们很容易辨别不充分、不相关的数据,但是一些"灰色地带"仍需要运用职业判断。根据前面讨论的相关因素,法务会计师必须独立做出证据充分性与相关性的决策。对方可以提出异议,并动用道伯特标准要求法庭评价专家证人所采用的方法论及其依据的数据。最后,数据的提供者是无权评价数据的充分性和相关性的,因为此项评价将直接影响最终结论的合理性。

8.2.3 相关术语

在数据分析中,通常会交替使用工具、方法、技术等术语。然而,在法务会计业务中,根据不同的功能,这些术语具有不同的含义。我们将工具界定为在处理、理解和阐述数据过程中充当杠杆作用的媒介。本章会涉及多种工具,包括关系图、链接分析、时间表等。在数据分析中使用最广泛的很可能是计算机,因为很多分析工具的运用必须借助计算机。数据分析是一系列反复、不间断的过程,每一过程可以由所运用的方法定义,这一理念贯穿于本章的始终。也就是说,数据分析方法决定了所处理的数据以及如何处理这些数据。相比适用于不同目的的工具,方法的运用更具有针对性。后续章节会涉及以下方法:

- 净值法——用于衡量纳税人在一定时期内财产净值的变化,以推算未报告的收入。
- 描述性统计——用于评价和描述数据集的分布。
- 数据挖掘——用于发现数据集的模式和识别异常数据。
- 数字分析——用于检测大量数据中的数字频率,即哪些数值预计在某特定数据中会出现。

最后,技术是在特定情境中运用工具或方法的特定方式。方法论的选择通常依赖于问题本身;与之不同的是,技术的选择具有很强的主观性,主要取决于个体的偏好、经历、所拥有的资源等,不同的人面对相同的任务可能选择不同的技术。

8.3 构建数据分析任务

在了解数据分析的目的之后,我们将关注点转向数据分析过程。运用数据分析方法之前,我们应构建数据分析任务。包括考虑法务会计业务所处特定情境下的各种约束及数据的限制。

---

① 优势证据规则是指当证明某一事实存在或不存在的证据的分量与证明力比反对的证据具有更强的说服力或比反对的证据具有更高的可靠性时,法官采用具有优势的一方当事人所列举的证据认定案件事实。

8.3.1 初步考虑

在第3章,我们识别了接受一项法务会计业务委托前必须考虑的因素,其中有些因素在数据分析时也必须予以考虑。在本章中,我们所考虑不是是否受理该项委托,而是在各种限制条件下如何合理地构建分析任务。这些限制包括以下内容:

- 时间限制。数据分析总是受限于时间限制,尤其是面对大量的数据时。
- 数据可获取性。只有在法务会计业务委托约定的时间内可获得的数据才能进行数据分析。虽然委托方能够协助提供相关数据,但法务会计师仍要确定哪些数据是必要的以及如何获取这些数据。
- 技术资源。技术资源会影响法务会计师的数据分析能力及分析过程的效率(时间)。技术资源包括计算机、软件、照相机、录音设备、数据库查阅和演示文稿工具(电视、投影仪)等。

 特别提示

软件是数据分析的重要工具。目前已开发出多种应用软件程序专门用于审计与法务会计业务,部分内容将在第9章讨论。幸运的是,许多工作可以借助基本的电子数据表格处理程序完成,如微软的 Excel 和 Access 软件。

8.3.2 数据局限性

构建数据分析框架面临的另一个难题是确定数据中都会存在的固有局限性。虽然在收集数据之前,我们不能充分评估这种局限性的程度,但应该提前预料数据潜在的局限性。有些数据的局限性是可控的(适当地披露),但有些局限性可能导致数据不适用于特定的目标(不能满足数据的充分性和相关性)。

数据局限性的常见例子包括以下内容[①]:

- 遗漏数据。分析人员必须考虑所有相关的数据是否已充分披露。在审查数据记录源时,法务会计师经常发现某些类型的数据被遗漏(如缺少银行对账单复核副本),或者缺少某些具体项目和时间(如没有复核某个特定月份的)。一些最初未予披露的数据可以通过其他方式获得(例如,修改数据请求或者使用另一个数据来源),但有些数据是永远也不能得到的。在数据分析中,你不仅要知道已拥有哪些数据,还要知道缺少哪些数据。
- 数据被篡改。在某些情况下,数据有可能被篡改,这既可能发生在数据的源头,也可能发生在数据传递的过程中,还可能发生在分析人员的手中。这些篡改可能是

---

① Dorrell, D. D., & Gadawski, G. A. (2012). *Financial Forensics Body of Knowledge*. John Wiley & Sons.

有意的(故意隐瞒或误导),也可能是无意的。所以,在上述任何情况下,法务会计师都必须谨慎对待,不仅要避免数据被丢失,还要避免数据被破坏。尤其在收集敏感性数据时,更要控制谁有权访问这些数据源,并记录数据有哪些"经手人",形成所谓的"监管链"。

- 不同形式的同一数据。这种情况主要是指法务会计师以不同的形式或渠道得到类似或相同的数据。例如,某项数据可能同时存在于纸质文件和电子文档中,或者同时存在于不同的电子文档中。为了提高工作效率,分析人员可能希望避免处理不同来源的同一数据。然而,在某些情况下,这很可能有助于审查不同来源,以验证数据的真实性(例如,对比总账中的交易记录和银行的实际记录)。不管怎样,分析人员应该知道各种类型数据的存在形式,以及它们之间的差异。
- 不同定义的同一数据。由于本章的数据收集部分会进行更深入的探讨,因此如何界定数据是至关重要的。通常,在回应数据请求时,你具体需要什么就只会得到什么,没有额外的数据。除了应考虑到故意隐瞒,分析人员还应意识到数据定义被误解的可能性。因此,谨慎地对数据进行界定和措辞是至关重要的。
- 不存在的数据。最后一项潜在的数据局限性是所需的数据无论是现在还是以后根本就不存在。有些数据只会保留一段时间,可能是几年(纸质记录)也可能是几天或几小时(电子数据)。分析人员应考虑到数据的生命期可能受限,如果是这样,应该提前采取必要的措施保护它们。另一种可能的情况是,数据可能存在,但是以不能直接用于数据分析的形式存在,需要进行某种转换,如已加密的数据、录影带中的数据等。

8.4 数据来源

法务会计师从哪里获取充分相关的数据呢?常见的四个来源按其偏好排序分别为第一方数据、第二方数据,第三方数据和第四方数据。这些数据来源以其接近主体的程度而命名,从主体本身开始按相关程度向外部延伸。每种数据来源都有其优点和缺点,以及不同程度的可靠性。

8.4.1 第一方数据

第一方数据是从单个主体或实体中获取,典型的例子有企业估值中的主体公司、经济损失索赔中的损失方及欺诈(或涉嫌欺诈)中的受害者。此类数据来源是最理想的:一是因为它是直接的;二是因为它是可获得的。直接数据来源通常是最相关、最全面的。例如,对于财务数据和文件型证据来说,主体最了解哪些信息对相关方的活动是最关键的、个人最有动机去保护哪些数据;对于访谈和观察等交互式证据来说,主体本身通常是最有价值的数据源,有时可能是唯一的数据来源。

第一方数据的可获得性取决于法务会计师与主体的关系。如果主体是委托方,那么往往可以直接进行访问(与主体直接沟通)。但是,当委托方的对方(例如,离婚案中委托方的配偶或损害索赔案中的被告)拥有数据时,数据的获取通常需要代理律师的介入。

8.4.2 第二方数据

第二方数据来自与主体相关的个人或实体，这种关联可能是私人的（如家人或朋友）或业务上的（如共同所有者、员工、客户、供应商或外部审计师）。由于他们与主体的这种相互关系，这些数据很可能是对主体相关行为的"第一手"认知。从第二方获取数据的例子包括一位家庭成员的访谈记录、从主体的注册会计师处获得的财务数据。

8.4.3 第三方数据

第三方数据来自主体外的相关实体的持续性记录，如金融机构和政府机构等。此类数据源的主要优点是排除了外界对数据的操控。因此，第三方数据可以用于确认或验证从其他来源获取的数据。例如，银行对账单可以用于确认财务报表的组成部分和税收返回、现金余额、费用支出及贷款支付的正确性。有些第三方数据是对外公开的，如组织数据、契约、留置权及破产申请等（详见第4章的讨论）。

由于存在大量的潜在第三方数据，从这些来源可以获取大量的数据，从而大大扩展了数据分析的范围。因此，法务会计师必须酌情选择具体的数据源。在某些情况下，这一决策取决于数据的可获得性。有些数据（如银行对账单和纳税记录）的获取可能需要较长的时间，有些数据即使可以获取也需要付出相应的代价。例如，银行通常对提供银行对账单复印件进行收费。我们应该权衡这些成本与预期的效益，这就是所分析的信息的价值。

8.4.4 第四方数据

第四方数据来自新闻报道、学术期刊、商业出版物、法律判例、交易数据库及政府的统计数字。与前述的数据来源不同，这些信息并不反映特定主体的实际活动；然而，它们可以用于深入了解主体运营所处的特定环境，包括当地的市场环境、所处行业的状况及经济条件。因此，它属于次要调查而非主要调查（详见第3章的讨论）。第四方数据的优点是，在没有主体或代理律师的协助下，法务会计师可以独立获取。此外，次要调查并不是没有代价的，将大量的时间和精力投入没有任何保证的结果中是不值得的，有些参考数据源还可能需要相关费用。

8.4.5 数据的可靠性

数据的可靠性是影响充分性的一个关键要素。法务会计师应该具备评估数据可靠性的能力，并基于这一评价，判断其是否适用于法务会计业务。虽然可靠性的缺失有损于数据的价值，但它可以让我们充分意识到分析和解读数据方面的局限性。

在许多情况下，数据的来源与可靠性存在很强的关联。正如前面所讨论的，直接从主体中获得的第一方数据的可靠性在某种程度上是最高的。然而，我们不得不承认，在某些情况下，自我报告的数据不是完全准确或客观的。这些自我报告的数据往往具有不同的汇编目的，从而存在歪曲事实的潜在倾向。例如，以贷款申请为目的而编制的财务报表通常对财务状况持非常乐观的态度;再如,在离婚诉讼案中,个人收入所报告的数据可能会轻描淡写地反映其实际拥有的财产。在某些情况下,第二方数据(由相关当事人提供)可能比第一方数据具有更高的可靠性。以外部注册会计师编制的财务报表为例。基于注册会计师执行的测试性质的差异,不同类型的财务报表(汇编、审阅或审计)意味着不同层次的保证程度。相比之下,在严惩的伪证罪压力下,提交给政府税务部门的纳税申报表(无论是内部还是外部编制的)通常具有很高的可靠性,因为这类蓄意错报或歪曲事实是一种违法行为。

如前文所述,诸如银行对账单等第三方数据普遍被认为具有较高的可靠性,因为它们不受主体(委托方)的控制。最后,第四方数据是高度可变的,其可靠性主要取决于数据源的质量。因为大多数第四方数据的汇编者拥有不同的动机和目的,所以数据本身很容易受到操纵和产生错误。虽然独立确认数据的可靠性通常不是法务会计师的责任,但是他们有义务披露所发现的任何表明不可靠的数据。

 深入探讨

请读者思考如下问题:数据存在的形式如何影响数据的可靠性?作为一项普遍接受的规则,原始文件通常比复印件更可靠。为什么?电子数据又如何?

8.5 数据分析计划

正如本章一直强调的,数据分析受业务性质(所分配的任务)及各种条件的限制,具体包括时间、数据访问权限、技术资源和数据的固有局限性等。鉴于这些多方面的约束,在开展数据分析之前必须进行适当的计划。这涉及确定收集哪些数据(确定数据源)、如何进行数据分析、如何将结果应用于完善工作假设。

虽然并不是所有的从业者都采取这种结构化的方式,但撰写书面的数据分析计划仍是必须的,因为它能形成具体的任务框架及预期的时间安排。数据分析计划拥有以下优点:(1)它促使分析人员明晰地考虑前面所提到的各种数据限制;(2)它可以帮助分析人员圆满地完成任务,避免消耗宝贵的时间和资源;(3)它为评判分析人员的工作提供了一个参考标准,还可以监督数据分析的进展情况;(4)它便于对数据分析进行详细描述,这是法务会计业务完成阶段进行结果沟通不可缺少的环节。

 特别提示

从业者必须意识到书面数据分析计划有可能被对方质疑。也就是说,对方律师可能利用专家的数据分析计划洞察我方的诉讼策略或者挑战专家的工作过程和结论。如果削减数据分析计划的项目,那么在计划执行过程中就应针对变化随时调整内容,并对异常情况做出适当的解释。

8.5.1 数据域

在开始分析数据之前,我们必须确定数据的适当范围。这是一个不断深化的过程,始于评估不同类型的数据源及其数据,终于找出与委托业务相关的特定项目。在统计学术语中,所有的特定项目称为数据域或总体,而样本则是这些项目的子集。在大多数情况下,法务会计师不可能获取所有的相关数据,也没有时间和资源分析所有的数据域。因此,我们应该选择较小的样本,并运用各种分析方法和工具。在理想状态下,样本应该是随机选取的,这样根据样本结果推断出的总体特征才具有概括性。但是,在某些情况下,样本的选取受某些特定标准的影响,如选取在指定的时间段内或某个特定金额以上的交易作为样本。

虽然对整个数据域进行分析显得不切实际,但对其进行合理的界定是非常重要的。这涉及识别已存在的任何相关数据以及被忽视的任何相关数据。如果不能恰当地定义数据域,那么法务会计师就很难选取到一个有价值的样本进行详细的分析。虽然这种评估发生于调查阶段的初期,但保持适当的数据域边界是一项长期的工作。当新的信息出现时,分析人员必须确定在分析中是否及如何考虑这些数据。

8.5.2 案例:数据盛宴和数据饥荒

数据过量或者数据匮乏,哪一种情况更难受掌控?这两种情况都是法务会计师在实务中面临的严峻挑战,分别举例说明如下:

联邦政府 VS 丽贝卡·波

2010年8月3日,丽贝卡·波(Rebecca Poe)女士被联邦陪审团传唤,因涉嫌谋划欺诈位于西弗吉尼亚州的布鲁费尔德信用社。起诉书宣称,从2003年至2008年8月(被信用社聘用期间),丽贝卡·波女士挪用信用社的他人存款并在自己和他人的账户中虚构存款金额,然后将这些虚构的资金用于支付个人消费。起诉书指出,丽贝卡·波女士的欺诈行为还包括虚构偿还贷款账户及未经授权或未经记录的支票付款。

起诉书宣称,丽贝卡·波女士曾试图开设虚假投资账户以掩盖其导致的现金短缺,累计造成经济损失240万美元,并导致信用社因破产而被清算。

2008年8月,信用社的审计师察觉到丽贝卡·波的欺诈行为,随后丽贝卡·波被停职。2008年11月,作为第三方的法务会计师受聘开展"债务索赔"调查。审计人员认定丽贝卡·波是最有可能的嫌疑犯。

法务会计师收集了自2003年1月1日(丽贝卡·波受聘日期的前6个月)至2008年8月31日的相关数据。具体项目包括以下内容:

- 对信用社运营环境的观察。
- 对包括丽贝卡·波在内的所有雇员的访谈。
- 对信用社董事的访谈。
- 信用社的组织结构图。
- 员工人事档案。

- 信用社总账和相关的审计/交易报告。
- 作案期间信用社出具的所有财务报表。
- 信用社的现金日记账。
- 所有的银行交易记录(存款和取款)。
- 所有员工的存款账户的交易记录。
- 所有员工的贷款账户的交易记录。
- 按员工分类的总账过账。
- 对涉及特定交易的员工的访谈。

法务会计师运用的方法是"交易基础法",涉及详细地分析信用社日记账、现金记录、账户交易(存款和取款)、总分类账,以及自动清理的账户交易。

法务会计师最终确认丽贝卡·波女士使用了五种欺诈手段,共造成250万美元的经济损失。这五种欺诈手段具体包括:

- 在没有资金收据的情形下,将存款存入丽贝卡·波的存款账户及其他账户。
- 在没有资金收据的情形下,虚假记录支付给丽贝卡·波的贷款账户及其他账户的金额。
- 未记录丽贝卡·波账户及其他账户用于个人消费的支票付款。
- 未过账丽贝卡·波账户及其他账户的自动清理交易。
- 创建虚假贷款,掩盖资金的其他流向。

法务会计师的调查结果随后被提交给美国检察官办公室审议,最终形成了针对丽贝卡·波的起诉书及随后的认罪协议。

深入探讨

法务会计师的数据分析框架由业务约定书的内容和工作假设引出。那么,你会从哪里开始分析数据?试讨论在大量数据集中确定相关数据所面临的挑战,并思考构建数据分析计划所面临的挑战及其意义。

联邦政府 VS 黛安·谢弗

黛安·谢弗(Diane Shafer)博士是一名内科医生,在西弗吉尼亚州威廉姆森镇郊区工作。虽然黛安·谢弗大夫主修的是整形外科,但她的医疗实践多年来侧重于疼痛诊疗方面。

当地经济的飞速发展引起了较高的工伤率和健康护理的短缺,导致该地区对疼痛诊疗服务具有较高的需求。谢弗大夫每天要在其办公室接待大量的患者,源源不断的病人进出办公室,有时还会排成很长的队伍,这在当地是众所周知的事实。然而,这些事实及其他来源的信息(包括来自一名前雇员的情报)却使黛安·谢弗大夫卷入了一宗联邦刑事诉讼

案。联邦政府指控黛安·谢弗涉嫌违法,具体指控内容如下:

- 滥用美国药品强制管理局(DEA)的注册编号①,尤其是开具没有经过医师检测的处方药物给患者;
- 医疗保健欺诈,因非法处方而涉嫌由医疗保险和医疗补助等政府医疗机构付款。

实际上,联邦政府指控黛安·谢弗在经营一家"黑药店",通过贩卖处方药物来谋取利益,也没有提供应有的医疗保健服务。黛安·谢弗大夫否认了这些指控,她将异常多的患者数量归咎于她工作时间较长和定期复查诊断的时间较短这一事实。此外,她还解释,许多患者会携带家庭成员一同来看病,由此造成人满为患的假象。

在调查过程中,联邦政府搜查并封锁了黛安·谢弗的办公室;与此同时,还带走有黛安·谢弗用来记录患者病历的计算机。这些损失对黛安·谢弗造成了致命的打击,因为那是她向患者提供医疗和护理服务的最佳证据。

黛安·谢弗大夫的代理律师委托法务会计师协助其在仅存的有限数据下进行抗辩。黛安·谢弗只保存了稀疏的记录副本,绝大多数信息记录在被联邦政府带走的计算机中。由于现有数据严重匮乏,法务会计师决定重新创建数据。

具体来说,法务会计师对黛安·谢弗的部分患者进行调查,这些样本从政府已确认的、与医疗保健欺诈有关(处方患者已由医疗保险和医疗补助机构付款)的患者总体中选取。

此项调查对黛安·谢弗是至关重要的,因为其结果将作为证明她曾给予患者足够护理的证据。鉴于此项调查结果的重要性,前期有必要进行仔细的规划。法务会计师在起草调查计划方面付出了大量的努力,包括向一位独立医师进行咨询。此外,在实际调查前,还进行了试验研究,以发现调查中可能存在的任何问题。

所有关键的调查结果一致表明黛安·谢弗提供了符合标准的医疗保健护理服务,内容包括:

- 绝大部分(99.0%)患者指出,他们在看病时总会遇到黛安·谢弗。
- 绝大部分(99.5%)患者报告,黛安·谢弗平均至少用五分钟对他们进行诊断。
- 绝大部分(99.0%)患者证实,只有在黛安·谢弗在场时,他们才会收到疼痛药物治疗的处方。
- 大多数患者评价,他们所获得的黛安·谢弗的医疗服务水平(80.7%)远远高于平均水平(18.3%)。

基于这些调查结果,法务会计师能够以合理的专业确定程度②得出结论:该样本非常恰当地反映了整个患者总体的看法。

尽管得到上述有利的调查结果的支持,但黛安·谢弗及其律师在考虑了审判风险后认为,最佳解决方案是认罪求情。2012年4月,黛安·谢弗向美国检察官办公室认罪,承认滥用美国药品强制管理局的编号。2012年9月,黛安·谢弗被判处有期徒刑6个月。虽然法

---

① 该注册编号是美国药品强制管理局分配给提供医疗保健服务者的许可编码。
② 在95%的置信水平下选取样本。

务会计调查的价值并不是针对"陪审团的考验",但是它在认罪协商与量刑方面的确起到了权衡作用。

小结

这两个案例反映了两种截然不同的数据域。在联邦政府 VS 丽贝卡·波案中,法务会计师必须处理大量的数据;与此相反,在联邦政府 VS 黛安·谢弗案中,法务会计师基本上没有数据可处理,必须创建新的数据。虽然这些挑战要求不同的数据分析策略,但相同的是,它们都要根据案情制订恰当数据的分析计划。

8.6 数据收集

一旦形成了数据分析计划,法务会计师就要开始收集数据。数据收集方式取决于委托业务的性质与类型。

8.6.1 数据收集方法

对于企业的调查,委托方能够提供任何必要的信息或者有助于获取信息的人员。在征得雇员事先同意的前提下,公司出于特殊目的可以向法务会计师披露某些特定的信息。

在民事案件中,数据的可获得性取决于委托方。如果法务会计师受雇于拥有数据的一方(例如,人身伤害索赔案中的原告、离婚案中拥有资产的一方),则可以直接从客户或通过律师获得数据——第一方数据的典型例子。在实务中,出于此目的而起草的文书被称为数据请求书。如果法务会计师受雇于不拥有数据的一方,那么将由委托律师起草数据调查请求书(包括质询书、要求提供的文件,详见第 2 章的讨论)。

如果对方不能满足数据调查请求书的要求或者被告之无权获取数据,此时可能需要法院发出传票。传票是由原告准备的、由法庭下达的、用于通知被告有关被起诉信息的法定文件。携证调查出庭传票可以直接对相关文件或其他资料提出书面要求。法院、法院书记员或律师都有权签发传票,传票适用于刑事诉讼和民事诉讼案件。

在刑事案件中,可以通过搜查令强制获取数据。搜查令是由法官授权执法人员对某人或某场所进行搜查并没收所发现的证据的一种法律文书。与传票相比,搜查令在寻求证据方面更加具体,且更多地建立在已有证据的基础上。

8.6.2 起草数据请求书

如前文所述,委托方通常依赖法务会计师确定所需的任何数据。为此,在委托业务开展的初期,法务会计师须起草数据请求书(或数据请求清单),概述期望获取的具体项目。针对数据请求书的起草,我们提供如下参考建议:

- 具体化。为便于提供信息,数据请求书应尽可能地具体化,否则对方会以模糊性为由拒绝提供数据。虽然数据的具体化会增加前期的工作量,但这些努力可以大大提高后期工作的效率。数据请求书的具体化要求正确地识别和描述所需的特定信息。但具体化程度越高,例外数据被排除的风险也越大。

数据请求书的具体化应具备以下特征:
> 数据形式——数字或者纸质;
> 纸质数据形式——如果可以的话,应尽量获取纸质原件;
> 期间——整个期间及任何特定报告区间(例如,2008—2012 年的月度财务报表);
> 提供方——数据请求书适用的主体(个人或实体)。

- 支持性文件。如果需要任何附表、附件或其他证明文件,则应具体指明。
- 访谈。数据请求书可以包括对证人进行访谈或参观现场。
- 备选数据。在所请求项目不存在或者不能获取时,应指定任何可以替代的数据。例如,如果需要公司特定年度的税单副本,你最好还要指明愿意接受按年度汇总的员工工资电子表单作为备选数据。

8.7 数据整理

一旦收集到数据,我们就必须按照便于分析的形式对数据进行整理。数据整理程序涉及按照数据的不同来源进行采集,然后根据特定的规则进行转换,最后分类以供后续使用。[①] 一般来说,数据整理是一项时间密集型和劳动密集型的工作。之所以要投入大量的工作,是因为这项任务是后续工作的关键:只有准备妥善,才能进行数据分析。数据整理中的任何失败都会反映在数据分析中,要么无法通过测试,要么得出明显错误的结论。

8.7.1 创建数据清单

数据整理的第一步是创建所有收到项目的数据清单,这是一份包括项目名称、数据源和请求/接收日期等内容的列表。将数据清单与数据请求书进行比较,可以确定哪些项目仍然悬而未决。此外,创建数据清单可以让分析人员及时发现数据中的缺失,这意味着可能存在数据遗漏。数据清单可以帮助分析人员确定运用哪些方法或工具、哪些分析必须推迟到收到额外数据以后才能进行,从而提高了数据分析的效率。基于这些信息,分析人员可以进一步完善数据分析计划,包括确定后续测试的顺序以及完成每项测试的估计时间。

除上述的功能外,数据清单在后续期间的整个业务中仍将发挥作用。随着新的数据被接收,作为数据收集过程的"进展仪",数据清单也在不断更新。显然,要处理的数据越庞大,数据清单就会变得越重要。你可以想象,当数据(特别是文档)没有排序的杂乱无章地堆放在一起时,在进行实际数据分析之前将它们组织起来是很费时、费力的。然而,通过创建数据清单,我们就可以逻辑性地组织数据以完成这项工作。例如,同一项目、不同类型的数据可以通过一份电子数据表格(Excel)文件,分类有序地存放在多个工作表(Sheet)中,

---

[①] Sherman, R. (2005). Set the stage with data preparation. *DM Review*, 75(2), 54-57.

利用工作表的名称和标注就可以很快定位我们所需的数据。最后,在报告结论阶段也会用到数据清单,许多报告包含一份项目审查或分析列表,并将其作为附件。

在民事诉讼实务中,我们面临的不是对方未能披露所请求的文件,而是对方选择披露其他不相干的文件,这种做法被称为"文件倾销"或"文件淹没"。其目的是双重的:(1)使具有相关性的文件更难以确定,因而更容易被忽视;(2)迫使对方耗费更多的时间和成本去整理那些不相关的文件。这就是小型事务所不愿意承接数据密集型的大企业案件的原因之一:他们根本没有必备的资源去处理这些数据。在这种情况下,类似于数据清单等适当的数据管理是非常重要的。

8.7.2 使用数据库

数据整理往往涉及对一个或多个数据库进行操作。数据库是出于特定目的而创建的数据的有机集合。在法务会计业务中,数据整理受数据性质和预期测试程序效果的影响。所需的数据可能在一个数据库中,也可能要从几个数据库中提取后进行合并。在很多情况下,我们必须从记录源中创建新的数据库。在创建数据库时应考虑以下主要因素:

- 数据字段。分析人员必须确定相关数据的字段,即从数据源提取哪些信息。对于银行对账单来说,数据字段可能包括交易日期、交易类型(存款或贷款)、当事人(存款人或贷款人)及金额。在提取数据之前,必须确定所有相关的数据字段,否则以后可能需要多次提取和处理数据,从而避免浪费时间和资源。
- 准确性。在数据项目中最需要考虑的因素也许是准确性。常言道"垃圾进,垃圾出"。为了确保新建数据库的完整性,任何不完整、错误或不相关的内容必须进行检测,然后予以补充、更正或剔除。这一过程通常被称为"数据清洗"。
- 标准化。特定数据字段中记录的数据必须进行标准化处理,或者按照统一的格式进行整理。这是数据质量方面经常容易被忽略的一项重要内容。虽然某些数据在所属子集中的存在格式或形式是有效的,但是当它们与另一数据库合并时就可能变得不一致了。例如,以不同方式呈现的电话号码:
  ▷ 5231254;
  ▷ 523-1254;
  ▷ (304)523-1254;
  ▷ 304-523-1254;
  ▷ 3045231254。

如果数据字段包含的电话号码都经过标准化处理,那么新建数据库的所有条目就会以相同的格式呈现。这样做的重要性在于:方便数据排序,便于进行第9章所讨论的数据挖掘等其他形式的数据处理。标准化既适用于数字,也适用于词语。例如,词语和短语可以缩写、合并或者缩略为首字母。

8.8 数据分析工具

在本节,我们介绍法务会计师常用的几种分析工具。这些分析工具的概述如表 8-1 所示。因为这些分析工具有助于创建数据分析的"情境",所以它们一般应用于法务会计业务的前期。随着业务的不断推进,它们会不断地更新,以反映新的信息和观点。这些工具具有以下三个主要优点:

- 因为它们处理的是定性数据,所以具有广泛的适用性,可以分析人物、地点、时间、事件、关系和通信等信息。
- 它们具有记录、总结、分析、组织和阐述信息等多种功能。
- 它们易于使用和理解,便于按需定制。如前文所述,简单的方法往往比复杂的方法更有效。

表 8-1 常用的法务会计分析工具

分析工具	描述	目的	形式
关系图	反映个人或实体之间关系的图形	识别各方的利益,并描绘信息或资金的流动	由代表个体的图形和连接它们的线条组成
链接分析	反映未呈现的关系或链接	汇总间接证据,形成一个更大的影像	确认目标、路径的共性,从原因推导出结果
时间表	呈现和说明一系列事实	为强调缺失信息而提供视觉协助,暗示因果关系和验证他人的陈述	以顺序将事件排列在时间轴上

注:本章通过附录 8-A 呈现的案例研究描述工具信息,在阅读每个工具的解释时,读者应考虑附图的形式,而不是内容。

8.8.1 关系图

有效的数据收集要求确认个人和实体所提供的信息的有用性。为了实现这一点,我们必须根据个人或实体与已知主题的关系,从内而外地分析个人利益。然而,如果主题是未知的,分析的方向是相反的——根据个人参与的有关活动信息确认主题。在这两种方法中,了解现在或过去的个人或实体之间的关系是至关重要的。这种关系的性质经常能够表明信息或资金可能的流向。

可视图表是反映映射关系的一个有用工具。图表通常包含代表单个对象的形状,以及连接各个形状的线条。具体的形状(如圆、正方形或矩形)可以代表某些类别的实体,不同的线条(如实线或虚线)连接可以代表不同类型的关系。此外,颜色可以提供更多的详细信息和解释说明。大多数关系图的个人关系分为两大类别:家谱图,以图的形式描述家人或个人之间的关系;组织结构图,反映基于责任或权限的组织内部映射关系图。同样,实体图也可以用于说明实体及其结构和所有权之间的关系。第4章涉及的联邦政府 VS 朗达·尼克松案的关系如图 8-1 所示。

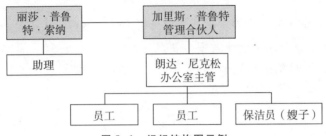

图 8-1　组织结构图示例

除了解释关系,图表还可以用于说明信息、货物或资金的流向,以及进程中的步骤。在这种情况下,图表被称为流程图,如图 8-2 所示。分析对象之间的流向往往是确定其他调查内容的有效手段。例如,一个人最初从源头获得的钱财最终会通过某种方式转移至出于某种目的的另一个人手中。标识此链条中的一个元素可以从逻辑上识别其他元素。

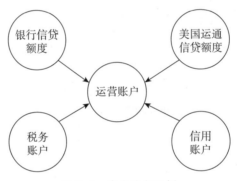

图 8-2　资金流向示例

创建可视化图表有很多方法和工具,从简单的手绘到复杂的特殊软件都可以实现。Microsoft Excel 和 PowerPoint 等软件通常含有大量的素材,基本上可以满足一般的图表创作需求。对于更复杂的图表创作,可以使用专门软件来提高效率。例如,Microsoft Visio 和 SmartDraw 就是两种非常流行的商业绘图软件,可以用于创作多种不同类型的专业技术图表。此外,GenoPro 和 Genogram Analytic 软件是为了绘制个人或家庭关系而专门设计的软件。

 特别提示

有人可能认为,法务会计师仅仅使用关系图和时间表等可视化图表作为展示调查结果的一种工具。事实并非如此,此类工具也具有分析信息的作用。图表格式而非文字的信息会使分析人员对信息有着不同的解读,并深入思考是否存在其他的解释。例如,重新排列图表可以显示不同的方案组合。为了更有效地发挥图表的功能,分析人员在基于初步调查的信息创建图表之后,必须根据后期收到的信息不断地更新和完善图表。

8.8.2 链接分析

法务会计师经常会发现证据本身及其涉及的内容与调查并没有直接相关的联系。他们必须汇总这些间接证据,以创建"更大的影像"。链接分析就是一种有效识别各个对象之间关系的方法。只要元素之间具有某种相关的联系就可以运用链接分析,表明信息关系和资金流向的关系图就是链接分析的一种形式。这种图表不仅可以反映已知的映射关系,还可以揭示隐藏的关系。例如,一组实体之间的资金流动就意味着它们之间存在某种类型的关系,虽然这种关系的性质最初可能并不明显,但进一步调查可能透露实体的共有所有者——缺失的关联。

链接分析是波纹理论的一种具体运用。波纹理论描述了追踪初始刺激所带来的增量效果。[1] 根据波纹理论,任何行为都会产生一系列的行为后果,这一命题在商业交易中表现得尤其明显。例如,一个人从当地的经销商处购买了一辆车,这一行为会产生接踵而至的一系列后果如下:

- 在经销商的会计系统中留下购买记录。
- 经销商向客户开具收据。
- 购买价款会反映在客户银行存款账户的记录中。
- 如果以现金购买,提现会反映在顾客的银行记录中。
- 如果以贷款购买,会产生相应的处理申请和发放贷款文件。
- 车辆临时牌照的发放。
- 顾客会了解和购买相应的汽车保险。

这些由"波纹"所产生的数据(特别是第三方数据)有可能被法务会计师收集并运用于分析。链接分析的价值在于:通过探究一系列事件中的每一个链接,分析人员能够推断是否存在其他链接,而这些链接最终可能导致相关行为的呈现。传统会计着力于发现交易的常见后果,而法务会计师则对意想不到的后果或不愿看到的后果感兴趣。沿用前面的购车例子,如果没有任何证据表明该顾客用个人资金支付了购车款,这就意味着他使用了一些其他的(或许是非法的)资金来源。

此时,你会问,非同寻常的发现是否值得怀疑呢?常规和非常规是由个人的行为习惯或特定的商业模型所决定的,而对交易合法性的怀疑仅仅是一种个人判断。[2] 因此,如同法务会计的其他方面,链接分析在很多方面都涉及人的主观因素。主观分析可以为意见和结论提供合理的依据,而这些意见和结论是建立在执业经验(由第12章中专家资质的认定所确立)的基础之上的。

---

[1] Gardner, R. (2008). *Advanced Forensic Techniques for Accountants.* American Institute of Certified Public Accountants.
[2] Gao, Z., & Ye, M. (2007). A framework for data mining-based anti-money laundering research. *Journal of Money Laundering Control*, 70(2), 170-79.

特别提示

犯罪网络这一术语反映了这样一种事实：有组织犯罪通常的特征是个人和实体之间有着广泛的人际网络。因此，各种链接分析常被应用于打击洗钱和恐怖活动。例如，研究者使用公众可获得的数据勾画出"9·11恐怖袭击事件"中犯罪者的人际网络。①

可以使用按数据字段排序的数据库软件进行简单的链接分析，如 Microsoft Access 或 Excel 等。排序可以确定数据库条目的共同特征，从而构建重要的链接，这一过程作为数据挖掘的一种形式会在第9章详细阐述。链接分析更复杂的应用（如社会网络分析和贝叶斯模型）则需要复杂的软件工具，并要求掌握统计方法。

法务会计师需要做的远不止识别链接，他们还必须检验这些链接的强度并利用它们对整体证据做出结论。与其他调查技术相比，链接分析最大的缺点是非常耗时。② 大量的时间和精力可能浪费在不断地寻找相互之间的链接上，最终却发现都是一些毫无意义的线索。因此，法务会计师必须培养正确区分机缘巧合信息与重要链接关系的能力。这种过滤对保持调查数据的适当范围是必要的，正如前面所讨论的，这也是数据分析计划的关键组成部分。

8.8.3 时间表

几乎在每项法务会计活动中，创建关键事件的时间表都是非常有用的。时间表是按时间顺序排列在一条线上的事件摘要。时间表主要涵盖日期（时间）和活动内容，如证人证词（包括访谈、书面供词和审理笔录）、组织记录和通信（如信件、电话和电子邮件）等。即使精确的日期或时间不能确知，知道事件发生的时间顺序也可以创建时间表。例如，如果确认了事件 B 发生在事件 A 与事件 C 之间，那么就可以通过缩短所关注事件的时间窗口来提供有用的信息。

时间表的目的

时间表可以服务于法务会计活动的整个流程——从编制计划到呈现结果。时间表的目的通常包括以下方面：

- 界定范围限制。法务会计活动通常被限制在某个时间段范围内，在这种情况下，时间表是建立和保持数据域边界的关键。基于数据质量的考虑，法务会计师不仅要关注数据的相关性问题，还要在既定的时间框架内收集数据。
- 视觉概要。时间表提供了关键事实和与事件有关的视觉概要。因为人们倾向于按时间顺序考虑问题，对于熟悉涉案各方的背景来说，时间表是一种非常有用的工具。涉案各方包括律师、公司的董事会与执行委员会、法官和陪审团。此外，法务

---

① Krebs, V. E. (2001). Mapping networks of terrorist cells. *Connections*, 24(3), 43-52.
② Gardner, R. (2008). *Advanced Forensic Techniques for Accountants*. American Institute of Certified Public Accountants.

会计师通常会同时处理多个案件,他们经常使用时间表以激起自己回想起特定案件中的事实和涉案人员。
- 分析工具。除了展示和汇总信息,时间表还可以识别任何缺失的信息。一般来说,时间表可以清楚地勾画出你所知道的,并突出你所不知道的。例如,在时间轴中较大的间隔可能意味着应进一步调查这个特定的时间间隔。

  由于时间表的事件是顺序发生的,因此有助于发现事件之间潜在的因果关系。要形成一种因果关系,你必须证明是引证的原因产生了这种结果。此外,我们必须考虑诸如时间的流逝及任何干扰事件的其他因素。时间表的另一种用途是作为验证各方意见的分析工具,如检验访谈内容的真实性。一旦建立了有效的时间表,它可以用作评价任何未经证实的陈述的基准。

  最后,法务会计师还可以运用时间表,从多个事件的概要中推测事实的本质。正如本章一贯强调的,证据必须具备与事实和数据相关的特定含义,并且与工作假设所关注的问题相关联。除了明确时间点,时间表还可以洞察以下方面的内容:
  ▷ 涉案人员有哪些?谁会受到影响?
  ▷ 每起事件的意义是什么?后果是什么?
  ▷ 该事件是在哪里发生的?
  ▷ 该事件为什么会发生?它们为什么会按这种特定的顺序发生?
- 演示工具。也许时间表最明显的用途是作为演示的工具,如审理展示。在这种应用中,目的不只是总结事实,而是把它们编织成一个"故事"。基于一系列相关的事实,律师可以创作自己的故事,以呈现对其客户最有利的一面。鉴于诉讼策略的考虑,时间表难免带有偏见,并不是对客观事实的一种真实写照;相反,律师的目的是通过"讲故事"来影响听众(陪审团和法官)。由于具有简单易用和直接明了的特点,时间表也被广泛视为沟通"故事"的最有效手段。

创建时间表

与关系图的制作类似,许多工具都可以用于创建时间表。常见的 Microsoft Excel 和 PowerPoint 就可以满足基本要求,更复杂的演示则需要具备额外的功能,Microsoft Visio 或 SmartDraw 这类软件可以胜任。专门为时间表而设计的软件主要有 Timeline Maker 和 Timeline Xpress。

无论使用什么样的工具,创建时间表最困难的问题是确定包含哪些信息,这在很大程度上取决于创建时间表的目的。如果供内部使用,法务会计师可能想要包括所有已记录的事件。如果要呈现给特定的对象,时间表应该只包括与意图表达的内容相关的项目。例如,当展示给陪审团时,时间表的所有内容应该有助于梳理整个案件事实。虽然时间表囊括的事实越多、所传递的信息越多,但这种情况下的信息质量并不高——包含更多的事实可能不会突出强调个别重要的项目。

最后要考虑的是时间表刻度的选择,它决定了事件间隔的大小。如果要强调事件的精确时间，应该使用固定的刻度，相等的距离代表相同的时间间隔。但这种方法的缺点是会给所创建时间表的大小和图形位置带来挑战，使事件分布不均匀。如果更注重事件发生的顺序，那么固定比例就没有必要了。然而，在给予分析人员更多创作自由的同时，这有可能使观看者曲解时间表的刻度，以为事实发生的时间间隔相同。这是时间表在展示事实上存在缺陷的表现之一。

时间表的可靠性

当将时间表作为证据时，它必须是可靠的。当然，时间表的可靠性取决于其组成要素，即单起事件的可靠性。与所有形式的数据一样，评估可靠性的主要因素是数据源。

时间点可以从任何含有时钟的计算设备（如个人电脑、手机、现金收款机和自动取款机）中获取。当然，调查人员还可以从其他文档中获得时间信息，如带有日期的支票，含有时间戳的收据，计算机记录的文件创建、访问和修改的时间等。调查人员必须意识到，虽然时间是客观存在的，但对日期与时点的度量是容易被操纵和篡改的。无论是有意还是无意，计算机的时钟可以调整、电源故障可以产生不准确的数据、经办人可以错报文件的时间。因此，在依据这些时间之前，准确地评估时间度量的有效性是非常重要的。

8.9 访谈转录

第4章介绍了作为数据收集手段之一的访谈。在本章，我们强调的是转录访谈手写笔录的重要性。虽然，转录的首要目的是记录和保存访谈中收集的数据，但转录过程还是服务于其他目的下有价值的工具。与大多数定性研究一样，访谈转录涉及数据的收集、分析和解读等并行活动。

 特别提示

沿用本章所介绍的术语，访谈转录是将数据转化为证据的一种方法。然而，鉴于访谈的性质，接下来仍将其看作定性数据转化工具。在第9章，我们还会介绍很多其他方法，将重心从定性数据转向定量数据。

我们在本书中反复强调：分析贯穿于法务会计活动的整个过程，从工作假设的提出到假设的验证，再到最终结果的呈现。任何影响调查方向的决策在本质上是由分析造成的。对于访谈来说，需要进行决策的有对谁进行访谈、采用何种形式、提出什么问题、如何将谈话内容转换成文本、如何组织访谈笔录等。在第4章，我们将访谈视为一种交互式证据，法务会计师在其中发挥着积极的作用。这种积极作用不仅体现在访谈本身，还体现在接下来的转录过程。

8.9.1 作为分析过程的转录

转录访谈的过程与访谈的最终结果同等重要。认识到这一过程的重要性,阐明了写作是探究问题的一种方法,确定了它在定性研究中的价值。在转录的写作过程中,我们必须将零碎的思想整合为有助于理解的连贯结构;此外,转录的写作是使分析过程明晰化并供后续审阅的手段。① 应当由进行采访的人员进行转录的原因为:第一,这可以尽可能地确保访谈记录的准确性,并包含一些情境元素(如地理位置和感官观察等);第二,这是法务会计师第一次有机会将从数据中提取出的事实转化为一个完整的故事。

当法务会计师将数据按逻辑顺序进行组织排列时,一个"故事"便应运而生。在通常情况下,我们应按顺序(访谈的实际流程)转录访谈,然后基于主题进行重新分类。在定性研究中,这被称为专题分析。这样做的主要目的是根据专题确定关键内容和数据链接。② 在事实调查访谈中,主题一般基于事实,但也可能基于经验、行为、看法或任何其他明显的因素。如果访谈在性质上是半结构化的,则拟询问的问题往往是确定主题的良好起点。对于非结构式访谈来说,主题可能会从访谈过程中产生。在任一情况(不论是预定的主题还是临时的主题)下,转录的结构都应符合法务会计业务的目标。

8.9.2 转录者的积极作用

访谈转录不是创意写作,但仍有大量自由发挥的空间。虽然转录的内容由实际访谈中相互交换的信息构成,但这些信息可以通过多种方式汇总和呈现出来。访谈转录具有"文本产品"的特点,由三个结构化的过程组成:(1)通过语言交流产生数据;(2)通过视频、音频或手录笔记收集数据;(3)根据文字和语法规则将口头解释转化为文字内容。③ 采访者在每一个过程都发挥着积极作用,特别是在第三个过程,采访者面临的挑战不只是关注说了什么,更要留意是如何说的(说话伴随的表情与动作)。转录过程受筛选和删减两种关键方式的影响。④

- 筛选。筛选是决定访谈转录中应包含哪些信息。与时间表一样,筛选的目标是只包含相关的信息。在法务会计业务调查前期,法务会计师所面临的挑战是尚不清楚什么是相关的或不相关的。
- 删减。删减是决定在访谈中获得的信息如何简化为文字。在这方面应特别注意以下内容⑤:
  ▷ 如何体现停顿、情感表达、声调和强调;
  ▷ 话语中的标点符号应该如何放置;

---

① Daly, K. (2007). *Qualitative Methods for Family Studies and Human Development*. Sage Publications.
② Rowley, J. (2012). Conducting research interviews. *Management Research Review*, 35(3/4), 260-71.
③ Atkinson, P. (1992). The ethnography of a medical setting: Reading, writing, and rhetoric. *Qualitative Health Research*, 2, 451-74.
④ Riessman, C. K. (1993). *Narrative Analysis*. Sage Publications.
⑤ Daly, K. (2007). *Qualitative Methods for Family Studies and Human Development*. Sage Publications.

▷ 如何处理重复的谈话和中断的谈话；
▷ 是保留还是忽略语气词(如"嗯""哦""呃")及重复的词。

8.10 案例应用

在附录 8-A 中,我们将本章所讨论的概念和工具应用于联邦政府 VS 朗达·尼克松案。你可能还记得,本案涉及位于肯塔基州卡特莱茨堡的小型律师事务所(普鲁特-索纳律师事务所)员工挪用公款。一名法务会计师受聘于公司的管理合伙人加里斯·普鲁特,协助该公司调查尼克松女士涉嫌欺诈的活动。

8.11 本章小结

法务会计师要得出有价值的结论就必须对各种形式的定量和定性数据进行分析与解读。数据分析涉及将一系列完整的数据进行分解,以揭示其本质或含义,因为这些信息作为一个整体可能无法明显地显示出来。这个过程本质上具有策略性,我们应该逐个分析每个元素对完善工作假设目标的贡献。虽然数据分析可以被看作整个调查过程的一个组成部分,但更准确地说,它是贯穿于整个业务的一个反复过程。

数据分析必须建立在大量相关数据的基础上。在法务会计活动的情境中,这句话在《联邦证据规则》和美国注册会计师协会的《职业行为守则》中也有类似表述。因为充分性和相关性的评估是相对的,并没有泾渭分明的界线,所以与法务会计的其他方面一样,这也需要法务会计师运用职业判断。这种评估是具有批判性质的,因为基于不充分、不相关的数据得出的观点容易遭到道伯特标准的挑战。

在分析数据之前必须妥善处理几个问题,具体包括时间限制、数据可获取性、技术资源和数据局限性;另一个需要考虑的重要因素是数据的可靠性,这与数据源有很大的关系。四种常见的数据来源分别是第一方数据、第二方数据、第三方数据和第四方数据。这些来源是根据数据与主体的接近程度、从主体本身开始向外部延伸到相关和不相关的各方。

在实际运用分析方法之前,法务会计师还要进行数据收集的计划和数据整理。计划的一个关键要素便是确定数据的适当范围,这往往涉及样本的选择。法务会计师应根据业务类型选择不同的数据收集方法。在大多数情况下,法务会计师应提交数据请求书,概述具体需要收集的数据项。在收集数据之后,法务会计师应将其记录到数据清单中,并创建一个可用的数据库。在这个过程中,法务会计师可以运用多种数据分析工具,如关系图、链接分析、时间表。这些分析工具具有广泛适用性、多功能性等优点。在运用定量分析方法之前,法务会计师经常使用访谈转录这种定性分析方法。在访谈转录的过程中,法务会计师将访谈中收集的信息组织为具有一定逻辑结构和含义的数据。

附录 8-A：案例应用

联邦政府 VS 朗达·尼克松案

在进行案例应用之前，我们建议读者查阅第 4 章的案情介绍和尾声部分以回顾案例事实。

背景

2007 年，加里斯·普鲁特(位于肯塔基州卡特莱茨堡的普鲁特－索纳律师事务所的合伙人)控告事务所的前记账会计朗达·尼克松女士未经授权透支事务所的信贷额度；此外，尼克松女士曾参加法律学校相关课程的学习。在初步审查会计记录后，普鲁特聘请一名法务会计师协助事务所调查尼克松女士的涉嫌欺诈活动。

初步考虑

关于时间限制。在与法务会计师进行初次会晤时，普鲁特希望尽快完成这项调查和分析，并建议法务会计师将用于支付保险索赔的金额作为盗用损失额。

关于范围限制。普鲁特怀疑贪污很可能发生在尼克松上年受雇于事务所期间，她在此期间完全控制了事务所的财务会计。因此，普鲁特要求法务会计师审查 2006 年 6 月 1 日至 2007 年 5 月 31 日的财务记录，他还具体指定应审查的账户，包括三个银行账户：一个信用卡账户和两个信贷额度账户。最后，当盗用损失额达到 75 000 美元(保险理赔上限)的时候，他要求法务会计师停止分析审查。

考虑到这些范围限制后，法务会计师确定可以在普鲁特期望的时间框架内完成分析。在业务约定书中，法务会计师明确说明了审查记录的范围和所要完成的任务。任务具体包括：(1) 识别尼克松犯下的任何欺诈；(2) 确定与此有关的任何损失金额。

关于数据可获取性。在与普鲁特进行初次会晤时，普鲁特向法务会计师提供了各种的基本记录，并表明如果需要任何其他数据，他将积极协助并及时提供。普鲁特还授权允许法务会计师直接与事务所的注册会计师进行沟通。

关于技术资源。考虑到时间要求和账户数量，法务会计师认为以现有的技术资源对这些财务数据进行审查和分析是可控的。具体而言，法务会计师预计整个分析只需借助 Microsoft Excel 这种基本电子表格处理软件即可。

数据局限性

该业务涉及多种类型的数据，包括第一方数据(由普鲁特提供)、第二方数据(由事务所的注册会计师提供)和第三方数据(由银行等金融机构提供)。因为尼克松一直负责公司的总账，有理由怀疑这些数据的可靠性。鉴于这种状况，法务会计师的数据分析计划(在附录后面会呈现)包括比较事务所的总账记录和反映实际交易的银行信用卡记录。

该事务所未能提供所请求的所有财务记录，特别是某些信用卡对账单和供应商发票因缺失而无法提供。记录不完整是数据分析所面临的一个重要限制条件，这必须在最终报告中予以披露，还包括时间区间的限制和 75 000 美元的损失额上限定。

另一项数据局限性是法务会计师要依赖于普鲁特确定可疑交易的合法性或非法性。

虽然有些交易(如总账中确认的收款人与作废支票上的收款人不一致)容易确认被操纵，但是有些交易(如虚假贷款、虚假奖金和未授权的信用卡支付)的合法性无法由法务会计师独立确认。

数据分析计划

关于调查计划。根据本项业务的具体目的，法务会计师编制了调查计划。该计划具体包括以下内容：

- 确认并请求必要的数据。
- 观察事发地点。
- 对事务所员工和外部各方进行访谈，包括银行员工和事务所的注册会计师。
- 查阅尼克松的个人资料。
- 查看通信记录，包括电子邮件和电话。
- 对财务记录进行分析：
  ▷ 追踪事务所三个银行账户的流入和流出记录；
  ▷ 对比总账分录与作废支票，以识别潜在的误记或篡改；
  ▷ 查阅总账的审计日志；
  ▷ 分析支票付款以查明非法支付或以尼克松的名义支付的项目；
  ▷ 分析工资记录以确定支付给尼克松的非法奖金；
  ▷ 分析信用卡交易以确定尼克松的个人消费支出；
  ▷ 分析银行存款以确定资金来源、转移和现金提取；
  ▷ 分析超出公司信贷额度的支付。
- 与普鲁特商讨初步审查结果，确认具体交易的合法性。

关于数据。正如前面所提到的，有关时间期限和相关账户由普鲁特指定。然而，法务会计师应该独立地确认特定账户的记录，以审查并确定需要追加的数据源，如总账、工资记录、电子邮件和电话记录、人事档案和访谈等。

数据收集

在初次会晤后，法务会计师向普鲁特发送了数据请求书，明确了分析所需的数据。数据请求书包含以下具体项目：

- 2005年和2006年事务所所得税申报表的副本。
- 2005年和2006年的W-2表和1099表。①
- 银行账户：
  ▷ 2006年6月至2007年5月的支票和存款单的副本；
  ▷ 签名卡的副本。
- 信用卡：2006年6月至2007年5月信用卡记录的复印件。
- 信贷额度：

---

① W-2表是纳税人从雇主那里获得的工资和所得税的声明。纳税人每年年初会从雇主那里收到一份申报表，以填列上年所得的收入。1099表是针对个人所得税的一系列申报表。

▷ 2006年6月至2007年5月的支票副本；

▷ 信用账户申请的副本。

- 电子格式总账的副本。
- 尼克松员工档案的副本。

法务会计师创建并保留了一份详细的数据清单，以便跟踪和更新所接收的项目数据。因为数据记录是通过零散项目组合起来的，法务会计师有必要起草一系列后续数据的请求书。

数据整理

在执行调查计划中的数据分析时，法务会计师有必要创建数据库。前面提到，总分类账以电子格式呈送。由于财务软件（Quickbooks）允许将账套下载为电子表格文件，这免去了手工输入总分类账数据的烦琐过程。法务会计师根据银行账户对账单确认并提取信息，形成数据库中的数据字段。从银行账户对账单中提取的数据字段包括：交易日期；交易类型（存款或付款）；金额；付款，包括付款类型（支票、借记卡、自动取款机）和收款人；支票，包括支票编号、签发日期、备注、签名和背书；存款，包括每张存款单据的金额、与每张存款单据相关的姓名、现金存入金额和现金取出金额。

对于支票付款要注意两个重要的日期——签发日期和支付日期。在创建数据库时，我们必须特别关注这两个日期，因为两者之间的时间差具有重要的含义。

关系分析

在本案中，因为目标（尼克松）已经被锁定，可基于与尼克松的关系从里向外确定相关方。在观察现场和采访公司人员后，法务会计师绘制了组织结构图，如图8-3所示。这张组织结构图说明了事务所内部权力的分配，强调了尼克松在其中起着核心控制作用，并解释了她如何实施阴谋且未被发现。此外，组织结构图也标识了在尼克松手下工作的其他个人，他们也许在知情或不知情的情况下涉嫌挪用公款。

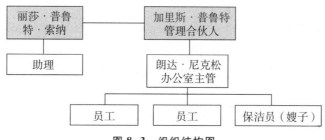

图8-3 组织结构图

在人员访谈中，法务会计师发现办公室保洁员是尼克松的嫂子。这种关系的发现促使法务会计师仔细检查尼克松女士支付给其亲戚的款项。通过这些检查，法务会计师发现某些签发给尼克松嫂子的支票实际上已被尼克松兑现。如果没有确定这层家庭关系，这些付款很可能被忽视。

法务会计师绘制的另一个图表是流程图（见图8-4），它反映了该公司各账户之间的资金流动,说明了尼克松是如何利用事务所的信贷额度得到未经授权的付款。从第 4 章的案例介绍中,我们知道普鲁特直到银行通告事务所的信用额度已处于过期状态时才意识到贪污的存在。

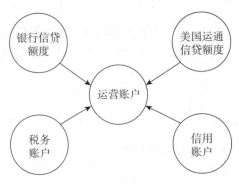

图 8-4 资金流向

由于尼克松已经被认定为目标,链接分析不是本案的关键部分。然而,鉴于尼克松参与了公司所有的财务活动,很显然,她可以被认为是所有可疑交易的共同链接点。

时间表分析

挪用期间的时间表如图 8-5 所示。该时间表始于 2006 年 6 月,事务所的一名行政雇员离职后,尼克松接管并控制了公司的财务。此后不久,事务所的两名合伙人牵涉一项重大诉讼,这耗费了他们好几个月的精力。2006 年 11 月,事务所以接受大额赔款而胜诉。自 2006 年 12 月至 2007 年 6 月,普鲁特出于个人原因休假。在他返回公司不久,银行就信贷额度问题联系了他。

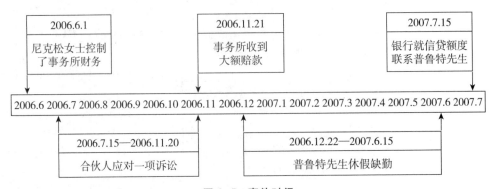

图 8-5 事件时间

当这些事件都列示在时间表上时,尼克松犯罪的机会就变得很明显。只有在这段时间,尼克松才能进行未经授权的付款并隐瞒其行为。她全权负责登记账务和银行业务,处理所有收到的邮件和银行账户对账单,有权签发支票及联系外部注册会计师。与此同时,几乎无人监督尼克松的行为,因为两位合伙人专注于应对一项诉讼。最后,事务所收到的大额赔款为尼克松挪用公款提供了可用资金,她利用信贷额度逐渐吞噬了这笔资金。

尼克松的舞弊行为时间表(见图 8-6)阐明了类似的"故事"。与大多数贪污一样,从小金额的挪用开始,然后迅速增加。尼克松最初将其舞弊行为局限于事务所的银行账户,但很快就转向使用信用卡账户。2006年11月,当公司收到大额赔款时,挪用金额达到峰值。

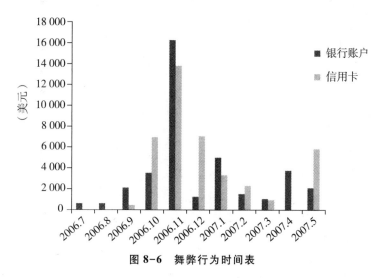

图8-6 舞弊行为时间表

访谈转录

在本案中,法务会计师进行了两个关键人物的访谈:加里斯·普鲁特和朗达·尼克松。对于这两次访谈,法务会计师对手录笔记做了转录。通过转录普鲁特的访谈,法务会计师能够条理性地构建案件事实,这有助于确定接下来的访谈对象和要收集的数据。

尼克松的访谈转录(详见第4章附录4-A)是尤其重要的,因为尼克松在访谈中主动承认了几个事实。此外,访谈转录的扩充版本可以作为庭审辩护的物证,作为法务会计师应对交叉询问的基础。转录的结构如下:

- 法务会计师的自我介绍并说明此次访谈的目的。
- 尼克松针对指控的自由(无方向)陈述。
- 尼克松对法务会计师特定询问的回应,包括可能的辩护、时间框架、具体交易、具体方法。
- 尼克松的总结。
- 达成日后联络或后续询问的共识。

关键术语

样本	数据	第一方数据	第二方数据	第三方数据
第四方数据	数据清单	数据域	数据分析	充分相关数据
数据库	方法	技术	工具	搜查令
传票	事先同意	携证出庭传票	组织结构图	家谱图
实体图	流程图	波纹理论	链接分析	时间表
筛选	删减			

简答题

8-1 什么是数据？

8-2 定义定性数据并举例说明。

8-3 定义定量数据并举例说明。

8-4 什么决定了法务会计师所分析数据的类型？

8-5 数据分析的目的是什么？

8-6 《联邦证据规则》第702条和美国会计师协会《职业行为守则》第201条如何影响收集充分、相关的数据？

8-7 法务会计工具的复杂性与其效率是什么关系？

8-8 什么因素决定了数据能否充分满足法务会计业务的要求？

8-9 什么因素将数据与法务会计业务联系在一起？

8-10 数据的可获得性如何影响其充分性的评估？

8-11 证据规则如何影响充分性的临界要求？

8-12 试比较法务会计中的工具、方法与技术的不同。

8-13 确认并讨论影响数据分析的三个操作限制。

8-14 确认并讨论在判断所获得的数据对特定业务是否有用时，法务会计师必须考虑的三种潜在数据局限性。

8-15 请描述什么是第一方数据、第二方数据、第三方数据和第四方数据？

8-16 试讨论法务会计业务中第一方数据、第二方数据、第三方数据和第四方数据的可靠程度。

8-17 编写数据分析计划有什么好处？

8-18 为什么在进行数据分析之前有必要确定适当的数据域？

8-19 联邦政府VS丽贝卡·波和联邦政府VS黛安·谢弗这两个案件如何阐明了数据分析计划的价值？

8-20 比较公司调查与民事诉讼在收集数据方面的不同。

8-21 如果对方当事人没有满足数据请求，那么要使用什么替代方案获得所需的数据？

8-22 确认并讨论法务会计师在起草正式数据请求书时需要考虑的四个因素。

8-23 哪些因素会影响法务会计师进行数据整理？

8-24 在法务会计业务中制作数据清单的目的是什么？

8-25 确认并讨论在数据分析中创建数据库应考虑的因素。

8-26 确定并讨论三种类型的关系图表。

8-27 什么是流程图？流程图在法务会计业务中有什么作用？

8-28 什么是链接分析？讨论链接分析对法务会计师的作用。

8-29 什么是波纹理论？请解释该理论对法务会计师的作用。

8-30 什么是时间表？

8-31 确认并讨论时间表在法务会计活动中能实现的四个目的。

8-32 在创建时间表时应该考虑哪些因素？

8-33 什么因素会影响时间表的可靠性？

8-34 讨论访谈后必须由采访者进行转录的两个原因。

8-35 解释在访谈转录时筛选与删减两种方式的含义。

选择题

请在下列有关法务会计数据分析作用的问题中选择最佳答案:

8-36 数据分析一定涉及定量分析方法。
A. 正确　　　　　　　　B. 错误

8-37 量化数据包含访谈的次数以及对事件的评论。
A. 正确　　　　　　　　B. 错误

8-38 下列哪一项不是量化数据?
A. 截至 2013 年 12 月 31 日的净收益　　B. 俄亥俄州哥伦布市当年的房产销售量
C. 你所在法务会计班级学生的年龄　　　D. 所在教室墙壁的颜色
E. 一项重复任务的完成速度

8-39 量化数据不受限制并反映事实的真相。
A. 正确　　　　　　　　B. 错误

8-40 收集一系列数据并将其分解为可控的小部分,这个过程被称为:
A. 数据变形　　　B. 数据解析　　　C. 数据分析　　　D. 数据操纵

8-41 在没有充分的事实和数据的情况下,运用再可靠的原理和方法都是没有价值的。
A. 正确　　　　　　　　B. 错误

8-42 下列哪一项与数据充分性的临界要求无关?
A. 证据的标准　　　　　　　　B. 法务会计业务的性质
C. 数据的可获得性　　　　　　D. 以上均与数据的充分性有关

8-43 在处理数据、理解数据、说明数据中充当权衡作用的被称为:
A. 技术　　　　B. 方法　　　　C. 工具　　　　D. 过程

8-44 是什么决定了数据处理的内容以及如何进行数据处理?
A. 技术　　　　B. 方法　　　　C. 工具　　　　D. 过程

8-45 在特定情况下运用一种特殊工具称之为:
A. 技术　　　　B. 方法　　　　C. 工具　　　　D. 过程

请在下列与数据分析任务构建、数据源选择、数据分析计划有关的问题中选择最佳答案:

8-46 下列哪一项不对数据分析产生操作限制?
A. 技术资源　　　　　　　　B. 完成数据分析所需的时间
C. 数据的获取　　　　　　　D. 以上都是潜在的限制

8-47 下列哪一项不是数据限制?
A. 转换数据　　　　　　　　B. 不同定义的同一数据
C. 不同形式的同一数据　　　D. 缺失的数据

8-48 下列哪类数据是直接从委托主体处获得的?
A. 第一方数据　　B. 第二方数据　　C. 第三方数据　　D. 第四方数据

8-49 下列哪一项是第二方数据?
A. 与主体的交谈　　　　　　　　　　B. 当地报纸的一篇文章
C. 委托主体的会计师事务所提供的财务报告　　D. 在律商数据库中查找的法律文件

8-50 一般来说,用于数据分析的纳税申报单是很可靠的,这是因为:
A. 向政府提供虚假申报将受到严厉的惩罚　　B. 是由专业纳税申报员提供的
C. 是大学的一门课程　　　　　　　　　　　D. 以上都是错误的

8-51 法务会计师可以不考虑数据获取成本而提出任何数据请求。
A. 正确　　　　　　　　　B. 错误

8-52 在进行数据分析计划时,下列哪一项不必考虑?
A. 结果有助于完善工作假设　　　B. 如何进行数据分析
C. 高级管理层如何看待这些数据　D. 如何收集数据

8-53 在法务会计业务中,书面数据分析计划通常包括如何收集数据、如何分析数据以及如何沟通结论。
A. 正确　　　　　　　　　B. 错误

8-54 书面数据分析计划有什么好处?
A. 为评判分析进程提供参考标准　B. 使法务会计业务得以持续
C. 促使法务会计师考虑数据限制　D. 以上都是

8-55 下列哪一项陈述正确表达了联邦政府 VS 丽贝卡·波案和联邦政府 VS 黛安·谢弗案的目的?
A. 表明获得和分析数据很容易
B. 提供计算机协助数据分析的实例
C. 说明分析人员面临有太多或没有数据两种极端情况
D. 提供法务会计从业者错误分析的实例

请在下列与数据收集和数据整理有关的问题中选择最佳答案:

8-56 在企业调查中,委托主体可以提供任何信息给发出数据请求的人。
A. 正确　　　　　　　　　B. 错误

8-57 在民事诉讼中,很多数据是通过委托律师来获得的。
A. 正确　　　　　　　　　B. 错误

8-58 如果对方不能满足数据请求或没有按要求提供必要的信息,则律师应该采用以下哪种方式获取数据?
A. 再次发送数据请求书邮件　　　B. 亲自拜访对方
C. 电话联系法院说明情况　　　　D. 获取传票或者携证出庭传票

8-59 在民事案件中,搜查是获取数据的唯一途径。
A. 正确　　　　　　　　　B. 错误

8-60 当起草数据请求书时,下列哪一项因素法务会计师不必考虑?
A. 确定是否使用 APA 格式或 MLA 格式①　B. 尽可能使所需数据的项目具体化
C. 确定所需的辅助材料和附件　　　　　　D. 明确所需数据的形态

8-61 一旦收集到数据,我们就必须按照便于分析的形式整理数据。
A. 正确　　　　　　　　　B. 错误

8-62 数据整理要先于数据分析,因为这样更容易操作且省时省力。
A. 正确　　　　　　　　　B. 错误

8-63 在获得数据后,法务会计师首先应该做的是什么?
A. 分析数据　　　　　　　　B. 认真研读每个项目
C. 编制数据清单,包括数据源和接收日期等　D. 扫描成文件数据

---

① APA(American Psychological Association)是美国心理学会针对社会科学领域的研究,规范学术文献的引用和参考文献的撰写方法,以及表格、图表、注脚和附录的编排方式;MLA(Modern Language Association)是美国现代语言协会制定的论文指导格式。前者多适用于人文学科,后者多适用于自然学科。

8-64　在建立数据库时,法务会计师必须考虑什么因素?

A. 从特定的源文档中可以提取到什么信息　　B. 数据所在文件的类型

C. 源文档字体大小　　D. 以上均须考虑

8-65　将文档中的数据标准化是非常重要的,这会使所有条目以相同的格式呈现。

A. 正确　　B. 错误

请在下列与数据分析工具有关的问题中选择最佳答案:

8-66　下列哪一项不属于关系图?

A. 实体图　　B. 家谱图　　C. 组织图　　D. 流程图

8-67　不论要素之间有何种关联,链接分析都是有效的。

A. 正确　　B. 错误

8-68　波纹理论的基本观点是什么?

A. 任何行为都会产生一系列的后续行为或结果　　B. 一个发现引出另一个发现,由此得出真相

C. 波纹总是向波源移动　　D. 以上都不是

8-69　法务会计师不仅要确认链接还要检验链接的强度,并由此得出结论。

A. 正确　　B. 错误

8-70　时间表可以服务于法务会计业务的各个方面,从数据收集到呈现结果。

A. 正确　　B. 错误

8-71　下列哪一项不是时间表的作用。

A. 是一种分析工具　　B. 是一种演示工具

C. 是一项业务敏感性而分析工具　　D. 用于界定范围限制

8-72　时间表被认为是最有效的呈现证据的方法。

A. 正确　　B. 错误

8-73　下列哪一项有关时间表刻度的表述是正确的?

A. 刻度的选择并不重要

B. 如果强调事件的精确时间,就应该使用固定的刻度,其中相等的距离代表相同的时间间隔

C. 如果更注重事件发生的顺序,那么固定比例的刻度就没有必要

D. 把图像放在时间表上很重要,因为这有助于演示者正确地认定事实

8-74　下列哪一种设备不可以确保时间表上数据的可靠性?

A. 钟表　　B. 手机

C. 银行已兑现支票上的处理日期　　D. 以上都是

8-75　如果时间是从计算机数据文件上获得的,则事件的时间可以被认为是绝对准确的。

A. 正确　　B. 错误

职场应用

8-76　本书的作者之一1946年出生于俄亥俄州的迪法恩斯(Defiance);1952年就读于俄亥俄州的Ney小学;1964年毕业于俄亥俄州的Fairview高中;大学期间主修会计,1971年于美国波尔州立大学(Ball State University)获得理学学士学位,同年通过美国注册会计师考试;1978年在托莱多大学(Toledo University)主修工商管理财务学方向硕士学位;1997年在诺瓦东南大学(Nova Southeastern University)获得工商管理学博士学位;2002年在诺瓦东南大学完成会计学方向博士后研究。

根据以上信息，请使用 Microsoft Excel、Word 或 PowerPoint 编制一份时间表，并向大家展示。另外，请回答以下问题：

1. 通过编制时间表，你从这一系列的教育事件中学习到什么？
2. 在这份时间表中，包含了哪些具体数据？请解释。
3. 你省略了某些数据吗？如果有，请解释。
4. 你在时间表中使用了什么样的刻度？请解释。
5. 请推测这些教育经历之间的时间差，并给出理由。
6. 你认为这些信息的数据源是什么。

8-77　获取由霍尔茨（Holtz）、鲁宾斯坦（Rubenstein）和雷明尼克（Reminick）注册会计师撰写的文章——A CAT Scan of the Madoff Scandal：Diagnosing Fraud Inside the Black Box，阅读文中标题为 Typical Feeder Fund v. Potential Madoff Fund 的组织结构图。

1. 该类型图表如何有助于法务会计师利用麦道夫（Madoff）的组织结构确定麦道夫庞氏骗局的？
2. 什么类型的数据源会引发这类问题？

8-78　回顾第 3 章中的马特柯锻造公司 VS 安永会计师事务所案。请利用所提供的数据制作重大事件时间表，其目的是向当地注册会计师协会展示法律诉讼的关键步骤。向大家展示你制作的时间表，并解释以下内容：

1. 你如何选择时间表中的事件？
2. 你如何决定所制作的时间表中的刻度？
3. 通过时间表的制作，你学到了什么？介绍你获得的经验。

8-79　制作一张你所在大学的组织结构图，要求包括学校的管理部门，向大家展示你的组织结构图，并解答以下问题：

1. 你从哪里获得这些数据？
2. 从教育组织的关系和权力结构中，你学到了哪些管理结构知识？
3. 你从组织结构图中学到了什么？介绍你获得的经验。
4. 你使用何种类型的数据源回答这些问题？

8-80　登录 www.genopro.com，在首页中以 example 为关键词进行检索，在检索结果中选择 Genogram Example-GenoPro，然后选择"泰格·伍兹"（Tigger Woods）以了解他的家族。请制作一张家谱图向大家展示，并讨论如何将此类工具应用到法务会计活动中。在制作过程中考虑以下问题：

1. 泰格·伍兹的父母是谁？
2. 泰格·伍兹有多少个兄弟？
3. 夏安·伍兹（Cheyenne Woods）和泰格·伍兹是什么关系？
4. 厄尔·伍兹（Earl Woods）的第一任妻子遭遇了什么？
5. 泰格·伍兹在哪一年与艾琳·诺德格伦（Elin Nordegren）结婚？
6. 厄尔与泰格之间的绿色连线像铁轨一样交叉，这意味着什么？
7. 在法庭上，这种类型的图表如何有助于专家证人作证？

8-81　从一篇杂志文章中找出一张时间表，制作一份简单的备忘录并包括以下内容：

1. 时间表要表达的主题是什么？
2. 时间表讲述了一个什么样的"故事"？
3. 关键数据点展示了哪些重要的信息？对于时间表要表达的"故事"而言，为什么这些信息是重要的？

4. 时间表所使用的刻度类型。

5. 你从这份时间表中学到了什么?

8-82 查找两篇有关链接分析的文章,编制一份简单的备忘录,解释文章中使用了哪些工具,并指出你将如何在以后的法务会计职业生涯中运用你所学的知识。

深度思考

8-83 作为法务会计业务的一部分,你需要确定影响当地社区房价的因素。从印第安纳州韦恩堡售房中心收集到2011年7月31日至2011年12月31日的销售记录(见表8-2)。这些数据是为了分析影响房价因素而收集的。

表8-2 韦恩堡销售数据:2011年7月31日至12月31日

价格(美元)	平方英尺	房龄(年)	外设	房产税(美元)
225 500	2 675	5	6	1 793
260 200	2 655	10	4	1 315
236 500	2 935	3	2	1 790
220 000	2 575	6	2	1 905
210 000	2 590	6	2	1 688
198 000	2 780	2	4	1 940
173 000	1 930	15	4	1 282
162 000	1 700	20	4	1 111
150 000	1 850	16	6	1 310
141 000	1 880	20	5	1 013
137 000	2 150	17	4	1 092
136 000	1 890	15	7	1 213
129 000	1 925	8	8	660
127 000	1 750	9	5	875
120 000	1 650	4	4	963
130 000	1 700	11	7	831
110 000	1 500	15	6	822
108 000	1 400	12	3	805
100 000	1 375	26	3	915

基于你对数据的审阅,请回答以下问题:

1. 收集的数据属于哪种类型?需要增加其他的项目吗?

2. 这些数据是如何编码的?编码是一致的吗?

3. 哪些特别的因素影响了房价?

4. 该问题中的这些信息来自何种类型的数据源?

第9章

将数据转化为证据 II

9.1 引言：联邦政府 VS 萨利赫案
9.2 描述性统计
9.3 展示数据的方法
9.4 数据挖掘
9.5 数据分析软件
9.6 数字分析：奔福德定律
9.7 本章小结

学习目标

通过本章的学习,你应该能够

目标1:解释描述性统计在法务会计业务中的应用

目标2:识别并描述展示数据的多种方法

目标3:解释在法务会计业务中挖掘数据的目的与应用

目标4:认识常用的数据分析软件,并解释各种软件的优势和劣势

目标5:解释奔福德定律并描述具体的数据分析测试

9.1 引言：联邦政府 VS 萨利赫案

我们在第9章构建了数据分析任务，并介绍了几种可用于大多数法务会计业务的工具和技术。在本章，我们缩小范围，着重探讨涉及大容量的定量数据的具体分析方法。由于时间和资源的限制，让法务会计师检查大型数据的每一项是不可能的。幸运的是，近年来的技术进步产生了可以在几秒内检索大型数据库的计算机硬件和软件工具。虽然这些工具的功能强大且很有价值，但它们不能独立运作。更具体地说，它们不能确定要寻找"什么"。这个决定必须由法务会计师基于其专业知识及对案例事实和环境的了解才能做出。正如前面章节所指出的，这些要素有助于形成工作假设，而工作假设应该指导所有的分析事项，包括数据分析任务。这对确保得出有价值的结论是非常有必要的。

在法务会计中，大型数据集的分析往往涉及将目标数据与从其他类似数据中得到的"正常"值或预期值进行比较。比较的目的是找出目标数据是否存在偏差，这些偏差可能是需要进一步探讨的问题的信号。当然，诸如企业价值评估和经济损害赔偿计算等法务会计业务，可能不需要大量具体的个案数据分析。即便如此，本章所讨论的概念仍然适用。例如，当法务会计师依赖于第三方（如政府机构）提供的数据时，他们必须了解数据是如何收集和汇编的，并意识到在特定业务中有可能影响数据使用的任何限制。

首先，本章讨论描述性统计，它的运用使法务会计师加深了对数据的整体认识；其次，我们探讨以可视化形式展示数据的各种方法，它们可以突出显示可能存在的偏差；再次，我们介绍数据挖掘，它涉及采用多种方法确定大型数据集中的单个异常观察值；最后，本章以基于奔福德定律（Benford's Law）的测试作为总结，这些测试已被广泛应用于审计和舞弊调查。从本质上说，这些方法都是归纳推理的具体运用，因此我们从特例到一般或者从特征到成因进行推理。虽然这很容易陷入数据分析过程中的诸多细节困境，但是法务会计师不能忽视归纳推理的目的——得到对业务所处的情境有重要影响的信息。

联邦政府 VS 哈立德·萨利赫和法蒂玛·萨利赫案

在当今的数字化时代，数据不断地被各种类型的组织（包括各级政府）收集。政府以行政执法为目的使用数据，从税务审计到暴力犯罪调查都包含在内。由于公众对国家债务日益关注，近年来有一个领域引起了社会的关注，那就是针对政府福利计划的反欺诈调查，该计划每年预计损失数十亿美元。联邦政府 VS 哈立德·萨利赫和法蒂玛·萨利赫案提供了如何运用数据分析在诸如联邦食品券计划中认定欺诈的实例。

犯罪事实

2011年6月，哈立德和法蒂玛被指控骗取补充营养援助计划（SNAP），其前身为食品券计划。① 那时，萨利赫夫妇在伊利诺伊州的沃基根拥有并经营一家名为"日落食品超市"

---

① Indictment, *U.S. v. Khaled and Fatima Saleh*. U.S. District Court, Northern District of Illinois, Eastern Division. No. 11 CR 367. Filed June 22, 2011.

的商店。该店已于 2009 年 5 月被授权参与补充营养援助计划,提供食品供应。起诉书指出,萨利赫夫妇在 2009 年 8 月至 2011 年 4 月非法兑换了超过 50 万美元的补充营养援助计划优惠券。具体来说,这对夫妇以现金赎回了其中约 50% 的食品优惠券。萨利赫夫妇被指控的另一个阴谋是购买客户从其他商店用食品优惠券换取的商品,随后将这些商品在日落食品超市以更高的价格转售。

该指控是由联邦探员经秘密调查后提出的。好几次,联邦探员用食品优惠券换取现金,还用这些优惠券在沃尔玛超市购买婴幼儿配方奶粉,然后以零售价的 50% 卖给萨拉赫。① 2011 年 4 月,联邦探员对日落食品超市进行了现场搜查,随后在萨利赫夫妇的公寓外截住他们,并缴获装有 350 000 美元现金的手提箱。

2012 年 8 月,萨利赫夫妇认罪。② 认罪协议显示,他们的欺诈行为导致了价值 844 629 美元的损失,有可能被判处 30—37 个月有期徒刑。③ 截至本书完稿时,本案尚未宣判量刑。

补充营养援助计划

补充营养援助计划是联邦政府资助的一个援助项目,旨在帮助低收入个人和家庭购买食品及基本生活用品。近年来,政府补充营养援助计划支出随着经济的衰退而突飞猛进。2011 财年,超过 4 620 万人得到 753 亿美元补充营养援助计划带来的好处,该金额是 2008 财年支出的两倍多。④ 近一半的受益人群是儿童,平均每人每月补贴 132 美元。⑤

2004 年,政府以磁卡替代纸质优惠券,这种磁卡被称为 LINK 卡,福利款项每个月自动打入磁卡中。经授权的供应商提供可接受 LINK 卡的终端设备,在购买食品及基本生活用品时,持卡人在终端设备刷卡并输入 PIN 码(个人身份证号码)。终端设备记录 LINK 卡的账户号码、交易日期、时间和金额。

补充营养援助计划欺诈

美国农业部(USDA)将补充营养援助计划欺诈定义为:用优惠券换取现金的行为。这种交换也称贴现或贩卖,是联邦法律所禁止的。美国农业部报告,在过去的二十多年里,由于监督力度的加强,贩卖率显著下降,从约 4% 降至 1%。⑥ 补充营养援助计划平均每年总

---

① U.S. Attorney, Northern District of Illinois. Press Release, June 23, 2011. Waukegan grocer and wife indicted for allegedly defrauding U.S. Food Stamp and Nutrition Programs of more than $500 000.

② Plea Agreement, *U.S. v. Khaled Saleh*. U.S. District Court, Northern District of Illinois, Eastern Division. No. 11 CR 367. Filed August 31, 2012; Plea Declaration, *U.S. v. Fatima Saleh*. U.S. District Court, Northern District of Illinois, Eastern Division. No. 11 CR 367-2. Filed August 31, 2012.

③ Government's Position Paper as to Sentencing Factors, *U.S. v. Khaled Saleh*. U.S. District Court, Northern District of Illinois, Eastern Division. No. 11 CR 367-1. Filed December 5, 2012; Government's Position Paper as to Sentencing Factors, *U.S. v. Fatima Saleh*. U.S. District Court, Northern District of Illinois, Eastern Division. No. 11 CR 367-2. Filed December 6, 2012.

④ O'Keefe, E. (Dec. 6, 2011). Obama administration targeting food stamp fraud as program reaches record highs. *Washington Post*.

⑤ Hananel. S. (May 24, 2012). Food stamp fraud: Agriculture Department taking new steps to combat selling benefit cards. *Huffington Post*.

⑥ U.S. Department of Agriculture. Food and Nutrition Service. Fighting Snap Fraud. www.pearsonhighered.com/mfusfor a link to this report

支出753亿美元,这意味着每年有7.53亿美元的欺诈损失。① 绝大多数欺诈是由零售商用优惠换取现金造成的,但是美国农业部官员更担心人们会在公开市场(特别是通过网络)出售他们的LINK卡。②

全美约230 000家零售商加入了补充营养援助计划,提供食品及基本生活用品。③ 官方报告显示,虽然补充营养援助计划中80%的资金用在大型的连锁超市,但是小商店更有可能参与欺诈。④ 美国农业部表示,2011年超过15 000家商店被查出涉嫌参与补充营养援助计划欺诈,约2 000家商店因非法行为而被制裁,约1 200家商店被补充营养援助计划永久性地排除在外。

美国农业部最近采取了打击补充营养援助计划欺诈的高科技战略,包括与社交媒体公司合作和使用数据挖掘技术。利用数据挖掘技术,美国农业部可以分析从全国范围内的终端设备获取的数据,并以此识别可疑的交易模式。这主要是利用补充营养援助计划所使用的电子福利转账系统(EBT)中的零售交易系统完成反欺诈定位的。美国农业部拥有一支由100多名分析人员和调查员组成的团队,致力于在全美范围内监控补充营养援助计划的执行。⑤

9.2 描述性统计

在运用定量方法进行数据分析之前,法务会计师必须熟悉数据。对数据的基本了解不仅可以简化分析过程、提高分析效率,还可以确定这些数据是否适用于某种特定的方法(或者为了适用于这种方法,应该如何调整数据)。在大多数情形下,我们不能从整体上评估一个数据集;当然,我们也不能把观测值都分开予以考虑。因此,对数据进行一个整体概述是十分有用的,我们可以利用描述性统计完成对数据的整体概述。

9.2.1 什么是描述性统计?

虽然我们通常把统计学视为一门历史悠久且复杂的科学,但依然被许多社会学科和部门广泛使用,包括经济学、政府、商业和执法部门等。从一般意义上来说,统计学的目的是"汇总数据、分析数据,并得出能够改进决策的有意义的结论"。⑥ 在法务会计中,这种决策不仅涉及对工作假设的评价,还包括形成结论或意见。正如本书一贯强调的,专家证言不

---

① Baertlein, L. (Feb. 6, 2012). U.S. targets food stamp fraud as election looms. *Reuters*.
② Hananel. S. (May 24, 2012). Food stamp fraud: Agriculture Department taking new steps to combat selling benefit cards. *Huffington Post*.
③ O'Keefe, E. (Dec. 6, 2011). Obama administration targeting food stamp fraud as program reaches record highs. *Washington Post*.
④ Ibid.
⑤ U.S. Department of Agriculture. Food and Nutrition Service. Fighting Snap Fraud. www.pearsonhighered.com/rufus for a link to this report
⑥ Aczel, A. D., & Sounderpandian, J. (2006). *Complete Business Statistics* (6th Ed.). McGraw Hill.

仅要基于充分且相关的数据,还要以专业确定的合理程度陈述。重要的是,这些概念不需要绝对的精确;甚至在统计分析中,这些概念也存在某种程度的不精确性。事实上,统计的一个关键功能就是确定这种不精确程度,它们可以用错误率、显著性水平或置信水平等表示。

 特别提示

因为我们假定你已经掌握了最基本的统计学知识,所以本章并不是对统计学进行全面的回顾。与此相反,我们的目的只是说明描述性统计在法务会计业务中的应用,并着重讲解一些常用的具体方法。当然,我们鼓励读者自行参考统计学教材中的相关概念,以便加深理解。

顾名思义,描述性统计的目的是使用各种各样的指标和图形描述数据。回顾第 8 章,总体是我们感兴趣的群体的所有观测值,而样本则是从总体中挑选出来的观测值的子集。参数是用来描述总体特征的概括性数字度量,而统计量是用来描述样本特征的概括性数字度量。因此,描述性统计是一些简易地描述数据样本的数字度量。

9.2.2 统计与法务会计

推断性统计通常与描述性统计联系在一起,其目的是根据从样本中获得的信息得出关于总体的结论或推论。在一般情况下,虽然法务会计业务经常用到推断,但是对推断性统计的应用受到了更多的限制,这是因为统计推断需要从总体中随机抽取样本。尽管法务会计师有时可以获取一个随机样本,但是在更多的情形下数据集是基于一些特定条件(如某个特定期间内的观测值、有上限或下限的观测值等)而获得的或者受到可获取性的限制。与推断性统计不同,描述性统计可以应用于任何涉及数值型数据集的分析。数据集越大,描述性统计方法越有效。

正如本章引言所指出的,许多数据分析方法存在一个常见问题,即实际数据与预期数据的比较。换句话说,这个数据集看起来合理吗?为了进行这种比较,我们必须确定:(1)这个数据集实际上是什么样子;(2)这个数据集应该是什么样子。这两个确定都离不开描述性统计。就像描述一个物体有多种方式一样,我们也可以用多种特征描述一组数据,其中最基本的特征是观测值的个数。这一特征很重要,因为它决定了分析的范围。具体来说,它决定了这些数据可以用什么分析方法、会用到哪些技术资源(如计算机硬件和软件)、分析需要耗费多长时间。

另一个重要特征是数据集的分布。数据集的分布可以用两个维度测度:时间和量值(或数量)。从时间来看,观测值可以分为时点(截面)或时段(时间序列)。两者的区别很重要,因为不同的统计测试对数据类型的要求不同,有的要求截面数据,有的则要求时间序列数据。从量值来看,观测值可能是正值、负值或零;同理,数量也可能是正无穷大或负无穷小。与时间维度类似,数据集中观测值的量值也可能对所使用分析方法的类型产生影响。此外,实际数据与预期数据在量值上相比可能存在显著的差异。预期数据的数值是偏高还是偏低?预期价值是零还是负值?

 特别提示

统计学在法务会计中的应用也许并没有基本财务或会计概念那么明显。然而,对于法务会计师来说,统计学依然是非常有价值的、必须掌握的知识。正如本书一贯强调的,法务会计专家的意见必须建立在证据基础之上。我们在处理大量的定量数据时,统计工具可以将数据转化为证据,从而得出恰当、合理的意见。

9.2.3 常见的描述性指标

我们可以使用多个指标描述一个数据集,在本节,我们主要介绍一些最常用的指标。在法务会计活动中,计算这些指标是分析一个大型数据集的起点,其目的是形成对数据的整体"印象"或者找到数据分布的"感觉",并将其作为初步评估数据的基础。这些描述性指标可分为两类——集中趋势指标(观测值的集中情况)和变异性指标(观测值的离散情况),如表9-1所示。

表 9-1 常见的描述性统计指标

集中趋势指标	
众数	在一组数据中出现频次最多的数
均值	一组数据的总和除以该组数据个数所得到的商
中位数	将一组数据按大小顺序排列,处在最中间位置的数。它既可以是一个数,也可以是中心位置上两个数之间的数
变异性指标	
极差(全距)	一组观测值中的最大值和最小值之差
方差	各个观测值分别与其平均数之差的平方和的平均数
标准差	方差的算术平方根

集中趋势指标

集中趋势是一组数据向某一中心值靠拢的程度,它反映了一组数据中心点的位置。① 衡量集中趋势的指标为均值、中位数和众数。在这三个指标中,使用最广泛的是均值。其优点在于考虑了所有观测值的量值,代表了数据的"重心"位置;其缺点在于易受极端值的影响,只能用于数值型数据,不能用于分类数据和顺序数据。与此相反,中位数不考虑每个观测值的量值大小,只考虑这个观测值分布在数据集的上游或者下游;而且,中位数不受极端值或异常值的影响。

---

① Dodge, Y. (2006) *The Oxford Dictionary of Statistical Terms*. Oxford University Press.

变异性指标

变异性指标反映各观测值远离其中心值的程度（离散程度），从另一个侧面说明了集中趋势。低变异性意味着观测值紧密围绕在均值周围，而高变异性则意味着观测值距离均值较远。尽管两个数据集的观测值数量相同，均值、中位数和众数也相同，但这两个数据集的变异性可能不同。衡量变异性的三个常用指标为极差（全距）、方差和标准差。与均值类似，方差和标准差将所有观测值考虑在内。但方差和标准差相比，后者更容易解读，因为它使用的是基本单位而不是平方单位。

深入探讨

法务会计师必须熟悉这些描述性统计指标，因为他们不仅要分析特定的大型数据集，有时还要有效地解读并使用第三方数据。例如，企业价值评估经常涉及该企业和行业标杆之间的数据比较，如财务比率。在这一比较分析中，必须解决以下重要问题：

- 什么集中趋势指标可以反映某个行业数据集的整体？如果不止一个指标，那么哪一个最能代表整体行业数据？这个数据集的变异性如何影响决策？
- 该行业数据集包括多少个观测值？这些观测值如何影响描述性统计指标的效用？
- 该行业数据集是否存在异常值？这些异常值是如何反映在描述性统计指标中的？

9.2.4 数据分布的形状

假设我们想知道某个数据集的观测值有多少个量值——正值或负值、大或小。回答这个问题需要将数据进行分组或分区间。一旦对数据进行分组，它们就可以被绘制为直方图。直方图由一个个条形图组成，其中每个条形代表一个区间，条形的高度代表该区间内观测值的数量（或频率）。直方图是一种重要的数据分析工具，它能够呈现数据分布的形状，决定选择何种类型的分析方法。

创建直方图的第一步是定义区间，这取决于分析人员的判断。在一个既定的数据集，区间的长度和区间的数量成反比，也就是区间越短，区间数量越多。在分析过程中，虽然区间划分得越多越可以提供更详细的数据分布图，但如果观测值只位于几个区间内，这就有可能误导我们。在大多数情形下，七至十二个区间就已经足够了。而在这个范围之内的具体选择则取决于数据集中观测值的数量即数据集越大，区间数量越多。尽管无法确定合适的区间数量，但是不论区间数量有多少，这些区间必须包含所有的观测值且区间之间不能重叠。换句话说，每个观测值必须且只能列入一个区间。

虽然我们一般会建立等距区间，但这并不适用于法务会计活动。因为在财务数据集中，小数值的数量通常比大数值多得多。在这种情形下，如果依然使用等距区间，观测值就会集中于前几个区间，只有少量观测值分散在剩余区间里。接下来，我们以图9-1和图9-2呈现应付账款数据集中的352个观测值，图9-1为等距区间、图9-2为异距区间。从图9-1和图9-2可以看出，区间的确定对直方图的形状有着显著的影响。

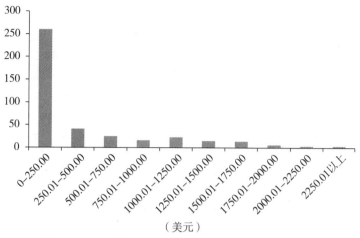

图 9-1　XYZ 公司 2012 年应付账款交易——等距区间

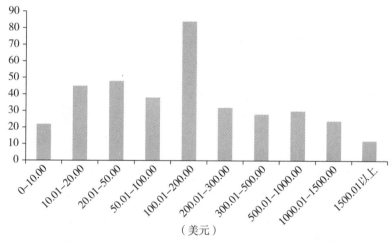

图 9-2　XYZ 公司 2012 年应付账款交易——异距区间

与法务会计业务的许多方面一样,在从多种备选方案中选择最适合特定目的的分析方案之前,分析人员都要重复确定区间的长短和数量。如前文所述,描述性统计的主要目的是让分析人员对数据的分布产生一些"感觉"。因此,在建立直方图的过程中,反复测试的过程对了解数据的概况是非常有帮助的,它可以使分析人员得以观察并分析多种不同的数据分布形状。

绝对频率 VS 相对频率

直方图是分组数据的频率图。频率可以分为绝对频率和相对频率。绝对频率是一个区间内观测次数的加总,而相对频率是该区间内的观测次数占总次数的百分比。图 9-1 和图 9-2 是绝对频率直方图,而图 9-3 则是相对频率直方图。

应注意的是,图 9-3 的形状与图 9-2 的形状相同,这是因为两张图的数据源相同,使用的区间间隔也相同。绝对频率直方图与相对频率直方图的唯一区别在于纵轴是数字还是百分比。

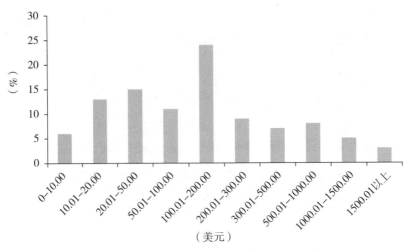

图 9-3　XYZ 公司 2012 年应付账款交易——相对频率

相对频率的优点在于:它们都经过了标准化,或者都相对于一个固定数量——总观测次数。如果直方图的绘制是正确的,那么所有区间的相对频率之和应该等于 1.00 或 100%。相对频率非常有用,因为它们可以被解释为概率。例如,在图 9-3 中,大约 6% 的观测值位于 0.00 美元和 10.00 美元区间内。基于这一信息,我们可以得出结论:从所有观测值中任选一个,这个观测值落在 0.00—10.00 美元区间的概率大约为 6%。

 概念辨析

概率是统计学的另一个重要内容,虽然它超出了本书的范围,但法务会计师应该熟悉它。正如前面章节所述,"专业确定的合理程度"就是一个概率问题(大于 50%)。此外,概率的另一项具体应用是道伯特标准的一个因素:一种方法的已知或潜在错误率。对专家证人来说,其结论的概率受到质疑在作证或交叉询问时并不罕见。要有效地回答这个问题,法务会计师必须知道能否确定这些概率;如果不能,则应能够给出原因。

偏度

法务会计师可能会对数据分布的另一个特征感兴趣,那就是偏度。偏度是衡量数据分布在均值周围的不对称程度。如果数据主要分布在均值左侧,此时称为正偏分布,这意味着分布图形中的长尾巴拖在右边;与此相反,如果数据主要分布在均值的右侧,此时称为负偏分布,这意味着分布图形中的长尾巴拖在左边。一个有意思的重要事实是,在对称分布中(无偏斜度),均值、中位数和众数均相等。在右偏分布中,均值大于中位数、中位数大于众数;而在左偏分布中,这种关系正好相反。

图 9-1、图 9-2 和图 9-3 中的应付账款数据集都是正偏分布,图 9-1 比图 9-2 和图 9-3 更容易看出该数据集是正偏分布。我们还可以看出,区间的确定是如何使预期数据分布的形状产生偏差的,特别是偏度甚至是缺少偏度。

离散分布 VS 连续分布

到目前为止,我们一直在讨论离散数据分布。在离散分布中,观测值是可数的,而且连续两个观测值之间还存在离散的"跳跃"。正如应付账款数据所示,我们不必把所有数值都展示出来。因为货币的计量精确到分,所以我们认为金额是离散型变量。相比之下,连续分布中的数值可以精确到无穷小的程度。换句话说,这些值是连续的,它们之间不存在离散性的"跳跃"。连续型变量的例子如时间、重量和距离等。

离散分布和连续分布都可以绘制成直方图。它们之间的区别在于,连续分布可以细化度量的尺度(例如,从英尺到英寸再到厘米等)。随着度量尺度变得更加精确,直方图中的区间(条形)宽度逐渐变小,直到它们几乎构成一条光滑的曲线。我们在前文提到,频率分布可以被看作概率分布。因此,连续分布也可以解释为概率曲线,我们以曲线下的面积计算概率。根据相对频率分布(或概率分布)的要求得出结论:曲线下的总面积为 1.00 或 100%。

9.2.5 正态分布

正态分布是统计学中应用最广泛的连续分布。正态分布的价值在于:现实世界中许多变量大致遵循这种分布。具体来说,如果很多独立因素都影响某个变量,而且每个因素产生的影响和其他因素的影响相比不是特别大,那么该变量近似于正态分布。[①] 例如,考试成绩、油井的产油量、一组人的身高,它们都近似于正态分布。正态分布的主要特征如下:

- 正态分布以均值为中心、左右对称,即它的偏度为零。
- 由于正态分布的对称性,其均值、中位数和众数均相等。
- 完全可以采用均值和标准差描述正态分布。换句话说,绘制正态分布图只需用到均值和标准差,而不需要单个数据点。
- 正态分布形状类似于钟形,因此正态分布通常被称为钟形曲线。

正态分布的概念在推断性统计中是非常重要的,因为统计方法的选择取决于数据是否为正态分布。如前文所述,大多数财务交易数据集(如应付账款、应收账款和销售收入)是正偏分布,因而不服从正态分布。然而,也有一些其他类型的财务数据大致服从正态分布,其中包括股票价格、回报率(如利率和股票收益率)、利润及商品或货币价格。因此,正态分布与法务会计活动的相关性取决于正在调查的数据集的性质。

9.2.6 评估一组数据的分布

运用描述性统计熟悉了数据之后,法务会计师的下一个挑战是与之前的预期数据进行比较,评估现有数据的分布状况。这些预期数据往往基于标杆数据,如自身经历或行业领先者经验等。根据一个人对数据形成过程的了解程度,实际值和预计值的比较可以非常简

[①] Aczel, A. D., & Sounderpandian, J. (2006). *Complete Business Statistics* (6th Ed.). McGraw Hill.

易,也可能非常复杂。以评估为例,假设你正在研究应收账款交易的数据集,基于对该公司及其所处行业的了解,你可能做出以下预期:(1)只有正值;(2)金额是整数的很少;(3)小金额的数量比大金额的数量多;(4)金额没有最高限额。相比之下,一家大型公司基于大量人口特征与经济变量构建了一个复杂的销售预测模型。如果可以获得比较准确的预期数据,那么这将大大增强评估结果的准确性。

除量值大小外,评估数据集分布的另一个重要维度是时间。例如,某公司年度销售额的分布与月度或季度等短期销售额的分布可能不具有可比性。在某些行业(如房地产),高价位商品在年度某一时段内的销售额可能更多,这使数据在某些特定时间段内的分布产生偏移。类似地,如果销售额在某一月份比较少,就不会产生足够的交易量反映在预期分布中。最后,它可能因外部变量(如经济因素、天气和行业竞争)的变化而导致预期分布的改变,这一改变既可能是暂时性的也可能是永久的。例如,近期的全球金融危机已深深地影响了许多行业的销售模式。

9.3 展示数据的方法

对于法务会计师来说,如何向类似于陪审团的门外汉最有效地展示最终结论一直是一项严峻的挑战。近年来,随着科技的进步,大多数法庭允许(甚至希望)法务会计师进行动态视觉展示(如 PowerPoint 演示)。使用这些演示工具有两个原因:首先,在表达思想特别是复杂的想法时,图像比语言更有效。正如一句俗语所说:"一幅好图胜过千言万语。"其次,视觉形式可以更有效地传递信息,其所花时间更短、准确度更高。虽然在时间上对专家证人陈述证言没有限制,但是简明扼要的陈述通常是最佳的选择。毕竟,陈述时间过长容易分散法官和陪审团的注意力,难以创造打动内心的亮点。

我们在第 8 章讨论了时间表和关系图。除这两者外,图形的描绘在法务会计活动的数据分析中同样具有价值。例如,创建直方图有助于分析人员观察数据的分布,这对选择恰当的分析方法非常有帮助。同样,在企业价值评估中,图形可用于分析收入和支出的构成、追踪利润的趋势,以及与标杆数据进行对比。

我们可以用多种方式展示定量数据,其中最基本的演示形式就是一张含有每个观测值的列表。对大型数据集来说,这种方法是不可行的,因为它无法提供任何有意义的信息。所以,采用某种方式(如数值区间、时间间隔或分类别)对数据进行汇总,并以表格形式呈现总括指标往往更有助于展示大型数据集,再辅以图形演示表中数据的比重或趋势可以进一步提高解释说明的可理解性。出于不同的陈述目的,两种最基本的图表形式分别是饼状图和条形图。

9.3.1 饼状图

饼状图用于展示各个类别的数据占总额的比重。饼状图的"切片"代表每个类别占总体的百分比。例如,某家公司的收入由几个不同的来源组成,此时就可以用饼状图描绘这些来源。一家便利店的汇总列示为：

燃料	500 000 美元
杂货	350 000 美元
烟草	125 000 美元
烤肉	150 000 美元
彩票	50 000 美元
合计	1 175 000 美元

相同的数据以图 9-4 的饼状图进行展示的效果会更好。看饼状图的人不需要知道具体的金额，依然可以从"切片"的大小来找出的比重最大的部分。如果"切片"代表的不是数值而是标明为百分比，那么我们就更不需要推断每个部分的占比大小。饼状图既能呈现数值也能展示百分比，这取决于绘图者的意图。

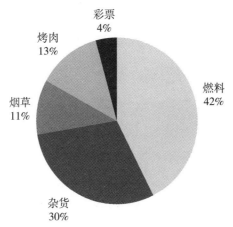

图 9-4　XYZ 公司 2012 年收入构成——饼状图示例

9.3.2　条形图与折线图

与饼状图类似，条形图也可以展示分类数据。在本章前面，我们讨论了直方图如何以绝对频率或相对频率描述数据集的分布，直方图就是条形图的一种类型。在时间序列数据中，区间类别是时间间隔（如月度、季度或年度）。除了呈现单一的时间序列，条形图还可以同时显示多个时间序列。多个时间序列在一张图上绘制，可以提供两个数据集之间关系的信息，它们之间的关系可能是正的（同方向移动）、负的（反方向移动），也可能不存在可识别的关系。例如，图 9-5 描绘了一家小企业 2008—2012 年收入与营业利润的情况。

展示时间序列数据的另一种方式是折线图。折线图和条形图类似，但折线图是用一条折线上的多个点标记竖轴上的数值，而不是用条形的高度。图 9-6 以折线图描绘了图 9-5 中的数据。

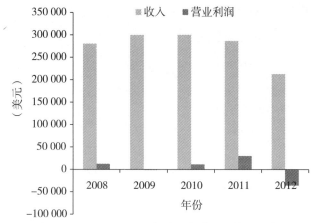

图 9-5　XYZ 公司 2008—2012 年收入与营业利润——条形图示例

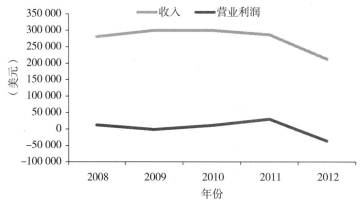

图 9-6　XYZ 公司 2008—2012 年收入与营业利润——折线图示例

深入探讨

请比较条形图和折线图(见图 9-5 和图 9-6)的效果。哪一张图更能展现两组数据的变化趋势？哪一张图更能体现两组数据的关系？同一组数据的两种图形各有哪些优点和缺点？

9.3.3　图形的偏误

虽然图形和图表可以增强对数据的解读力度,但它们也可能误导人们。正如在讨论直方图时所指出的,区间间隔的判定对分析人员来说是至关重要的。通过对比图 9-1 与图 9-2,我们可以看出这种选择是如何影响直方图的形状的,是使直方图特别偏还是略偏。无论是有意的还是无意的,创建图表的行为有可能产生偏误。或许让图形产生偏误的最常用方式是操纵图形中数据的刻度。举例来说,图 9-7 显示的收入数据与图 9-6 相同,但它们所使用的刻度不同。虽然两图的趋势走向是相同的,但是刻度差异使图 9-7 的变化显然更加剧烈。

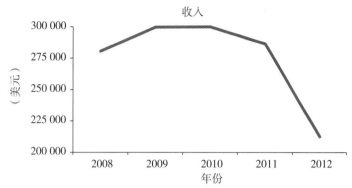

图9-7 XYZ公司2008—2012年收入与营业利润——紧凑刻度折线图示例

虽然常见的图形是使用包含零的数据刻度(见图9-6),但这不一定是"正确"的方法。如果图形是为了突出各年度变化的幅度,那么紧凑的刻度(见图9-7)可能更为合适。无论在什么情况下,图形中包含数据刻度都是最重要的,如果做不到这一点就意味着故意欺诈。

操纵图形的另一种方式是包含(或缺少)标签,标签包括图形的标题、横轴和纵轴的标识,以及单个数据点的标识。图形往往应该有一个标题的,因为这是图形传递信息的首要方式。两个坐标轴的描述性标识使用与否,具体取决于它们对图形整体明晰程度的贡献。然而,如前所述,不论是横轴还是纵轴都应该有刻度标识。最后,是否包含单个数据点的标识取决于图形的使用目的以及标记空间是否充裕。如果总体趋势比单个数值更重要,那么这些数值标识可能不用标记。图形与时间表类似,两者的目标都是实现一种平衡——提供足够的信息以确保阐释准确,但又不至于信息过量而喧宾夺主,掩盖了意欲表达的内容。

9.4 数据挖掘

法务会计师使用数据挖掘从海量数据中削减观测值的数量,以便观察得更细致。我们在第8章讨论了统计样本的概念,它是为了某项研究从总体中选取的一个子集。同时,如果抽样是为了根据样本的结论推断总体的特征,那么样本的选择应该是随机的。相比之下,在数据挖掘中,观测值虽然不是随机挑选的,但也是出于某些特定目的、通过对比分析而确认的。利用计算机强大的数据处理能力,数据挖掘可以让分析人员审视整个数据集,而不是仅依赖于对一个样本的观察。

9.4.1 什么是数据挖掘?

顾名思义,数据挖掘的目的是在海量数据中找出有价值的单个项目——在这种情境下,就是有用的信息。[1] 这类信息是非常有价值的,因为它们可以用于辨别各因素之间的关系,也就是模式识别。如果现有数据的模式与我们的预期或正常的经验一致,那么我们就可以利用它建立可以与新数据进行比较的数据概要。比较分析的最终目的是预测由某

---

[1] Fadairo, S. A., Williams, R., Trotman, R., & Onyekelu-Eze, O. (2008). Using data mining to ensure payment integrity. *The Journal of Government Financial Management*, 57, 22-24.

些外部因素导致异常值的可能性,外部因素(如出错或欺诈等)既可能是无意的也可能是故意的。①

数据概要可以反映目前研究系统(如某人特定信用卡的收费记录)的过去行为,也可以从其他相似系统(例如,类似群体中信用卡的使用情况)推断出来。数据概要还可能是含有多重因素的复杂模型的产物。一般来说,数据概要根据一段时间内的趋势和数据分布而不断完善,前者由时间序列模型进行检验,后者由描述性统计方法进行检验。如果预期趋势或观测值的变化与预期分布有出入,这暗示我们必须进一步地深入调查。

9.4.2 多维度法

数据挖掘可以对一个观测值进行多方位的分析。如第 8 章所述,一次单独的观测(如某项财务交易)可以由好几个部分组成,每个部分都可以用一个单独的数据文件进行记录。在支票付款的例子下,这些组成部分包括原始账户、填写日期、兑现日期、金额、签字人及其他。每个部分提供了一个单独维度,我们可以根据这一维度分析交易,以确定趋势及其变化。例如,一系列支票均由单一的银行账户开出,我们可以断定,随着时间的推移,支票的使用频率和金额不断地增加(或减少)。

倘若对数据进行深入分析,我们就很可能查出各个因素之间的关系。沿用上面的例子,我们可能发现支票的开具日期都是一周中固定的一天,或者某些特定目的的支票都由固定的某个人签发,而这种关系构成的模式可以作为数据概要的基础。该示例很简易,而数据挖掘在现实世界中的应用往往更加复杂,仅一个数据集就包含多个数据字段,特别是一些数值型的字段可能需要构建基于多个因素的模型进行预测。例如,在打击洗钱犯罪的活动中,银行会从五个维度(客户、账户、产品、地理位置和时间)评估交易并开发了专门软件,在对这些因素进行加权的基础上,计算每个客户行为的概率。②

9.4.3 数据挖掘的应用

如前文所述,数据挖掘的目的是识别模式及其偏离,为预测提供有用的信息。数据挖掘的具体应用如下:

- 市场营销研究——预测消费者的需求和销售额。
- 药物研究——预测药物的疗效和发生副作用的概率。
- 信用评分——预测违约或破产的概率。
- 运营管理——预测投入量和生产效率。
- 投资分析——预测资产未来价格的变化。
- 精算分析——预测预期寿命和其他保险事件发生的概率。
- 欺诈测试——预测不规范交易反映非法行为的概率。

---

① Fadairo, S. A., Williams, R., Trotman, R., & Onyekelu-Eze, O. (2008). Using data mining to ensure payment integrity. *The Journal of Government Financial Management*, 57, 22-24.

② Gao, A., & Ye, M. (2007). A framework for data mining-based anti-money laundering research. *Journal of Money Laundering Control*, 10(2), 170-79.

随着新的应用不断被开发以解决新的问题,上述具体应用的内容将越来越丰富。在法务会计领域,数据挖掘方法被广泛运用于各种欺诈的识别。具体的实例包括信用卡诈骗、税务欺诈、政府福利计划欺诈、洗钱、挪用公款和电信诈骗等。

虽然数据挖掘是一种有价值的欺诈侦测工具,但它不能确定欺诈交易一定存在。也就是说,它仅限于查明不规范的交易,而这些交易发生欺诈的概率更大。当然,交易的不规范也可能有其他的解释,比如由错误或效率低下所致。虽然这种结论意味着误报(在统计检验中不期望出现),但从商业经营角度来看它们仍有存在的价值。以企业欺诈调查为例。即使检验未发现欺诈行为,它仍可以识别企业内部控制的薄弱之处,而这可能成为未来欺诈的目标。在这种情况下,数据挖掘不仅是一种欺诈调查方法,还能起到预防欺诈的作用。

特别提示

数据分析并不能识别所有的欺诈伎俩。要进行数据分析,就必须收集数据、记录数据、存储数据和组织数据。一些诸如贿赂、回扣和其他形式的腐败等欺诈行为都不会产生数据。① 虽然金融交易可能涉及贿赂或回扣,但是所收集的交易数据的各项要素无法反映交易的不当之处。因此,欺诈调查人员必须对数据产生的原因和方式有一个系统的了解。

9.4.4 深入探讨信用卡欺诈

一份 2012 年全球性调查研究发现,在超过 5 200 名的受访消费者中,27%在过去五年曾是信用卡诈骗、借记卡诈骗或预付卡诈骗的受害者。② 在研究的 17 个国家中,美国的诈骗率位居第二,高达 42%。由于金融机构不愿意对外透露这种负面信息,因此我们很难确定信用卡诈骗导致的损失金额。然而,我们估计每年的损失超过 100 亿美元,这些损失部分由发卡人承担,部分由客户承担。③ 虽然大多数信用卡会限制消费者的负债金额,据此可以计算损失的金额,但欺诈调查所耗费的时间成本和隐私成本是相当高的。

除了欺诈交易造成的直接损失,信用卡发行机构的声誉也会遭受损害,从而间接地减少了收入。根据上文提到的 2012 年调查研究,遭受信用卡诈骗后,平均员工离职率高达 22%。此外,研究还发现,持卡人中接受换用新卡的人数比遭遇欺诈的人数要少得多。这种损失使得信用卡发行机构怀有强烈的动机去防止欺诈的发生,或者尽早侦测到这种行为。常见的信用卡诈骗类型包括以下几种形式:

---

① Ramamoorti, S. (2003). Procurement fraud and data analytics. *Journal of Government Financial Management.*
② ACI Worldwide (Oct. 2012). Global consumers react to rising fraud: Beware back of wallet. www.pearsonhighered.com/rufus
③ *Consumer Reports.* (2012, Jun.). House of cards: Why your accounts are vulnerable to thieves. www.pearsonhighered.com/rufus

- 盗用信用卡——未经授权盗用信用卡。
- 伪造信用卡——复制信用卡以达到诈骗交易的目的。
- 非持卡人欺诈——未经授权通过电话、互联网或邮件利用信用卡信息进行交易。
- 虚开信用卡账户——利用他人的个人信息开立信用卡账户。

信用卡发行机构拥有庞大的数据库,包含大量的交易数据,如账号、持卡人姓名、经营者识别号、金额、日期和地点等。金融机构基于客户过去的信用卡使用模式、预期使用模式以及被认为与诈骗有关联的模式,运用数据挖掘技术侦测潜在的诈骗交易。这些模式的例子如下①:

- 因为累计信用卡消费的曲线通常是线性的,所以当这些曲线或斜率突然发生变化时,交易可能存在欺诈。
- 某些客户在特定类型的采购中使用特定的信用卡,这形成了一种信用卡使用模式,如果某一客户的交易模式发生改变就可能意味着欺诈。
- 在信用卡被盗后,诈骗者通常在短时间内尽可能多地消费,直到原持卡人发现信用卡被盗。
- 长期持卡人的交易频率通常高于首次使用信用卡的人。
- 某些交易模式已被界定为信用卡诈骗的"红旗"标志。例如,频繁购买小型电子产品或珠宝(可以很容易在黑市转售)和跨多地使用信用卡。

信用卡发行机构基于这种简易模式或更复杂的模型对数据库进行实时、严密的监控。整个金融行业已为此开始研发和设计专门的软件。除了技术系统的研发,欺诈的预防和侦测还要投入大量的人力资源。例如,据报道,信用卡追踪服务公司在这方面雇用了1 000多名员工进行欺诈识别和侦测。②

9.4.5 简易数据挖掘测试

虽然数据挖掘技术在实践中往往涉及复杂的统计模型和专门的计算机软件,但我们仍可以利用一些简易的测试来阐述其基本概念。

排序

数据挖掘的一种直接形式就是排序。一旦数据被汇编成含有多种数据字段的电子表格,我们就可以按任意字段对数据进行排序。例如,为了识别交易日期的模式,我们可以按日期排序。同样,如果要确定交易金额的模式,我们可以按金额排序。虽然排序的概念很简易,但如果按多个级别进行排序就会变得相当复杂。在按两个层级排序时,我们先按其中一个字段排好序,再按另一个字段排序(例如,先按时间排序,再按金额排序)。与此类似,对于多个字段,按我们关注的顺序进行排序即可。

---

① Bolton, R. J., & Hand, D. J. (2002). Statistical fraud detection: A review. *Statistical Science*, 77(3), 235-55.
② *Consumer Reports*. (Jun. 2012). House of cards: Why your accounts are vulnerable to thieves. www.pearsonhighered.com/rufus

排序可以完成一些有用的任务,举例如下:

- 找出重复的条目。
- 识别带有整数的交易。
- 确定数据序列(例如,日期、支票号码或发票号码)的间隔。
- 识别字段(例如,具有相同名字或联系信息的员工和供应商)之间的匹配。
- 计算分类汇总数(例如,向特定供应商或雇员支付的所有款项,或者是为某一特定类别的费用项目所支付的全部款项)。
- 突出含有空白或缺失字段的数据(例如,没有社会保障号码的雇员、没有填写地址的供应商)。
- 识别字段之间不一致的数据(例如,不兼容的电话号码或地址、倒填日期的支票)。

特别提示

对于包含多个字段的数据集,我们必须界定"重复"的含义,最严谨的意思是字段都匹配。这种精确匹配的重复往往成为值得怀疑的对象;然而,一个非精确的重复在特定的情境下也可能成为关注对象。例如,观测数据中某些字段可能只有其中一两个字段匹配。法务会计师应该在数据集性质和测试目的的基础上,确定"重复"的可接受程度。

比率分析

数据挖掘的另一种简易形式是计算数据集中关键字段的比率。由于数据已按特定字段排序,我们很容易找出其中的最大值、次大值和最小值。这些数值之间的比率可以用于识别数据分布的变化和异常。常见的比率有以下几种:

- 最大值与最小值之比。这与本章前面探讨的描述性统计中的"极差(全距)"概念类似,该比率越大意味着数据集的变化越大。
- 最大值与次大值之比,该比率也称相对规模因素(RSF)。较大的 RSF 值意味着数据集存在离群值。[1] 虽然我们可以用本章讨论的其他方法(如直方图或者排序)找出离群值,但它们并不能为评估偏差的程度提供依据。相对规模因素的价值在于:它提供了一种量化偏差的方法,可以将其与标杆数值进行比较,或者随着时间的推移进行跟踪监测。
- 由较大的相对规模因素值确认的离群值可能是数据输入错误的结果(例如,将 535.31 美元输入为 53 531 美元)。另外一种可能的"错误"是故意的,因为欺诈者很可能选择了某些可以解释成很无辜的策略。

---

[1] Panigrahi, P. K. (Apr. 2006). Discovering fraud in forensic accounting using data mining techniques. *The Chartered Accountant*.

- 次大值与最小值之比。与相对规模因素值类似，该比率也可以识别异常值，但这是从分布的另一侧进行标识。
- 最大值（或最小值）与均值之比。该比率是识别异常值的另一种方法，它使用不同的参照点识别异常值。

9.4.6 数据挖掘的局限性

数据挖掘的关键优势（能够测试所有数据，而不仅仅是样本数据）也带来一个潜在障碍。我们在第3章曾强调，每项业务都会受时间和预算的约束。虽然使用大量数据挖掘测试可能在技术上是可行的，但资源的有限性要求法务会计师应权衡方法的效率与效果，在此基础上进行抉择。在本书中，我们一贯强调复杂性并不等同于有效性，即便对于定量分析方法也是如此。分析人员可能在开发复杂的多因素模型上耗费了相当多的时间，而且这种开发很可能失败，然而简易的排序反而可以产生有价值的信息。

我们可以利用数据挖掘识别出的真实信号（例如，已发生的错误或者欺诈行为）相对于错误信号（或称为误报和噪声）的比值，评估数据挖掘的效率。在统计学中，误报被称为第一类错误，而漏报（未能找出真实信号）被称为第二类错误。第一类错误与第二类错误之间存在一种权衡：降低某一类错误的发生率就会提高另一类错误的发生率。有人可能认为最好的办法就是设计测试以广泛撒网，尽量减少漏报。要实现这一点，必须加大测试的力度，即区分数据集中的真实信号与其他异常信号的识别能力。① 考虑到前面所提的权衡，这种方法的缺点在于它会增加误报的次数。

我们为什么关注误报？原因在于数据挖掘的目标是识别观测值以便进一步检验。在识别观测值后，我们需要花费大量的精力去一一检验它们。与数据挖掘过程中需要发挥技术工具的优势类似，对观测值的逐个检验需要法务会计师全身心地投入。具体来说，法务会计师的任务就是基于专业知识、经验以及一切可供使用的标准，从误报中区分和识别出真实信号。由于这是一种时间投资，分析检查的内容可能比数据挖掘的成本更高。

数据挖掘技术的另一个局限性为：法务会计师往往把重心放在研究结果是否与工作假设相符合方面，而忽略了其他相关的结果。例如，虽然已有的经验和数据概要有助于构建测试分析，但是它们也可能阻碍探索性的分析。这就是分析人员必须对已选用的或已更改的（或不是最好的）数据概要秉持开放态度的原因。以信用卡为例。人们也许会改变他们的合法使用模式，而欺诈者通常也会根据欺诈侦测方法的研究进展而调整其行为方式。因此，随着来自新数据集信息的不断补充和更新，数据概要应该时时处于革新状态。

最后，法务会计师需要注意的是，数据挖掘还可能识别出无意义的关系和模式。对于大型数据集来说，全面综合的检索分析表明，已识别的特定模式可能只是随机波动的产物。② 如果模式是无意义的，那么我们就不能利用它发现异常值，这就意味着它没有预测

---

① Ramamoorti, S. (2003). Procurement fraud and data analytics. *Journal of Government Financial Management.*

② Gao, A., & Ye, M. (2007). A framework for data mining-based anti-money laundering research. *Journal of Mnnpv Jnundprino Cnntrnl*, 10(7) 170-79.

价值。与链接分析(详见第8章)类似,法务会计师评估数据挖掘结果的含义(或缺乏含义)的洞察力以及将其与相关证据整合的能力对于数据分析来说是尤为重要的。

9.5 数据分析软件

许多软件工具具备数据分析功能。基本的电子表格程序(特别是其较新的加强版本)对大多数法务会计业务就已经足够了。然而,对于专注于反舞弊/反欺诈调查等特定类型活动的实务工作来说,从业者可能更偏向于能够提供更强的用户友好功能的专业软件。本节简要介绍这些工具的一些实例,并分析它们在法务会计应用中的优势和劣势。

9.5.1 基本软件

两种最基本的数据分析软件分别是 Microsoft Excel 和 Microsoft Access,它们是微软办公系统的一部分,可以安装到个人电脑和手机等其他终端。这些程序利用由行和列组成的单元格储存及展示数据(数字、文本和图像)。

优势

除强大的存储、计算和分析功能外,这些基本软件的优势还表现为易用性和灵活性。它们具有强大的功能,可以实现从简易的计算到复杂的统计,直观的用户界面能够满足不同技能水平层次的人使用。它们实现了在多个数据集上的协同运作,提高了工作效率和质量;它们还可以通过图表、图形等多种形式形象地显示处理结果,能够更方便地与其他软件相互调用数据,实现资源共享。

是使用 Excel 还是 Access?

Excel 和 Access 具有类似的功能,两者都适用于需要进行数据挖掘的法务会计业务。Excel 在从业者中更受欢迎,这可能与他们所从事的一般会计工作经验有关。两个软件之间的关键区别在于:Access 侧重于对象的关联性并将功能集中在数据分析上,而 Excel 更具有灵活性。[①] 例如,在 Excel 的单元格中可以输入一个数字或一个公式。如果在单元格中出现的是数字,那么你只有单击单元格后才能判别它是一个数据点还是一个计算结果(公式的运算结果)。类似地,列标题可能会有重复,而且 Excel 对列标题之间的一致性和列中包含的数据类型并没有要求。

与 Excel 不同,Access 有着良好的结构,包括表格、查询、报告、窗体、模块和数据页等,类似于 Excel 中"工作表"的布局。表格的每一行包含一条单个记录(如交易),其组成要素存储在字段(列)内。更重要的是,每个字段只能储存同一种类型的数据记录,通过创建查询可以运用所有与数据相关的功能,其结果会呈现在报告中。因此,在使用 Access 时,你很清楚查看的是数据(输入)还是结果(输出)。[②] 最后,Access 还有一个被称为"数据库"的

[①] Nigrini, M. (2011). *Forensic Analytics*. John Wiley & Sons, Inc.
[②] Ibid.

强大功能模块。该模块可以建立一个内容完整的数据库,并且允许使用者建立与表、查询和报告有关的注释。这些注释记录便于另一个用户或者同一个用户在以后查询数据库的内容。

 特别提示

最近,Excel 的计算和分析功能得到了增强,甚至允许分析大型数据库。例如,在 Excel 2003 和 Excel 2010 的版本中,允许的最大行数从 65 536 增至 1 048 576。Access 虽然没有限制最大行数,但总数据库大小被限制在 2 千兆字节(2G)以内。

Excel 的扩展功能

Excel 的数据分析功能可以通过外接程序得到进一步增强,它们是为扩展或增强其他软件功能而设计的程序。常见的两个 Excel 外接程序是 Analysis Toolpak 和 ActiveData。这些程序的目的是扩展 Excel 的基本功能以提高工作效率,它们可以与 Excel 功能菜单栏中的工具融为一体。

- Analysis Toolpak。Analysis Toolpak 是 Excel 附带的分析工具库,可以通过简易加载启用。它包含基本的分析工具(例如,描述性统计、直方图、抽样)和更复杂的统计测试,有些统计测试超出了我们的讨论范畴。例如,我们只需单击一下,描述性统计工具就可以计算本章讨论的所有统计指标。

- ActiveData。ActiveData 提供了更多的分析工具(超过 100 个),但用户必须购买和安装这些工具。ActiveData 提供两个版本,完整的专业版本和较便宜的商业版本,但商业版本包含的功能有限。

劣势

Microsoft Excel 和 Microsoft Access 的灵活性在特定情境下也可能成为劣势。[①] 无论是有意的还是无意的,这些软件允许在没有做记录的情况下就可以改变数据。[②] 此外,公式、复制或粘贴功能、不正确地引用单元格、不恰当地定义单元格区域都很容易导致错误。另一个不足之处是,它们不能以某种格式适应数据。在这种情况下,我们必须转换数据;然而,数据转换过程又为破坏数据的完整性提供了机会。

9.5.2 专业软件

诸如通用审计软件(GAS)等专业软件已在审计领域和反舞弊调查中被广泛使用,两种常见的通用审计软件是 ACL(审计命令语言)和 IDEA(交互式数据提取分析)。这些程序的主要优势是可以根据特定任务自定义用户界面的属性。与前面所述的基本软件相比,基本软件虽然便于为了各种需要进行数据对比分析但效率不高,而通用审计软件是为了在审

[①] ACL Whitepaper. Spreadsheets: A high-risk tool for data analysis.
[②] Microsoft Excel 和 Microsoft Access 均有数据保护功能,但该功能必须由使用者初始化。

计环境中分析财务数据而设计的。例如,通用审计软件针对分析过程(例如,空白或重复测试、数据筛选、数据排序或分组)配备了直接命令,而这些分析过程必须由 Microsoft Excel 和 Microsoft Access 的用户自己编程。

专业软件克服了 Microsoft Excel 和 Microsoft Access 突显的劣势而保留了其优势。① 专业软件可以处理多种类型和格式的数据,从而消除了数据转换过程。此外,如果数据属于同一个数据库,专业软件就可以直接访问并分析数据库中的数据。这是一个只读操作,不会更改数据。这种功能有助于确保数据的完整性,这在法务会计业务中是非常关键的。

专业软件程序最主要的优势为:它们能够记录已执行的分析,从而可以创建审核记录或日志。② 这种记录或日志的重要性表现在很多方面:首先,它允许法务会计师复查已完成的分析,以便指导以后的工作并避免重复以前的工作;其次,它有助于创建可用于未来业务的模板,提高工作效率;最后,数据分析过程的完整记录为分析结果提供了必不可少的工作情境。为了能够有效地佐证所得出的结论,法务会计师必须能够解释是如何使用专业软件的。

通用审计软件的主要劣势是使用成本高。与基本软件相比,一是通用审计软件的购置和维护费用不菲;二是为了有效地使用通用审计软件,用户必须进行专门的扩展培训。③ ACL 和 IDEA 用户许可所耗费的成本可能是 Excel(假设你已安装 Excel)附属软件 Active Data 的好几倍。因此,通用审计软件通常为大型公司所使用,其成本可以被多个用户分摊,而且大范围用户群体的存在也有助于减少正式培训的需求。

9.6 数字分析:奔福德定律

假设一名欺诈者计划虚构供应商以骗取雇主支付的定金。欺诈者应该如何确定虚构的支付金额,从而营造有效付款的假象?人们可能认为数值中的数字应该是随机的,每一个数字(0—9)出现的概率是相等的。不幸的是,对于欺诈者来说,以这种随机方式选择的数额无法有效地融入真实的付款数额中,而且很容易被数字分析查出。

数字分析建立在数字直觉观察的基础上,多位数值的数字不是随机出现的,而是遵循奔福德定律。④ 这种模式描述了数值中数字的预期频率。也就是说,一个数值中各个数字的出现次数有着固定的概率。根据奔福德定律,第一位数字的分布符合正态分布,更偏向于较小的数字。换句话说,以 1 为第一位数字的随机数值比以 2 为第一位数字的随机数值出现的概率要大,而以 2 为第一位数字的随机数值又比以 3 为第一位数字的随机数值出现的概率要大,以此类推。

---

① Microsoft Excel 和 Microsoft Access 均有数据保护功能,但该功能必须由使用者初始化。
② Ibid.
③ Lanza, R. (Nov./Dec. 2004). Fraud data interrogation tools: Comparing best software for fraud examinations. *Fraud Magazine*.
④ Tackett, J. (2007). Digital analysis: A better way to detect fraud. *Journal of Corporate Accounting & Finance*, 18(4), 27-36.

9.6.1 奔福德定律的历史

奔福德定律由美国数学家、天文学家塞蒙·纽卡姆(Simon Newcomb)在1881年首次发现,他在使用对数表做计算时,偶然注意到对数表的第一页比其他页更为破旧。这一奇怪的现象激发了他的研究兴趣,当时他所能得到的唯一解释是人们对小数字的计算量多于对大数字的计算量。

1938年,美国通用电器(GE)研究所的物理学家弗兰克·奔福德(Frank Benford)注意到同样的现象。① 后来,他用了七年多的时间,收集并验证了总计20 229个数据(各类型的随机数值,包括数学表格中的数值、河流的长度、湖泊的面积、各个城市的人口分布数值、在某一杂志里出现的所有数值),经过大量的统计分析,发现每个样本中首位数字(0—9)的概率在一定范围内具有稳定性。②

奔福德利用概率数理统计思维,计算了每个预期数字(0—9)出现的频率。如表9-2所示,数字1在第一位出现的概率大约为30%,数字2在第一位出现的概率接近18%,数字3在第一位出现的概率约为12%,而数字8和数字9在第一位出现的概率约为5%与4%。这一规律因此也被称为第一位数分布规律。③

表9-2 奔福德定律——预期数字出现的频率

数字	第一位	第二位	第三位	第四位
0		0.11968	0.10178	0.10018
1	0.30103	0.11389	0.10138	0.10014
2	0.17609	0.10882	0.10097	0.10010
3	0.12494	0.10433	0.10057	0.10006
4	0.09691	0.10031	0.10018	0.10002
5	0.07918	0.09668	0.09979	0.09998
6	0.06695	0.09337	0.09940	0.09994
7	0.05799	0.09035	0.09902	0.09990
8	0.05115	0.08757	0.09864	0.09986
9	0.04576	0.08500	0.09827	0.09982

资料来源:Nigrini, M. J. (1996). A taxpayer compliance application of Benford's Law. *Journal of the American Taxation Association*, 18(1), 72-91.

在数学上,奔福德定律是包含对数的一系列公式。表9-2中第一位数字的出现频率的计算公式为④:

---

① Benford, F. (1938). The law of anomalous numbers. *Proceedings of the American Philosophical Society*, 78(4), 551-72.
② Nigrini, M. (1999). I've got your number. *Journal of Accountancy*, 187(5), 79-83.
③ Nigrini, M. (2011). *Forensic Analytics*. John Wiley & Sons, Inc.
④ Durtschi, C., Hillison, W., & Pacini, C. (2004). The effective use of Benford's Law to assist in detecting fraud in accounting data. *Journal of Forensic Accounting*, 5, 17-34.

$$P(d) = \log_{10}(1 + \frac{1}{d})$$

其中,P 表示概率(或频率),d 是 1—9 的一个整数。

 特别提示

奔福德定律可以用一个简易的例子直观地解释。① 假设将 1 000 美元存入储蓄账户,年利率为 2%;再将 900 美元存入另一个不同的储蓄账户,年利率仍然为 2%。两个账户的第一位数字需要多长时间才会发生变化? 对于 1 000 美元的账户来说,第一位数字由 1 变成 2,整体金额就必须翻倍;而 900 美元的账户要改变第一位数字(从 900 美元到 1 000 美元),只需 11% 的回报即可(100÷900≈11.11%)。由此可见,第一位数字较小的数值(1 000 美元)比第一位数字较大的数值(900 美元)会存在更长的时间。

9.6.2 奔福德定律的应用

数学家平卡姆(Pinkham)的研究证明了奔福德定律不受度量单位的影响。他指出,如果某一系列数字很好地吻合了奔福德定律且这些数字符合持续增长的规律,那么无论它们使用什么度量单位都遵循奔福德定律。几乎所有的自然数具有这种倾向,包括城市人口数量、地质对象的规模及财务会计数据(如股票价格、公司利润和交易量)。对于这些数据集,我们预期小项目而非大项目更多。例如,小城市的数量多于大城市、小山脉的数量多于大山脉、低股价公司数量多于高股价公司。

数值要符合奔福德定律,数据集就不能是规律排序的、未经过人为修饰的。② 不遵循奔福德定律的数值一般是含有最大值或最小值及指定数值(例如,社会保障号、账户号码、个人身份证号和邮政编码等)的数据集。③ 在上述每种情况中,数值的形成模式都受到一些非自然(外部)因素的影响。

许多研究已用奔福德定律来检验各种类型会计数据的真实性。举例如下:

- 净利润。Carslaw(1988)④分析了新西兰公司净利润数据后发现,相对于奔福德定律,除了净利润的第二位数字为 3 的概率大于预期概率、为 9 的概率小预期概率,其余数字没有呈现太大的差异。基于这一证据,研究结论是利润低于特定临界值的公司倾向于调高利润数值。Thomas(1989)⑤和 Nigrini(2005)⑥对美国净利润数

---

① Tackett, J. (2007). Digital analysis: A better way to detect fraud. *Journal of Corporate Accounting & Finance*, 18(4), 27-36.
② Nigrini, M. (2011). *Forensic Analytics*. John Wiley & Sons, Inc.
③ Nigrini, M. (1999). I've got your number. *Journal of Accountancy*, 187(5), 79-83.
④ Carslaw, C. (1988). Anomalies in income numbers: Evidence of goal-oriented behavior. *The Accounting Review*, 63, 321-27.
⑤ Thomas, J. (1989). Unusual patterns in reported earnings. *The Accounting Review*, 64, 773-87.
⑥ Nigrini, M. (2005). An assessment of the change in the incidence of earnings management around the Enron-Andersen episode. *Review of Accounting and Finance*, 4(1), 92-110.

据所进行的研究也发现与之类似的现象。

- 每股收益。Thomas(1989)①对美国公司的盈余数据进行了考察,发现从第二位数字出现 0 的频率显著低于预期频率,而出现 9 的频率显著高于预期频率;他还发现对每股收益四舍五入的调整比对净利润的调整更普遍。
- 所得税。Christian and Gupta(1993)②发现了一种逃税倾向。为了减少应纳税所得额而少交税金,纳税人申请的额外扣除数正好能够将应纳税所得额降至下一个较低的税收等级,而这些扣除数首位数字的分布与奔福德定律明显不符。Nigrini(1996)③利用奔福德定律检验了纳税申报的利息收入和利息费用,发现了前者被低估、后者被高估的证据。
- 欺诈侦测。Nigrini(1994)④首次使用数字分析对欺诈行为进行侦测。基于了一份长期工资欺诈案件的数值,他对比了实际工资数据的数字频率与按奔福德定律确定的预期频率,发现两者并不一致。他通过对比分析确认了伪造的工资数据,并进一步发现随着时间的推移,两者的差异不断地增大。

9.6.3 基本测试

某些数据分析测试会运用奔福德定律确认数据集中的异常现象或离群行为,它们可能意味着欺诈、错误、偏差或低效的存在。⑤ 与其他数据挖掘方法一样,这些测试的基本理念是将实际数据与预期数据进行对比分析。图 9-8 显示了根据第一位数字奔福德定律所呈现的典型"滑坡"分布形状,这也是表 9-2 中每个预期数字(1—9)出现在数值首位的概率分布。

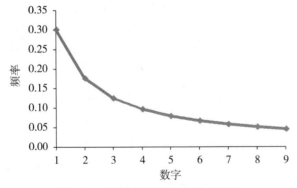

图 9-8　奔福德定律第一位数字分布

---

① Thomas, J. (1989). Unusual patterns in reported earnings. *The Accounting Review*, 64, 773-87.
② Christian, C., & Gupta, S. (1993). New evidence on secondary evasion. *Journal of the American Taxation Association*, 15(1), 72-92.
③ Nigrini, M. (1996). A taxpayer compliance application of Benford's Law. *Journal of the American Taxation Association*, 18(1), 72-91.
④ Nigrini, M. (1994). Using digital frequencies to detect fraud. *The White Paper*, 8(2), 3-6.
⑤ Etteridge, M., & Srivastava, R. (1999). Using digital analysis to enhance data integrity. *Issues in Accounting Education*, 14(4), 675-90.

根据不同数字的预期频率,我们可以应用不同的测试。①

第一位数字测试

在第一位数字测试中,我们将被测试数据集第一位数字的出现频率与奔福德定律中第一位数字的出现频率进行比较。

承前面假设的例子,虚构数据的第一位数字很有可能等于任何一个数值,欺诈者可能基于这种错误的前提构建立虚构数值。在此情形下,虚构数值第一位数字的概率分布相对是平坦的,如图9-9所示。

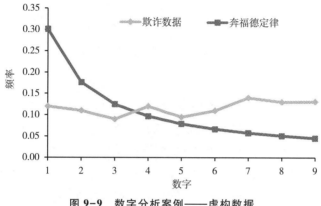

图 9-9 数字分析案例——虚构数据

在贪污挪用案件中,欺诈者可能故意伪造一些刚刚低于临界值(如购买授权水平)的支付。如果临界值为 500 美元,那么欺诈者舞弊金额的首位数字就会多在数字 4 上显现,图 9-10 所示。

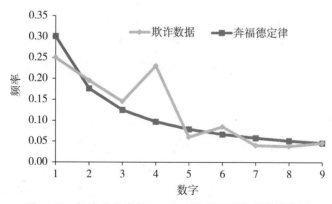

图 9-10 数字分析案例——以 500 美元为临界值的购买

另一种常见的欺诈策略涉及数字之间的位移,以便使金额变得更大(例如,将 12 313 美元转换为 21 313 美元)。欺诈者利用这一策略主要是因为如果被发现,它可以提供"我是无辜"的解释(无意的错误)。如果一个数据集中类似这类篡改的交易数量足够大,这些数

---

① Tackett, J. (2007). Digital analysis: A better way to detect fraud. *Journal of Corporate Accounting & Finance*, 18(4), 27-36.

据首位数的分布将呈现如图 9-11 所示的形状。

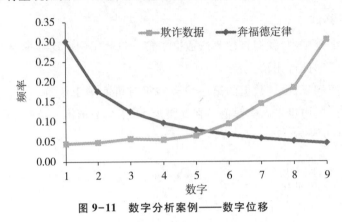

图 9-11　数字分析案例——数字位移

前两位数字测试

与第一位数字测试类似，前两位数字测试是将一个数据集中前两位数字的分布与奔福德定律中前两位数字的分布进行对比分析。类似于第一位数字的分布，前两位数字的分布也类似于"滑坡"形状（坡度略大）。基于 90 个数的组合（10—99）的测试表明，这比第一位数字测试提供了更高的精确度。

让我们再次考虑刚好低于 500 美元的欺诈购买情况。在第一位数字测试时，我们发现舞弊金额的首位数字多以 4 开头，即舞弊金额可能是 400 美元和 499 美元之间的任意数额。而前两位数字测试让我们大大地缩小这个范围，如果图形的尖峰显示在 49，我们则可以把调查重点放在 490 美元和 499 美元之间的购买项目上。

最后两位数字测试

最后两位数字测试是将一个数据集中最后两位数字的分布与奔福德定律中最后两位数字的分布进行对比分析。有 100 种可能的组合（00—99），每个组合发生的概率相同（1%）。该测试可用于确定带有小数或整数的数值，它是人为捏造数据的"红旗"标志。

　特别提示

在应用最后两位数字测试时，我们所面临的难题是确定什么样的最后两位数字才适用于分析。例如 215 这个数值，其最后两位数字可能是 00（215.00）或者是 15。对于一般精确到分位的项目（如货币金额），小数点后两位数字通常是比较恰当的。当然，对于不含小数的项目（如人数），我们应分析所有数据的最后两位数字。

9.6.4　对规模的要求

完全符合奔福德定律需要一个大型的数据集，一般至少应有 1 000 个观测值，而且每个数值至少由四个数字组成。① 数据集的规模很重要,因为我们难以判断小规模的数据集是否偏离了奔福德定律的分布形状。例如,我对只有100个项目的数据集进行第一位数字测试,含有指定的第一位数字的观测值的数量一定是0—100。当转换成比例后,超过第二位小数(百分位)数字的频率并不显著。相对于更精确的奔福德定律预期的第一位数字频率,我们更难以确定这些不精确频率的显著性差异。

Boyle(1994)②指出,把来源不同的数值混合起来或进行加、减、乘、除的运算之后,它们往往能够符合奔福德定律分布。这很好地说明了为什么很多财务数据符合奔福德定律,因为财务数据(如销售收入、成本、费用类、往来款项类数据)具有该特点。举例来说,应收账款是销售数量和价格的乘积,而销售数量和价格的来源不同;应付账款、销售成本等也是同样的道理。另外,账户中所记载的交易笔数也很重要,因为数据的样本量越大,分析的结果就越精确。

9.7 本章小结

法务会计业务有时会涉及大量的数据,但我们不能逐一审查这些项目。在确定运用具体的量化方法之前,分析人员应该使用描述性统计熟悉数据,其中的统计量包括集中趋势指标(均值、中位数和众数)和变异性指标(极差、方差和标准差)。

数据的分布形状可以用直方图分组、直观地反映出来。直方图是分组数据的频率图,可以表示为绝对频率或相对频率。相对频率更有用,因为它们可以被解释为概率,也就是概率分布。数据分布的一个重要特性是偏度,描述数据围绕均值的不对称性。分布可以是离散的或连续的,正态分布是最常见的连续分布。

我们可以使用饼状图、条形图和折线图呈现数据。这种视觉演示有助于对数据整体进行解读,但它们也可能产生误导性。让图形产生偏误的最常用方式是操纵图形中的刻度。

法务会计师运用数据挖掘技术削减观测值的数量,以便可以更深入地观察。通过数据挖掘,分析人员可以识别出现有数据集的内在联系或模式,据此构建数据概要,并与新数据进行对比分析。对比分析的目的是根据已有的数据概要从新数据中找出任何偏差,并确定该偏差是受某些外部因素影响(如错误或欺诈)的结果而不是归因于完全的偶然性。数据挖掘可借助各种类型的计算机软件程序,包括简易的电子表格软件(Microsoft Excel 和 Microsoft Access)和专业软件(ACL 和 IDEA)。

奔福德定律描述了数值中数字的预期频率。根据奔福德定律,第一位数字的分布符合正态分布,偏向于较小的数字,即以1或2为第一位数字的随机数比以8或9为第一位数字的随机数出现的概率要大。数字分析是运用奔福德定律检验系列数值的第一位数字是否与数字预期频率一致,具体测试方法包括第一位数字测试、前两位数字测试和最后两位

---

① Nigrini, M. (2011). *Forensic Analytics*. John Wiley & Sons, Inc.
② Boyle. J. An Application of Fourier Series to the Most Significant Digit Problem. American Math Monthly. 1994, (101): 879-886.

数字测试。这些测试是将数据集中数字的实际频率与奔福德定律分布进行比较,从而得出结论。数字分析已被应用于各种类型会计数据的测试,并以在反欺诈侦测中的应用而闻名。

关键术语

统计学	描述性统计	推断性统计	众数	中位数
均值	极差	方差	标准差	绝对频率
相对频率	偏度	离散分布	连续分布	态分布
数据挖掘	数据概要	相对规模因素	第一类错误	第二类错误
力度	数字分析	奔福德定律		

简答题

9-1 统计的一般目的是什么?

9-2 统计分析是否意味着绝对的精确?请解释。

9-3 描述性统计的目的是什么?

9-4 解释总体和样本的区别。

9-5 推断性统计的目的是什么?

9-6 为什么法务会计师在实务中很少使用推断性统计分析数据?

9-7 讨论观察值的数量如何影响分析方法的应用。

9-8 数据的时间和量值如何影响数据分析?

9-9 指出三项反映集中趋势的指标,并逐一讨论指标对数据分析有何作用。

9-10 解释变异性的概念,并指出三种反映变异性的指标。

9-11 什么是直方图?

9-12 区间的界定如何影响直方图的形状与解释力?

9-13 试比较绝对频率和相对频率的不同之处。

9-14 相对频率对数据解读分析有何优势?

9-15 请描述偏度的含义,并讨论其在数据分析中的目的。

9-16 离散分布和连续分布有什么区别?

9-17 定义正态分布,并指出正态分布的主要特征。

9-18 为什么时间是评价数据集分布时应考虑的重要因素?

9-19 什么是饼状图?它在分析数据和展示数据中有什么作用?

9-20 比较条形图与折线图的不同之处,并指出两者在判断数据的趋势与关系方面的优势。

9-21 说明并讨论可能导致图表出现偏误的几种原因。

9-22 指出数据挖掘的含义,并讨论其在数据分析工作中的价值。

9-23 指出并讨论数据挖掘的三项实际应用。

9-24 数据有哪些排序方式?这些排序方式的用途是什么?

9-25 说明作为数据挖掘形式之一的比率分析的含义,并描述四种具体的比率。

9-26 解释第一类错误与第二类错误的不同之处。

9-27 为什么法务会计师应关注最小化误报风险?

9-28 使用基本软件(如 Excel 和 Access)进行数据分析有什么优势?

9-29 比较 Excel 和 Access 的不同之处。

9-30 指出可以扩展 Microsoft Excel 功能的两个外接程序。

9-31 讨论使用简易电子表格程序进行数据分析的劣势。

9-32 指出审计和反欺诈调查常用的两个专业软件,并讨论各自的优势。

9-33 什么是数字分析的理论基础?

9-34 定义奔福德定律。

9-35 一个符合奔福德定律的数据集具有哪些基本特征?

9-36 描述四项运用奔福德定律的研究。

9-37 什么是第一位数字测试?它在数据分析中有什么作用?

9-38 在运用奔福德定律时,是否需要考虑数据的规模?请解释。

选择题

请在下列关于描述性统计的问题中选择最佳答案:

9-39 描述性统计是非常有用的,因为在大多数情况下,我们无法对大型数据集进行全面的评价和分析。

A. 正确　　　　　　　B. 错误

9-40 虽然统计在某些情况下是很有用的,但在诸如经济、政府和法律等社会的很多方面并不适用。

A. 正确　　　　　　　B. 错误

9-41 下列哪一项不是统计的目的?

A. 分析数据　　　　　　　　　　　　B. 得出有意义的推论,并以此改善决策

C. 汇总数据　　　　　　　　　　　　D. 以上都是

9-42 统计分析可以确保结果具有 100% 的准确性。

A. 正确　　　　　　　B. 错误

9-43 描述性统计可以描述以下哪种数据?

A. 数据样本　　　B. 数据参数　　　C. 多层面的数据集　　　D. 单一重复事件

9-44 根据样本信息对总体做出结论的统计方法是什么?

A. 描述性统计　　　B. 一般统计　　　C. 分析性统计　　　D. 推断性统计

9-45 描述性统计对法务会计师很有用处是因为:

A. 法务会计业务一般审查出于特定目的而收集的数据,而不是随机生成的数据

B. 法务会计业务中经常用到随机抽样产生的数据集

C. 推断性统计不能满足充分、相关的数据标准

D. 以上都不是法务会计师运用描述性统计的原因

9-46 一个数据集的分布可以划分为哪两个维度?

A. 时间和序列　　　B. 序列和事件　　　C. 时间和量值　　　D. 事件和总体

9-47 以下哪一项不是集中趋势指标?

A. 众数　　　B. 聚类　　　C. 中位数　　　D. 均值

9-48 以下哪一项不是用于衡量数据的变异性?

A. 标准差　　　B. 极差　　　C. 方差　　　D. 共线性

请在下列关于数据分布形状的问题中选择最佳答案：

9-49 直方图也被称为：
A. 饼状图　　　　　B. 折线图　　　　　C. 条形图　　　　　D. 分布图

9-50 绘制直方图时，区间的界定是一个关键的考虑因素。
A. 正确　　　　　　B. 错误

9-51 法务会计师通常绘制多份初步的直方图以确定适当的区间间隔，再向他人展示数据。
A. 正确　　　　　　B. 错误

9-52 什么是绝对频率？
A. 总体的标准差　　　　　　　　　　B. 区间内所有观测值的推导结果
C. 区间内所有观测值的总和　　　　　D. 区间内所有观测值的总数量

9-53 相对频率是区间内的观测次数占总次数的百分比。
A. 正确　　　　　　B. 错误

9-54 相对频率在数据统计中之所以有用，是因为其可以被解释为：
A. 标准差　　　　　B. 演绎　　　　　　C. 推论　　　　　　D. 概率

9-55 可以用于衡量数据在平均值周围分布的不对称程度的指标是：
A. 偏度　　　　　　B. 稳健性　　　　　C. 标准差　　　　　D. 以上都不是

9-56 偏向于小数值的分布属于以下哪一项？
A. 构建错误　　　　B. 正偏分布　　　　C. 负偏分布　　　　D. 不对称的

9-57 构成离散分布的项目数量是可数的，并且这些连续值之间没有间隔。
A. 正确　　　　　　B. 错误

9-58 统计中最常见的连续分布是：
A. 标准差　　　　　B. 贝叶斯分布　　　C. 正态分布　　　　D. 应用分布

请在下列关于数据展示方法的问题中选择最佳答案：

9-59 以下哪种方法可以更有效地分析和呈现大型数据集？
A. 显示所有数据点　B. 以图表呈现数据　C. 选择最重要的项目　D. 以上都不是

9-60 饼状图在展示下列哪一项内容时更有效？
A. 假设信息　　　　　　　　　　　　B. 统计推断
C. 数学公式　　　　　　　　　　　　D. 构成总数的各个类别

9-61 饼状图可以同时展示数值和百分比。
A. 正确　　　　　　B. 错误

9-62 用条形图展示数据时：
A. 可以在同一张图上绘制多组数据，以说明两个数据集之间的关系
B. 一张图只能呈现一个数据集
C. 对于条形图来说标签并不重要
D. 时间不是重要的呈现内容

9-63 在时间序列图中，时间在横轴（X）上表示，数量在竖轴（Y）上表示。
A. 正确　　　　　　B. 错误

9-64 图表是一种客观无偏的呈现数据的方式。
A. 正确　　　　　　B. 错误

9-65 改变图表中数据的刻度会对以下哪一项特征的呈现结果产生重大影响？
A. 同质性　　　　　B. 均匀性　　　　　C. 偏误　　　　　　D. 序列化

9-66 图表包含刻度是相当重要的,它可以避免:
A. 非法性　　　　　B. 直观性　　　　　C. 反直观性　　　　　D. 故意欺骗

9-67 图表应该有标题。
A. 正确　　　　　B. 错误

9-68 图表中各坐标轴是否必须含有描述性标签,取决于这些标签能否增强图表的整体明晰度。
A. 正确　　　　　B. 错误

请在下列关于数据挖掘的问题,选择最佳答案:

9-69 在数据挖掘中,观测值应随机选定。
A. 正确　　　　　B. 错误

9-70 计算机的应用允许分析人员扫描数据集中所有的观测值,而不只是依赖于统计抽样。
A. 正确　　　　　B. 错误

9-71 法务会计师运用数据挖掘技术是为了:
A. 选择一个完美的随机样本　　　　　B. 避免犯第四类错误
C. 避免犯第五类错误　　　　　D. 减少项目数量,以便更深入地审查

9-72 数据挖掘涉及新数据与数据概要的比较,是为了确认下列哪种项目?
A. 系统性项目　　　B. 对称性项目　　　C. 偏差项目　　　D. 常规项目

9-73 数据挖掘在以下哪一项应用中是没有意义的?
A. 投资分析　　　　　B. 信用评分
C. 反欺诈侦测　　　　　D. 以上都可以运用数据挖掘

9-74 数据挖掘可以确定所有类型的欺诈。
A. 正确　　　　　B. 错误

9-75 以下哪一项是数据挖掘的一种形式?
A. 排序　　　　　B. 累加　　　　　C. 存储　　　　　D. 合成

9-76 比率分析是数据挖掘的一种形式。
A. 正确　　　　　B. 错误

9-77 以下哪一项不是常用的数据挖掘比率?
A. 最大值与最小值之比　　　　　B. 最大值与次小值之比
C. 最小值与次大值之比　　　　　D. 收入与利息之比

9-78 在什么情况下会发生第一类错误?
A. 分析人员无法识别出正确信号
B. 选择了不应当进一步分析的项目
C. 分析人员无法识别数据集中的第一个项目是否正确
D. 分析人员无法识别数据集中的最后一个项目是否正确

请在下列关于奔福德定律的问题中选择最佳答案:

9-79 不同的数字在很多数据集中是随机出现的。
A. 正确　　　　　B. 错误

9-80 _____建立在直觉观察的基础上,主要分析每个多位数的数字不是随机的,而是遵循奔福德定律的。
A. 反欺诈分析　　　B. 离散分析　　　C. 开放系统分析　　　D. 数字分析

9-81 根据奔福德定律,多位数的第一个数字为1的概率约为多少?
A. 20%　　　　　B. 30%　　　　　C. 50%　　　　　D. 以上都有可能

9-82 如果要符合奔福德定律，系列数值就必须按近似几何的顺序排列，每个连续的数值按照前一个数值的固定百分比递增。

　　A. 正确　　　　　　　B. 错误

9-83 下列哪一个数据集不符合奔福德定律？

　　A. 设定最大值、最小值和指定的数值　　　B. 数据集拥有超过 10 000 个观测值

　　C. 数据集包含经济信息　　　　　　　　　D. 以上都不符合

9-84 现有研究发现奔福德定律适用于以下哪一项的验证？

　　A. 净利润　　　B. 反欺诈诊测　　　C. 每股收益　　　D. 以上都适用

9-85 奔福德定律的第一位数字频率图类似于：

　　A. 正态曲线　　　B. 正偏收益率曲线　　　C. 滑坡曲线　　　D. U 形曲线

9-86 如果欺诈者故意支付低于规定限额（如 9 000 美元）的款项，那么第一位数字分布图在哪个数字上跳跃？

　　A. 1　　　B. 4　　　C. 8　　　D. 9

9-87 以下哪一项测试不是从奔福德定律衍生而来的？

　　A. 前两位数字测试　　　　　　　　　B. 最后两位数字测试

　　C. 所有数字测试　　　　　　　　　　D. 第一位数字测试

9-88 小型数据集比大型数据集更容易根据奔福德定律确认变异性。

　　A. 正确　　　　　　　B. 错误

职场应用

9-89 海伦糖果公司五年收益情况如表 9-3 所示。

表 9-3　海伦糖果公司 2008—2012 年收益指标

单位：千美元

指标	2012 年	2011 年	2010 年	2009 年	2008 年
营业利润	5 785	6 450	7 250	6 250	5 975
净利润	4 385	5 300	5 325	4 737	4 529
经营净现金流量	5 050	8 300	7 700	7 530	5 700

利用表 9-3 中的数据，绘制一幅包含三种收入指标的图形，并编制一份包含下列内容的备忘录你的导师。

1. 你创建什么类型的图表？为什么？
2. 这些收益指标之间是否存在关系？请解释。
3. 请评价你的图表是否存在偏误。如果你认为图表是无偏的，那么请解释。绘制另一幅可能产生误导的图形。

9-90 美国注册会计师协会提供了一个免费的 Excel 电子表格应用程序，该程序可以用来测试数据与奔福德定律的一致性，链接地址为 www.pearsonhighered.com/rufus。请下载该电子表格应用程序，研究其结构及其呈现第一位数字测试与前两位数字测试结果的方式。

1. 理解该电子表格后，请完成以下任务：

● 登录马克·奈格林尼（Mark Nigrini）博士的链接网页（www.pearsonhighered.com/rufus），获取第 8 章

案例提到的 1978 年应纳税收入的 Excel 数据文件；
- 复制前 6 000 项观测值并粘贴到反欺诈电子表格的数据输入栏（A 列）中。执行此步骤前，请记得清除所有现存数据；
- 运行反欺诈电子表格。

2. 第一位数字测试和前两位数字测试的结果与奔福德定律的预期分布有何差异？你还要进一步测试哪些数字？

9-91 承第 9-90 题，使用反欺诈电子表格以及从奈格林尼博士网页中获取的 1978 年应纳税收入数据，对该数据集的前 375 个观测值进行第一位数字测试。这组观测值的实际数字频率与奔福德定理的预期分布有何不同？你应该进一步调查哪些数字？

9-92 获取第 9-90 题中所述的反欺诈电子表格。在数据输入列中使用 Excel Rand 函数和公式"=RAND()*(1000-1)+1"，你将获得 1 和 999 之间的某一随机数值。在生成第一个随机数值后，向下拖动 A1 单元格右下方的黑色十字填充柄至第 1 000 行，这样就可以生成一个含有 1 000 个随机观测值的数据集。然后在反欺诈电子表格中进行第一位数字测试。

1. 第一位数字测试表明了什么结果？
2. 复制公式，将随机观测值数量增至 25 000 个，再对新的数据集进行第一位数字测试，并对比两次的测试结果，解释其差异。

9-93 假设你受聘于美国教育部，调查美国大学生的毕业率在 8% 和 100% 之间波动的原因。为了便于开展工作，你可以获取汇编自公共资源库的一个数据集，通过以下步骤在 MathForum.org 网站中搜索该数据集：

以"workshops"为关键词进行检索，选择"Math Forum Sponsored Workshops"，在内容栏中选择"Summer""Constructing Mathematics on the Internet 1996""Showcase of Working Group Development""The Data Library""Data Sets""1993 American Colleges and Universities"。

数据集（汇编自《美国新闻与世界报道》）已得到德雷塞尔大学的许可并通过德雷塞尔的数学论坛提供，你可以登录链接 www.pearsonhighered.com/rufus 获取。获取数据集后，请完成以下操作：

1. 请按毕业率对数据进行排序，并使用饼状图按 ≤25%、26%—50%、51%—75% 和 76%—100% 几个类别演示数据。
2. 展示饼状图并加以解释。
3. 在数据检索中，你是否遇到不可用的数据？请解释。
4. 进一步分析该数据集能否提供更多的有用信息？请解释。
5. 该数据是否存在误导性或建议进一步调查的方面？
6. 在前面的任务中，哪些统计检验可用于从数据集提供的其他信息中获取与毕业率相关的额外信息？请解释。

深度思考

9-94 请查阅 Durtschi et al.（2014）[1]并撰写一份备忘录提交给你的导师，其中至少包括以下内容：
1. 奔福德定律的历史。

---

[1] Tackett, J. (2007). Digital analysis：A better way to detect fraud. *Journal of Corporate Accounting & Finance*, 18(4), 27-36.

2. 奔福德定律在会计与审计中的应用。

3. 什么时候要用到数字分析。

9-95 请查阅罗斯(Rose)撰写的 Turn Excel into a Financial Sleuth,文章发表于 2003 年 8 月的 *Journal of Accountancy*(请访问 www.pearsonhighered.com/rufus 下载)。

1. 阅读这篇文章,访问上述链接并下载反欺诈电子表格。

2. 分析反欺诈电子表格的第一位数字测试和前两位数字测试的结果。这些分析表格的构建运用了哪些方法？它们展示了哪些内容？

3. 提交一份备忘录给你的导师,并解释反欺诈电子表格中数据集的分布情况,以及你从数字分析中学到了什么内容？

9-96 用 Google 检索 Using Digital Analysis to Enhance Data Integrity 的文章。阅读文章的前 9 页,将读后感以备忘录的形式提交给你的导师,至少应包括以下内容：

1. 什么是数字分析？

2. 数字分析的运用。

3. 数字的预期频率。

9-97 登录 www.pearsonhighered.com/rufus,获取得克萨斯州 254 个县的人口普查报告。先将报告中的数据复制并粘贴到 Excel 电子表格,然后完成以下任务：

1. 利用 LEFT 函数①从数据序列中提取第一位数字。

2. 完成表 9-4 中绝对频率、相对频率(提示：利用 COUNT IF 函数②求解绝对频率)。

3. 在同一张图上绘制相对频率与奔福德定律频率。

4. 评估数据集是否符合奔福德定律。

5. 预期德克萨斯州各县的数据符合奔福德定律是否合理？请解释。

表 9-4 绝对频率与相对频率

数字位数	绝对频率	相对频率	奔福德定律频率
1			0.301
2			0.176
3			0.125
4			0.097
5			0.079
6			0.067
7			0.058
8			0.051
9			0.046

---

① LEFT 函数用于从一个文本字符串的第一位字符开始返回指定位数的字符。其格式为 LEFT(text,num_chars),其中 text 是包含要提取字符的文本字符串或对含有字符单元格的引用,num_chars 是提取字符的位数。

② COUNT IF 函数用于统计单元格区域中满足给定条件的单元格的个数。其格式为 COUNT IF(range,criteria),其中 range 表示需要统计其中满足条件的单元格数目的单元格区域；criteria 表示指定的统计条件,其形式可以为数字、表达式、单元格引用或文本。

第10章 职业责任

10.1 引言
10.2 职业责任：多克-克里克房地产公司案
10.3 美国注册会计师协会《职业行为守则》
10.4 《咨询服务标准第1号公告》
10.5 美国注册舞弊审查师协会《职业准则》
10.6 美国注册评估师与分析师协会《职业准则》
10.7 六大基本品质
10.8 重新审视证据规则及其取证
10.9 其他标准和监管机构
10.10 职业责任和专家
10.11 标准冲突的协调
10.12 法务会计的对抗性辩护性质
10.13 做出正确的决策
10.14 常见的职业责任失败
10.15 尾声：多克-克里克房地产公司 VS 罗伯森案

学习目标

通过本章的学习，你应该能够

目标1：解释职业责任的含义及其对法务会计业务的影响

目标2：理解美国注册会计师协会职业行为规范的相关原则和规则

目标3：阐述美国注册会计师协会《咨询服务标准第1号公告》对法务会计师的工作的影响

目标4：比较美国注册会计师协会与其他会计职业组织的职业准则

目标5：解释法务会计的辩护性

目标6：阐述威胁与防护法及其对法务会计师的作用

10.1 引言

尽管职业责任在本书已被多次提及，但我们一直未对职业责任这一重要内容进行深入、完整的讨论。因此，本章的目的是认识法务会计师具体的职业责任——对委托人、法庭、行业、社会公众应承担的责任。

众所周知，并非所有的法务会计师都是注册会计师或美国注册会计师协会的会员。然而实际上，法务会计师通常加入多个专业协会（例如，美国注册会计师协会、注册舞弊审查师协会、美国注册估价师与分析师协会等），每个协会都有自己一系列的职业标准。虽然从业者必须遵守他们所属的所有专业组织的标准，但我们重点关注美国注册会计师协会职业行为准则，因为它被公认为会计师在实践领域最重要的指南。与此同时，鉴于注册舞弊审查师协会和注册评估师与分析师协会与法务会计的相关性，本章也介绍注册舞弊审查师协会和注册评估师与分析师协会的相关职业准则。

本章具体讨论的职业准则有[1]：

- 美国注册会计师协会《职业行为守则》；
- 美国注册会计师协会《咨询服务标准第1号公告》；
- 美国注册会计师协会《估值服务标准第1号公告》；
- 注册舞弊审查师协会职业准则规范；
- 注册评估师与分析师协会职业准则；
- 适用于专家证据的《联邦证据规则》第702—705条规则；
- 《联邦民事诉讼规则》(FRCP)第26条规则；
- 从业者的经验。

充分理解必备的职业准则对于法务会计师来说是必须的。正如第3章所指出的，对职业责任的事先考量在处理诉讼案件中发挥了重要作用。此外，出庭作证的专家通常面临职业准则方面的质询——既涵盖基本推理也包括合理运用。未严格遵循职业标准一旦被识别和揭穿，将有损于专家意见的效力，甚至影响专家证人以后的职业生涯。我们在考虑职业责任的重要性时必须牢记，与其他经济活动（如税务、审计）不同，法务会计活动在本质上是对抗性的。这意味着对方的专家也将评价你本人和你的工作，其中包括是否遵循必要的职业准则。

在对职业责任及其适用标准和规则有了概括性的了解之后，我们将思考这些知识如何与法务会计实践相结合。也就是说，如何识别问题并有效地解决问题。针对这个问题，我们引入威胁与防护法以评价职业责任问题。这一方法已被美国注册会计师协会下设的职业道德执行委员会(PEEC)用于形成道德行为规则解释和道德裁决。我们重申关于法务会计活动对抗性的警示和关注，并针对如何处理不同职业标准之间的冲突提供了参考建议。

---

[1] www.pearsonhighered.com/rufus for a link to this document

10.2 职业责任：多克-克里克房地产公司案

为了便于理解职业责任这一概念，我们将该术语进行解构。职业是一种需要接受先进教育和培训的工作，如众所周知的法律、医药、会计等职业。推而广之，专业人士是指从事某种职业的人，如律师、医师、注册会计师等。职业的特征包括但不限于以下几个方面：

- 具有自己的协会组织，如美国注册会计师协会、美国医疗协会（AMA）、美国律师协会（ABA）；加入这些协会并保留会员资格必须满足特定的要求。例如，成为一名注册会计师必须通过注册会计师考试、具备两年工作经验、定期交纳会费、参加继续教育以保持专业胜任能力。
- 公开发布权威性的职业行为和道德标准。例如，美国注册会计师协会发布的《职业行为守则》、美国医疗协会发布的医学伦理准则。
- 违背职业行为和道德标准将受到惩罚，如警告（指责）、暂停执业、取消会员资格等。
- 拥有高度的公众信任和认可。
- 经监管机构法定认可，如州会计委员会。

在对职业和专业人士这两个专业术语理解的基础上，我们现在考虑责任这一概念。根据《韦氏词典》的解释，责任涉及问责和义务。① 类似地，《布莱克法律词典》将责任定义为"一个人对自己的行为和不作为所承担的义务"。②

综合以上这些概念，我们可以推论出职业责任包含以下几项义务：

- 雇用拥有一定知识、技能和判断力的专业人员；
- 遵守职业（企业）所在组织的最高行为准则；
- 遵守批准设立部门和监管机构的各项规定。

为了在特定的情境下讨论这些问题，我们引入2010年发生在多克-克里克（dock's Creek）房地产公司和托利弗（Tolliver）建筑工程公司之间的真实案例。③

 多克-克里克房地产公司案

多克-克里克房地产公司（以下简称"DC房地产公司"）是一家坐落于俄亥俄州的有限责任公司，其经营管理者是H.B.怀斯曼（H.B.Wiseman）——在俄亥俄州霍尼韦尔执业的个人注册会计师。DC房地产公司的股东包括怀斯曼（拥有30%股权）和另外两位医师（各拥有35%的股权），主要经营房地产开发业务。

---

① Agnes, M. (Ed.). (1999). *Webster's New World College Dictionary*, 4th Ed., 1221.
② *Black's Law Dictionary* (2009). 9th Ed., 1427.
③ 出于对隐私的保护，我们更改了相关的人名和地名。

案件背景

2008年5月,DC房地产公司以50万美元的价格购买了距离克利夫兰市区15英里的土地2.5英亩。怀斯曼告知另外两位合伙人,这块土地靠近克利夫兰市区,特别是纽黑文(Newhaven)医院和克利夫兰州立大学(Cleveland State University),可谓是一项"很有潜力的投资"。

2008年12月,纽黑文医院宣布扩大其服务范围,创办多种新式的医疗实习项目,并以推进医疗教育的机会为手段深化与克利夫兰州立大学医学院的合作关系。在得知这一消息之后,怀斯曼与合作人商讨开发这块新购得的土地,以迎合可以预见的短期内猛增的住房需求。经两位合伙人的同意,怀斯曼和罗伯特·托利弗(Robert Tolliver)商讨了这个项目。托利弗是怀斯曼的会计服务客户之一,同时也是位于俄亥俄州霍尼韦尔的托利弗建筑工程公司的高级合伙人。

2009年2月10日,怀斯曼(代表DC房地产公司)和印第安纳州的Classic Custom Homes公司(以下简称"CCH公司")签署了150万美元的合同,计划在这块2.5英亩的土地上建造30栋经济型公寓。该项工程的首付款为25万美元,余下的工程款按完工进度为基准支付,整个工程预计在2009年6月15日之前完工。

2009年4月20日,在合计支付给CCH公司75万美元之后,怀斯曼接到通知,州土地管理委员会将不会颁发建筑许可证。怀斯曼同时被告知,他可以要求举行一个听证会,如果提议被否决就可以对州土地管理委员会的决定提起上诉。这些信息是单独通知怀斯曼本人的,因为他是合同书上注明的所有者、申请人和签约人。

在听证会上,怀斯曼没有说服州土地管理委员会改变决定,并被迫选择终止该项工程。2009年5月29日,为了缓解DC房地产公司的财务困境,怀斯曼要求CCH公司停止建筑工程。2009年9月15日,两家公司达成了由DC房地产公司最终支付25万美元的协定。至此,虽然期间没有商品交接,但DC房地产公司最终支付了共计100万美元给CCH公司。

提起诉讼

2010年1月,怀斯曼(代表DC房地产公司)起诉托利弗建筑工程公司,对其玩忽职守、违约、赔偿、缺乏独立性进行申诉。怀斯曼在诉讼中声称,托利弗已遵守合同的约定对项目进行了"可行性研究",包括建筑设计和划分区的规定;怀斯曼在诉讼中还声称,与CCH公司签署合同的决定是受到托利弗确认该片区域在城市规划范围之外的驱使。

托利弗否认了上述指控,并以违反合同及滥用程序为由提起反诉,声称当事人之间的口头合同仅限于建筑设计和房产选址。托利弗的反诉进一步指出,遵守约定是合同方(怀斯曼)的责任,除非特别签署了业主与建筑师的双方协议。

根据最初的答辩状(诉状和答辩),DC房地产公司提交了由罗伯森(T.R.Robertson)撰写的专家意见报告。罗伯森是一名拥有工商管理学硕士、注册会计师、注册估值分析师资格的法务会计师,同时也是经验丰富的专家证人。罗伯森在报告中指出,基于两个折扣和完工率的假设,DC房地产公司的损失约在125万美元和200万美元之间。

罗伯森的书面证词

以下内容节选自罗伯森的书面证词。

辩护律师：在这起事项中，你的客户是谁？

罗伯森：DC房地产公司，一家从事房地产开发的有限责任公司。

辩护律师：你曾与委托方签署规定了服务内容的业务约定书吗？

罗伯森：没有，业务约定书并不是强制性的，我与怀斯曼相识多年，我觉得没有必要。

辩护律师：确切地说，你的职责是什么？

罗伯森：计算项目失败所造成的经济损失。

辩护律师：请确认所有可以用于计算该项目经济损失的事实和数据。

罗伯森：主要依据是基于10年期的、与投资相关的收入和费用的汇编资料。基于我和怀斯曼的讨论，这是一个相对无风险的投资，因此在计算损失的现值时，我使用了无风险利率。此外，在收入和费用的模型中考虑了存在的风险因素。

辩护律师：所以，这份汇编资料是你报告的基础吗？

罗伯森：是的。

辩护律师：你还考虑了其他的事实和数据吗？

罗伯森：我在RealtyRates.com网站上对费用进行了验证。

辩护律师：你所依据的汇编资料是谁编制的？

罗伯森：我想那应该是怀斯曼编制的。

辩护律师：你和怀斯曼讨论过关于汇编资料是如何形成的吗？

罗伯森：有过几次。

辩护律师：你与怀斯曼的讨论有备忘录吗？

罗伯森：没有，我觉得没有必要。

辩护律师：你所依据的汇编资料是在起诉之前还是在起诉之后编制的？

罗伯森：我不确定，但我猜想应该是在项目实施之前编制的。

辩护律师：你为什么会这样猜想？

罗伯森：这种汇编资料通常是在决策过程中为了进行项目评估而编制的。这些资料也用于融资担保。

辩护律师：在你看来，如果汇编资料是怀斯曼在起诉之后编制的，就会造成很大影响吗？

罗伯森：可能会。然而，最重要的不是它是什么时间编制的，而是它是如何编制的。只要汇编资料是基于充足的数据而合理编制的就没有问题。预测不是一成不变的，预测经常发生变化。

辩护律师：你知道怀斯曼编制收入和费用汇编资料的信息来源吗？

罗伯森：不太清楚。但我相信他对租金收入和住房需求进行了市场调查。

辩护律师：你的信任基于什么？你看过他的工作文件或者做出的市场调查吗？还是他告诉你的？

罗伯森：我不能确切地告诉你我为什么会这样想。正如我前面所提到的，我们有过几次讨论，我知道怀斯曼是DC房地产公司的合伙人及其作为一名注册会计师的执业能力。

辩护律师：怀斯曼以何种执业能力汇编这些资料？换句话说，是因为他是DC房地产公司的合伙人,还是因为他是一名注册会计师呢?

罗伯森:坦率地讲,我不知道,但我并不认为这有很大问题。DC房地产公司的成员肯定能从怀斯曼的教育和训练中受益。

辩护律师:DC房地产公司也是怀斯曼的客户之一吗?

罗伯森:当然,他肯定不会外包会计和税务工作。

辩护律师:请告诉我你所知道的有关怀斯曼的教育和工作经历的所有信息。

罗伯森:他毕业于克利夫兰州立大学,是一名注册会计师。在成立自己的会计师事务所之前,他曾在一家汽车制造公司担任内部审计人员。他是美国注册会计师协会的成员,并且拥有俄亥俄州的从业执照。DC房地产公司的诉讼状表明,他拥有房地产行业的从业经历。

辩护律师:请叙述你所知道的怀斯曼在房地产行业的工作经历。

罗伯森:正如我前面所提到的,我与怀斯曼先生相识多年。我的理解是,在常规的实践过程中,他为客户投资于多种类型的房地产风险项目提供管理咨询和税务服务。

辩护律师:请描述你与怀斯曼合作的部分或全部的具体交易。

罗伯森:没有。

辩护律师:怀斯曼先生涉足你或者你公司其他成员的商业活动吗?

罗伯森:可能有,我不太清楚,我们会从很多注册会计师那里获得建议。

辩护律师:请描述你在计算该项目经济损失时所使用的方法。

罗伯森:我使用了现金流量折现法,同时也考虑了项目的终值。

辩护律师:终值是如何确定的?

罗伯森:是怀斯曼先生做出的预测,我只是进行了计算。

辩护律师:你知道怀斯曼是该案的原告吗?

罗伯森:当然知道,他也是DC房地产公司的所有者之一。

辩护律师:罗伯森先生,在业务过程中你运用了职业怀疑吗?

罗伯森:当然,我基于已有的信息。众所周知,怀斯曼先生是一名注册会计师,作为一名专家证人,依靠其他专家完善自己的见解是理所应当的。

辩护律师:罗伯森先生,在你参与该案期间,你考虑过任何定性事项或压力问题吗?

罗伯森:我没有意识到会影响我判断的定性问题。

辩护律师:你与DC房地产公司的其他合伙人有过交谈吗?

罗伯森:不,没有必要。怀斯曼先生是该公司的执行董事。

辩护律师:你对履行职责(范围)有关注或研究吗?

罗伯森:没有,这个问题不属于我的业务范围。

后续调查取证

在后续调查取证中,调查发现汇编资料实际上是怀斯曼在反诉开始之后编制的。此外,调查显示怀斯曼以前没有在房地产行业的相关工作经历,并且在对这个房地产项目进行可行性研究时没有进行尽职调查。怀斯曼收取了向DC房地产公司提供包括编制汇编资料在内的全部服务费用。最后,调查还显示在起诉托利弗之前,DC房地产公司的其他合伙人已经与怀斯曼取得联系,表示将要对他玩忽职守的行为提起诉讼。

排除专家证言的动议

2010年11月,根据俄亥俄州颁布的证据规则第701—705条相关规定,法庭同意了排除罗伯森证言的动议,因为他的观点纯属个人猜想,并且没有充分的事实与数据作为支撑。① 法院做出的陈述如下:

- 与证据规则的普遍包容性和广泛扩展性保持一致,针对专家证言的证据规则也是相当灵活的。专家证言是否有助于解决争议问题往往是判断其可采性的主要标准。
- 法庭不能无条件地相信任何收费专家的证词,不论其资历多么丰富。
- 庭审法官必须坚守职责——屏障作用,确保专家证言是基于可靠的事实和数据的。
- 与其他证据一样,专家证言必须与争议问题相关。
- 假设是不能用于证明或推理案件事实的。
- 一般来说,经济损失的计量可以借助专家证言、经济和财务数据、市场调查和分析、类似商业活动的记录等。然而,此案中原告的专家提供的证据远远低于合理确定的标准。专家的观点不应该是自私自利的产物——基于原告所期望的推断和猜想。专家应该保持职业上的正直性、客观性,避免任何关系影响其判断。

和解协议

在排除罗伯森的证词后,被告托利弗要求对方索赔,双方最终达成和解协议。

10.3 美国注册会计师协会《职业行为守则》

如前所述,我们侧重于探讨美国注册会计师协会《职业行为守则》,因为该守则被公认为会计师在实践领域最重要的指南。尽管成为美国注册会计师协会的会员是自愿行为,但只要拥有会员资格就必须遵守《职业行为守则》的要求。

《职业行为守则》的目的是通过职业道德原则、行为规则、行为规则解释、道德裁决来影响美国注册会计师协会会员的行为。简单地说,它可以帮助会员监督自己的行为并提供一个解决争端的平台。《职业行为守则》可分为两个部分——原则和规则。原则为规则提供了框架,而规则则具体规范会员提供的所有服务。正如美国前总统富兰克林·D.罗斯福(Franklin D. Roosevelt)的一句名言:"规则并不是神圣的,原则才是。"

 概念辨析

原则与规则的区别是什么?再者,原则如何能为规则提供框架?原则,尽管其含义在本质上是非强制性的,是一种从价值观(内在)上对行为举止的约束,如诚实与正直。规

---

① www.pearsonhighered.com/rufus for a link to this document

则,从另一层面来说,是一种对行为举止(外部)的权威规范。因为原则界定了精神、理念与概念(框架),并为规则提供了基础,所以解决现有规则所面临的冲突应当诉诸原则。

10.3.1 职业行为原则

美国注册会计师协会《职业行为守则》共有六项原则,如图 10-1 所示。它们都要求对道德行为做出承诺,并重视维护公众的信任,各个原则及其相关解释如表 10-1 所示。

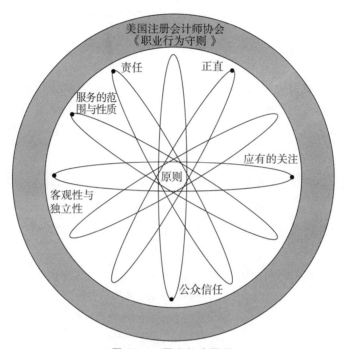

图 10-1 职业行为原则

表 10-1 美国注册会计师协会职业行为原则

参考守则	原则	解释说明
ET 第 52 节,第 I 条	责任	在履行职业服务的责任时,会员在所有的活动中应保持职业敏感和道德判断
ET 第 53 节,第 II 条	公众信任	会员有义务采用以下方式履行职责:为公众利益服务、获取公众信任、履行对职业界的承诺
ET 第 54 节,第 III 条	正直	正直要求会员做到诚实和坦率地为客户保密,服务公众和维护公众信任应高于个人利益;正直还要求会员遵守客观、独立和应有关注的原则
ET 第 55 节,第 IV 条	客观性与独立性	客观性原则要求会员做到公正、诚信、远离利益冲突;独立性排除了会员在提供鉴证服务时可能出现的妨碍保持客观性的关系

(续表)

参考守则	原则	解释说明
ET 第56节,第V条	应有的关注	应有的关注要求会员有能力且勤勉地履行职业责任。其能力来自系统的教育和工作经验;勤勉要求会员提供及时、细致、全面的服务,遵守适用的技术和道德标准
ET 第57节,第VI条	服务的范围与性质	在具体情形下,会员决定是否提供特定的服务,但应当全面考虑所有的原则

资料来源:美国注册会计师协会《职业行为守则》,2012年8月31日修订。

10.3.2 职业行为规则

与先前讨论的职业行为原则不同,职业行为规则是具体的并具有强制性。对规则及其相关解释的全面讨论超出了本章的学习范围,我们仅对其进行了概述,如表10-2所示。我们建议读者访问美国注册会计师协会的官方网站,获取详细的讨论和最新进展。

表10-2 美国注册会计师协会职业行为规则

参考守则	规则	解释说明
ET 第101节,第101规则	独立性	会员在提供专业服务的过程中应当保持独立性
ET 第102节,第102规则	正直和客观	会员应当做到公正、诚信、远离利益冲突,不能故意歪曲事实或听信他人的判断
ET 第200节,第201规则	一般标准	专业胜任能力:从事专业服务的会员或会员所属公司应当保持应有的专业知识和技能 应有的职业谨慎:在执业过程中应当保持应有的职业谨慎 计划和监督:会员应当充分地计划工作,并监督专业服务的完成情况 充分相关的数据:取得充分相关的证据,为执行专业服务后有关的结论或建议提供合理的依据
ET 第200节,第202规则	遵守规则	会员应当遵守委员会下设机构颁布的各项规则
ET 第200节,第203规则	会计原则	会员不应当:(1)对企业财务报表的编制是否遵循一般公认会计原则发表意见或做出明确的声明;(2)声称其没有注意到财务报表因偏离遵循会计准则造成重大影响而必须进行重大修正
ET 第300节,第301规则	对客户的责任	在没有经得客户准许的情况下,会员不得泄露与客户相关的任何机密信息
ET 第500节,第501—503规则	其他	其他事项包括不正当行为、广告、佣金和介绍费、企业组织形式与名称等

资料来源:美国注册会计师协会《职业行为守则》,2012年8月31日修订。

 **特别提示**

在《职业行为守则》以前的版本(而不是当前版本)中,规则能否适用于一项具体业务取决于主体职业活动的期间。会员过去提供的服务应当以当时适用的规则进行评价。美国注册会计师协会官网提供了以前版本的守则。

这些规则在实践中有何指导意义?我们通过下列假设的情境来理解这些规则的具体应用。

- 假如你是一名注册会计师,任职于本国某"一站式服务机构"会计师事务所。最近,事务所承接了一名新客户并为其提供法务会计(专家证人)服务,要求计量因竞争对手的不合理行为而造成的经济损失。该项目被指派给你并注明"时间很关键",必须在30天之内出具报告。尽管你是一名注册会计师并且是事务所诉讼服务组的成员,但你没有接受过法务会计的专门训练,缺乏诉讼案件的经验且对整个行业知之甚少。此时,你应该关注一般标准第201规则。
- 假如你是一名从业者(注册会计师),独立从事法务会计与税务咨询业务,你的税务客户(牙科合伙企业)要求你协助撤销合伙人资格的事宜,而被要求撤销的合伙人也是你的税务客户。这个问题造成了合伙人之间的冲突,并且面临诉讼威胁。此时,你应该关注第102规则。
- 假如你被聘请参与协助一位注册会计师同事(事务所以前的成员)处理会计活动中的玩忽职守行为,她愿意完成大部分基础工作并为你提供至今为止的汇总数据、研究发现和报告草案。此时,你应该关注第102规则和第201规则。

10.4 《咨询服务标准第1号公告》

正如第202规则所提到的,会计师事务所的成员应当遵守美国注册会计师协会职业道德委员会下设机构颁布的各项规则。在法务会计的情境中,这些规则包括《咨询服务标准第1号公告》(SSCS NO.1)和《估值服务标准第1号公告》(SSVS NO.1,适用于评估业务)。

正如《咨询服务标准第1号公告》所定义的,咨询服务包含所有的"运用实践技能、教育、观察力、经验和咨询程序知识提供专业服务"。法务会计服务在《咨询服务标准第1号公告》(第5d自然段)中有明确的定义,"其功能是提供与客户特定交易相关的服务",譬如商业评估与诉讼服务。

《咨询服务标准第1号公告》包含七项咨询服务标准,具体包括《职业行为守则》第201规则提出的四项一般标准——专业胜任能力、应有的职业谨慎、计划和监督、充分相关的数据,另外三项标准说明如下:

- 客户利益:要求会员在坚持正直和客观的基础上竭诚为客户服务。如前所述,正直要求会员做到诚实和坦率并为客户保密,客观要求做到公正、诚信、远离利益冲突。
- 理解客户及其业务:要求理解(书面或口头)客户各组织的职责,以及委托的性质、范围和局限性。
- 与客户进行沟通:要求会员告知客户相关的利益冲突(第102规则)、委托业务的范围和经济利益、重大发现。

除了先前提到的相关标准,我们还要求法务会计师理解并遵守第301规则(客户保密性原则)、第302规则(或有收费)和第503规则(佣金和中介费)

10.5 美国注册舞弊审查师协会《职业准则》

ACFE是目前公认的世界最大的反舞弊组织,其会员超过65 000。美国注册舞弊审查师协会《职业准则》要求会员遵循六项基本原则(不是规则),如表10-3所示。

表10-3 美国注册舞弊审查师协会执业行为标准

序号	内容描述
A	正直和客观: • 会员应当保持正直 • 在承接业务之前,会员应当查明潜在的利益冲突,并披露对未来客户的潜在冲突 • 会员应当在业务范围之内坚持客观地履行职业责任 • 会员不应当从事有损信誉的行为,而应当以职业的最高利益作为行为的出发点 • 在法庭作证或解决其他争端时,会员不应当故意进行虚假陈述
B	专业胜任能力: • 在自身能力不足时,会员不应当接受业务委托 • 成员应当保持最低限度的职业后续教育
C	应有的职业谨慎: • 在提供服务的过程中,会员应当保持应有的职业谨慎,这要求勤勉尽责、批判性分析并保持职业怀疑态度 • 结论应当以充分相关和高质量的证据为基础 • 会员提供专业服务时,应当进行周全的计划并接受监督和指导
D	理解客户及其业务: • 会员应当就业务的范围和局限性与客户达成一致意见 • 会员应当向客户具体说明任何重大的变更
E	与客户或雇主进行沟通: • 会员在执行业务过程中,应当就重大发现与客户进行充分的沟通
F	保密性: • 会员不应当在没有经得客户允许或法院要求的情况下,披露在执行业务过程中获知的机密或私有信息

资料来源:美国注册舞弊审查师协会《职业准则》,2001年2月22日修订。

10.6 美国注册评估师与分析师协会《职业准则》

正如第 1 章所提到的,美国注册评估师与分析师协会通过其在商业评估行业中的影响成为法务会计的一支重要力量。美国注册评估师与分析师协会《职业准则》适用于提供商业评估服务的会员,要求会员遵守十项基本原则,如表 10-4 所示。

表 10-4 美国注册评估师与分析师协会一般准则与道德准则

序号	内容描述
A	正直和客观: • 会员应当保持客观和职业公正 • 会员不得故意歪曲事实 • 会员不得因他人而影响判断 • 会员不得进行误导性或欺诈性的行为
B	专业胜任能力: • 会员应当具备高水平的专业能力,承接可以完成的任务
C	应有的职业谨慎: • 会员在提供服务的过程中应当保持应有的职业谨慎,包括执行充分的调查并获取充分的文件资料
D	理解客户并与客户充分沟通: • 会员应当就委托业务的范围和局限性、双方的责任与客户达成一致意见
E	计划和监督: • 会员提供专业服务时应当制订周全的计划并接受适当的监督和指导
F	充分相关的数据: • 会员应当获取充分相关的数据,为其观点提供合理的依据
G	保密性: • 除非合法的权威组织要求披露相关信息,否则会员不得在未经客户允许的情况下泄露客户的机密信息
H	有损信誉的行为: • 会员不得从事任何有损职业信誉的行为
I	客户利益: • 会员应当尽量按客户要求完成任务以维护客户的利益,同时保持正直和客观
J	经济利益: • 会员不得在未确认会员(或事务所)与客户有无经济利益或预期利益的情况下发表相关意见

资料来源:美国注册评估师与分析师协会《职业准则》,2011 年 6 月 1 日修订。

10.7　六大基本品质

在上述美国注册会计师协会、注册舞弊审查师协会和美国注册评估师与分析师协会职业准则中,你或许发现了它们有一些共同之处。从实践的角度来看,这反映了许多从业者是多个组织的会员,在一定程度上要求不同准则具有一致性。更重要的是,这些共同点表明了它们在法务会计工作实践中是公认的最重要的基本品质。这些基本品质包括正直、客观、能力、应有的职业谨慎、充分相关的数据和职业行为。

每一个基本品质都促进了"信任"的建立和维护。在任何职业关系中,信任都是很重要的,对于工作具有抗辩性质的法务会计师来说尤为重要。信任不仅能促进法务会计师意见的形成,同时有助于意见的交流,特别是在审理阶段。正如本书所强调的,案件的最终结果取决于事实审判者(如陪审团)的裁决。在这个过程中,事实审判者必须评价包括专家证人的证人的可信度。为了增强可信度并促进与陪审团的联系,法务会计师必须在形式上和实质上表现出值得信任的品质。

10.8　重新审视证据规则及其取证

在前面章节中曾提到的一些概念也适用于讨论职业责任,因此要求进一步探讨。

特别提示

正如第 2 章所提到的,尽管美国许多州都有自己的准则和规则,但是大部分州的法则和规则均以美国《联邦证据规则》和《联邦民事诉讼规则》为模板。

10.8.1　证据规则

正如第 2 章和第 8 章所指出的,最值得法务会计师关注的具体证据规则是第 702 条规则和第 703 条规则。第 702 条规则强调了专家证言的可采性问题,只有能够帮助事实审判者理解争议问题并满足三个特定标准——充分的事实和数据、可靠的原则和方法、将这些原则和方法应用于具体的案件,专家证言才具有可采性。第 703 条规则强调了专家证言所依赖的来源(信息被该领域专家普遍接受和合理依赖)。

正如第 2 章所讨论的,专家证人的意见和支持证据都会被诉讼对方全面地审查,面临严格的质证。你还记得第 3 章中马特柯公司所面临的处境吗?

10.8.2　民事诉讼规则

第 2 章讨论了与法务会计师具体利益有关的规则,与本章所讨论内容相关的是规则第 26(a)(2),它要求披露所有专家以及各自的报告。该规则要求专家报告应包含以下要素:

- 一份完整表述证人所有观点的报告,并附上依据和理由。
- 形成证人观点所依据的事实或数据。
- 任何用于总结或支持观点的物证。
- 专家的资质,包括在过去的十年发表的出版物列表。
- 在过去的四年中,证人作为专家参与作证的所有案件列表(不论是否出庭)。
- 一份关于支付本案调查与证词报酬的声明。

总之,在报告中明确地表明专家意见有充分的相关数据作为支撑是必需的。你是否记得第 2 章联邦政府 VS 邦妮·贝恩案的相关问题呢?

10.9 其他标准和监管机构

除了职业准则和证据规则外,执业注册会计师还必须遵守他们所在州及州会计委员会①制定的规则。州会计委员会致力于执行州会计法规,包括本州注册会计师的注册与管理。尽管许多州采用了美国注册会计师协会的规定,但法务会计师应当理解其与各州会计法规之间的差异。

 特别提示

1984 年,美国注册会计师协会和州会计委员会全国联合会(NASBA)制定并发布了规范公共会计实务的法案——《统一会计师法案》(UAA),旨在为会计职业提供注册和监管的统一方案,以维护公众利益。截至 2011 年 7 月,《统一会计师法案》已发布第六版,其主要提议已经被 49 个州接受。我们建议读者了解各州整理汇编的会计规则,并与《统一会计师法案》的规则进行比较。

最后,法务会计师必须关注有可能影响具体业务的其他职业准则和规范指南。例如,美国注册会计师协会关于税务服务的规则申明(针对税务相关的业务),美国税务局的第 230 号通知(针对税务相关的业务)以及《收入裁决第 59—60 号》(与税务相关的企业估值业务)。

10.10 职业责任和专家

接下来,我们应用前述职业规则评价引言案例中罗伯森的职业责任。

- 罗伯森与怀斯曼的角色存在差异吗?适用的职业规则不同吗?

---

① 联邦体制的美国受先已形成的律师、医师等行业管理模式的影响,各州的立法和行政既相互独立又互不兼容。20 世纪初期,各州根据本州独立的立法权,相继颁布了本州的法律,设立了会计委员会,负责本州注册会计师的注册和管理。

- 适用于罗伯森的职业责任规则是什么?
- 在开展业务的过程中,罗伯森保持了独立性吗?
- 在开展业务的过程中,罗伯森坚持了客观和正直原则吗?
- 罗伯森曲解事实了吗?
- 作为一名专家,罗伯森依赖其他专家形成自己的意见吗?罗伯森能够信赖怀斯曼吗?
- 罗伯森的判断受到怀斯曼的影响吗?
- 在开展业务的过程中,罗伯森保持了应有的职业谨慎吗?
- 罗伯森获得了充分相关的数据为自己的观点提供了合理的基础吗?
- 罗伯森是否将为客户提供服务置于对法院履行义务之上?
- 罗伯森是理智、诚实的吗?
- 罗伯森应该对法庭履行什么义务?
- 解释法院的声明"与其他所有的证据一样,专家证言必须与事实相关才具有可采性"。
- 解释"假设是不能用于证明或推理案件事实的"。
- 在整个业务过程中,罗伯森秉持了职业怀疑态度吗?
- 一些定性问题(例如,DC房地产公司其他合伙人针对怀斯曼的未决诉讼)如何影响罗伯森对怀斯曼的信任?
- 总体来看,罗伯森哪里出了问题?

10.11 标准冲突的协调

尽管职业准则的主要目的是提高实务的质量和一致性,但各组织(如美国注册会计师协会、美国注册评估师与分析师协会)发布的标准之间可能存在冲突,这要求进行充分协调,否则会影响执业质量。为了帮助从业者应对这些挑战,我们提出以下系列方案:

第一步,针对已发现的冲突与每个组织进行书面沟通。如果未能达成一致的解决方案,则转向第二步。

第二步,遵循为客户和公众利益服务的最高标准。

第三步,告知客户已适用的职业准则及其原因。

第四步,具体说明在报告中作为假设或限制条件而采用的标准。

10.12 法务会计的对抗性辩护性质

除上述职业标准之间可能存在冲突外,我们在法务会计业务中还经常面临道德挑战。这些挑战主要归因于法务会计领域的对抗性辩护性质。对抗性辩护性质反映了以下事实:(1)诉讼本质上是对抗性的;(2)专家证人始终扮演着辩护角色,而不是客观的一方。当专家证人面临这种压力时,专家证人的证言往往带有一定程度的偏见。整个司法界的法官、律师甚至专家自己都公开承认这种情况。① 例如,在 1998 年的一项调查中,法官认为专家证言偏见是民事案件中最普遍的问题。② 为什么? 从以下原因可见一斑:

- 专家证言可以轻易地指证案件争议问题。③
- 专家证言在侵权案件中普遍存在。④
- 对立双方选定各自的专家并期望他们维护自己的利益。
- 律师与专家证人存在内在冲突:前者作为法务会计服务的消费方,极力维护委托人的利益;而后者则主张提供真实而准确的专业意见。
- 我们的司法系统是对抗性的,而不是科学的;其目的是赢得诉讼而不是增进理解或推动科学的发展。

对抗性偏见

我们将专家证人为客户有意或无意地提出带有偏向性的意见称为对抗性偏见。对抗性偏见至少源于以下三个方面⑤:

- 有意识的偏见,即所谓的"枪手"。
- 无意识的偏见,在司法机构委托的证人中尤为明显。
- 选择性的偏见,意味着专家是被雇来代表委托人的观点的。

识别和消除对抗性偏见或至少保持中立不是一件容易的事。

第一道防线是专家本身。正如本书所强调的,对于法院、公众、所在行业,专家证人都有责任提供有助于事实审判的客观、独立的意见。

第二道防线是庭审法官。作为"守门员",他们的职责是根据《联邦证据规则》第 702 条规则排除不可靠的证词。

第三道防线是对方律师。他试图在针对专家证人的交叉询问中揭露这些偏见。

第四道也是最后一道防线是作为事实审判者的陪审团。

---

① Murphy, J. (2000). Expert witnesses at trial: Where are the ethics? *Georgetown Journal of Legal Ethics*, 14, 217-40; Masterson, L. (1998). Witness immunity or malpractice liability for professionals hired as experts? *The Review of Litigation*, 17, 393-414; Hagen, M. (1997). *Whores of the Court*. HarperCollins.

② Hill, J. W., Hogan, P., Karam, Y., & Langvardt, A. (2009). Increasing complexity and partisanship in business damages expert testimony: The need for a modified trial regime in quantification of damages. *University of Pennsylvania Journal of Business Law*, 11, 297.

③ Ibid.

④ Krafka, C., Dunn, M. A., Johnson, M. T., Cecil, J. S., & Miletich, D. (2002). Judge and attorney experiences, practices, and concerns regarding expert testimony in federal civil trials. *Psychology, Public Policy, and Law* 2002, 8(3), 309-22.

⑤ Bernstein, D. (2008). Expert witness, adversarial bias and the (partial) failure of the Daubert revolution. *Iowa Law Review*, 93, 451-89.

特别提示

专家的意见是源于职业判断和合理的确定性,而不是绝对的确定性。当专家成为委托人利益的拥护者而非客观、独立意见的守护者时,道德问题便会浮出水面。如前所述,美国注册会计师协会《职业行为守则》明确指出:"在提供任何专业服务的过程中,会员应当保持客观性和正直性,远离利益冲突,不能故意歪曲事实或听信他人的判断。"

让我们再次审视罗伯森的专家意见。他听信于怀斯曼的判断了吗?他是形成客观意见的守护者还是怀斯曼的拥护者?

10.13 做出正确的决策

尽管面临前面所提到的压力,但专家证人还是有能力做出符合道德的决定。为了帮助从业者形成正确的决策,美国注册会计师协会发布了《102—105 规则应用指南(2008)》(以下简称《指南》)。《指南》提出了所谓的威胁与防护法,以评估和应对在《职业行为守则》及其解释和道德裁决中没有明确涉及的情形。尽管这一方法不具有权威性,但我们认为使用《指南》及其方法不失为一种明智且有效的做法。

威胁与防护法的三个步骤为:(1)识别遵守规则的威胁;(2)评估已发现威胁的重要性;(3)判断防护能否消除威胁或将其影响降至可接受的水平。

《指南》涉及的一些概念如下:

威胁——在某种情形下,会员违背应该遵守的规则的风险。

防护——可以消除威胁或将威胁所造成的影响降至可接受水平的方法和措施。

可接受的水平——在这种水平下,理性的、拥有所有相关信息的第三方在权衡具体事实和状况后,认为遵守这些规则并不是妥协的产物。

步骤一:识别

识别威胁是第一步。为此,《指南》指出以下六种类型的威胁:

- 自我评价威胁。会员及其所在公司提供其他服务的个人无法合理地评价会员提供服务的结果。
- 辩护威胁。会员因站在委托人或雇主的立场而使得自身的客观性受到影响。
- 利益冲突威胁。会员因个人利益与委托人或雇主的利益相冲突而丧失客观性。
- 熟悉威胁。由于与委托人或雇主拥有长期或亲密的关系,会员太过维护该实体的利益,或者过于赞同该实体的行为。
- 不当影响的威胁。会员自身的判断受制于委托人、雇主或相关第三方,原因在于这些个体施加的不当影响:(1)声誉或专业技能;(2)好胜性或支配性人格;(3)试图强迫或者施加压力于会员。

- 自身利益的威胁。会员因自身或亲属的经济利益而做出违背所在公司、雇主、委托人或社会公众利益的行为。

上述威胁在 DC 房地产公司与罗伯森的业务中有所体现吗?

步骤二:评估

在识别这些威胁之后,接下来就是评估这些威胁的影响。评估过程是以"了解事实的理性第三方在权衡所有具体事实和状况后,是否认为遵守这些规则并不是妥协的产物"(《指南》中可接受的水平)为标准。

虽然《指南》没有给出具体的因素,但我们应该考虑所有相关的数量因素和质量因素。当然,这是一个职业判断的问题。

步骤三:应对

如果会员认为这种威胁是可以接受的,则不必采取进一步行动;但是,如果会员评估威胁为非常严重(不可接受),则要采取相应的防护措施。防护的类型涉及职业判断,且应该以第三方视角为标准进行评价。

《指南》指出,防护措施一般分为两大类别:

- 专业人士、法律、法规(例如,《职业行为守则》)制定的保护措施。
- 客户或事务所内部系统和流程(例如,内部控制)提供的保护措施。

如果按照会员的职业判断,防护措施的运用可以将威胁降至可接受的水平,那么遵守规则并不意味着妥协。但是,如果威胁非常严重以致不能被消除或降至可接受水平,那么会员不应继续遵从这些规则,并且退出该项业务。

特别提示

尽管威胁与防护法具有系统性,但其具体应用必须依赖于会员的职业判断。除了此种方法,我们建议会员在不确定的情况下应该向合适的专业团体(如美国注册会计师协会)或法律顾问寻求书面建议。

10.14 常见的职业责任失败

本章讨论了诸多法务会计师应该遵守的职业准则。面对复杂的业务情形,从业者在形成和提出意见时,务必做到周全而谨慎。我们的执业经验表明,职业责任失败的主要原因包括以下五个方面:

- 知识欠缺。简单来说,从业者缺乏运用职业准则的工作经验。
- 压力。特定业务关系和对未来业务的期望容易产生取悦他人的心态,这会导致自身的判断受到影响或屈服于他人的看法。

- 客观性。从业者对业务的认识不够客观,很容易导致不能正确识别和评估所面临的威胁。
- 培训。从业者高估了自身的技能。也就是说,他们没有意识到自己有很多不了解的地方,但此时往往太迟了。
- 利益冲突。从业者不能从审计重要性和经济角度准确地衡量潜在的冲突(威胁)。在法务会计业务中,从委托人那里获得的报酬水平(相对于所在事务所的总收入)不足以判断冲突是否存在。根据业务所处的现实状况,即使相关的报酬在经济上无足轻重也可能存在利益冲突,因为这可能影响个人的职业生涯及其事务所未来的业务。

10.15 尾声:多克-克里克房地产公司 VS 罗伯森案

针对注册会计师提起的诉讼通常源于三种行为原因(归责理论):违约、过失和欺诈。正如第 2 章所指出的,原告负有举证责任。起诉罗伯森(由 DC 房地产公司及其合伙人发起)的原因是违约和过失。

针对违约的诉状包括以下内容:

- 与罗伯森签订的合同。
- 罗伯森违反了合同。
- 原告遭受了损失。
- 罗伯森的违约行为是造成原告损失的直接原因。

原告在举证合同的存在性上没有问题,其面临的挑战是订立的"口头"合同及其导致的无效。有意思的是,其他合伙人指控罗伯森的工作能力与失职也得到了怀斯曼的支持。

针对过失的诉状包括以下内容:

- 罗伯森应以专业的态度履行工作职责。
- 罗伯森的行为不符合适用的职业准则。
- 原告遭受了损失。
- 他们的损失是由罗伯森直接引起的。

在过失诉辩中,主要的争论是适用的职业准则问题。正如你所期望的,具体的职业准则及被告的遵守情况会通过专家证言呈现给事实审判者。在这起案件中,事实审判者认为罗伯森没有遵守以下职业准则:

- 美国注册会计师协会《职业行为守则》(第 102 规则和第 201 规则)。
- 美国注册会计师协会《咨询服务标准第 1 号公告》。
- 《联邦证据规则》第 702 条规则。

由于罗伯森的证词在庭审阶段被证据规则排除,该案得以快速结案。唯一有争议的事项是罗伯森的过失所造成损失的金额,案件最终判定为 125 000 美元。罗伯森在此案件中应负担的诉讼费用为 5 000 美元,但他从未支付这笔费用。

关键术语

威胁与防护法	职业	专业人士	责任	职业责任
原则	规则	专业胜任能力	应有的职业谨慎	计划和监督
充分相关的数据	威胁	防护	可接受的水平	

简答题

10-1　简述职业与专业人士的区别。

10-2　阐述职业的五大特征。

10-3　区分与职业责任相关的三项义务。

10-4　美国注册会计师协会《职业行为守则》的目的是什么？

10-5　原则与规则有何区别？

10-6　阐述职业行为的六项原则，并举例说明。

10-7　请指出职业行为的六项主要规则。

10-8　阐述《职业行为守则》所包含的四个一般标准。

10-9　《咨询服务标准第1号公告》是如何定义咨询服务的？

10-10　请指出《咨询服务标准第1号公告》中的三项附加标准。

10-11　简述美国注册舞弊审查师协会《职业准则》中包含的六项基本原则。

10-12　列举美国注册评估师与分析师协会十项一般准则与道德准则中的五项。

10-13　比较美国注册会计师协会、美国注册舞弊审查师协会和美国注册评估师与分析师协会所制定的原则、准则和规则，并指出五项共性。

10-14　《联邦证据规则》中第702条规则和第703规则的主要目的是什么？

10-15　根据《联邦民事诉讼规则》第26条规则，指出专家报告必须包含的六个要素。

10-16　注册会计师从事法务会计工作必须遵守州法规吗？请解释说明。

10-17　法务会计中的对抗性辩护性质指什么？

10-18　专家证人的偏见是什么？请解释说明。

10-19　指出并讨论对抗性偏见的三个来源。

10-20　简述识别和消除对抗性偏见的三种方法。

10-21　美国注册会计师协会发布的《102—105规则应用指南》中提出的威胁与防护法的目的是什么？

10-22　请指出威胁与防护法的三个步骤。

10-23　指出并讨论从道德层面评价一项业务时应考虑的六种威胁？

10-24　在评估威胁的重要性时，法务会计师应该使用什么标准？

10-25　在《102—105规则应用指南》中，防护措施的两大类别是什么？

10-26　简述导致职业责任失败的五种成因。

选择题

请在下列关于职业责任和美国注册会计师协会《职业行为守则》的问题中选择最佳答案：

10-27 下列哪一项不属于职业的特征？
A. 公众对其具有高度的信任和认可
B. 具有自己的协会组织
C. 公开发布权威性的职业行为和道德标准
D. 经监管机构合法认可
E. 以上都是

10-28 下列哪一项不是职业责任所包含的义务？
A. 遵守所在组织的最高行为准则
B. 遵守批准设立机构的各项规定
C. 能准确判断在任何情况下顾客的需求
D. 雇用拥有一定知识、技能和判断力的专业人员

10-29 专业人士为了获得认证不须要接受后续教育。
A. 正确　　　　　　　　B. 错误

10-30 只有成为美国注册会计师协会的会员才能从事法务会计工作。
A. 正确　　　　　　　　B. 错误

10-31 美国注册会计师协会《职业行为守则》为会计师提供了有用的信息，但它不是会计师在实践领域最重要的指南。
A. 正确　　　　　　　　B. 错误

10-32 下列哪一项是对原则和规则的正确描述？

原则	规则
A. 概念性	实用性
B. 实用性	内部强制力
C. 内部强制力	外部强制力
D. 外部强制力	实用性

10-33 下列哪一项是职业行为的原则？
A. 独立于所从事的专业服务
B. 以胜任和勤勉的态度保持应有的谨慎
C. 遵循职业准则
D. 不泄露客户的机密信息

10-34 下列哪一项不是职业行为规则的一般准则？
A. 充分相关的数据
B. 应有的职业谨慎
C. 充分地计划并且监管所有的专业服务
D. 在履行职责时保持高水平的职业怀疑态度

10-35 即使法务会计师不是注册会计师也要遵循美国注册会计师协会《职业行为守则》。
A. 正确　　　　　　　　B. 错误

10-36 执行舞弊调查的法务会计师在展示特定主体的财务数据时必须遵循一般公认会计原则。
A. 正确　　　　　　　　B. 错误

职场应用

10-37 根据本章DC房地产公司的案例，回答下列问题：
1. 罗伯森与怀斯曼的角色存在差异吗？
2. 罗伯森与怀斯曼适用的职业准则不同吗？

3. 适用于罗伯森的职业责任指南是什么?
4. 在开展业务的过程中,罗伯森保持了独立性吗?
5. 在开展业务的过程中,罗伯森坚持了客观和正直原则吗?
6. 罗伯森曲解事实了吗?
7. 作为一名专家,罗伯森依赖其他专家形成自己的意见吗?
8. 罗伯森的判断受到怀斯曼的影响吗?
9. 在开展业务的过程中,罗伯森保持了应有的职业谨慎吗?
10. 罗伯森获得了充分相关的数据为自己的观点提供合理的基础了吗?
11. 罗伯森是否将为客户提供服务置于对法院履行义务之上?
12. 罗伯森是理智诚实的吗?
13. 罗伯森应该对法庭履行什么义务?
14. 请解释法院的声明"与其他所有的证据一样,专家证言必须与事实相关才具有可采性"。
15. 请解释"假设是不能用于证明或推理案件事实的"。
16. 在开展业务的过程中,罗伯森秉持职业怀疑态度了吗?
17. 一些定性问题(例如,DC 房地产公司其他合伙人针对怀斯曼的未决诉讼)如何影响罗伯森对怀斯曼的信任?
18. 总体上,罗伯森哪里出了问题?

深度思考

10-38 请访问美国注册会计师协会网站,阅读《职业行为守则》与规章 ET 50—57 的相关内容。提交一份备忘录给你的导师,指出守则中涉及的职业行为原则,针对你确认的每一项原则列举一个实例,分析该原则如何影响你作为一名法务会计师的职业生涯。

10-39 请访问美国注册会计师协会网站,阅读《职业行为守则》与规章 ET 100 中 0.06—0.26 段落的相关内容。提交一份备忘录给你的导师,应包含以下内容:

1. 独立的含义;
2. 注册会计师可能面临的威胁类型;
3. 防护的有效性;
4. 防护的种类;
5. 该章节建议的防护保障的一个示例。

请在你的结论中阐述这些规则的意义。

10-40 请访问美国注册会计师协会网站,阅读《咨询服务标准第 1 号公告》。提交一份备忘录给你的导师,应强调以下内容:

1. 咨询服务的含义。
2. 一般准则,指出哪些适用于注册会计师一般业务,哪些适用于注册会计师从事的咨询服务。
3. 具体咨询准则对法务会计师决定是否承接某一咨询业务的影响。

10-41 请访问美国注册会计师协会网站,阅读《102—105 规则应用指南》0.08—0.18 段落。分析和探讨威胁与防护法,提交一份备忘录给你的导师,解释这些概念并指出该指南对法务会计师有何指导意义。

10-42 请访问美国注册会计师协会网站,阅读《102—105 规则应用指南》0.19—0.23 段落。分析和探讨道德冲突解决指南,提交一份备忘录给你的导师,解释这些概念并指出该指南对法务会计师有何指导意义。

第11章 企业估值基础

11.1 引言
11.2 企业价值几何:钻石岭高尔夫球场案
11.3 估值理论:货币时间价值
11.4 企业估值过程
11.5 其他估值问题
11.6 职业准则
11.7 本章小结

学习目标

通过本章的学习,你应该能够

目标 1:理解企业估值的目的,确认企业估值所需的信息类型

目标 2:掌握基于货币时间价值观念的企业估值理论,区分折现与资本化的概念

目标 3:确认企业估值过程的五个基本步骤

目标 4:理解企业估值的四种价值,并解释这些因素如何影响估值过程

目标 5:描述和掌握三种估值方法及其适用条件

目标 6:理解职业标准和法规对企业估值过程的影响

11.1 引言

正如第1章所指出的,企业估值占据了一半左右的法务会计业务。企业估值通常由以下三种情况引起:

- 诉讼。例如,离婚协议、股东纠纷、经济损失或破产。
- 交易。例如,买卖协议、收购或合并。
- 税收。例如,赠与税、遗产税。

类似于舞弊调查(第7章)或者经济损失计量(见第12章),企业估值也要具备一定的专业知识。顾名思义,企业估值是确定企业价值的过程。正如你之前在会计学、经济学和金融学课程中所学到的,公开上市企业的价值是在资本市场上通过买卖双方的竞价来决定的。在公开市场上,信息(例如,盈余公告、盈利预测,以及各种经济指标)对于每个市场参与者都是唾手可得的。虽然数据的准确性并不确定,但是每个市场参与者同时收到同等的信息(至少在理论上根据有效市场假说是成立的),所以市场还是有效的。然而,针对私营企业或者未公开上市公司来说,缺少公开竞争的市场,我们又该如何确定它们的价值呢?

本章旨在为评估未公开上市公司的价值提供一个分析框架。为此,我们学习企业估值的概念并对企业估值方法进行概述。虽然企业估值理论(是什么和为什么)相对明了,但其实际应用(如何)要复杂得多,涉及诸多受职业判断影响的灰色地带。鉴于企业估值所涉及的范围比较宽泛,仅仅一个章节(甚至一本书)都不能阐述完整。所以,本章的目标是为未来的实际应用打下坚实的理论基础。

特别提示

虽然企业估值比较常见,但并不是所有评估业务都由法务会计师完成的。例如,舞弊调查人员也可以进行企业估值。此外,需要强调的是,进行企业估值要求拥有一定的专业技能,这需要较长时间的经验积累以及高级培训和教育才可以形成。

首先我们先回顾企业估值的基础理论(货币时间价值)及价值的概念。其次,对基本的企业估值过程进行概述。我们的讨论考虑了诸多影响价值的变量(既有内部的又有外部的),并涉及常用的估值方式和基本的估值方法。最后,在本章的结尾部分,我们讨论了职业准则和法规的控制。

特别提示

任何讨论企业估值的基准是美国税务局于1959年1月颁布的《收入裁决59—60》。①

---

① 26 CFR 20.2031-2032; Valuation of stocks and bonds. (1959-1 C.B. 237; 1959).

收入裁决是美国税务局官方为了贯彻《国内税收法典》，针对具体问题而发布的实施细则。虽然《收入裁决59—60》的颁布已有五十多年，但它一直被认为是企业估值文献中最重要的内容，而且被广泛采纳和运用于征税与非征税领域。① 它为企业估值方法、应考虑的因素提供了一个概念框架。我们建议读者登录美国税务局网站（www.irs.gov）浏览收入裁决和相关估值公告。

11.2 企业价值几何：钻石岭高尔夫球场案

本章讨论的问题是"这家企业值多少钱？"也就是说，这家企业的价值是多少？接下来，我们以位于北卡罗来纳州阿什维尔市的钻石岭高尔夫球场为背景案例，了解企业估值问题。

钻石岭高尔夫球场案②

组织机构、经营范围与所有权

钻石岭高尔夫球场是一家成立于1996年11月的未公开上市的S类公司。③ 公司主要经营一个对公众开放的18洞高尔夫球场，该球场位于北卡罗来纳州邦科姆县威尔夏公园，距离1—26号公路第185出口5英里。

公司所有权由巴里·米恩斯（Barry Means）、约翰·米恩斯（John Means）和罗伯特·米恩斯（Robert Means）三兄弟等额（每人1/3）持有。该公司在1996年11月收购破产的高尔夫球场的基础上成立，收购价格150万美元通过举债和股权筹集，各占50%。三兄弟每人出资25万美元，其中1.5万美元（每人5 000美元）为普通股，73.5万美元（每人24.5万美元）为股东贷款。

公司位置

钻石岭高尔夫球场坐落于北卡罗来纳州邦科姆县费尔韦路200号威尔夏公园。该地区四季鲜明、景色优美，球场紧邻阿什维尔市郊，占地约157英亩，蓝天白云下绿茵茵的球道环绕着翠绿的山脉，是一个不可多得的娱乐和休闲场所。

目标市场与竞争

钻石岭高尔夫球场的主要目标市场定位于北卡罗来纳州，包括邦科姆（Buncombe）、海伍德（Haywood）、亨德森（Henderson）、麦迪逊（Madison）和布里瓦德（Brevard）县，其总人口为508 415人（根据2010年的人口普查结果），各地区人口统计数据如表11-1所示。

---

① NACVA. (2012). Business Valuations: Fundamentals, Techniques and Theory.
② 出于对隐私的保护，我们更改了相关的人名和地名。
③ S类公司不能公开上市融资，其股票只能私人交易，其纳税模式与合伙企业类似，即仅对公司股东个人征税而不对公司本身征税。

表 11-1 市场人口统计数据

县	人口（人）	收入中位数（美元）	男性（%）	年龄（25—44岁）（%）	年龄（45—64岁）（%）
邦科姆	139 603	42 749	49.0	28.7	25.6
海伍德	106 761	42 142	48.1	26.8	25.4
亨德森	85 784	31 610	49.3	28.7	24.8
麦迪逊	92 172	39 127	48.0	28.0	24.5
布里瓦德	84 095	37 352	48.9	27.7	25.3

注：人口统计数据仅用于示例，并不代表实际情况。

钻石岭高尔夫球场将30英里内的所有公开和半公开高尔夫球场视为竞争对手。竞争者的名称、位置和2012年价格如表11-2所示。

表 11-2 所在地区高尔夫球场

名称	位置（距离阿什维尔市，英里）	2012年价格（18洞，果岭费/球童费，美元）
钻石岭	13	39.00/48.00
阿什维尔	12	35.00/45.00
迪尔溪	18	44.00/50.00
芒廷帕克	22	53.00/58.50
草莓山	29	47.95/47.95
蓝岭山	25	64.00/76.00
糖木	30	58.62/62.33
君子	31	60.00/64.00

钻石岭高尔夫球场是阿什维尔市旅游中心印发的《云雾山旅游指南》中22家高尔夫球场之一。

旅游统计数据

旅游业在阿什维尔市占据举足轻重的地位。据估计，其所属的邦科姆县旅游业每年创造了约20亿美元的收入。根据阿什维尔市旅游中心的统计数据，2012年邦科姆县接待了120 000名游客。游客的概况如下：

- 年龄：50岁左右。
- 家庭收入：约100 000美元/年。
- 家中没有子女（空巢老人）。
- 超过1/2有全职工作，超过1/3已退休。
- 已婚且夫妻一同出行。
- 经常上网。
- 平均团队规模：2.6人。
- 平均停留时间：2.8天。

根据钻石岭高尔夫球场的调查,公司收入的25%左右直接来自旅游业。

高管、核心员工及其薪酬

公司的日常事务由指定人员进行管理。截至2012年12月31日,公司高管及其他核心员工各自的职责和薪酬如表11-3所示。

表11-3 高管和核心员工的职责和薪酬

员工姓名	头衔/薪酬	职责/职务
巴里·米恩斯	副总裁/总经理 股东(1/3股权) 董事会成员 薪酬为65 000美元/年	俱乐部运营 俱乐部人事 客户拓展 行政管理/会计
罗伯特·米恩斯	副总裁/球场总监 股东(1/3股权) 董事会成员 薪酬为65 000美元/年	场地维护 外聘劳动力、管理时间、购置材料、资金供给和管理场地 安全主管
约翰·米恩斯	副总裁/设备主管 股东(1/3股权) 董事会成员 薪酬为65 000美元/年	实施和管理预防性维护工作 协助球场总监使用与管理训练项目器材 维护设备记录 在球场总监缺勤时,管理球场运营和球场员工
托马斯·哈洛伦	高尔夫总监 美国职业高尔夫球协会会员 薪酬为47 500美元/年	协助总经理相关工作,包括高尔夫球场运营、赛事、市场营销,以及与会员保持沟通
斯科特·米勒	球场总监助理 薪酬为42 000美元/年	高尔夫球场管理员 在球场总监缺勤时,负责管理球场运营和球场员工

表11-3包括管理层所有的核心员工。薪酬主要根据竞争市场调查确定,员工包括内部一般员工和外聘临时员工共10人(含表11-3中的核心员工)。员工每年平均工作1 800小时,每小时薪酬12美元。

融资情况

公司历来的运营资金是以自筹方式获得,拥有25万美元的周转信用额度,以公司的不动产作为抵押。

竞争优势与竞争劣势

鉴于价格是高尔夫球手的首要考虑因素,钻石岭高尔夫球场认为自身的定价是其主要竞争优势。在过去的十年间,新球场的发展受住房需求(高尔夫社区)的驱动,而非高尔夫运动本身的需求,这造成了供应过剩和竞争压力。随着住宅需求趋向低迷,高尔夫球场的竞争愈加激烈。钻石岭高尔夫球场的主要竞争优势和竞争劣势如表11-4所示。

表 11-4 钻石岭高尔夫球场的竞争分析

等级	竞争优势	竞争劣势
1	价格	竞争
2	球场条件	缺少度假村的推荐
3	员工	所在地区的人口
4	适宜的季节较长	淡季价格
5	交通便利性（I-26 号公路）	市场营销

收入基数和比赛场数

在过去的两个季节，钻石岭高尔夫球场见证了高于行业平均水平的业务（核心、偶尔的和替补高尔夫球手）收入及其副产品（餐饮与旗舰店）收入的波动。2008—2012 年收入与比赛场数如表 11-5 所示。

表 11-5 收入与比赛场数

年份	高尔夫收入（美元）	餐饮收入（美元）	旗舰店收入（美元）	总收入（美元）	变动百分比（%）	比赛收入（美元）	变动百分比（%）
2012	847 182	92 934	44 561	984 677	−11.79	19 320	−10.96
2011	956 925	107 654	51 681	1 116 260	−14.13	21 699	−13.96
2010	1 108 375	137 438	54 201	1 300 014	+11.21	25 219	+6.36
2009	1 011 316	105 682	52 021	1 169 019	+9.52	23 712	+7.76
2008	917 168	99 966	50 235	1 067 369	+5.02	22 005	+4.20

S 类公司的股利分配

S 类公司是所谓的"穿透实体"，仅向公司股东征税，而不同于 C 类公司既向公司征税又向股东征税。S 类公司的累计调整账户（AAA）反映其累计未分配净利润。每年，当留存收益超过分配股利时，累计调整账户数额增加；反之，分配股利超过留存收益时，累计调整账户数额减少。钻石岭高尔夫球场每年将大部分收入用于发放股利，只受到至少保持 100 000 美元现金余额政策的限制。该公司 2008—2012 年的收益与股利分配情况如表 11-6 所示。

表 11-6 钻石岭高尔夫球场收益与股利分配

单位：美元

年份	净利润	S 类公司股利分配
2012	91 288	17 370
2011	107 217	124 000
2010	217 406	261 850
2009	134 286	180 200
2008	106 126	110 000

高尔夫行业

虽然 2012 年高尔夫行业仍然受到 2008 年金融危机的影响,但是行业预测直至 2020 年为高尔夫需求将以 1% 的年增长率(场数)增长。即便如此,随着燃料、人工、化学用品及设备维护等成本的不断增加,行业竞争的压力越来越大。此外,供过于求也成为影响竞争战略的一个重要因素。

根据国际高尔夫基金会的调查,高尔夫行业增长减缓的五个原因为经济状况、天气状况、竞争状况、供求过剩、球场状况。为了便于分析,我们列举了目前美国高尔夫行业的真实情况如下:

- 虽然在刚刚过去的一年里高尔夫需求较疲软,但预计直至 2020 年会按 1% 的年增长率增长。
- 虽然根据报告 2012 年全美高尔夫总场次比 2011 年增长了 7.4%,但是毛利却下降了 2%;而且,2011 年的毛利相比 2010 年也下降了 5%。
- 2012 年高尔夫个人会员费收入相比 2010 年下降了 5%。
- 8%—12% 的美国人喜欢打高尔夫球。
- 大约 28% 的打高尔夫球人士的年龄大于 50 岁。
- 狂热的高尔夫球手(每年 25 场次以上)占据了总场次的 68%。
- 80% 的高尔夫球手大多回合(90%)在公共球场打球。
- 22% 的高尔夫球手是女性。
- 价格是目前高尔夫球手的主要考虑因素,而且也是他们退出的主要原因。

经济前景

- 国内生产总值。国内生产总值(GDP)是指一个国家所有常驻单位在一定时期内生产的所有最终产品和劳务的市场价值。国内生产总值是衡量一个国家或地区总体经济状况的重要指标。2012 年 8 月 26 日,美国经济分析局(BEA)公布的统计数据显示,2012 年第三季度经通货膨胀调整后国内生产总值的年增长率为 2%,高于上年同期增长率(1.3%)和过去两年的平均增长率(1.7%)。
- 利息率。根据美国联邦储备局公布的基准利率,2012 年 12 月 1 日,3 个月期国库券利率为 0.09%,10 年期公债的利率为 1.75%。这与一年前公布的利率大不相同,之前分别为 0.01% 和 1.98%。
- 失业。美国劳工部统计局公布的 2012 年就业概况显示,非农业就业人数保持相对持平,失业率维持在 7.9%,低于 2011 年 8.3% 的失业率。根据劳工部统计局的统计数据,目前北卡罗来纳州的失业率为 9.6%,高于全国平均水平。
- 通货膨胀。2012 年 12 月,根据利文斯顿(Livingston)咨询公司的调查,预计 2013 年的通货膨胀率为 2%,高于 2012 年 6 月的预测值(1.7%);2013 年通货膨胀预期将达到 2.3%,也将高于上年 6 月的预测值。

公司财务概要

钻石岭公司的简明财务报表信息从未经审计的财务报表和纳税申报表中提取,未经过任何调整。

根据上述信息,你认为钻石岭高尔夫球场值多少钱?它的价值体现在哪里?作为一名批判性思考者,你可能马上想到以下问题:

- 我们所说的价值是什么意思?它该如何界定?
- 价值是针对谁的?
- 在什么条件下的价值?
- 估值的目的是什么?
- 它是哪个利率下的价值?是33%、50%还是100%?
- 截至哪个日期的价值?
- 标的资产(土地、设备等)对价值有何影响?

为了解释这些因素之间的相互影响,我们提出钻石岭高尔夫球场估值场景的三个假设。

- **诉讼**。罗伯特·米恩斯最近提出离婚申请。与大多数州一样,北卡罗来纳州规定,在婚姻期间获得的和在离婚日期前拥有的财产(比如高尔夫球场)都是夫妻的共有财产,应遵循公平分配原则(通常按50/50分配)。双方(罗伯特及其妻子玛莎)没有任何恶意,除了他们在公司的1/3股份,已同意其他所有事项。
- **交易**。米恩斯三兄弟在他们保险代理人和配偶的说服下,最终签署了一份买卖协议,协议限制将本公司股转让(或出售)给公司(或现有股东)。为了保证融资战略的期限,公司决定为每位股东购买一份长期寿险。经与其注册会计师商讨,米恩斯三兄弟同意以公司的公允价值(后续讨论)作为计算保费的基准。
- **税收**。巴里·米恩斯及其妻子玛丽希望将其1/3的公司股权赠予他们的两个孩子。俩人的注册会计师指出,这样一个"礼物"实属一种应税行为,其应纳税额只能根据该公司估价及其1/3股票权益金额决定。与此同时,注册会计师还强调,公司估价必须符合美国税务局的相关规定——《收入裁决59—60》。

虽然这家公司在这三个场景中都需要评估其价值,但是每种情况代表了一个独特的估价方案。评估方案将推进企业估值过程,我们在本章的后面论述具体的评估方案。然而,在考虑评估过程之前,我们必须先理解企业估值的基础理论。

11.3 估值理论:货币时间价值

理论上,一家企业的价值是其预期未来收益的现值。我们知道,现值反映了现在1美元与未来1美元之间的关系。影响这一关系的主要因素有通货膨胀、机会成本和风险。请思考以下一项投资:为了能在未来的五年内每年年末获得10万美元的利息收入,且在五年后收回150万美元的投资本金,你现在愿意为其支付多少?你会支付未来可预见的收益总额200万美元(5×10万+150万)吗?还是更少?这种关系反映的就是货币时间价值,它是企业估值的核心所在,如图11-1所示。

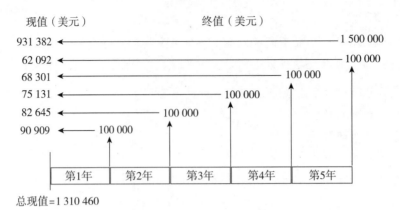

图 11-1 货币时间价值示例

在表 11-7 中,我们运用货币时间价值去计算上述假设交易的结果,预期未来收益流入(共 200 万美元)按 10%的利率折现,得到的现值是 1 310 460 美元。

表 11-7 现值计算示例

年数	预期未来收益(美元)	折现率(10%)	未来收益的现值(美元)
1	100 000	0.90909	90 909
2	100 000	0.82645	82 645
3	100 000	0.75131	75 131
4	100 000	0.68301	68 301
5	100 000	0.62092	62 092
终值	1 500 000	0.62092	931 382
	当前价值(现值)		1 310 460

这个例子说明了企业估值理论包含两个最重要的问题:

- 未来预期收益的流入。
- 适当的折现率。

虽然这两个问题看上去很简单,但是在运用于估值业务时却存在很大的争议。为什么?考虑到两个利益主体(买方和卖方)必须在不同(或竞争)的经济和商业期望下,对影响价值的诸多因素达成一致的看法是一件非常具有挑战性的事情,特别是以下两点存在不确定性:

- 形成预期未来收益流入的事实和假设。
- 决定回报率的事实和假设,该回报率反映了对预期未来收益流入能否实现的风险。

11.3.1 预期未来收益

我们知道,企业估值是未来预期收益的现值,那么接下来需要解决的是如何确定预期未来收益。可以决定预期未来收益的潜在数据来源有三类:预测数据、预期数据、历史数据。虽然预测(forecast)和预期(projection)在很多场合下可以交替使用,但它们之间存在很大的差异。预测反映的是基于对现有相关因素进行趋势分析而得到的结果。因为现有因素在当前的市场或商业环境中是暂时的,所以预测周期通常是短暂的(短于两年)。然而,预期反映的是可能发生的状况,其结果有待于一个或多个假设因素的实现。根据所假设环境的不同,预期周期可以是未来好几年。

图 11-2 说明了历史数据和前瞻性数据(预测值和预期值)与现值之间的关系。在实务中,前瞻性数据很少运用于未公开上市公司的估值。为什么?首先,因为这些公司很少形成此类数据,即使有也不会被分享,特别是在涉及法律诉讼时。其次,前瞻性数据的主观性较强,作为主观猜测的结果往往带有偏见,易成为反驳的焦点。作为前瞻性数据的替代,历史数据被广泛运用于估值方法中(在后续章节讨论)。虽然已有的历史状态并不必然意味着未来状况的发生,但是其有助于评价未来事件的可行性。也就是说,我们不必考虑过去的事情是否可能发生,因为其已经发生了。鉴于其较强的可靠性,历史数据更容易被事实审判者(法官和陪审团)接受。因此,相对于预测数据,历史数据被认为是最适合作为计算预期未来收益的依据。

图 11-2 历史数据与预测数据

深入探讨

请进一步思考使用历史数据和前瞻性数据各自的优点。为什么历史可以告诉我们关于未来的事情?或者说不可以?使用历史数据提供了一种精确的错觉吗?我们应该追溯至多久以前?如果面对的是一家刚刚成立的、没有历史数据的公司呢?前瞻性数据可以提供支持专家意见所需的专业确定的合理程度吗?

11.3.2 折现

如图 11-1 所示,折现的过程就是将未来的收益转换成现值。在企业估值的情境中,折现率就是要求回报率(ROR)。该回报是投资者对以下两个因素要求的报酬:收益的延迟;特定业务的固有风险,特别是未能实现预期收益的风险。那么,如何合理确定要求回报率?

虽然在实务中采用了多种方法①确定要求回报率,但本章的讨论仅限于累加法。顾名思义,累加法是一个累加的过程,将确定的具体因素累加以得出一个恰当的要求回报率。该方法涉及的五种具体因素如表 11-8 所示。

---

① 其他方法包括资本资产定价模型(CAPM)和加权平均资本成本(WACC)。

表 11-8　要求回报率——累加法

因素	定义
无风险利率	利率是对机会成本及风险的补偿,其中对机会成本的补偿部分称为无风险利率。无风险利率是指将资金投资于某一项没有任何风险的投资对象所能得到的利息率,通常等于投资期的国债利率。在企业估值中,无风险利率一般以长期国债利率替代
+股权风险溢价	股权风险溢价是指市场投资组合或具有市场平均风险的股票收益率与无风险收益率的差额。在实务中,法务会计师通常运用权威的第三方数据,如伊博森投资顾问公司发布的股票、债券、票据和通货膨胀指数确定股权风险溢价
+公司规模溢价	公司规模溢价是指因小公司破产的比例高于大公司破产的比例,投资者意识到这种规模上的差别,因而要求一个更高的收益率。同上,法务会计师通常运用权威的第三方数据确定公司规模溢价
+行业风险溢价	行业风险溢价是指对投资者投资于特定行业而要求的额外补偿。行业风险溢价反映了一个行业相对于整个市场的风险。同上,法务会计师通常运用权威的第三方数据确定行业风险溢价
+特定公司风险溢价	特定公司溢价是指投资者投资特定公司而要求的额外补偿。该因素反映了公司相对于同行业其他公司的风险,产生的原因主要有管理水平、消费者忠诚度、财务实力、劳资约束和未决诉讼等。虽然法务会计可以根据市场调查评估特定公司风险溢价,但它在很大程度上取决于法务会计师自身的职业判断

在表 11-9 中,我们运用这些具体因素计算和确定钻石岭高尔夫球场的要求回报率。

表 11-9　累加法计算钻石岭高尔夫球场的要求回报率

因素	利率(%)	参考来源
无风险利率	4.10	美国联邦国债利率
股权风险溢价	6.70	伊博森股票、债券、票据和通货膨胀指数
公司规模溢价	6.36	伊博森股票、债券、票据和通货膨胀指数
行业风险溢价	2.73	伊博森股票、债券、票据和通货膨胀指数
特定公司风险溢价 • 有限的客户群体 • 价格竞争优势 • 关键人员的依赖性	5.00	职业判断
要求回报率	24.89	

在企业估值的过程时,关键点在于把握要求回报率与企业风险之间的基本关系:风险越高,要求回报率就越高。虽然累加法等提供了一个量化相关风险的指导框架,但这并不意味着它是一个自动加总的计算过程。考虑到量化数据无法捕捉到所有的无形因素,职业判断才是保证得出准确反映特定企业风险的折现率的必要条件。

11.3.3 资本化

我们如何将历史数据转换成内含的现值？这要运用资本化来实现。资本化与折现类似，这两个过程都是将未来的收益转换为现值。然而，两者存在差别，折现适用于一系列期末实现的未来收益，而资本化则适用于单一的未来收益。我们将代表预期的单一未来收益称为替代收益。虽然预期数据可以估计替代收益，但是资本化过程通常使用历史数据。资本化过程是将替代收益除以资本化率而得到现值。

特别提示

资本化率既可以用因子表示也可以用乘数表示。例如，资本化率（因子）为25%相当于乘数为$4(\frac{1}{0.25})$。

资本化率

资本化率等于折现率减去替代收益中预期的长期可持续增长率。如果增长率为零，则折现率等于资本化率。两个利率都反映了同样的风险水平，它们的区别仅在于功能方面。对于折现率来说，增长率内含于收益之中；而资本化率只包含资本化率本身。为了说明它们之间的关系，我们假设折现率为20%、增长率为3%，则此时的资本化率为17%。一般来说，我们可以通过两种方法得到相同的现值：（1）在替代收益开始时，按20%的折现率对一系列收益进行折现，再按3%的增长率进行调增；（2）按17%的资本化率对单一的替代收益进行资本化。与折现过程类似，资本化过程也有以下两个关键问题：

- 替代收益，即能够代表直至永续的预期单一未来收益。
- 合适的资本化率。

确定替代收益

接下来，我们讨论替代收益的确定。鉴于此目的，钻石岭高尔夫球场的历史收益数据如表11-10所示。

表11-10 钻石岭高尔夫球场的盈余汇总（2008—2012年）

单位：美元

指标	2008年	2009年	2010年	2011年	2012年
营业利润	154 673	180 583	261 569	144 420	45 467
净利润	106 126	134 286	217 406	107 217	91 288
经营性现金流量净额	250 095	274 301	376 233	205 074	108 762
S类公司分红	110 000	180 200	261 850	124 000	17 370

表11-10有四种类型的盈余，你认为哪一种最能代表投资者的收益？虽然各自都拥有其优势且在特定的条件下运用（后续讨论），但是在实务中，现金流量是最常用的，因为现

金是投资者最想从投资中得到的收益。合适现金流量（例如，净现金流量或者经营性现金流量净额）的选择取决于公司本身及其所在的行业。

针对钻石岭高尔夫球场的四种盈余指标，假设以"经营性现金流量净额"作为对盈利的最合适衡量指标，我们现在必须以历史数据为基础确定替代收益。这将产生以下两个问题：（1）要考虑多少年的历史数据；（2）采用何种类型的平均方法。一般来说，我们考虑五年的历史数据，它可能是公司一次完整的商业循环周期。在当前条件下，考虑减少年数更加合适，这样做还有更充分的理由，如商业策略和运营环境的重大改变。

关于平均方法的选择，我们通常运用两种方法——加权平均法和简单平均法。加权平均法是法务会计师认为在一定条件下，某年或某些年的历史数据对预期的影响更重要或更不重要。例如，如果历史数据反映了预期在未来会延续的趋势，那么最近几年的历史数据最值得参考，因此其分配的加权应该更大。简单平均法一般在不区分预期模式或趋势时使用。

得出内在价值

最后，我们的任务是将折现率（24.9%）转换为资本化率。如前所述，资本化率可以通过折现率减去预期的长期可持续增长率（如果存在）得到。鉴于高尔夫行业目前的增长率是 1%，因此资本化率为 23.9%（24.9%－1%）。在确定了反映盈余的恰当类型（经营性现金流量净额）后，我们确定单一替代收益为 242 893 美元（见表 11-11），以及合适的资本化率为 23.9%。这样，我们就可以计算钻石岭高尔夫球场的内在价值为：

$$\text{内在价值} = 242\,893 \div 23.9\% = 1\,016\,289\,(\text{美元})$$

表 11-11　钻石岭球场的简单平均收益（2008—2012 年）

单位：美元

年份	经营性现金流量净额
2008	250 095
2009	274 301
2010	376 233
2011	205 074
2012	108 762
合计	1 214 465
简单平均	242 893

职场范例

正如本书所强调的，法务会计师预料到他们的意见与主张将面临对方专家和法庭的质询。最近一个涉及企业估值的例子是 2013 年美国国家银行协会（Bank National Association）VS 威瑞森电信公司（Verizon Communications Inc.）案。在该案中，美国合众银行（US

Bancorp)指控威瑞森电信公司利用其子公司(Idearc Inc.)逃避债务问题,导致其子公司在拆分后的28个月内破产。在拆分时,其子公司的市值约为120亿万美元。诉讼双方提供的专家估值意见(450万美元)都因偏见和不可靠而被法院拒绝采纳。法院最后发现其子公司在拆分日的价值"远远不止"120亿万美元。我们建议读者查阅该案件的详细内容,进一步了解估值方法的运用,以及专家证言是如何被对方质证、法庭又是如何采信专家证言的。

在理解了企业估值理论(货币时间价值)、折现和资本化后,我们开始讨论企业估值过程。

11.4 企业估值过程

本书一贯主张采用系统化(科学化)方法处理法务会计业务。针对企业估值过程,我们提出以下五个步骤:

第一步,确定业务的性质、目的与范围;
第二步,收集必要的信息;
第三步,分析所收集的信息;
第四步,评估企业价值;
第五步,出具估值报告。

正如前面(第3章)所指出的,系统化过程明确了完成任务的顺序、原因和方向。考虑到诸多因素的影响,弄清楚企业估值的目的与方向是非常重要的。

11.4.1 第一步:界定业务的性质、目的与范围

企业估值的第一步包括确定目的、业务类型、价值标准、估值前提、估值日期,以及需要考虑的所有者利益。这些具体要素构成了企业估值的框架,并影响估值过程的后续内容。

目的

目的,简单地说,就是"为什么"或者动机。在本章前面提出的三个假设场景中,同一家企业可能会出于多种目的而估值。为什么目的是很重要呢?我们考虑以下内容:

- 目的有助于确定所需的胜任能力、行为准则、业务范围(收集与分析所涉及的数据和时间)、与委托人的沟通,以及服务收费等问题。
- 目的确定了业务的类型,特别是关于该业务是提供一个价值的结论还是价值的计算过程(之后讨论)。
- 目的可以决定所采用的业务控制因素,如适用的法规和职业指南,如《收入裁决59—60》。
- 目的可以决定具体的价值标准(之后讨论)。
- 目的可以确定假设和限制条件。

- 目的可以明确更新价值评估的责任(对后续事件负责)。
- 目的可以确定具体的报告标准,包括对不同估值方式和方法的考虑。
- 目的有助于确定相关业务风险的具体水平。

业务类型

企业估值有两种业务类型:估值与计算。

估值业务是法务会计师根据所有已存在的事实,自主地运用认为适当的方法,综合得出企业价值的结论。与其不同的是,计算业务是限定在委托人指定的具体范围内,采用特定的方式和方法得出计算的结果。简单来说,计算业务不包含企业估值所有要求的程序。①

价值标准

合理地界定业务还涉及选择适当的价值标准,它们可能是公允市场价值、公允价值、账面价值或投资价值。

- 公允市场价值(FMV)。公允市场价值是被最广泛认可的价值标准,它主导所有的联邦税务事宜。根据美国税务局《收入裁决59—60》的定义,公允市场价值是"在自愿购买的买家与自愿出售的卖家之间易手的价格,买家的购买与卖家的出售均非被迫的或强制性的"。

  公允市场价值提出一个"假想的"现金销售价格。理论上,实际(最近)销售价格能够很好地反映价值。如果缺乏实际销售价格,此时只能借助假想的销售价格。买方和卖方的"自愿"是指交易双方都愿意(而不是被迫)参与交易;而且,交易双方对相关事实和价值因素有着同等的信息量。最后,这种假想的销售发生于公开的、无限制的市场。

- 公允价值(FV)。第二个被广泛认可的价值标准是公允价值。② 虽然公允价值因2008年金融危机而在财务会计领域饱受争议,但不可否认的趋势是公允价值的运用越来越深入人心。值得注意的是,公允价值并没有提出一个在公开、无限制市场中"假想的"销售价格,其具体运用因各州(甚至法庭)而异。

  在诉讼实务中,公允价值通常适用于少数股东发起的异议股权诉讼。③ 异议股权诉讼通常涉及的是自愿的卖方(少数股东)而不是自愿的买方。再者,买方(控股公司)通常比卖方拥有更多的"内幕"信息。在这种情境下,采用公允价值确定股权的价格更公允、更合理。

---

① AICPA. (June 2007). Statement on Standards for Valuation Services No. 1, p. 13.
② 2011年5月12日发布的《国际财务报告准则第13号——公允价值计量》(IFRS 13)对公允价值的定义为:市场参与者在计量日发生的有序交易中,出售一项资产所能收到或者转移一项负债所需支付的价格。
③ 在股东大会就合并、解散、营业转让等公司重大事项进行表决前和表决时,如果股东明确表示了反对意见而该事项获得决议通过,则该股东有权要求公司以公平价格收买其持有的公司股份。如果股东与公司不能达成股权收购协议,股东可以向法院提起诉讼,以启动股权估价程序进行估值。

特别提示

美国大多数州采用公允市场价值标准。除上述异议股权诉讼外,运用公允价值的另外一种情况是离婚案。提倡采用公允价值标准的人士将离婚案当作异议股东诉讼处理,其中未拥有财产所有权的配偶对产权提出异议,而拥有财产所有权的配偶往往处于支配地位。①

- 账面价值(BV)。账面价值是一个不太常用的价值标准。简单来说,企业账面价值即以历史成本为基础的所有者权益,体现为资产负债表中总资产(资产成本扣除折旧与摊销)与总负债的差额。账面价值很难代表一家企业的市场价值。尽管如此,还是有很多买卖协议是以账面价值作为企业价值的衡量标准。
- 投资价值(IV)。最后一种价值标准是投资(战略)价值。投资价值是特定买方基于独特的投资需求和期望值而确定的价值。② 如果投资者的投资需求和期望能代表市场价值,那么投资价值就约等于公允市场价值;反之,如果投资者的投资需求和期望值与市场价值不同,投资价值和公允市场价值标准将背离。根据我们的经验,投资价值通常会大于公允市场价值(也大于公允价值),因为这种投资由战略或协同力量驱动,可以创造出无形价值。

 深入探讨

投资价值的一个潜在的例子是买方受雇于(或拟被雇)企业的购买业务。为什么这些购买者愿意比其他购买者支付更多?你能想到其他的例子吗?

估值前提

在明确了估值的目的和合适的价值标准后,下一步就是确定估值前提。估值前提是适用于评估业务的一系列最有可能的交易环境的假设。③ 大多数企业估值业务的两个前提条件分别为持续经营和清算。

持续经营。顾名思义,持续经营是假设企业将永远经营下去。换句话说,必要的政策、流程和资源(厂房、设备、劳动力等)将继续有序地发挥其应有的功能。④

清算。与其相反,清算是假定企业会解散、资产会变卖。⑤ 清算可以是有计划的或被迫的。一般来说,按计划进行的清算比被迫(或降价销售)的清算能获得更高的价值。

---

① Stockdale, J. (2008). The State of the Fair Value Standard in Divorce. *Business Valuation Update*, Vol. 14, No. 8.
② *International Glossary of Business Valuation Terms*.
③ Ibid.
④ Ibid.
⑤ Ibid.

值得注意的是,估值前提是法务会计师能够获知的。因此,与审计师不同,法务会计师不负有评估企业是否具备持续经营能力的具体责任。大多数的企业估值是在持续经营前提下进行的。

估值日期

估值日期是价值应用估计的日期,如 2011 年 3 月 15 日、2012 年 12 月 31 日。这是一个限定(或终止)考虑特定信息的时点。换句话说,虽然企业估值是向前看的(考虑预期未来收益),但它是以在估值日期可获取的事实(已知或可知)为基础的。因为企业估值的实施是在估值日期之后(通常几个月,有时甚至几年),所以法务会计师应当考虑事后因素的影响,适当确定估值的日期。

特别提示

在大多数情况下,事后因素被认为是一种优势;与此不同,事后因素在企业估值活动中可能引起潜在的障碍。因为如果法务会计师所拥有的信息不是在估值日期获得的,就可能造成偏见,我们称之为"事后偏见"。为了避免这种偏见,法务会计师在评估时应当忽略在估值日期不可知或以后可知的相关信息。

所有者利益

确认所评估股权的所有者利益是很重要的,无论是控股股东还是少数股东,因为它决定了影响决策的主体的能力。例如,控股股东可以决定出售或者清算企业,少数股东则不能。值得注意的是,控股权不能仅以股东的持股比例(例如,51%或49%)决定,还应该考虑其他因素,如公司组织文件(公司章程或经营协议)中相关的规定。举例来说,虽然持股50%以下,但股东通过公司章程、协议等有权决定公司的财务和经营政策,就不应当简单地以持股比例进行判断,而应当根据实质重于形式的要求判断控制权问题。再如,在一家股权分散的公司,持股50%以下的股东可能有能力行使控制权;然而,对于某些公司,持股50%以上的股东(绝对多数)才有决定权。

具体应用

最后,我们将这些因素具体应用于前面提出的钻石岭高尔夫球场的三个估值业务(场景),结果如表 11-12 所示。

表 11-12 界定业务

场景	诉讼	交易	纳税
委托人	罗伯特·米恩斯	公司与米恩斯兄弟	巴里·米恩斯
目的	离婚	买卖交易	赠与税
估值日期	分立日期	由协议触发事件决定	赠与日期
价值标准	公允市场价值	公允价值	公允市场价值

（续表）

场景	诉讼	交易	纳税
估值前提	持续经营	持续经营	持续经营
所有者利益	33%少数权益	100%控制权益	33%少数权益
影响因素	选择估值方法、界定价值、参考相关案例法	公允价值通常不考虑折现等因素的影响	受制于《收入裁决59—60》
分析步长 1(低)至5(高)	3	2	5

11.4.2 第二步：收集必要的信息

从逻辑上说，哪些信息是进行企业估值所必需的？虽然每家企业估值活动会涉及一系列独特的数据来源，但我们认为估值人员手头的"理想清单"应当包括以下项目：

- 财务信息（五年），如财务报表、所得税申报表和财产税申报表等。
- 固定资产（折旧）清单。
- 对当前固定资产（如房地产、设备等）的评价。
- 组织信息，如公司章程、公司会议记录、库存账、买卖协议等。
- 管理状况，如关键管理人员及其任期、经验、工作合同等。
- 竞争状况，如竞争优势和劣势、目标市场及其人口、广告与市场营销等。
- 人事信息，如组织结构图、员工的职责和权利与义务等。
- 客户群体，如与客户的关系、关系的重要性与意义。

在对财务数据进行初步分析（优势、劣势、趋势等）后，法务会计师主要通过访谈和观察来获取有关资产的额外信息。那么，针对钻石岭高尔夫球场的考察还需要哪些信息呢？

除了前面提及的内部信息（目标公司的属性），法务会计师还应当获取公司经营所处的环境等外部信息。这通常需要调查可能对公司未来预期产生影响的行业因素和相关经济变量，无论是区域性的还是全国性的。

《收入裁决59—60》

与前面的讨论相一致，《收入裁决59—60》确定了八项估值因素，虽然没有包含所有的信息，但至少应考虑以下内容：

- 企业的性质和自成立起的发展历程。
- 相关经济与具体产业的现状和前景。
- 股票的账面价值和企业的财务状况。
- 企业的盈利能力。
- 股利的支付能力。
- 企业是否拥有商誉或其他无形资产。

- 股票的流动性与销售情况、股票面值的大小。
- 从事相同或类似业务的企业在交易所或场外交易的股票交易价格。

 深入探讨

我们建议读者查阅《收入裁决 59—60》,以便讨论上述因素。为什么这些因素是很重要的?请思考钻石岭高尔夫球场提供的信息,其中有没有遗漏相关信息?

评估所需的信息当然会因案件而异。再者,具体的评估业务(例如,估值业务还是计算业务、纳税目的还是离婚目的)决定了信息需求的多少。在每起案件中,目的都是收集可以定量和定性的充分相关的信息:(1)企业未来盈利的能力;(2)与盈利形成相关的风险。正如前面所指出的,法务会计师的评估风险可以反映在折现率或资本化率上。

11.4.3 第三步:分析所收集的信息

第三步最好以具体实务进行阐述。因此,我们继续分析钻石岭高尔夫球场的案件。假设你的估值业务界定如下:

目的:为了支持公司的买卖协议

价值标准:公允价值

估值前提:持续经营

业务类型:估值业务(而非计算业务)

估值日期:2012 年 12 月 31 日

估值利益:100% 控股

我们的分析可以分为以下两个阶段:

第一阶段

第一阶段首先应该采用第 5 章所讨论的方法分析公司的财务报表如表 11-13 至表 11-15 所示。在完成财务报表分析后,下一项任务是评估企业的财务状况及其当前所处的状态,包括任何优势、劣势和趋势。必须记住一点,我们的目的是形成评估公司未来预期收益的基本框架,并评估与之相关的风险。

表 11-13 钻石岭高尔夫球场的利润表分析

单位:美元

项目	2008 年	2009 年	2010 年	2011 年	2012 年
收入					
果岭和运输收费	917 168	1 011 316	1 108 375	956 925	847 182
餐饮	99 966	105 682	137 438	107 654	92 934
旗舰店	50 235	52 021	54 201	51 681	44 561

(续表)

项目	2008 年	2009 年	2010 年	2011 年	2012 年
收入合计	1 067 369	1 169 019	1 300 014	1 116 260	984 677
经营费用					
工资(管理人员)	195 000	195 000	195 000	195 000	195 000
工资(课程培训)	147 070	171 264	175 867	170 216	159 375
工资(俱乐部会所)	165 345	173 090	165 715	163 785	155 635
雇员税费	69 262	73 622	73 243	72 209	69 616
办公用品	12 573	19 761	16 155	13 572	16 859
服务费	4 797	6 063	6 408	5 925	5 580
旗舰店	41 182	43 714	44 819	40 941	33 031
制服	5 078	6 115	6 011	4 915	4 456
餐饮	44 486	49 914	61 411	55 753	41 497
应付及会员费	1 602	1 175	1 120	1 334	1 660
广告费	42 744	45 135	42 608	43 475	46 270
俱乐部会所维护费	12 335	17 209	14 468	11 250	12 719
器械费用	12 659	11 547	12 661	11 765	11 144
电话费	3 591	3 945	4 587	3 887	3 810
培训费	27 792	23 306	25 145	26 013	20 874
种子与化肥	10 624	7 553	12 342	10 815	16 977
石料与土地	7 851	6 839	8 556	9 574	12 787
设备租金	2 601	1 106	3 251		
设备维修	11 567	14 449	22 982	23 938	21 973
燃料费	27 563	35 422	39 002	38 865	37 949
折旧费	60 307	75 540	100 427	61 774	64 908
坏账				167	423
摊销费	6 667	6 667	6 667	6 667	6 667
经营费用合计	912 696	988 436	1 038 445	971 840	939 210
经营收入	**154 673**	**180 583**	**261 569**	**144 420**	**45 467**
其他收入(费用)					
签名收入	27 000	27 000	27 000	27 000	27 000
出售设备获利					75 704
税收贷项			1 991	2 165	1 662
利息费用	(75 547)	(73 297)	(73 154)	(66 368)	(58 545)
其他收入(费用)合计	(48 547)	(46 297)	(44 163)	(37 203)	45 821
净利润	**106 126**	**134 286**	**217 406**	**107 217**	**91 288**

附表 11-14　钻石岭高尔夫球场的资产负债表分析

单位：美元

项目	2008 年	2009 年	2010 年	2011 年	2012 年
资产					
流动资产					
现金	121 996	127 703	112 817	105 707	148 268
存货	22 615	31 904	37 510	29 423	22 091
流动资产合计	144 611	159 607	150 327	135 130	170 359
固定资产					
家具及其装置	62 163	63 063	67 520	67 520	72 288
高尔夫车	159 380	159 380	159 380	159 380	
设备	442 921	450 019	471 828	474 505	489 535
建筑物及其改良	494 331	543 433	549 090	558 299	584 299
汽车	48 700	48 700	52 700	52 700	52 700
累计折旧	(305 934)	(305 699)	(406 126)	(467 900)	(399 550)
土地	500 000	500 000	500 000	500 000	500 000
持续经营	100 000	100 000	100 000	100 000	100 000
摊销	34 168	(40 835)	(47 502)	(54 169)	(60 836)
固定资产净额	1 467 393	1 518 061	1 446 890	1 390 335	1 338 436
总资产	**1 612 004**	**1 677 668**	**1 597 217**	**1 525 465**	**1 508 795**
负债和所有者权益					
流动负债					
应付账款	21 103	14 789	19 777	17 896	13 788
应付税款	3 423	5 645	7 635	7 909	6 961
信贷额度				15 000	40 000
流动负债合计	24 526	20 434	27 412	40 805	60 749
长期负债					
应付款——股东	735 000	735 000	720 000	645 000	645 000
长期借款	812 892	854 027	823 391	811 292	784 667
长期负债合计	1 547 892	1 589 027	1 543 391	1 456 292	1 429 667
所有者权益					
股本	15 000	15 000	15 000	15 000	15 000
留存收益	24 586	53 207	11 414	13 368	3 379
权益合计	39 586	68 207	26 414	28 368	18 379
负债和所有者权益合计	**1 612 004**	**1 677 668**	**1 597 217**	**1 525 465**	**1 508 795**

表 11-15 钻石岭高尔夫球场的现金流量分析

单位：美元

项目	2008 年	2009 年	2010 年	2011 年
经营活动				
经营收入	180 583	261 569	144 420	45 467
折旧	75 540	100 427	61 774	64 908
摊销	6 667	6 667	6 667	6 667
存货变化	(9 289)	(5 606)	8 087	7 332
应付税款变化	2 222	1 990	274	(948)
应付账款变化	(6 314)	4 988	(1 881)	(4 108)
经营活动净现金流	249 409	370 035	219 342	119 317
投资活动				
家具及其装置购置	(900)	(4 457)		(4 768)
设备购置	(7 098)	(21 809)	(2 677)	(15 030)
建筑物改良	(49 102)	(5 657)	(9 209)	(26 000)
汽车购置		(4 000)		
变卖设备所得				101 826
投资活动净现金流	(57 100)	(35 923)	(11 886)	56 028
筹资活动				
信贷额度变化			15 000	25 000
应付款变化——股东		(15 000)	(75 000)	
长期借款变化	41 135	(30 636)	(12 099)	(26 625)
利息费用	(73 297)	(73 154)	(66 368)	(58 545)
签名收入	27 000	27 000	27 000	27 000
税收贷项		1 911	2 165	1 662
S 类公司股东分红	(181 440)	(259 199)	(105 263)	(101 277)
筹资活动净现金流	(186 602)	(348 998)	(214 566)	(132 784)
净现金流	**5 707**	**(14 886)**	**(7 110)**	**42 561**
现金调节				
期初现金	121 966	127 703	112 817	105 707
期末现金	127 703	112 817	105 707	148 268
现金内在变动	(5 707)	14 886	7 110	(42 561)

第二阶段

在第二阶段，我们的任务是确定其他可能影响钻石岭高尔夫球场价值的重要因素。《收入裁决59—60》中的八项估值因素为我们的分析提供了便利。虽然很多相关信息已在前述的案例概要中给出，但是你可以尝试通过财务报表分析进一步完善这些信息，并利用这些信息得出关键的折现率。

11.4.4 第四步：评估企业价值

第四步涉及选择并运用特定的估值方式与方法评估企业价值。通常有三种估值方式：资产方式、收入方式和市场方式。

- **资产方式**。该方式认为，一家公司的价值应以资产而非收益为基础。资产方式下最常用的估值方法是**净资产价值法**（NAV），它以资产的公允市场价值与负债的公允市场价值之差确定一家公司的价值。简单来说，这种方法要求法务会计师将公司资产负债表中的账面价值调整为公允市场价值，从而实现所有者权益价值的调整。这个过程通常需要其他专业人士（如房地产和设备的鉴定人员）的协助以提供公允市场价值。

  当评估非持续经营或待清算公司的价值时，净资产价值方法是一种合乎逻辑的选择。然而，该方法最常用的目的是得出公司的最低价值。换句话说，公司的价值至少应在其净资产之上。

  基于这个目的，我们假设钻石岭高尔夫球场的固定资产（除了现金和存货）评估值（公允市场价值）为200万美元，负债按原有记录的金额计算。综合这些信息，你认为钻石岭公司的净资产价值是多少？

- **收入方式**。顾名思义，收入方式是以收入为导向确认未来预期收益，再进行折现（或资本化）得出现值。正如前面所讨论的，这种方式是货币时间价值的具体运用。

  在实务中，收入方式下最常用的方法是**盈余资本化法**（COE）。[①] 该方法涉及选择适当的替代收益，进而资本化替代收益得出企业价值。在钻石岭公司案例中，我们的替代收益是242 893美元，资本化率是23.9%，得出该公司的价值是1 016 289美元。那么，这一价值与该公司的净资产价值相比，你认为哪一个更合适？

- **市场方式**。市场方式是将被评估公司与参考公司、在市场上已有交易案例的公司进行比较，以确定被评估公司的价值。市场方式中两个常用的方法是**分红派息法**（必须在《收入裁决59—60》下考虑）和**交易案例比较法**。分红派息法与盈余资本化法（COE）相似，进行资本化的是股息而不是收益，资本化率源于公开交易公司的股息收益率（市场方面）。

  交易案例比较法是指获取并分析可比公司的买卖、收购和合并案例资料，计算适当的价值比率，在与被评估公司比较分析的基础上，确定评估对象价值的具体方

[①] 盈余折现法也属于收入方式。正如本章前面所指出的，这种方法的应用依赖于前瞻性盈余数据的可靠性。

法。交易案例来自与标的公司类似公司的历史交易或股价数据。虽然有相关未公开上市公司的数据库可用,但是所收集和报告的交易数据往往不具有可比性。由于很难确定可比公司,交易案例比较法在实务中很少采用。

选择程序

最适合方式与方法的选择需要考虑诸多因素,主要包括(但不限于)业务特性、监管要求、数据的可获得性。在实务中,由于缺乏有效的市场对比,法务会计师通常采用净资产价值法和盈余资本化法。

无论选择哪一种方法,法务会计师的报告或声明必须基于有效的事实和数据、可靠的规则和方法,将所选方法一贯应用于实际情况(遵循《联邦证据规则》第702条规则)。

11.4.5 第五步:出具估值报告

估值报告是估值人员与委托人就评估或计算的结果进行口头或书面沟通的文件。口头陈述必须清楚、简明,提供所有必要的信息以避免误解。在实务中,口头陈述最终都要形成法务会计师的工作底稿,并及时进行归档。

书面报告有三种形式,其中两种适用于估值业务(详情报告或总结报告),另一种适用于计算业务(计算报告):

- 详情报告。顾名思义,详情报告提供了结构化的综合信息,有效地帮助委托人充分理解数据、推理和价值分析。[1]
- 总结报告。总结报告是涵盖了详情报告中必要信息的缩略版本,包括详情报告的最基本要素。[2]
- 计算报告。计算报告交代了计算业务的结果。这是一个范围有限的报告,而且应该明确定义为"计算报告"。计算报告应明确指出已实施计算工作的范围、过程和结果。

需要特别指出的是,服务于诉讼活动的估值业务不受专业标准报告的限制。这是为什么?你是怎么想的?

11.5 其他估值问题

本章的讨论聚焦于企业估值的基础理论(货币时间价值),并主要介绍了企业估值实务的基础内容。虽然这些基础部分非常重要,但我们还应该意识到在我们所讨论的范围之外,还存在其他一些重要的问题,包括但不限于以下内容:

- 假设和限制条件。企业估值都会受到一定的假设和限制条件的约束,这些假设和限制条件必须明确予以披露。其中,有些内容与大部分业务相关,而有些内容只针

---

[1] AICPA. (June 2007). Statement on Standards for Valuation Services No. 1, p. 23.
[2] Ibid., p. 31.

对特定的业务。例如,依赖于第三方的信息(例如,管理或财产鉴定人所提供的信息)、已确知的评估数据源不足(例如,对评估来说是必需的、未能提供的信息)。

- **规范化调整**。在估值实务中,作为分析步骤的一部分,法务会计师应考虑进行规范化调整,以便使收入和资产状态更接近或反映经济现实。利润表和资产负债表都可能涉及数据调整,这是因为封闭型(未公开上市)企业的所有者和管理者往往是同一人的,经营决策可能偏离一般投资者的要求和目标。利润表调整的常见例子包括对所有者过多或过少的补偿、支付给相关方的工资或租金、通过业务支付给个人的相关费用(佣金)等。此外,对某年非预期的不正常收入或费用的调整也是必要的,如不寻常的罢工、新工厂的启用等。对于资产负债表而言,通常涉及将收付实现制调整为权责发生制。

- **控制权调整**。正如前面所讨论的,拥有控制权的投资者能够影响管理决策,进而影响未来收益流,所以关注控股性权益比少数股东权益更有意义。大多数企业的产权交易并不是企业整体股权的转让,交易对象只是企业的部分股权。如果拥有这部分股权从而对企业产生控制力,则其单位股权价值通常大于无控制力的单位少数股权价值。因此,如果评估人员先评估被评估企业整体权益价值,再计算单位股权价值得出待交易的部分股权价值时,没有考虑拥有不同股权的控制力影响,就必须进行控制权调整(溢价或折价)。具有控制力的股权之所以产生溢价,是因为控制力可以带来更多的权益。① 与控制权溢价相对应,不具有控制权的少数股权价值也应相应地进行折价调整。

- **流动性不足折价**。由于受到流动性限制的股权价值低于可自由交易的股权价值,因此评估人员应该考虑流动性不足折价。它可看成反映不能迅速将该股权转化为现金而对企业价值造成的减值影响。② 评估人员在判断是否进行流动性不足折价时,应考虑所采用的评估方法隐含的流动性水平是否与所评估权益的流动性水平相同。例如,在采用市场方式评估非上市企业股权价值时,所选取的可比企业是上市交易的企业,这时就应当考虑流动性不足折价。

- **期后事项**。正如前面所讨论的,企业估值只考虑估值日期之前可获得的信息。在估值日期之后发生的事实称为期后事项。如果期后事项非常重要,但在评估时未被考虑,则应对其(作为限制条件)进行适当的披露。

- **部分年度数据**。当估值日期不是企业年度结束日时,如何处理部分年度的收入数据就成了一个重要问题。在企业估值的收入方式下,如果估值日期在年度结束日之后不久,那么将收入排除在外是合理的。否则,法务会计师必须基于数据对假定购买者是否重要,运用职业判断合理确定所属的收入数据。

---

① 这些权利包括:(1)选择董事会成员和任命经理层;(2)决定股票红利发放数额;(3)决定进行哪些方面的投资以及决定津贴数额;(4)管理公司可支配的现金流量以及相应资金来源;(5)在公司面临出售还是清算时,可进行自由选择。

② Pratt, S. (2008). *Valuing a Business: The Analysis and Appraisal of Closely Held Companies*. 5th Ed. New York: McGraw Hill.

- 所得税调整。未来收益流必须进行所得税调整,要么在运用资本化率之前从替代收益中扣除估计税,要么调整(增大)资本化率本身。通常的做法是在资本化之前扣除估计税。对于 C 类公司来说,按企业适用的所得税税率扣除;而对于 S 类公司来说,评估界对于适用企业所得税税率还是个人所得税税率仍存在一定分歧。
- 非经营性资产。企业可能持有非经营性资产。对企业经营来说,非经营性资产不直接参加生产经营活动,不是必需的资产。在进行企业估值时,不论采用哪种估值方式或方法,非经营性资产应从估值中予以剔除。例如,在收入方式下,关联方往来如果被界定为非经营性资产,对应的利息收入和支出应予以剔除。
- 依据的信息。法务会计师应该披露在评估或计算过程中依据的所有信息。通常,评估报告会包含这些信息的清单。
- 商誉。一般来说,商誉是企业拥有或控制的、能够为企业带来超额经济利益的、无法具体辨认的资源,如品牌、声誉、顾客忠诚度、地理位置等。[1] 在离婚诉讼案的资产价值评估中,必须严格区分企业商誉和个人商誉。前者与整个企业相关,而后者仅与特定个人相关。这种区分非常重要,因为在美国的很多州,企业商誉被认为是婚姻财产而个人商誉则不是。在市场方式和收入方式下,商誉总额是指超过企业净资产价值的部分。对于企业总商誉和个人商誉的分歧,法务会计师应该根据具体业务的特性进行确定。虽然系统化方法有助于弥合这种分歧,但这仍然是一个涉及专业判断的问题。

11.6 职业准则

正如第 10 章所论述的,美国注册会计师协会发布的《职业行为守则》是会计师在实践领域最重要的指南。除此之外,在进行企业估值时,法务会计师还必须遵循发布的《咨询服务标准第 1 号公告》(已在第 10 章阐述)和《估值服务标准第 1 号公告》。

《估值服务标准第 1 号公告》

2007 年 6 月,美国注册会计师协会发布了《估值服务标准第 1 号公告》,这是有关企业估值的最新执业标准。具体而言,《估值服务标准第 1 号公告》涉及企业、企业所有权权益、证券和无形资产等价值的评估。《估值服务标准第 1 号公告》提供了企业估值业务的整体考虑及具体行为和报告指南,本章诸多内容均涉及了这些问题。这份综合公告涵盖估值业务的假设和限制条件、估值术语,以及公告的相关解释。

其他职业准则

正如第 1 章所强调的,除了美国注册会计师协会之外,美国注册评估师与分析师协会是企业估值领域最权威的职业组织。美国注册评估师与分析师协会于 1990 年在美国盐湖城成立,美国注册评估师与分析师协会专门从事企业估值,通过培训和认证相关领域的财

---

[1] From the *International Glossary of Business Valuation Terms*.

务专家支持用户使用企业估值服务、无形资产评估和金融诉讼服务(包括所有种类的损伤鉴定及欺诈发现和预防)。美国注册评估师与分析师协会美国注册评估师与分析师协会的职责是为会员提供资源,并在评估、财务取证和其他相关咨询服务领域提高会员地位与资质,使会员得到更多的尊重。

虽然每个专业评估协会都有自己的一系列职业准则,但大多数内容与《估值服务标准第 1 号公告》类似。也就是说,从业者必须遵守他们所属专业组织制定的标准。最后,从业者必须意识到,企业估值不得违背政府的相关规定,如《收入裁决 59—60》。

 特别提示

美国注册会计师协会网站提供了《咨询服务标准第 1 号公告》和《估值服务标准第 1 号公告》的完整版本。类似地,美国注册评估师与分析师协会发布的准则也可在其网站查询。

11.7 本章小结

总而言之,我们提出企业估值实践中的五项基本事实如下:

- 每项企业估值业务都是独一无二的,因为没有任何两套事实和环境是一样的。
- 在进行职业判断时,没有绝对的、只存在总体的指导规则。正如《估值服务标准第 1 号公告》所指出的,"运用职业判断是估值业务的一项重要内容"。[①]
- 鉴于职业判断的重要性,企业估值被认为一半是科学一半是艺术的行为。
- 没有绝对的"对"和"错",专家将且也应该遭受反驳。专家选择不同的方式和方法会得到不同的价值,甚至两个专家运用相同方法也可能产生不一样的结果。
- 虽然估值结果存在多样性,但是可靠的结论必须基于理论的正确运用、对相关因素的逻辑确认和对相关假设的适当考虑。[②]

关键术语

预测	预期	折现	要求回报率	累加法
替代收益	资本化率	货币时间价值	估值业务	计算业务
价值标准	公允市场价值	公允价值	账面价值	投资价值
估值前提	持续经营假设	清算假设	估值日期	所有者利益
资产方式	净资产价值法	盈余资本化法	市场方式	分红派息法
交易案例比较法	估值报告	详情报告	计算报告	总结报告
规范化调整	经济现实	控制权调整	流动性不足折价	期后事项
非经营性资产	商誉			

---

① AICPA. (June 2007). Statement on Standards for Valuation Services No. 1, p. 8.
② Atyeh, M. H. (2012). Business Valuation Process Review. *The Business Review*, Cambridge, 20(1), 166-171.

简答题

11-1 请指出应进行企业估值的三种情况。

11-2 定义企业估值,并指出未公开上市公司估值所面临的问题。

11-3 企业估值理论包含了哪两个基本问题?

11-4 描述货币时间价值,并解释在企业估值中如何运用这一概念。

11-5 假设年利息率为10%,五年后收到1美元的现值是多少?

11-6 计算一项未来收益流的现值需要哪两个要素?

11-7 什么是折现率?

11-8 为什么不同的评估人员对影响价值的因素的看法不同?

11-9 试比较预测和预期的差异。

11-10 试指出前瞻性数据很少运用于未公开上市公司估值的三个原因。

11-11 在企业估值活动中,与前瞻性数据相比,历史数据有哪些优势?

11-12 以历史数据作为替代收益是否有意义?请解释。

11-13 历史数据的运用会影响估值的准确性吗?

11-14 前瞻性数据可以提供支持专家意见所需的专业确定的合理程度吗?为什么?

11-15 企业估值适用的折现率如何确定?

11-16 当运用累加法确定要求回报率时,该方法通常包括哪五个要素?请逐一阐述。

11-17 企业价值和要求回报率是什么关系?

11-18 定义资本化,并解释资本化过程的两个关键问题。

11-19 在资本化过程中,为什么现金流通常被当作替代收益?

11-20 试比较在将历史数据转化为替代收益时,加权平均法和简单平均法的不同之处。

11-21 折现率如何转换为资本化率?

11-22 请指出系统化企业估值方法的五个基本步骤。

11-23 在确定企业估值业务的性质、目的与范围时,评估人员应考虑的六个具体要素是什么?

11-24 为什么估值的目的是非常重要的?

11-25 试比较估值业务与计算业务的不同之处。

11-26 什么是价值标准?指出企业估值活动中常用的四个价值标准。

11-27 定义估值前后,并讨论企业估值活动所运用的两个估值假设。

11-28 估值日期如何影响企业估值?

11-29 法务会计师应当关注的两种所有者权益类型是什么?

11-30 法务会计师在企业估值时应该获取哪些类型的信息?

11-31 定义并讨论《收入裁决59—60》所确定的八项估值因素。

11-32 在企业估值过程中,收集数据的目的是什么?

11-33 在企业估值步骤中数据分析的两个阶段是什么?请描述每个阶段对企业估值的作用。

11-34 评估人员常用的三种估值方式是什么?

11-35 请描述什么是资产方式,并解释在何种情况下选用资产方式。

11-36 请描述什么是收入方式,并与资产方式进行比较。

11-37 请描述什么是市场方式,并讨论其中的两种具体方法。

11-38 在选择企业估值适用方式的时,我们应该考虑哪些因素?

11-39 请指出法务会计师可能编制的三种报告类型,并逐一说明。

11-40 请评论以下这句话,"在学完本章后,我们已经具备了为客户实施企业估值的所有必要知识和技巧"。

选择题

请在下列关于企业估值理论的问题中选择最佳答案(第一部分):

11-41 下列哪一种情况不会涉及企业估值?

A. 财产税或遗产税问题　　　　　　　　B. 离婚、经济损失或其他诉讼

C. 财务报表欺诈　　　　　　　　　　　D. 企业合并或买卖合同

11-42 在市场中,公开交易公司通过_____进行估值。

A. 竞标　　　　B. 分析师推荐　　　C. 战略实施　　　D. 以上均可以

11-43 与上市公司相比,确定私营公司的价值更容易。

A. 正确　　　　B. 错误

11-44 美国税务局发布的《收入裁决》中的哪一部分与企业估值最相关?

A. 54—1040　　B. 69—1120　　C. 92—32　　D. 59—60

11-45 理论上,一家企业的价值是其预期未来收益的现值。

A. 正确　　　　B. 错误

11-46 在利息率为正时,现在的1美元比未来的1美元更值钱,这就是所谓的_____。

A. 价值增值　　B. 货币时间价值　　C. 风险回报理论　　D. 有效市场假说

11-47 在计算现值时,两个最基本的要素分别是:

A. 预期未来收益流和资产的现时价值　　　B. 资产的残值和适当的折现率

C. 预期未来收益流和适当的折现率　　　　D. 资产的市场价值和负债的账面价值

11-48 法务会计师通常会认同所有形成未来收益预期流入的事实和假设。

A. 正确　　　　B. 错误

11-49 预测和预期是对同一系列现金流假设的不同术语。

A. 正确　　　　B. 错误

11-50 下列哪一项不是前瞻性数据很少应用于未公开上市企业估值的原因?

A. 未公开上市企业很少形成该类型的数据

B. 前瞻性数据不能被折算为现值

C. 前瞻性数据是主观性的,会带来反驳、争执和偏见

D. 上述所有原因

请在下列关于企业估值理论的问题中选择最佳答案(第二部分):

11-51 如果被评估企业管理层没有提供前瞻性数据,法务会计师就应该自己估计这些数据。

A. 正确　　　　B. 错误

11-52 下列哪一项不是历史数据比前瞻性数据更好的原因?

A. 它们建立在真实事项的基础上　　　　B. 它们更容易被评估人员接受

C. 在诉讼中更不可能受到对方的质询　　D. 美国税务局规定使用该类数据

11-53 在企业估值中,所谓的折现率是指:

A. 无风险报酬率　　B. 要求回报率　　C. 实际回报率　　D. 会计回报率

11-54 适当的折现率通常是如何确定的?
A. 以净资产收益率替代
B. 使用公司当前的银行贷款率
C. 使用累加法
D. 由法务会计师根据经验进行估计

11-55 在运用累加法时,下列哪一项不必考虑?
A. 行业风险溢价
B. 无风险利率
C. 公司规模
D. 特定公司风险溢价
E. 以上均应考虑

11-56 在确定要求回报率时,下列哪一项信息来源是客观的?
A. 美国税务局的利率数据库
B. 芝加哥商品交易所
C. 美国财政部的数据库
D. 伊博森投资顾问公司发布的"股票、债券、票据和通货膨胀指数"

11-57 资本化是将未来的单一收益转换为现值的一种方法。
A. 正确
B. 错误

11-58 当运用盈余资本化法时,需要考虑的两个重要问题是:
A. 替代收益和折现率
B. 估计的未来收益流和资本化率
C. 替代收益和资本化率
D. 资产基数和资本化率

11-59 在企业估值中,下列哪一种收益流是最常用的?
A. 净利润
B. 投资活动净现金流
C. 经营活动净现金流
D. 净利润加折旧

11-60 下列哪一项是将折现率转换为资本化率的过程?
A. 折现率减去替代收益的预期增长率
B. 折现率减去销售额的预期增长率
C. 折现率加上通货膨胀溢价
D. 折现率减去银行贷款利率

11-61 如果历史数据反映了一个预期在未来延续的趋势,那么最近几年的历史数据最值得参考,因此其分配的权重应该更大。
A. 正确
B. 错误

11-62 为了确定企业价值,如何运用盈余资本化法?
A. 替代收益除以一个适当的资本化率
B. 使用资本化率对未来收益流进行折现
C. 使用折现率对未来收益流进行折现
D. 以上都不对

请在下列关于企业估值过程的问题中选择最佳答案(第一部分):

11-63 下列哪一项不是企业估值的基本步骤?
A. 分析所收集的信息
B. 估计企业的价值
C. 向美国税务局提交估值报告
D. 界定业务

11-64 企业估值系统化方法的运用提供了评估业务的顺序、原因和方向。
A. 正确
B. 错误

11-65 明确企业估值业务的目非常重要,这是因为:
A. 法院规定的要求
B. 它是确保法务会计师获得报酬的唯一方法
C. 没有目的就不可能完成估值业务
D. 职业特性的要求,因为目的明确了业务的客体

11-66 企业估值业务的两种类型分别是：
　　A. 估值业务和计算业务　　　　　　B. 估值业务和财务报表展示
　　C. 计算业务和财务报表展示　　　　D. 估值业务和公允价值确认

11-67 估值业务是法务会计师根据所有已存在的事实，自主地运用自认为适当的方法，得出企业价值结论的综合过程。
　　A. 正确　　　　　　B. 错误

11-68 下列哪一项最恰当地描述了公允市场价值？
　　A. 被评估项目的销售价格　　　　　B. 假想的现金销售价格
　　C. 卖方认同的金额　　　　　　　　D. 美国税务局接受的金额

11-69 公允市场价值标准假设交易双方对相关事实和价值因素有着同等的信息量。
　　A. 正确　　　　　　B. 错误

11-70 在诉讼实务中，公允价值通常适用于少数股东发起的异议股权诉讼。
　　A. 正确　　　　　　B. 错误

11-71 确定价值的账面价值法：
　　A. 负债的市场价值减去资产的市场价值
　　B. 是一种最常用的估值方法
　　C. 资产的账面价值减去负债的账面价值，得出净账面价值
　　D. 是一种最公平的公允市场价值

11-72 投资价值是特定买方基于独特的投资需求和期望值而确定的价值。
　　A. 正确　　　　　　B. 错误

11-73 估值中使用的持续经营假设是：
　　A. 假设一家企业永远不会倒闭　　　B. 假设一家企业一直能够盈利
　　C. 假设一家企业拥有自由现金流　　D. 假设一家企业在未来会继续经营下去

11-74 估值中使用的清算假设是：
　　A. 保证企业资产在清算时比持续经营更有价值
　　B. 假设企业会终止并被出售
　　C. 只在法院要求时运用
　　D. 不是一般公认会计原则所接受的方法

11-75 估值日期对于企业估值业务来说并不重要。
　　A. 正确　　　　　　B. 错误

11-76 所有者利益的两种类型分别是什么？
　　A. 个人和商誉　　　　　　　　　　B. 控制和投资
　　C. 少数股东权益和控股股东权益　　D. 上述都不是

11-77 被评估股权的所有者决定了影响决策的主体能力。
　　A. 正确　　　　　　B. 错误

请在下列关于企业估值过程的问题中选择最佳答案（第二部分）：

11-78 下述哪一类信息来源对于法务会计师的价值评估是没有用处的？
　　A. 财务报表、所得税申报表、财产税申报表
　　B. 合并公司的文件、公司序时账簿
　　C. 组织结构图、权利与义务

D. 企业负责人的家谱图

11-79 一旦财务数据被用于分析和估值，法务会计师就应该：
A. 将估值报告形成文件并存档
B. 向利益相关者披露这些信息
C. 实地观察客户的设施并收集额外信息
D. 以上都不是企业估值活动

11-80 对于法务会计师来说，了解客户企业所在行业、所在地及全国的经济状况是非常重要的。
A. 正确
B. 错误

11-81 法务会计师不必考虑《收入裁决 59—60》中的因素。
A. 正确
B. 错误

11-82 收集数据是为了获取哪些方面的定量和定性的充分信息？
A. 企业未来盈利的能力
B. 与盈利形成相关的风险
C. A 和 B
D. A 和 B 均不是

11-83 下列哪一项不是企业估值的方式？
A. 资产方式
B. 市场方式
C. 收入方式
D. 所有者估值法

11-84 资产方式通常需要法务会计师依赖其他专业人士（如房地产和设备鉴定人员）的协助。
A. 正确
B. 错误

11-85 下列哪一种情况最适合使用净资产价值法进行估值？
A. 企业清算期间
B. 企业总资产超过 10 亿美元
C. 企业净收益低于 1 亿美元
D. B 和 C 都正确

11-86 在运用收入方式时，法务会计师应该利用：
A. 以前年度收益未来价值的概念
B. 货币时间价值
C. 残值分析方法
D. 美国税务局提供的程序

11-87 在市场方式下，法务会计师通常可以轻易地获取同行业其他公司的数据。
A. 正确
B. 错误

11-88 当完成了价值分析和评估后，法务会计师应出具的报告类型不包括下列的哪一种？
A. 计算报告
B. 详情报告
C. 总结报告
D. 解释报告

职场应用

11-89 请回顾本章的钻石岭高尔夫球场案中的计算过程，回答以下问题。
1. 基于这些计算，是否存在商誉？如果有的话，是多少？
2. 你是如何确定商誉的？
3. 结合本章所提供的真实背景，请指出是什么产生了商誉。

11-90 重新考虑本章钻石岭高尔夫球场估值业务假设：
- 目的：支持公司的买卖协议
- 价值标准：公允价值
- 估值前提：持续经营
- 业务类型：估值业务（VS 计算业务）
- 估值日期：2012 年 12 月 31 日
- 估值利益：100% 控股利益

此外，假设 2013 年 1 月的一则公开声明声称著名的高尔夫球手杰克·尼克劳斯（Jack Nicklaus）将在距离钻石岭高尔夫球场20英里的地方规划一个新的18洞高尔夫锦标赛球场。球场设施齐全、配套完整,并向会员和公众供应晚餐,球场18洞高尔夫比赛的收费预计为60—75美元。这消息让当地的高尔夫球界大吃一惊,一旦该球场完工,预期会对当地的高尔夫球场的竞争环境造成巨大冲击。假设你还没有将估值报告提交给钻石岭高尔夫球场的所有者,这条新消息如何影响你的估值结论?

11-91 巴里·米恩斯和妻子玛丽拟将其1/3的公司股权赠予他们的两个孩子。这对夫妇的注册会计师指出,这样一个"礼物"实属一种应税行为,其应纳税额只能根据该公司估值及其1/3股份权益金额决定。现假设你受聘于米恩斯夫妇,为了填报纳税申报表而对股权进行估值,估值日期同样为2012年12月31日。由于该业务基于税收目的,因此估值时应该遵守《收入裁决59—60》的相关规定。请利用本章提供的钻石岭高尔夫球场事实信息,确定并讨论该方案下应考虑的估值因素。

11-92 假设你受聘评估一家服装零售连锁店的价值,估值日期为2012年12月31日。你已确定了对预期未来收益的最佳估计是净现金流,并选择盈余资本化法,该公司2008—2012年净现金流如表11-16所示。

表 11-16 2008—2012 年净现金流

单位:千美元

年份	净现金流
2008	109 627
2009	162 196
2010	199 462
2011	210 767
2012	236 320

为了完成估值活动,请思考并回答以下问题:

1. 该估值业务的目的是什么?请构建一个可能的估值场景。
2. 在给定的场景下,你认为比较恰当的价值标准是什么?
3. 你所选择的收入方式隐含了哪一种估值前提?
4. 表11-16中的数据估值日期时点的估值是否充分?
5. 你所评估的是多少比例所有者权益的价值?是控股权益还是少数股东权益?
6. 你是使用加权平均法还是使用简单平均法确定替代收益?请解释。
7. 使用你所选择的平均法,替代收益是什么?
8. 你所采用的预期增长率是多少?如何确定的?假设行业预期增长率为6%。
9. 如果你已经确定了21%的要求回报率,那么资本化率是多少?
10. 运用你所确定的替代收益和资本化率,计算企业的整体价值?你的估值体现了什么所有者利益?
11. 是否进行控制权调整或流动性不足折价?
12. 假设在估值日期后三个月,该公司获知旗下几家连锁店的租约不再续期。这将如何影响你的估值分析?

11-93 重新考虑题11-92服装零售连锁店的估值问题。基于同样的估值目的,使用新的收益流信息。你已确定对预期未来收益的最佳估计是净现金流,并选择盈余资本化法,该公司2008—2012年净现金流如表11-17所示。

表 11-17　2008—2012 年净现金流

单位：千美元

年份	净现金流
2008	109 627
2009	110 321
2010	112 576
2011	115 877
2012	120 320
合计	568 721

为了完成估值活动，请思考并回答以下问题：

1. 根据表 11-17 所列的收益流，你将如何确定替代收益？
2. 如果你确定了 21% 的要求回报率，那么资本化率是多少？假设行业预期增长率是 3%。
3. 运用你所确定的替代收益和资本化率，计算企业的整体价值？你的估值体现了什么所有者利益？
4. 与题 11-92 所形成的结果相比，你现在会得出什么结论？

深度思考

11-94　2012 年年底，同笑乐（Tootsie Roll）糖果公司的市盈率是 30.7，好时（Hershey）巧克力公司的市盈率是 25.3，它们转化为资本化率分别为 3.25% 和 3.95%。假定 2012 年年底 30 年期债券利率是 3.0%。请用本章所介绍的累加法解释这两家公司资本化率的差异？

11-95　登录美国税务局网站获取美国税务局《收入裁决 59—60》，研读这些裁决和规定，并准备一份备忘录给你的导师，解释八项估值因素应该如何纳入本章所提出的企业估值理论中。

11-96　在 Google 上检索 Discount for Lack of Marketability：Job Aid for IRS Valuation Professionals 的文章。在阅读该文第 7—10 页后，挑选七个影响流动性的因素，并准备一份备忘录给你的导师，解释这七个因素如何影响未公开上市企业的流动性。

案例分析

11-97　海伦糖果（Hellemn Candy）公司是 1912 年在俄亥俄州蒂法恩斯地区创立的一家小型糖果公司，向市场提供全系列的糖果产品，包括流行的 HoHo 棒棒糖、圣诞糖罐及各种巧克力。

公司背景

公司拥有最先进的糖果生产线，聘用了 275 名全职员工，公司支付给员工具有竞争性的报酬，并以员工为中心开展经营。海伦糖果司的座右铭是："如果我们的员工高兴，我们的客户就会高兴。"正因为如此，公司从未成立工会组织。

海伦糖果公司的竞争优势还包括知名的品牌、最先进的生产技术、流动性较强的资产负债表、值得信赖的管理团队、充足的劳动力、忠诚的客户等。海伦糖果公司的竞争劣势表现在两个方面：其一，资产规模较小，海伦糖果公司总资产是同笑乐糖果公司的 8%，好时巧克力公司的 2%；其二，糖果生产线受限、生产研究和开发经费投入较少。与竞争对手相比，由于规模相对较小，海伦糖果公司的购买力较弱，并不能实现显著的规模经济效应。

海伦糖果公司的主要客户包括各大零售连锁店。然而,在这些重要的客户中,海伦糖果的销售并不集中于任何一个零售商。事实上,海伦糖果公司很难与客户和供应商保持良好的商业关系。海伦糖果的销售具有季节性,75%的销售额来自圣诞节和复活节;在当年余下的期间,每个月的销售额大体相当。海伦糖果公司已根据其销售情况适当地调整了工资支出。该公司产品的生产通常比销售提前四个月,大部分产品的平均保质期为六个月左右。海伦糖果公司是一个家族企业,总裁戴尔·海伦是第四代继承人,财务总监维姬·希勒是第三代继承人。戴尔·海伦持有公司52%的股权,其他六名家族成员每人各拥有8%的股权,管理人员和关键员工的报酬主要根据竞争市场调查确定,相关资料如表11-18所示。

表11-18 海伦糖果公司关键员工概况

管理人员/关键员工	职务/报酬	职责/权限
戴尔·海伦(Dale Hellmen)	总裁兼首席运、股东(52%股权)、董事会成员,年薪250 000美元	负责整个公司的运营,董事会执行主席
唐纳德·海伦(Donald Hellmen)	运营副总裁、股东(8%股权)、董事会成员,年薪165 000美元	负责生产经营
莱德·海伦(Letha Hellmen)	人力资源副总裁、股东(8%股权)、董事会成员,年薪100 000美元	负责人力资源管理
维姬·希勒(Vicki Hiler)	财务主管、股东(8%的股权)、董事会成员,年薪125 000美元	负责会计和财务管理
杰森·希勒(Jason Hiler)	市场运营总监(维姬·希勒的丈夫),年薪105 000美元	负责市场运营
海伦家族的其他成员	其他三名家族成员各拥有8%股权	他们不参与公司的管理但属于董事会成员

财务数据

海伦糖果公司的财务信息如表11-19和表11-20所示。

表11-19 海伦糖果公司损益表

单位:千美元

项目	截至年末12月31日		
	2012年	2011年	2010年
销售收入	53 250	52 150	49 900
销售成本	36 625	35 050	32 050
毛利	16 625	17 100	17 850
营业费用	10 840	10 650	10 600
营业利润	5 785	6 450	7 250
其他收入(费用)	300	900	175
税前收入	6 085	7 350	7 425
所得税	1 700	2 050	2 100
净利润	4 385	5 300	5 325

表 11-20 海伦糖果公司资产负债表

单位：千美元

项目	截至年末 12 月 31 日		
	2012 年	2011 年	2010 年
流动资产			
现金及现金等价物	7 875	11 600	9 099
应收账款净额	4 190	3 750	4 600
存货	7 170	5 670	5 650
投资	1 100	800	850
其他流动资产	560	720	901
流动资产合计	20 895	22 540	21 100
固定资产净额	21 300	21 600	22 100
其他资产	1 605	2 660	2 600
资产总计	43 800	46 800	45 800
流动负债			
应付账款	1 100	1 000	900
其他流动负债	4 770	4 850	4 700
流动负债合计	5 870	5 850	5 600
长期借款	8 500	8 200	8 000
所有者权益	29 430	32 750	32 200
负债与所有者权益总计	**43 800**	**46 800**	**45 800**
附加信息			
股利支付	1 850	1 810	1 800
发行在外股数	6 000	6 000	6 000
折旧和摊销	2 050	1 910	1 800

行业状况

糖果行业由几个较大厂商主导，如欧洲的百乐嘉利宝（Barry Callebaut）和雀巢（Nestlé），美国的同笑乐、好时、玛氏（Mars），意大利的费列罗（Ferrero）。这些公司与其规模更小的同行一样，主要经营三大类业务：(1)将巧克力豆制成巧克力；(2)用巧克力生产糖果；(3)生产不含巧克力的糖果。

糖果产品的需求主要受顾客的味觉偏好和流行程度的驱动与引导。糖果制造商一般将销售额的 5% 投资于研发，以提供更健康的产品，满足不断变化的客户偏好。与诸多行业类似，糖果公司的盈利能力由生产能力、保持供应链效率、品牌和市场营销能力决定。该行业集中于大型公司，只有它们存在规模经济效应。小规模企业通过向细分市场提供差别产品而得以生存。据分析师估计，美国消费者人均年消费大约 25 磅糖果。

糖果行业全球年销售额超过 1 500 亿美元，其中美国的销售额约占 90 亿美元。由于这是一个比较成熟的市场，销售额预期每年增长 3%，收入构成为 50% 来自巧克力、30% 来自不含巧克力糖果、20% 来自巧克力糖果。不含巧克力糖果包括硬糖、棉花糖、口香糖及一些新品种。

经济状况

近年的经济增长缓慢。2012年国内生产总值年增长率为2%,较前两年(1.7%)稍高;利息率维持在历史低水平,2012年12月的3个月期国债利率为0.09%,而30年期债券利率为3.00%;2012年通货膨胀率为1.75%,预计在2013年达到2.30%;特定公司风险溢价为1.00%。

估值任务

海伦糖果公司正在考虑将公司卖给一个主要的糖果厂商。为了进行销售价格谈判,海伦糖果公司要估计公司的公允市场价值。作为一名法务会计师,你于2012年12月31日受聘对海伦糖果公司进行企业估值。

具体的估值业务内容如下:

1. 业务目的:预期的买卖行为;
2. 价值标准:公允市场价值;但海伦糖果公司认为投资价值可能与买方更相关;
3. 估值利益:100%股权;
4. 业务类型:估值业务;
5. 估值前提:持续经营;
6. 估值日期:2012年12月31日。

为了便于分析和估值,我们提供如表11-21所示的盈余数据。

表11-21 海伦糖果公司收益分析

单位:千美元

项目	2012年	2011年	2010年	2009年	2008年
营业利润	5 785	6 450	7 250	6 250	5 975
净利润	4 385	5 300	5 325	4 737	4 529
经营性现金流量净额	5 050	8 300	7 700	7 530	5 700

请结合伊博森投资顾问公司发布的股票、债券、票据和通货膨胀指数,完成以上估值任务。假设你已经确定了适当的股权风险溢价为5.00%,公司规模溢价为4.00%,行业风险溢价为1.75%。为了完成估值任务,请按以下四个阶段进行分析:

第一阶段:分析海伦糖果公司的财务报表。
第二阶段:确定资本化率。
第三阶段:确定替代收益。
第四阶段:计算企业内在价值。

第12章

法务会计专题探讨

12.1 专题一:证明方法
12.2 专题二:经济损失计量
12.3 专题三:计算机法务
12.4 专题四:报告结果
附录 12-A:联邦政府 VS 阿卜杜勒·卡里姆·卡努案

学习目标

通过本章的学习，你应该能够

目标 1：解释证明方法的含义

目标 2：明确直接证明法与间接证明法的区别

目标 3：描述法务会计师常用的三种基本间接证明法的概念、适用条件及其优缺点

目标 4：解释经济损失的概念

目标 5：理解法务会计师在经济损失索赔中的作用

目标 6：明确不同类型经济损失的计量

目标 7：识别经济损失计量的关键因素，并说明其重要性

目标 8：理解计算机法务与法务会计的相关性

目标 9：识别各种存储电子数字证据的设备

目标 10：解释计算机法务中法律因素和范围因素的重要性

目标 11：明确收集和存储电子数字数据的关键所在

目标 12：举例说明从分析数字数据中获取信息的类型

目标 13：理解与专家报告相关的《联邦民事诉讼规则》第26条规则

目标 14：认识针对口头报告的质询

目标 15：识别并描述三种类型的书面报告

在本章,我们介绍前文提及但尚未详细探讨的四个专题(专业内容)。它们分别为:

专题一:证明方法

专题二:经济损失计量

专题三:计算机法务

专题四:报告结果

虽然针对这些专题的综合讨论超出了本书的范围,但是对于法务会计的学习来说,对每个专题有一个基本的理解是非常重要的。这些专题是基于我们实际的从业经验,从法务会计常规业务中精心挑选出来的。我们针对每个专题进行简要概述,包括定义、解释及关键概念的应用。

12.1 专题一:证明方法

12.1.1 引言

在法务会计中,证明方法是具有特殊意义的一种艺术。为了更加清晰地予以表述,我们对这一概念进行解构。简单地说,方法是做某件事情的过程或方式。① 证明,正如第2章所提到的,是证据的结果。能否有效证明是接受或拒绝诸如贪污、逃税、经济损失、玩忽职守或企业价值等涉案指控的基础。因此,证明方法可以定义为:通过证据来形成和构建(或不构建)优势证据或排除合理怀疑等信念(或证明标准)的工具。法务会计师所使用的证明方法可以是直接的、间接的或者两种方法的结合。

12.1.2 直接证明法

顾名思义,直接证明法是一种无须经过推理或推定就明确地得出案件事实(如虚假出资或隐瞒收入)的一种证明方法。在实务中,直接证明法总是优于间接证明法,这是因为直接证明法:(1)可以提供更高的确定性程度;(2)更容易被理解;(3)很难被反驳;(4)更具有说服力。

直接证明法通常依据书面证明(如纳税申报单、账簿记录、银行结算单、发票、合同、注销的支票等)和第一证人的证词(如簿记员、纳税申报表编制人、员工、银行或房地产代理人等),确定或证明某人做了什么或者没有做什么。因此,直接证明法的运用要求能够获得关键的账簿记录、争取第一证人的意愿以证明存在争议的问题。尽管书面证明和证人证词均可以作为证据,但我们的实践经验表明书面证明在直接证明法中的证明力更强。这是因为书面证明更具有说服力——它为自己证明又不服务于自己,并且它不会被遗忘或改变内容。此外,书面证明一般不会在交叉询问中遭到驳斥。为了更好地理解,让我们以X医生的案例进一步解释直接证明法。

---

① *Webster's New World College Dictionary*. (1999). 4th Ed., 906.

X医生的案例[1]

X医生是一名个体执业牙医。根据现金交易报告(CTR)[2],美国税务局针对X医生的逃税行为提起了诉讼调查。确切地说,X医生被指控故意不以银行转账而以收取现金的方式从患者那里收费,并且没有报告现金收入。在调查过程中,确认的事实是只有支票(没有现金)存入其个人商业银行账户。

诉讼过程

前五位证人是从X医生患者中抽取的一个样本。他们作证说,他们曾支付现金并收到"现金收据"作为费用已支付的证据。

第六位证人是X医生诊所的办公室经理,她作证说患者经常使用现金付款;并进一步证明,"现金收据簿"记录了涉案三年(2010年到2012年)所有的现金收入。办公室经理检查了现金收据簿并且确认了每年的现金收入,2010年为216 050美元、2011年为234 507美元、2012年为241 745美元。她还提供了一份"日核对表"样本,其中所有的收据(现金和支票)与每日病人数量(就诊次数)核对相符,并指出这些报表是提交给X医生(现金和支票)用于在当天结束时向银行存入款项。

第七位证人是来自X医生开户银行的一位业务代表,他确认了X医生的"银行存款单据",并作证X医生经常以业务名义将款项存入银行。基于他对涉案三年存疑业务存款的查阅,该证人指出X医生没有将现金存入银行的商业账户,但是却有现金存入X医生儿子的账户(有X医生亲手写的存款收据证明),其中2010年为51 175美元、2011年为46 315美元、2012年为63 742美元。

第八位证人是X医生的纳税申报人,她曾为X医生的诊所编制了三年的纳税申报表,并承认她编制申报表的所有信息资料是由X医生提供的。纳税申报人作证指出,申报表中的总收入是根据银行存款单据确定的。因此,如果收入没有存入银行的商业账户,它们将不会被报告为收入。同时,她还证实:(1)所有的纳税申报表经X医生复核,以确认金额并表明对其认可;(2)X医生从未提及有关款项已存入其儿子账户的事项。最后,纳税申报人还证实了X医生对会计和纳税申报过程的认知与理解。

检方的第九位证人是美国税务局刑事调查员(特别探员),他参与了整个案件的调查,包括调查过程(步骤)、证人访谈,以及收集和整理相关记录。

检方的最后一位证人是美国税务局特别行动小组的一名税务专员,在整个审理中他都在场。根据呈堂的文件数据和证据,他计算得出应纳税所得额和欠缴的税款金额。

---

[1] 本案例由真实案件改编。出于对隐私的保护,当事人姓名、地点和其他可辨别信息已做更改。

[2] 美国税务局关于大额现金交易报告的要求规定:客户进行任何超过1万美元的现金交易,都要填写一份现金交易报告,然后在15日内提交美国税务局;若客户于同日内、在不同的分行进行现金交易超过1万美元,也要提交现金交易报告。

案件中直接证明法的总结

政府执法部门采用直接证明法,包括书面证明和证人证词,以支持对 X 医生的刑事指控,对该案件的总结如下:

- 患者确认(通过现金收据)使用现金进行支付。
- 办公室经理确认(通过现金收据簿和日核对表)现金已收到、记录并交付给 X 医生。
- 银行职员确认(通过银行存款单据)现金不是存入银行的商业账户而是存入 X 医生儿子的账户。
- 纳税申报人确认(通过纳税申报表和相关工作文件)现金收入没有报告,并经 X 医生确认了纳税申报的完整性和准确性。同时,纳税申报人还确认(通过工作文件) X 医生的认知和理解水平。
- 特别探员确认调查的过程、纳税申报失实(未报告的收入)及 X 医生的蓄意隐瞒。
- 税务专员计算并确认应补交的所得税金额。

定罪和量刑

法庭最后判定 X 医生逃税罪成立,随后被判处有期徒刑一年,立即执行。此外,他还被罚款 40 000 美元,并责成其协助美国税务局重新编报以前年度的纳税申报表并补交之前所有收入(约 550 000 美元)的应纳税款。

12.1.3 间接证明法

间接证明法不是直观的(直接的),而是建立在间接证据之上的。正如第 2 章所提及的,间接证据是基于推理而不是个人认知或观察而获取的证据。间接证明法通常是在缺乏可靠的账簿或记录时发挥作用。其他运用间接证明法支持争议问题的情形如下:

- 会计方法前后不一致或者不可靠。
- 净财产显著增加而缺乏报告收入的支持。
- 毛利率与企业前后年度或同行业平均水平不一致。
- 无法解释来源的银行存款。
- 非典型的现金支出,如固定资产购置、工资或租金。
- 超出报告收入的日常开支。

间接证明法是建立在逻辑、常识、批判性思维和演绎推理的基础上,这些都是法务会计师应该掌握的必要技能,我们曾在第 1 章提及这些内容,你还记得阿尔·卡彭吗?

基本的间接证明法有三种方式:现金流、资产积累和比率。如表 12-1 所示,每一种间接证明方式又包括具体的方法。

表 12-1　间接证明法

方式	方法	推理
现金流	资金来源与运用法	资金来源与运用法基于一般的常识——你不能消费你没有的东西。因此，如果消费超出确定来源的收入，那么我们推断很可能存在未报告的收入
	银行存款法	银行存款法使用银行账户记录（特别是存款）核对报告收入。超出（或者不明来源的）存款可能表示有未报告的收入或有不明来源的收入
	现金法	现金法是支出法的一种变形，它侧重于货币形式（仅现金）的支出
资产积累	财产净值法	财产净值法是一种资产积累的概念，是资金来源与运用概念的拓展，利用了资产负债表平衡公式：资产－负债＝净资产。如果一段时间内的净资产增加（加上消费）超过确定来源的收入，我们推断存在隐瞒的收入
比率	百分比加成（毛利率）法	百分比加成法一般仅适用于零售场所（而不是违法企业），因为它需要期初和期末库存的可靠数据，以及适当的百分比加成（或毛利率）信息
	单价与数量法	单价与数量法的运用范围非常有限，只有在单价和数量都能够确定的情况下才能使用

资料来源：美国《国内税收手册》第九部分第五章第九节。

此外，有些间接证明法是基于几种间接方法的组合。具体方法的选择和运用取决于案件事实及其所处的环境。

深入探讨

法务会计师通常受聘于辩护律师或纳税申报人以协助联邦政府和州政府的税务审查或调查。此类业务要求税务局和州机构适当运用一系列的间接证明法。虽然间接证明法多用于税收事务，但我们在本章所讨论的间接证明法也可以作为主要和次要的证明方法运用于法务会计业务。更多信息可以访问美国税务局网站及查阅《国内税收手册》第九部分第五章第九节的相关内容，其中详细介绍了美国税务局刑事调查与证明方法。另外一个有价值的资源是美国税务局的《稽查技术指南》（第五章），主要适用于现金密集型业务的调查。

财产净值法

财产净值法最常用于某项累积财产缺乏相应的资金来源作为支撑的情况。为了更好地说明财产净值法，我们回顾第1章的阿尔·卡彭案。

起诉

1931年3月，卡彭被指控5项逃税行为（从1924年至1928年）。卡彭的年总收入（包括从赌博、妓院及贩酒中获得的收入）超过1亿美元。卡彭没有银行账户，没有保留任何活动记录，没有以自己的名义购买任何房产，其所有的财务交易均使用现金。

证明方法

卡彭的收入没有直接的证据,特别是纸质证据,美国税务局的特别探员弗兰克·J.威尔逊开创并使用财产净值法进行指证。该方法的基本原理很简单,即"你不能消耗你没有的东西"。

威尔逊运用的财产净值法的计算过程如表 12-2 所示。

表 12-2 财产净值法的计算过程

单位:万美元

步骤	具体内容	计算范例
1	确定期末净值	250.0
2	确定期初净值	112.5
3	计算期间内净值变动	137.5
4	确定在这个时期内的支出(消费)	50.0
5	计算用于资产收购和消费的资金总和	187.5
6	计算报告披露的收入和其他合法资金来源的总和(注意:卡彭从来没有提交过纳税申请表)	0
7	计算资金的合法来源和使用之间的差额,这显示了隐瞒的收入	187.5

注:这些数字与第 1 章不同,数字只是为了解释计算,并不代表实际情况。

威尔逊的分析得到了证人有关卡彭生活开支(支出)和累积资产(企业财产所有权)证言的佐证。我们在第 1 章曾指出,间接证明法还涉及向陪审团解释会计和税收方式的复杂性,这样做不仅具有说服力而且使对方无法反击。

财产净值法的主要优点在于直观性——这非常重要。虽然财产净值法的基本原理一目了然,但是实际应用(尤其是收集支持性证据的挑战)并不是一项简单的任务。正确运用财产净值法需要重构一个主体完整的财务记录,包括所有的资产、负债、支出和资金来源。其中,最重要的一点是确定一个可信的(稳定的)期初净值,这为财产的增加提供了一个恰当的起点。

深入探讨

假设你所面临的挑战是接替威尔逊探员的工作,并回顾卡彭调查相关的记录。① 威尔逊应使用什么证据(物证和人证)支持他的分析?卡彭的律师如何质询财产净值法?这一方法有缺陷吗?

---

① 请访问 www.pearsonhighered.com/rufus 获取相关资料。

资金来源与运用法

另一种间接证明方法是资金来源与运用法,适用于主体(个人或企业)消费收入而不是积累资产的情况。简单来说,这个过程涉及确定某个特定时期内的总开支(现金流出),并推断已知和合法的资金来源(可用现金),两者相比得出的超额支出则意味着存在未报告的收入。

有效地运用资金来源和运用法需要法务会计师确认或计算所有期初和期末的资产与负债账户,以确定资金来源和运用。该方法的关键是确定期初持有的现金,它可以有效防御超额支出是以前年度现金积累这一托辞。在实务中,这种方法常用于初步分析,或者与财产净值法结合使用。

资金来源与运用法的具体应用实例如表 12-3 所示。

表 12-3 资金来源与运用法的应用实例

单位:美元

资金来源		资金运用	
期初持有现金	50 000	期末持有现金	65 000
报告(净)收入	25 000	资产增值	20 000
非现金支出	5 000	个人生活费(消费)	25 000
债务(应付账款)增加	10 000	储蓄增加值	5 000
资金来源总计	90 000	资金运用总计	115 000
运用超过来源的金额=推断的隐瞒收入金额			25 000

与财产净值法类似,资金来源与运用法的优点是原理非常简单、使用要求不高;同样,其缺点是存在一定的风险且非常耗时;具体的难点在于合理确定期初现金持有量(或期初净值)。正如阿尔·卡彭案所呈现的,资金来源与运用法通常与财产净值法结合使用。

百分比加成法

第三种间接证明法是百分比加成(毛利率)法。百分比加减法利用相对值(比)的关系推断收入,广泛运用于零售场所。例如,餐厅、酒吧和加油站这种"每单位"销售价格与成本(相对价值)或者毛利率(百分比加成)可以合理确定的行业。

百分比加成法利用基本数学知识和相关会计表达式(销售收入−销售成本=毛利)推断收入。一个项目的百分比加成是用单位售价和单位成本之差(加成)与单位成本之比表示。例如,假设单位成本是 5 美元,售价为 7.50 美元,那么加成是 2.50(7.5−5)美元、加成百分比是 50%(2.50/5.00)。类似的概念是毛利率,它是毛利除以销售价格的百分比。为了厘清这些概念,请思考一个简单的例子:如果单位成本是 5 美元、毛利率是 34%,那么单位售价是多少?

单位售价=单位成本+单位毛利

1=(5/单位售价)+0.34

0.66=5/单位售价

0.66×(单位售价)=5

单位售价=5/0.66=7.58(美元)

下面以史塔特烧烤酒吧(Stats Bar & Grill)案例,一个真实的场景,说明百分比加成法(毛利率)的应用。

史塔特烧烤酒吧案例

史塔特烧烤酒吧(SBG)是一个由汤姆·塞图(Tom Settle)和斯泰西·塞图(Stacey Settle)拥有并经营的当地体育酒吧。你受聘于潜在买家泰德·琼斯(Ted Jones),评估史塔特烧烤酒吧的业绩及业主的信誉度,特别是酒吧产生了可观的利润(据业主估计约有25%)但是没有反映在账簿中。换言之,塞图兄弟在会计系统中蓄意隐瞒现金收入。这意味着,账簿记录与税收收入、银行存款一致,但收入(现金)被低估。业主披露这个敏感信息是为了支持他们对该业务的要价。这些有价值的信息可以运用百分比加成法进行验证。①

在对史塔特烧烤酒吧服务供应和财务报表进行基本分析后,你对塞图兄弟进行了访谈,并了解到以下信息:

- 没有保留详细的购货、库存情况和销售记录。
- 酒水仅从少数供应商处(通过发票和注销的支票确认)购入。
- 收入组成包括:
  ▷ 瓶/罐装啤酒

  估计占收入的50%—55%

  成本=25美元/箱÷24罐/箱=1.04美元/罐

  平均销售价格=2.5美元/罐

  损耗或浪费率=2%

  主要供应商=苍鹰配送(80%)

  ▷ 纯生啤酒

  估计占收入的5%

  成本=125美元/桶(1 984盎司)

  平均销售价格=1.75美元/16盎司

  扣除15%外溢=1 686盎司/桶=105份=184.45美元销售额

  主要供应商=苍鹰配送

  ▷ 烈性酒

---

① 百分比加成法常被州执行机构用于消费税的稽查。

估计占收入的 30%—35%

20 杯/瓶(不含外溢)

成本＝20 美元/瓶

平均销售价格＝2.5 美元/杯

主要供应商＝酒加酒行、经典酒庄(90%)

▷ 红酒

估计占收入的 2.5%

成本＝9 美元/瓶

5 杯/瓶

平均销售价格＝2.75 美元/杯

▷ 食物

估计占收入的 2%—3%

保本,利润率为 0%

商品的销售单价可以在史塔特烧烤酒吧的菜单中得到确认,购货情况则可以与供应商联系确认。接下来,我们进行数学运算并将计算结果与酒吧的报告收入进行比较,计算与汇总情况如表 12-4 所示。

表 12-4　按百分比加成法计算史塔特烧烤酒吧 2012 年份收入

产品	购入数量	成本(美元)	销售额(美元)	毛利率(%)	收入百分比(%)
瓶/罐啤酒	5 830 箱	145 750	349 800	58.3	75.3
纯生啤酒	52.5 桶	6 562	9 684	32.2	2.1
烈性酒	1 860 瓶	37 200	93 000	60.0	20.0
红酒	417 瓶	3 753	5 734	34.5	1.2
酒水总计		193 265	458 218	57.8	
食物总计		6 412	6 412	0.0	1.4
推断收入		199 677	464 630	57.0	100.0
报告收入			423 218		
隐瞒收入			41 412		8.9

如表 12-4 所示,百分比加成法表明史塔特烧烤酒吧的收入被低估 41 412 美元,约占收入的 9%,加上之前塞图估计的约有 25% 的收入被遗漏,共计形成 116 000 美元的收入低估。上述结果如何影响你给琼斯先生的建议呢?

职场范例

另一个间接证明法的运用实例是 2009 年联邦政府 VS 阿卜杜勒·卡里姆·卡努(Abdul Karim Khanu)案。卡努是一家地处华盛顿特区的夜总会的经营者,曾因涉嫌逃税、共谋、伪造虚假报告被起诉22次。为了证实犯罪事实,美国税务局利用现金法———一种聚焦于货币(仅限于现金)支出部分的间接证明法。该案的开庭陈述、证词、结案陈词和陪审团指引的完整过程收录于附录12-A。

12.1.4 证明方法的选择

在选择一种证明方法时,我们的目标是找到一种对案情最合适的方法来呈现证据。毫无疑问,对于证明事实来说,直接证明法总是比间接证明法更合适。如前文所述,直接证明法更简单、更准确、陪审团更易理解,并且更难以被反驳。所以,我们仅在直接证明法不可行时才使用间接证明法。由于许多间接证明法是相互联系、相互补充的,因此间接证明法组合运用很常见(如阿尔·卡彭案中的财产净值法和资金来源与运用法)。在选择间接证明法时,我们应当考虑以下因素:

- 记录的可获得性。
- 所处的行业(平均毛利率的可获得性)。
- 存货的重要性。
- 现金收入的重要性。
- 供应商的数量(确定可靠成本的可行性)。
- 确定可靠价格的可行性。
- 银行实务。
- 所提供的产品与服务的数量及其组合。
- 支出/生活方式。
- 财产净值的变化。
- 确定期初持有现金的可行性。
- 确定期初财产净值的可行性。
- 应考虑的期间跨度(3年、5年、10年或更长)。

12.1.5 间接证明法与法庭

正如本书所一贯强调的,专家意见必须基于充分、可靠的事实与数据,并且是运用合理、可靠方法的产物。基于这个要求,我们面临的潜在问题是如何让间接证明法(意味着数据受限)被法庭(证据的"看门人")采信。法院提倡使用财产净值法、资金来源与运用法、银行存款法和现金法获取未报告收入的初步证据,这使得被告必须推翻其逻辑推理以进行反驳。① 然而,法庭会采取以下措施以防止间接证明法的滥用:

- 针对财产净值法。使用者必须合理确定期初财产净值,考虑所有相关的线索(替代

---

① Internal Revenue Manual (IRM), Part 9. Chapter 5, Section 9.2.2.

解释),然后才能推断财产净值增长的来源。① 此外,在呈现期初财产净值的证据时,法庭允许对其进行广泛的质询。②

- 针对资金来源与运用法。使用者必须以合理确定程度认定期初持有的现金,并且不能随意推测资金支出。③
- 针对百分比加成法。使用者所使用的百分比(率)及其数据来源必须可靠。④ 即便如此,美国税务局对此方法的运用仍然非常慎重,目前还没有援引该方法的司法判例。⑤

虽然从业者必须充分认识到这些限制,但是我们的实践经验表明运用间接证明法的挑战来自应用层面而非理论层面。此外,所有的证明方法只是形成观点(如未报告收入)的一种方式而不是目的,这才是刑事案件的关键所在。

深入探讨

如前面章节所述,刑事案件的举证责任在检方(政府),证明标准是排除合理怀疑。那么,在如此高的门槛下,基于间接证据的间接证明法又如何应用于刑事案件呢?本章的阐释如下:在财产净值法下,根据财产净值的增加推导未报告的收入。但是,什么时候"推导"会变成"推定"?这两个概念有什么区别呢?

12.2 专题二:经济损失计量

12.2.1 引言

本节介绍经济损失的概念、损失的类型、损失计量专家的角色,以及计量的损失基本方法。在经济损失诉求中,法务会计师的任务通常是确定并计算所声称的经济损失的现值。与所有法务会计业务的要求一样,这一分析过程必须基于可靠的数据和恰当的方法。经济损失计量与企业估值类似,可归结为基于各种因素与假设得出相关事实。其概念很简单,由经济伤害⑥所造成的价值损失;其计量方法也很直观,即损失金额等于损失前价值与损失后价值之差。然而,复杂之处在于采用合理的方法确认这些因素的价值。

12.2.2 什么是经济损失?

我们经常在新闻报道中听闻许多经济损失的法律裁定。在这些案件中,人们很容易推

---

① Holland v. U.S. 75 S.Ct. 127 (1954).
② U.S. v. Keller, 523 F2d 1009 (9th Cir 1975).
③ U.S. v. Johnson, 319 U.S. 503 (1943) 63 SCt 1233; Taglianetti v. U.S., 398 F2d 558 (1st Cir 1968); Oxford Associates, 209 F Supp 242 (DNJ 1962).
④ IRM, 9.5.9.9.1-10.
⑤ IRM, 9.5.9.2.2.5 (11-05-2004).
⑥ 我们所称的经济伤害,通常代表一种因某事件而产生的经济影响,并不局限于身体伤害。

测被告的确做了某些"错事"而导致原告受到了伤害。但是,你可能会进一步联想,损失金额是如何确定的?针对失去工作或身体的某一部分甚至一条性命应该赔偿多少?现在如何计量所造成的未来损失?这些问题都可以在法务会计师或法务经济学家的帮助下解决。

 特别提示

经济损失计量专家通常被称为法务经济学家而不是法务会计师,因为这里涉及的专业知识更侧重于经济学而非会计学。虽然法务会计师也经常参与这类业务,但是准确地说,法务经济学家才是该领域的专家。

经济损失的概念

在第11章,我们定义企业价值是企业预期未来盈利能力的现值,也就是创造收入的能力。企业利用其资产生产产品或提供服务。尽管我们首先往往想到的是企业的有形资产(房产和设备),但是企业还有无形资产,其中较为重要的是劳动力——人力资本。人工生产能力在使用中具有资本的基本属性——增值性,高投资必然产生高回报。与生产设备类似,人也需要修复和保养才能维持正常运转。① 对机器的损害会让机器暂时或永久失去其应有的功能,人也一样。

经济损失是指因违法行为而造成财产损毁的货币化补偿,常见于诸如违反合同等民事诉讼。在商法课程中,你知道民事侵权行为是一方(原告)因对方(被告)有意或无意造成的伤害、损失而提起经济赔偿的民事行为。② 常见的民事侵权行为例子有人身伤害或意外致死(如车祸)、医疗和职业过失、产品质量伤害(如烟草),以及就业侵权行为(如工作歧视或不公正解雇)。合同纠纷也属于民事侵权行为,涉及未履行合同应尽义务而承担损失的指控。③

 特别提示

美国司法统计局(2009)④的报告表明,由法官或陪审团裁决的民事诉讼的60%是侵权行为诉讼。有趣的是,这类案件大多(96%)在庭审前和解了。研究表明,专家证人的证词对庭审前的顺利和解是至关重要的。⑤

企业和个人都会遭受经济损失,最典型例子的就是由被告的某种疏忽造成的盈利损

---

① Martin, G. D. (2011). *Determining Economic Damages*. James Publishing.
② *Black's Law Dictionary*. (2009). 9th Ed., 1626.
③ *Black's Law Dictionary*. (2009). 9th Ed., 213.
④ Cohen, T. (2009). Tort bench and jury trials in state courts, 2005. *Bureau of Justice Statistics Bulletin*, NCJ 228129.
⑤ Androgue, S., & Baker, C. (2011). Litigation in the 21st century: The jury trial, the training, & the experts. *The Advocate—State Bar of Texas Litigation Section Report*, 56, 8-19.

失。例如,由厨房器具使用不当所引发的火灾可能使餐馆停业一段时间。不当行为也可能造成一家企业永久损失或完全毁损,在这种情况下,经济损失就是企业整体价值。另一类经济损失的例子通常发生在大公司中,是对知识产权的侵犯,如专利权、版权、商标权等。在该类案件中,原告指控被告利用了未经授权的知识产权(如专利技术)设计和生产竞争性产品。

补偿性损失与惩罚性损失

截至目前,我们已经探讨了补偿性损失,目的是让个人或企业能够复原,也就是恢复到如果被告未发生不当行为之前的经济状态。补偿性损失意味着弥补损失——而不是奖励原告或惩罚被告。与补偿性损失相对立,惩罚性损失是法庭对原告进行奖赏以惩罚被告的有意或疏忽行为,或者防止同一被告在未来再次发生类似的不当行为。

尽管惩罚性损失案件比较常见,在数量上可能是补偿性损失案件的好几倍,但它们常常独立于补偿性损失而存在,这些不在我们讨论的范围之列。在本章接下来的内容中,我们着重探讨补偿性损失及其相关的人身伤害或致死行为,即个人损失。这涉及衡量一个人在发生伤害之前的获取收入与成本回报的能力。

特别提示

你也许会疑惑,在致死案件中,谁能获得赔偿?很显然,已故的人得不到任何弥补或经济赔偿。在这种状况下,经济损失的承担者通常是从原告的收益或家庭服务中受益的人员,如家庭成员。因此,在独居无家眷的致死案件中,不存在经济损失赔偿问题。

非经济损失

经济损失,在性质上是货币化的,与之对应的是非经济损失——非货币化的损失,诸如身体伤害、精神创伤、丧失伴侣、失去生活乐趣等。① 在理论上,我们可以客观地确认和计量经济损失;而在本质上,非经济损失不可避免地带有主观性。正是出于这个原因,非经济损失常常被排除在专家证人证言的范围之外。很少有专家证人愿意提供这方面的证言,并且大多数法庭会基于以下两个发现判定证言无效:(1)专家证人无法作证无形资产的价值;(2)按照道伯特标准的解释,根据《联邦证据规则》第702条,证言所依据的科学基础不可靠。②

损失鉴定专家的作用

损失鉴定专家的主要作用是确定已认定的经济损失的货币价值。因为这些损失已经在过去发生或者会在未来发生,损失鉴定专家必须将其换算成现值。与企业估值类似,经

---

① Martin, G. D. (2011). *Determining Economic Damages*. James Publishing.
② Ireland, T. R. (2004). The Role of a Forensic Economist in a Damage Assessment for Personal Injuries. Working paper, University of Missouri at St. Louis.

济损失计量也有计量日期——决定现值的日期。在诉讼中,该日期可能是出具报告的日期,或者未来的仲裁日期、审判日期等。实际经济损失通常由代理律师或专家证人独立计算。例如,代理律师可能让你考虑任何有可能的损失,或者在其引导下基于某种战略考虑而排除一些损失。不论哪一种情况,这些内容都应该在专家报告中与其他事实和假设(本章后续内容将讨论)一并披露。

特别提示

尽管负债针对所指控的损失来说也是一个重要的组成部分,但是经济专家并不需要考虑负债。有时,原告会聘请专家只认定受损失的原因,而不必承担损失计量任务;但有时,有关为什么会发生损害、是谁的过错这些问题对计量经济损失是无关紧要的。所有这些均取决于业务约定书的具体委托内容。

受聘于代理律师

经济专家可以应代理律师的聘请为原告或被告提供经济损失计量。原告的代理律师可以根据专家对损失经济计量结果提出损失赔偿请求,被告的代理律师也可以据此驳回原告的赔偿请求。我们在本书多次强调,专家证人必须独立、客观地形成和陈述其意见。鉴于这一要求,无论是为原告还是为被告工作,专家证人的分析都应该是相同的。尽管如此,但专家证人在案件中扮演的角色是不同的。在为原告的代理律师工作时,专家通常应当准备一份报告,陈述其对经济损失计量的意见;在为被告的代理律师工作时,专家证人通常不要求准备报告,而是审核和反驳对方专家证人的报告,并协助被告的代理律师准备质询对方专家的问题。

深入探讨

为什么被告的代理律师不打算提交一份含有具体的损失赔偿金额的专家报告?这对被告的赔偿责任意味着什么?

其他损失计量专家

经济专家并不是人身伤害或致死案件中计量损失的唯一专家。根据案件的具体情况,有以下三类不同的损失计量专家①:

- 能确定损失诉求具体依据事实的人。这包括能够确定伤害性质和程度的外科医师、理疗专家或心理学家。例如,外科医师能够确定因脊椎受伤而导致原告多长时

---

① Brookshire, M. L., Slesnick, F., & Ward, J. O. (2003). *The Plaintiff and Defense Attorney's Guide to Understanding Economic Damages.* Lawyers & Judges Publishing Company, Inc.

间内不能站立和行走。
- 能确定损失范围界限的人。这包括能够确定因原告受伤而导致工作能力受到影响的职业专家,以及能够确定原告在未来可能需要医疗照顾的生活护理专家。
- 能够评估经济损失金额的经济专家。

每位损失计量专家的工作都与其他专家的意见或论点环环相扣。例如,经济专家要依赖职业专家的意见,而职业专家则要听取外科医生的意见。无论是为原告还是为被告服务,经济专家的意见通常是最后的专家证言。这是因为经济专家的任务是评估前面所有经济损失对应的货币价值。

鉴于损失计量所采用的加成法,经济专家意见的正确性取决于其他专家意见的有效性。即便经济专家采用的方法十分严谨,所依据事实与假设的不可靠都会导致其最终结论的偏离。因此,尽管不强求经济专家理解其他专家的分析过程,但他们必须理解其他专家的鉴定意见。例如,如果职业专家确认了原告今后只能从事"入门级的工作",那么经济专家必须确切地理解其中的含义。这是否意味着最低工资?还是稍高于最低工资?这种限制是永久性的还是暂时性的?

12.2.3　补偿性损失的类型

在将因伤害而造成的损失转换为货币化金额之前,经济专家必须先确定相关损失计量的可行性及其类型。就补偿性损失而言,其计量的可行性取决于:(1)法律上的可补偿性;(2)经济领域的可计量性。① 第一点取决于申请所在地的法律法规。如前文所述,有些司法管辖区将无形损失排除在外,有些则将无形损失包括在内。第二点反映了对具体损失类型所在市场基础的要求。简而言之,损失的计量必须有可参照经济价值的市场等价物。在个人损失索赔案中,以下三种损失类型必须满足上述两点要求:收益损失、家政服务损失、医疗费用。

收益损失

如前文所述,人们能够利用其身体或者思想资源为自己或他人(如家庭成员及其赡养者等)谋取福利。如果伤害(或致死)的发生损害(或损毁)了这种谋利能力,那么原告有权就收益损失进行索赔。这类损失又可分为两个类别:过去的收益损失(从伤害开始日到损失计量日)、未来的收益损失(自损失计量日之后)。

尽管我们通常习惯于以现金衡量我们的所得(如工资薪酬),但它实质上还包括非现金的额外福利。常见的非现金额外福利包括各种保险(如健康、生命、残疾)、退休福利(如养老金、固定缴款)、休假(如带薪休假、节假日)等。

工资和额外福利的损失具有对应的市场等价物。通常,不同的工作对应了不同的工资标准,而这些标准会考虑不同的技能、教育、经验及供需状况。对于那些有工作经验的人,

---

① Ireland, T. R. (2004). The Role of a Forensic Economist in a Damage Assessment for Personal Injuries. Working paper, University of Missouri at St. Louis.

最好的衡量方法就是他们过去的工作所得——根据他们在人力资源市场中因提供服务而获得的工资。对于那些过去没有工作经验的人（如儿童、大学生、正在寻找就业的人），专家认为应当参照同一职业、具有相似资历人员的工资标准。

家政服务损失

人们不仅有能力在人力资源市场中赚取收入，还可以为家庭提供服务以谋利，这种服务称为家政服务，具体包括烹饪、清洁、购物、维修、庭院事务及家庭理财等。尽管人们自己做这些事通常不会收到报酬（必要的），但这仍然存在经济价值。当一个人不能从事家政服务时，他或她则必须另请他人做这些工作。因此，家政服务的经济价值就是因自己从事这些服务而省下的钱。与其从事的职业一样，不同类型家政服务的市场报酬可以用于衡量损失金额的大小。

医疗费用

个人伤害或致死索赔通常包括诸如住院费、手术费、医院看护费、药物，以及使用医疗器械所产生的医疗费用。即便在致死案件中，个人在死亡之前也会产生诸如急救护理和急症治疗等费用。与收益损失类似，医疗费用也包括计量日之前的费用和计量日之后的费用。大部分个人伤害索赔涉及已发生的医疗费用，它是提供给个人、实际用于医疗救护的开支。

如果伤害在性质上比较严重，那么医疗费用可能会延伸到未来，有时一辈子都需要医疗照顾。与已发生的医疗费用在本质上不同，未来的医疗费用是需要预测的。因为经济专家不具备预测这种未来费用的能力，所以应当由护理专家完成。护理专家是针对原告所需要的医疗护理及其具体时间而进行规划的职业医师或经注册的护理人员。这些预测可概括为医疗护理方案，它是一种为遭受创伤或患有慢性疾病的个人提供的现在和未来有计划的、明确的护理方案。[①]

对个案的应用

尽管收益损失和医疗费用是补偿性损失索赔中的常见类型，但是相关损失的衡量却是由个案的独特背景所决定的。例如，相关人员的年龄、教育背景、工作经历、过去的工资、医疗状况和家庭背景等。如果一个人在遭受伤害时正值退休并无望重返工作岗位，那么就不会产生收益损失。同理，如果一个人从事并持续"入门级"工作且没有额外福利，那么也不会产生福利损失。值得注意的是，补偿性损失的目的是让原告能够恢复到未遭受伤害之前的经济状况。在考虑现在和未来的状况时，如果我们不事先确定受损之前的经济状况，那么就不可能完成对损失的补偿。

当然，在一个具体的案例中，是否包含或排除某个损失要素主要取决于代理律师。假设原告的律师寻求达到某个金额的赔偿，针对某个具体的损失部分（如家政服务损失），对于达到该金额可能无关紧要的。在这种情形下，即便根据案件事实可以认定该家政服务构成补偿性损失的一部分，但律师也可能要求专家对其忽略不计。诸如此类的律师指示应该

---

① Definition from the Standards of Practice for the International Association of Rehabilitation Professionals, IALP Section.

在专家报告中予以明确披露,这样从分析中排除家政服务损失并不意味着该损失不存在。这让经济专家在将来有必要的情况下,有机会再次提及这部分损失。

12.2.4 经济损失计量

在理解了经济损失的概念之后,我们考虑经济专家如何计量经济损失,这涉及必要的数据及其来源、事实和假设的运用、关键方法的选择。考虑到本章篇幅有限,我们将重点放在最基本的经济损失部分,即工资损失。尽管不同类型损失的计量有着各自的特点,但它们都遵循以下共同的分析框架:

- 确定原告在没有受损的情况下可以获得的收益流。
- 确定原告因受损将获得的收益流(未来损失)或已经获得的收益流(过去损失)。
- 计算两类收益流的差额,其结果就是其过去或者未来遭受的经济损失。
- 将经济损失转化为现值。

事实和假设

无论何种类型经济损失的计量都应建立在一系列基本事实和假设的基础上。事实是指可以被客观验证的事物,如被告的个人特征(如年龄、性别、种族及婚姻状况)、受教育程度及工作经历等。与其相反,假设是主观的,这为合理的争论留有一定的余地。正如前面所指出的,其他专家——如理疗专家(确定伤害对身体持续性的生理影响)、职业专家(评估身体损伤对被告赚取收入能力的影响)、生活护理专家(明确所需医疗护理及与之相关的成本)为经济专家提供了各种前提与假设。而之后讨论的其他重要前提与假设则由经济专家独自决定。

 特别提示

尽管事实可以被独立验证,但对于经济专家来说,并不一定要进行此类验证。换句话说,你不必检查原告的出生证明或驾照以验证其出生日期。因此,你可以假设既定的主张即为事实。这句话说明语义在经济损失中的重要性,然而这在举证或出庭作证时可能成为一个潜在的障碍,很可能被质询。

事实和假设来自不同的信息源,如表12-5所示。不同项目信息的必要性取决于案件的类型(人身损害 VS 过失致死)、与之相关的损失部分,以及案件的具体特性。正如本书所一贯强调的,没有哪一份信息清单是可以普遍适用的。恰恰相反,鉴别相关信息及其可能包含的内容是专家的职责(专业能力)。尽管专家可能会制作一份基本清单作为数据需求的起点,但它总是需要不断地得到补充完善。我们务必牢记,数据收集的关键所在——充分且相关的数据。

表 12-5　信息来源

- 相关文件
  - ▷ 申诉
  - ▷ 答复
  - ▷ 回应
  - ▷ 文稿
- 收益数据
  - ▷ 纳税申报表
  - ▷ W-2s(税单)
  - ▷ 工资条
  - ▷ 社保交纳表
- 教育与就业数据
  - ▷ 简历
  - ▷ 就业经验
  - ▷ 学历证明
  - ▷ 资历与执照
- 医师评估
- 职业评估
- 医疗护理方案
- 原告及其家庭成员的访谈
- 统计数据
  - ▷ 市场工资率
  - ▷ 预期寿命表
  - ▷ 预期工龄表
  - ▷ 利率
  - ▷ 通货膨胀率
  - ▷ 失业率
  - ▷ 工资增长率
  - ▷ 额外福利成本

预测收益

计量工资损失要求分别预测两种不同的收益流：损伤前收益和损伤后收益。前者是原告如果没有遭受伤害原本可以获得的收益，后者是原告在受伤的情形下获得的收益，两者之差便构成了收益损失。如前所述，根据计量的日期，收益损失可分为过去的收益损失和未来的收益损失。这一损失（不论是损伤前还是损伤后的收入与支出流）的计量方法同样可以应用到其他类型的损失计量，包括额外福利（收入的组成部分）、家政服务损失及医疗费用等。

（1）基本收益。任何预测都必须立足于一个基点。对于收益损失的估算而言，其基点是损伤前后的初始收益流，称为基本收益。确定基本收益是至关重要的，因为所有的计算（如增长和贴现）都可以被看成对基本收益的一种调整。①

损伤前收益通常源于过去的实际收益，可以是最近年度或更多年度收益的（加权）平均数。与企业估值中计算替代收益类似，其目标是确定某个单一值，从而可以作为衡量未来收益的一个良好指标。如果一个人的过去收益每年都在持续增长，那么使用收益的加权平均数甚至最近年度的某个单一值是更为合适的；相反，如果一个人的过去收益存在剧烈变动，那么采用简单平均计算可能是更为合适的。

更重要的是，当收益随着年度而显著变化时，经济专家应当尝试探究其原因。可能的解释包括工资上涨、升职、加班、因生病而缺勤等。明确这些解释因素是非常必要的，因为它有助于决定其未来是否继续存在，以及应当如何反映在基本收益中。确定损伤前基本收益的另外一个问题为如何对待损伤当年的部分年度收益。一般来说，应按损伤日前后分别

---

① Brookshire, M. L., Slesnick, F., & Ward, J. O. *The Plaintiff and Defense Attorney's Guide to Understanding Economic Damages.* Lawyers & Judges Publishing Company, Inc.

处理，损伤日之前的收益参照上一年度已获得的收益确定，损伤日之后的收益参照后一年度预测的收益确定。

 特别提示

当缺乏收益的历史数据时，损伤前基本收益可以通过统计资源进行预测，如美国劳工统计局（BLS）汇编的数据。劳工统计局汇编了按不同人口类别（如性别、年龄、种族及受教育程度等）统计的历史平均收益。

损伤前基本收益通常由经济专家确定，而损伤后基本收益则通常由职业专家预测。另外，如果伤者已经重返职场，那么损伤后的实际基本收益可以作为预测未来收益的基准。

（2）收益增长。历史证据已明确表明工资通常会随着时间的流逝而不断增长。因此，基本收益流应当随时间而调整，从而反映预期未来增长。导致这种预期增长主要有以下两大因素：

- 通货膨胀。由于通货膨胀的存在，1美元的购买力会随着物价的上涨而下降。因此，为了保持先前的购买力，工资也必须根据通货膨胀幅度而相应地增加。
- 生产率。生产率通常被定义为一定投入水平下的产出率，它可以衡量各方面的产出情况，如国民经济、行业、公司或个人。

对于拥有持续工作经验的个人来说，过去的实际收益增长可以作为未来收益增长的一种替代。当无法获得充分的历史工作数据时，经济专家必须依赖统计数据，如历史平均数据或者未来预期数据。举例来说，经济专家分析美国劳工统计局汇编的就业成本指数（ECI）的变化，可以追踪不同阶层劳动力的历史工资增长。未来长期工资增长预测可以从联邦社保基金（OASDI）的年度报告中获取，该报告概述了社会保障的前景与展望。而短期的预测数据则可以从美国国会预算办公室（CBO）获取，它提供了近十年有关经济变量的预测数据。基于这些统计数据，经济专家普遍认为目前比较适当的名义工资增长率为3%—5%。

 概念辨析

工资增长可以通过实际变量或者名义变量来表示。名义工资增长是包含通货膨胀率与生产率因素在内的工资增长，而实际工资增长是剔除通货膨胀因素、只保留生产率的工资增长。因此，两者的换算关系为：实际工资＝名义工资/价格指数。

预期工作寿命

大多数人对预期寿命（或者说一个人能活多久）这一概念很熟悉。与之类似的一个概念是预期工作寿命，它是指一个人预期从事工作的时间长度。在收益损失计量中，预期工作寿命是指收益损失预期持续的时长。一个简单的测算方法是预估其退休年龄(如65岁退休),则收益损失预期会持续到退休那天。然而,某些不确定因素会影响该假设的合理性。具体来说,某人有可能在65岁前去世;不仅如此,某人也有可能在65岁之前失业或者失业一段时间。此时,经济专家可以根据统计数据或者运用生活、参与和就业法(LPE)① 处理这些与预期工作寿命有关的不确定因素。相比之下,实务中运用比较多的另一种方法是工作寿命表法。

 特别提示

尽管学术界对工作寿命表法与生活、参与和就业法的优缺点还存在一定的争议,但实务中的偏好比较明显。2011年的一份调查研究表明,67.5%的被调查者使用工作寿命表法;相比之下,只有3%的人选择使用生活、参与和就业法。② 我们在第2章提到,道伯特标准其中一条为"该理论和技术已受同行认可并已有相关出版物",较低的接受率妨碍了法庭对生活、参与和就业法的认可。因此,本章只讨论工作寿命表法,如果想进一步了解生活、参与和就业法以及这两种方法的比较分析,建议读者查阅 *Journal of Legal Economics* 和 *Journal of Forensic Economics* 上发表的相关文章。

工作寿命表法将预期工作寿命定义为:一个人在他(她)的余生中用于工作或者积极寻找工作的平均年数。③ 具体来说,工作寿命表通过年龄、性别、劳动力状态及一个附加变量——教育或种族,呈现了100 000名新生劳动力一生的工作年限状况。这些表格立足于这样一个假设:这群新生劳动力个体进入或者离开劳动力市场的时间间隔具有一定的代表性。通过使用这些表格,经济专家可以估计某一群体中一个普通人参与工作的平均年数。举例来说,如果一名42岁的女性的预期工作寿命是19年,这并不是意味着她将在62岁时退休,而是指她将进入劳动力市场并达到一个完整的19年工作量。她在这期间可能会短暂离职,从而导致整个工作年限持续更长的时间。

工作寿命表基于美国当前人口调查④收集的数据,由美国劳工统计局正式发布。最新的劳工统计局工作寿命表于1986年发布,使用的是1970—1980年的数据。多年以来,经济学家一直使用这些表格估测预期工作寿命。自20世纪90年代以来,经济学家已经开始

---

① JE Payne. Comment: A Critique of the Joint Probability of Life, Participation, and Employment Approach, *Journal of Legal Economics*, 2000, 10(Fall); M Her, W Jennings, A Kinderman. Potential Bias in the Use of Life, Participation, and Employment Approach, *Journal of Legal Economics*, 2001, 11(Fall).

② Brookshire, M. L., Luthy, M. R., & Slesnick, F. L. (2009). A 2009 survey of forensic economists: Their methods, estimates, and perspectives. *Journal of Forensic Economics*, 27(1), 5-34.

③ Foster, E. M., & Skoog, G. R. (2004). The Markov assumption for worklife expectancy. *Journal of Forensic Economics*, 77(2), 167-83.

④ 美国当前人口调查(Current Population Survey, CPS)是美国最古老、规模最大、最复杂,并且被广泛认可的调查形式之一,是美国人口总体劳动力特征及其数据的主要来源。调查的主要目的是提供劳动力就业情况(就业、失业、收入、工作时间)的统计数字,还提供丰富的人口统计特征(年龄、性别、种族、文化程度、婚姻状况、家庭结构、职业)信息,以及其他社会和经济数据。

承担利用劳工统计局提供的数据定期更新工作寿命表的任务。最近的一个例子是2011年由斯库格(Skoog)、司卡(Cieka)和克鲁格(krueger)三位学者根据2005—2009年数据汇编制作的工作寿命表。①

 特别提示

　　经济专家基于以前年度收集的数据估计预期工作寿命,这看上去似乎并不合理;然而,这种方法可能适用于很多经济学变量。研究表明,劳动参与率②几乎不随着时间而变化。自美国劳工统计局首次公布工作寿命表的三十多年以来,男性的工作寿命一直相对稳定,而女性的工作寿命则略有增长。③

　　值得注意的是,工作寿命表基于大量的人口数据反映了一种平均状况,但平均值是否适用于某个特定的原告则取决于该个体的具体特征。如果某个特定的个体在某个具体因素上表现出高于或低于平均值的趋势,那么此时较为合理的做法是用其他指标进行替代。如果一个人有着长期持续的工作经历(也就是说,没有失业或未曾离开劳动力市场),那么对于这个人来说,除了使用统计数据估算其预期工作寿命,经济专家还可以使用持续工作假设估算其持续达到法定退休年龄(如社会保障退休年龄)的工作寿命。

折现率

　　所有的未来经济损失必须通过折现转换为现值,这就要运用到折现率。然而,折现率的应用是经济损失计量中最具争议性的问题之一,其原因在于经济专家很难就此达成共识,也难以得到律师的认可。作为会计专业的学生,我们知道更高的折现率意味着更低的现值;不仅如此,我们还知道即便折现率发生很小的变动也会引起现值的大幅度变动,尤其是对于长期预测而言。

　　(1) 无风险利率。正如第11章所讨论的,折现率可以被看成包括实际借款成本、通货膨胀、到期期限、违约风险的几个因素总和。在企业估值中,估值人员面临的最大挑战在于确定合适的风险因素——预期未来收益无法实现的风险。然而,在经济损失计量中,风险并不是问题,因为折现率被默认为由风险利率替代。使用无风险利率可以让原告在安全的

---

① Skoog, G. R., Ciecka, J. E., & Krueger, K. V. (2011). The Markov process model of labor force activity: Extended tables of central tendency, shape, percentile points, and bootstrap standard errors. *Journal of Forensic Economics*, 22(2), 165-229.
② 劳动参与率是经济活动人口(包括就业者和失业者)占劳动年龄人口的比例,用于衡量人们参与经济活动的指标。该指标反映了潜在劳动者个人对工作收入与闲暇的选择偏好。一方面,它受到个人保留工资、家庭收入规模,以及性别、年龄等个人人口学特征的影响;另一方面,它受到社会保障的覆盖率和水平、劳动力市场状况等社会宏观经济环境的影响。
③ Skoog, G. R., & Ciecka, J. E. (2001). The Markov (increment-decrement) model of labor force activity: Extended tables of central tendency, variation, and probability intervals. *Journal of Forensic Economics*, 77(1), 1-21.

再投资中复制出失去的收益流,从而确定其经济损失。①

 **特别提示**

对无风险利率的要求是美国最高法院在 1983 年审理的琼斯-劳克林(Jones & Laughlin)钢铁公司 VS 法尔福(Pfeifer)集团案②中提出。这被认为是在联邦政府层面上针对经济损失预测最重要的一次法律监管决定。③

(2) 争论领域。在企业估值中,无风险利率几乎是指定的,并且所有的争论集中于附加在无风险利率上的那些因素(如股权风险溢价、公司规模溢价、行业风险溢价、特定公司风险溢价等)。在经济损失计量中,尽管无风险利率是唯一需要考虑的因素,但对其仍然存在很大的争议。那么,争论点是什么?为什么不和第 11 章的企业估值一样,使用政府长期债券的利率呢?无风险利率问题在经济损失计量中的运用相当复杂,从以下三个主要的争论领域中可见一斑④:

- 资产类型的选择。虽然国库券是无风险利率最常见的一种替代,但是高质量的市政债券也是一个很好的选择。
- 期限的选择。美国政府发行三种不同期限的国债:短期国库券(Treasury Bills)、中期国债(Treasury Notes)、长期国债(Treasury Bonds)。因为经济损失预测的时间都比较长,使用长期国债利率似乎是非常合理的。然而,我们需要注意的是,长期证券并非真的"无风险",因为它们包含了到期风险。债券价格与利率成反比(也就是说,利率上升高,债券价格下降),并且长期债券会比短期债券经历更大的价格波动。
- 现行利率、历史平均利率和预测期间的选择。利率本质上是市场价格,并且与其他金融市场价格(如股票、商品、现行物价等)一样,它们的波动十分频繁。鉴于此,选择任何一个特定日期的利率折现一项未来长期收益流的做法都是不可取的。一个合理的方法是采用过去的平均利率。然而,正如第 11 章所指出的,过去发生的并不意味着未来必然会发生。不仅如此,这也产生了另外一个问题:所考察的过去期限究竟要多长?

一些经济专家认为回溯期的长度应当与预测期的长度完全匹配。换句话说,如果预测期是 23 年,那么回溯期也应该是 23 年。但另一些专家则采用了一个与之相似但并没有如

---

① AICPA. (2012). Discount rates, risk, and uncertainty in economic damages calculations. AICPA Forensic and Valuation Services Practice Aid.
② https://supreme.justia.com/cases/federal/us/462/523/case.html
③ Ireland, T. R. (2004). The Role of a Forensic Economist in a Damage Assessment for Personal Injuries. Working paper, University of Missouri at St. Louis.
④ Ibid.

此精确的方法,它只要求两项收益流的持续期间总体上大致匹配即可。虽然配比的方法更直观,但是一个基于特定期间的历史平均利率对未来的预测就比运用其他方法得到的结果更准确吗?这一说法并没有任何经济学依据。

作为一种备选方法,我们可以使用预测利率替代现行利率和历史平均利率。许多政府机构和独立组织提供了包括利率在内的各种经济变量的短期预测与长期预测。折现率的部分数据来源如表12-6所示。

表12-6 折现率的部分数据来源

现行利率和历史利率
• 美国 联邦储备经济数据库(FRED)——圣路易斯联邦储备银行
预测利率
• 美国联邦社保基金信托报告
• 美国国会预算办公室基准经济预测
• 利文斯顿(Livingston)调查——费城联邦储备银行
• 美国总统经济报告

(3)过去损失的利率。除了将未来损失折现为现值,经济专家还必须将过去损失转换为现值。正如前面所提到的,经济损失的现值取决于三个因素:特定的计量日期、计量日期之前发生的损失、计量日期之后发生的损失。不同于由经济专家决定的折现率,过去损失利率的选择属于司法管辖权范围之内的事项。因此,对于经济专家来说,在计算损失时不须考虑任何过去的利率,而由法庭决定这个因素。也就是说,经济专家的损失计量工作并不是全部的现值计算,而只是确定未来损失的现值和过去损失的名义值。

12.2.5 总结性评述

经济损失科学相当古老,早在20世纪80年代已有大量的研究和文献发表。虽然学术界和实务界就经济损失计量的组成要素已达成普遍共识,但是对于具体的计量方法仍然存在较大的争议。与法务会计的其他方面类似,经济损失计量专家之间的意见不可能做到完全一致,主要原因在于以下三个方面:

- 经济损失计量要求运用逻辑分析,这允许多种解释并存,即解决一个问题有多种方法。
- 损失计量是针对特定的企业或个体的,可能存在某些特性没有被完全感知或考虑的情况。
- 经济损失中的大部分内容是未来损失,这部分的计量取决于未来事项固有的不确定性。

因此,显而易见,经济损失计量既是一门科学,又是一门艺术。法务会计师应当尽可能地多收集确凿的信息,它们应来自合理的假设与有效的统计数据。以此为基础,法务会计师才能对假设损伤未发生的未来事项做出更准确的预测。总之,只有依靠"最科学化的方法辅以最具逻辑性的解释",经济损失计量专家才能以专业确定的合理程度形成和表达专业意见。①

12.3 专题三：计算机法务

12.3.1 引言

正如法务会计是会计原则在法律行为上的应用，计算机法务是计算机技术在法律行为中的应用。与法务会计一样，计算机法务的目标是收集和阐释可以在法庭上呈现的证据；两者的不同之处在于，计算机法务的关注面更加狭隘。法务会计可能涉及多种形式和来源的证据的考量，而计算机法务则仅关注储存于计算机设备和其他各种相关存储设备中的证据。

在互联网飞速发展的大背景下，个人计算机的大量普及及技术环境的日益复杂致使法务会计要求跨领域专业技术的介入。我们生活在各种信息触手可及的数字化时代，大量信息以数字化形式(有时甚至仅能以数字化形式)存在。由于这些信息可能构成与法务会计业务相关的证据，因此法务会计师应当对计算机法务有一个基本的认知。这一需求在职业团体中体现得更加明显，2011年美国注册会计师协会对法务会计执业组织的调查发现②：近83%的受访者表示在未来几年里会开展计算机法务调查业务，近50%的受访者声称有意愿在这一领域招聘更多的员工。

虽然基本了解并不足以让我们能够开展计算机调查业务，但是它可以让我们意识到这种专业化的需求，并采取初步或预防措施应对这种调查。具体而言，它将有助于确认以数字化形式存在的数据，并通过数据分析得出信息的种类。在需要计算机专家介入的案件中，法务会计师可以协助筛选计算机专家，并根据计算机专家的意见形成自己的观点。尽管期望法务会计师评价一位支持性专家的分析是不太现实的，但他们应当对争议问题拥有丰富的知识，以确认是否存在重大失误或失败。此外，他们还必须在法务会计专业知识范围内充分理解一位支持性专家就相关问题所得出结论的含义及其适用性。

在第9章，我们采用了多种方式分析财务数据和其他量化数据。尽管我们也提及了几项具体的技术挑战(比如，从数据库中提取数据、针对多种文件格式转化数据)，但是我们关注的重点仍然是量化方法和工具的应用。在本章，我们将拓宽关注的范围，涉及非常规会计领域中其他类型的电子数字证据。

在法务会计领域的应用

计算机法务广泛应用于涉及法务会计业务的刑事诉讼或民事诉讼。电子数字证据可能是法务会计业务的首要着眼点，或者仅是诸多不同类型证据中的一种。

(1) 网络犯罪。网络犯罪几乎已成为所有个人和组织的重大威胁，因此网络犯罪调查

---

① Martin, G. D. (2011). *Determining Economic Damages*. James Publishing.
② AICPA. (2011). The 2011 Forensic and Valuation Services Trend Survey.

或许是计算机法务最重要的应用。虽然数字化信息可以用于很多建设性目标,但也可以用于非法活动,包括形式多样的金融诈骗乃至恐怖主义活动。计算机技术在绝大多数的舞弊活动中发挥了重要作用——成为犯罪工具、犯罪目标,以及犯罪证据的潜在来源。

尽管很多网络犯罪调查尚未被揭发,但已报告事件的统计数据仍然可以反映出其广泛的影响。在美国,针对个人的网络犯罪由互联网犯罪投诉中心(IC3)[①]受理。2011年,该中心收到314 246起投诉,涉案总金额高达48 530万美元。[②] 受害者最普遍的投诉包括联邦调查局界定的人身欺诈、身份盗窃和信用卡预借费诈骗。公司最为关心的则是数据泄露(盗窃企业信息)。实施者可能来自外部的个人黑客、有组织的犯罪网络,也可能来自内部的职员犯罪。2010年,针对美国454个组织的调研发现,每个组织因网络犯罪而造成的经济损失平均为380万美元/年,包括直接经济损失(信息泄露、商业入侵、财产损失)和间接经济损失(内部介入活动,如侦查和调查)。根据2012年发布的一项调研结果,公司信息泄露的关键特征因素如表12-7所示。

表12-7 公司信息泄露的特征

信息泄露背后有哪些人?	信息泄露存在哪些共性?
• 98%源于外部间谍 • 4%牵涉内部员工 • 58%与犯罪分子集团有关	• 79%的受害者是意外目标 • 96%的攻击不是非常困难的 • 94%的数据失窃涉及服务器 • 85%的泄露事件需要数周或更长时间才会被发现 • 92%的泄露事件由第三方发现 • 97%的泄露事件可通过简单或中间控制来避免
信息泄露是如何发生的? • 81%使用黑客形式 • 69%加入木马等恶意软件 • 10%涉及物理攻击 • 7%利用社会策略 • 5%源于滥用特权	

资料来源:汇编自威讯(Verizon)公司发布的《2012年数据泄露调查报告》。

(2)其他业务。除了非法活动(刑事案件),计算机调查也可以用于侦查政府监管和企业政策的违规情况(民事案件)。诉讼活动(例如,破产、离婚和经济损失等)也要求甄别和评估电子数字证据。在这些案件中,各种有待解决的争议问题需要通过电子数字证据来确认或反驳。电子数字证据的例子包括各种类型的文件(如电子表格、照片、视频等)或这些文件的特征(如文件由谁、何时建立或篡改)。总之,执法人员、企业管理层、审计团队、代理律师和个人对计算机法务专家的需求越来越大。

在这些业务活动中,尽管法务会计师并不一定扮演计算机法务专家的角色,但他们必须对计算机硬件、计算机软件系统、调查与证据收集协议有所了解。美国注册会计师协会以下的认证知识体系强调了这些基础知识的重要性:

[①] 美国互联网犯罪投诉中心、美国联邦调查局、国家白领犯罪中心和司法援助局存在合作关系。
[②] Internet Crime Complaint Center. (2011). 2011 Internet Crime Report.

- 美国注册会计师协会的注册金融法务(CFF)。
- 美国注册会计师协会的注册信息技术职业(CITP)。
- 美国注册会计师协会的注册舞弊审查师(CFE)。

与计算机法务在法务会计应用相关的其他信息可以从上述组织提供的出版物及其他资源中获取。

专业术语

为了能够基本理解计算机法务,我们应该熟悉该领域所使用的专业术语。尽管全面理解所有的专业术语并不在我们的讨论范围之列,但我们应当掌握下面精选的简略清单中的关键术语。有些概念看起来不言而喻,但法务会计师在具体的计算机调查情境中应当理解其确切含义。

- 计算机系统由硬件和处理数据的软件构成。① 系统的具体硬件部分可能包括:
  ▷ 电路板、微处理器、硬盘驱动器、存储器和接口连接设备;
  ▷ 摄像头、键盘和鼠标;
  ▷ 各种外置的(外部连接的)驱动器和设备。

计算机系统可以有多种形式,如笔记本、台式计算机、塔式计算机、迷你本、大型计算机等。

- 计算机网络由两台或两台以上的计算机通过数据线或无线链接而成,以实现数据和资源的共享。②
- 电子存储信息(ESI)是以电子形式构建、操作和存储的信息。例如,电子邮件消息、互联网浏览历史记录、互联网聊天日志、照片或图形文件、视频文件和数据库等。电子存储信息与纸质信息的不同之处在于③:
  ▷ 电子存储信息的信息量通常远大于纸质信息。很明显,电子邮件和文本消息等沟通信息易于查询,也能迅速地积累。此外,电子存储信息可以同时保存在多个位置,通过复制功能增加了信息储存量。例如,一份电子表格文件可以存储在某位职员的工作计算机和家庭计算机中,也可以存储在已共享的同事计算机或单位的后台备份系统中。
  ▷ 与纸质信息不同,电子存储信息容易被篡改或销毁。
  ▷ 纸质信息不具备电子存储信息的某些特征。具体来说,电子文件包括可视化信息和内嵌信息——元数据。元数据通常被称为"关于数据的数据",主要是描述数据属性的信息,用以支持诸如指示存储位置、历史数据、资源查找、文件记录

---

① National Institute of Justice. (2008). *Electronic Crime Scene Investigation: A Guide for First Responders*, 2nd Ed., NIJ Special Report.
② Ibid.
③ Rothstein, B. J., Hedges, R. J., & Wiggins, E. C. (2007). *Managing the Discovery of Electronic Information: A Pocket Guide for Judges.* Federal Judicial Center.

等功能。① 例如,元数据会包括作者信息、创作时间、修改时间及修改内容等。

▷ 删除电子存储信息并不意味着完全销毁文件,这不同于纸质信息的焚烧或粉碎方式。在大部分情形下,删除的文件只要没有被重写就可以恢复,并可以在他人计算机或后台备份系统中找到。

 特别提示

电子存储信息的存在对诉讼案件证据的调查取证是一种挑战。这种"电子证据的调查取证"挑战包括:(1)证据调查取证的范围;(2)电子存储信息的调查取证方式;(3)电子存储信息的调查取证是否违背律师——当事人保密特权或工作成果豁免原则;(4)成本的分配;(5)电子存储信息的保存与相关毁损的考虑。②《联邦民事诉讼规则》的修订特别考虑了电子存储信息问题,并于2006年12月1日起施行。根据这次修订,电子存储信息被划分为单独的信息类别,以便与"文件"和"事实"区分。

存储设备

在被获取和分析之前,电子数字证据必须被定位。换言之,分析人员必须事先确认信息存储的位置。电子数字证据可能存在于多个存储设备或介质中,其存储信息的形式与容量各不相同。电子数字证据存储的具体介质及实例介绍如下③:

- 闪存介质。数据存储于可以改写的记忆芯片中。由于这种介质没有可移动的元件或敏感的界面,从而使数据不容易被损坏。常见的闪存介质包括USB闪存盘(也称为拇指驱动器)、存储卡(常用于数码相机)和外置固态硬盘(SSD)驱动器。
- 可读写光存储介质。利用激光的单色性和相干性,将模拟或数字信息通过调制激光聚焦到光盘上,使光照微区发生变化,从而实现信息存储。除了可擦写光盘,数据一旦被刻录在光盘上,通常不能被改写。由于光盘层(存储数据的染色层和反射激光的金属层)暴露在光、潮湿或炽热的环境中很容易破坏数据,因此这是一种易损的数据存储介质。比较常见的可读写光存储介质包括CD、DVD和蓝光光碟。
- 磁性介质。这种方式通过改变磁盘或磁带的磁极存储数据。记录过程要求旋转磁盘或磁带(可移动部分),这意味着存在机器故障导致失误的可能性。常见的磁性介质包括硬盘驱动器(内置的和外置的)和磁带盒。

这些存储设备通常封装在许多装置中,包括计算机工作站、个人数码设备(如手机和平板电脑)、可移动媒体(如CD、DVD、外置固态硬盘、U盘驱动器、备份磁盘等)。分析人员还

---

① AICPA. (2012). Computer and Forensic Services and the CPA Practitioner. Forensic and Valuation Services Section, 2010-2012 Forensic Technology Task Force.

② Rothstein, B. J., Hedges, R. J., & Wiggins, E. C. (2007). *Managing the Discovery of Electronic Information: A Pocket Guide for Judges.* Federal Judicial Center.

③ National Park Service. (2010). Digital Storage Media. *Conserve O Gram*, 22(5).

必须注意,个人可能会将数据存储在"云端"——可以通过互联网访问的设备。相关的例子包括第三方存储中心(如谷歌的 Docs、微软的 SkyDrive)、电子邮件服务提供方(如 Gmail、Hotmail)以及社交网络站点(如 Facebook、Twitter 和 YouTube)。

12.3.2 计算机法务的情境

理解了基本的计算机环境——是什么,我们现在把注意力转向计算机法务的"为什么"——目的或目标。根据美国会计师协会的解释,计算机法务的目的是确定某一用户在某台设备上的行为,或者致力于恢复已删除、被覆盖或解密的数据。[①] 用户行为包括但不限于使用计算机的日期与次数、已浏览的网站,以及利用计算机创建或修改文件的日期与次数等。计算机法务调查所面临的挑战包括确定相关数据的位置、如何获取这些数据,以及如何利用数据分析工具将其转化为可处理的格式。

计算机法务与简单的数据恢复不同,后者涉及从一台计算机中恢复丢失的数据。例如,因不小心删除、突然断电或服务器瘫痪而丢失的数据。[②] 在数据恢复活动中,我们通常知道我们在查找什么;然而,计算机法务是以保护证据为目的、搜寻被有意隐藏或删除的未覆盖数据。

系统化方法

与所有法务会计业务相同,计算机法务调查在本质上也应该系统化。鉴于电子数字证据的脆弱性和动态性特征,为了确保这些数据在收集、保存和分析的过程中不被损坏或篡改,采用结构化的方法是非常必要的。我们在本书曾多次强调,考虑到每项业务的独特方面,法务会计师的工作不能简化成一系列的检查清单;然而,这一命题对于计算机法务也许是一个例外,因为计算机协议是相当普遍的。例如,记录和评估一幕场景的协议;收集证据;整合、传递与存储证据。特别是在执法过程中,一些初始工作通常由未接受专业强化训练的公务员完成,这种清单式的引导尤为必要。

在整个调查过程中,电子数据被(有意或无意)篡改的可能性很大。为了避免这种影响,使调查的结果能够可再生(能够被他人重复和证实)是至关重要的。这要求调查过程要有计划、以逻辑的方式执行,并附有综合性支撑文件。与证据羁押实践相关的文档是相当重要的。监管链描述了证据从收集开始直到调查结束的整个路径,它可以随时确认接触过证据的每个人。

法律因素

计算机法务调查受制于独特的法律因素。[③] 电子数据的所有权属于谁?法务会计师或委托人是否具备收集数据的法定权力?这种利力在民事案件中由传票赋予,而在刑事案

[①] AICPA. (2012). Computer and Forensic Services and the CPA Practitioner. Forensic and Valuation Services Section, 2010-2012 Forensic Technology Task Force.

[②] Nelson, B., & Phillips, A. (2008). *Guide to Computer Forensics and Investigations*, 3rd Ed. Course Technology, Cengage Learning.

[③] AICPA. (2012). Computer and Forensic Services and the CPA Practitioner. Forensic and Valuation Services Section, 2010-2012 Forensic Technology Task Force.

件中由搜查令授予。对于企业调查来说,我们必须考虑企业制定的相关政策,如有关计算机、电话等企业设备使用的政策。同时,我们必须考虑与个人信息保密有关的隐私权,因为不正当地获取存储在电子设备的数据可能违反联邦法律。① 最后,分析人员还必须留意存储在目标设备中的任何未预期数据(例如,涉及未成年人色情或国家安全威胁的数据),它们可能需要上报给相关执法机构。

范围因素

我们在第 3 章提及范围问题,特别强调了界定任务范围的重要性。考虑到所涉及数据的容量,这一点在计算机调查中也是不可或缺的。

首先,实体存储设备②必须是具体、明确的,宽泛的因素(如企业办公室所有的设备)不足以实现数据收集。这不能向分析人员明示设备的数量、类型和存储能力——确定计划和组织的必要信息。显然,设备数量是估计完成分析所需时间的首要因素。更重要的是,我们还必须考虑分析设备的最大存储能力,而这些设备的容量从兆字节(CD 光盘)至兆兆字节(硬盘驱动器)不等。

概念辨析

数字存储能力以字节为衡量单位。常见的存储容量从小到大分别为千字节(KB)、兆字节(MB)、千兆字节(GB)、兆兆字节(TB)。它们之间的关系可以表示为:1KB = 1 024B、1MB = 1 024KB、1GB = 1 024MB、1TB = 1 024GB。为了直观地理解这种关系,请思考下面的例子:

- 目前笔记本硬盘的大小通常以几百 GB 衡量;100GB 的数据相当于 5 万棵树转化成打印纸的容量。
- 外置固态硬盘驱动器可搭载几个 TB 的数据。1TB 的数据相当于一栋学术研究型图书馆的数据容量,美国国会图书馆纸质藏书的数据只有约 2 TB。

其次,我们必须明确实体存储设备的类型(构造或模式),因为这可能影响数据提取工具的选择。此外,分析人员必须清晰地界定调查目标,即寻找什么。目标可能是具体的事物(如关键词或姓名),也可能是既定模式的例外情形(如意料之外的用户行为或文件传输)。在上述情境中,调查可能限于一定范围的用户、某一类型的文件或某一段具体的时间。

最后,我们必须明确实体存储设备的位置。这一点很重要,因为这些设备可能不可见(存放在视线范围之外),也可能是便携的(能够从原位移动)。上述因素都会影响计算机法务活动的必要资源——工具、时间和预算。

---

① 相关的法律包括 1986 年的《电子社交隐私法》《电缆通讯政策法》(两者均经 2001 年《美国爱国者法》修订)以及 1980 年的《隐私保护法》。
② 与之对应的是第三方平台提供的设备,如云端、邮件服务器等。

12.3.3 计算机法务调查的过程

在本部分,我们简要介绍计算机法务调查的过程,包括基本内容和关键考虑。这些讨论对于具体指导实际调查的意义可能不大;然而,我们的目标是告知调查过程的复杂性,明确所涉及的各种挑战与风险。

收集初步信息

在试图收集和分析电子存储信息之前,分析人员应当尽可能多地收集目标设备所处环境的信息,其中最直接的方法就是访谈。在企业组织环境中,潜在的受访者应当包括管理层,他们可以指出关键人物并解释组织整体运营环境;而信息技术人员则可以提供更多关于用户接触与使用、具体系统与政策的细节。对于家庭访谈来说,目标受访者的确定并不那么复杂,但是对所有家庭成员进行访谈则可以提供全面、有效的信息。在上述情形中,我们都是为了明确技术由谁使用及如何使用的。

正确区分计算机调查与第 4 章所讨论的深入访谈是非常重要的。在计算机法务中,由于分析人员的权限受限,信息收集也会受限。运用我们在第 4 章提及的概念,这些访谈在性质上倾向于规范化,包含很多信息化问题。另一个不同之处是受访者的数量和顺序。法务会计师通常采访很多人,从中立的第三方切入,以目标受访者收尾;而计算机分析师则聚焦于范围更小的群体(该群体被寄期望拥有特定的信息),他们可能并不包含在目标受访者之列。

计算机分析师访谈所提出的问题可能包括以下内容:

- 目标用户知晓和使用过什么设备?
- 目标用户的技术水平如何?
- 实体设备的安全保护措施,其物理安全(如位于上锁的设施或房间内)和数据安全(如密码保护)如何?
- 有计算机网络吗?如果有,那么可获取计算机网络图吗?
- 设备或系统上都有哪些登录账户(账号和密码)?
- 有没有任何设备或系统活动日志?
- 设备用于哪些方面(如处理、存储或沟通)?
- 设备使用频率如何?
- 设备有远程链接吗?
- 使用何种操作系统、电子邮件系统、软件应用?
- 使用了任何加密工具吗?
- 有没有异地存储产设备(如其他位置的后台备份或网盘)?
- 系统管理员是谁?其他人有系统管理特权吗?
- 有哪些相关的公司政策(如保密、隐私、信息技术安全、使用政策等)?

整理和存储电子数字证据

由于电子数字证据能够被轻易篡改或销毁,因此我们在整理、传输和存储时务必小心

谨慎,其目标是确保证据在调查的整个过程中没有被篡改。应注意的因素包括以下几点:

- 电子数字证据在极端气温、潮湿、物理创伤、静电干扰和磁场环境下非常容易受损伤。
- 电子数字证据对时间特别敏感,因为有些数据往往是暂时保存,可能会定期被重写或覆盖(如视频监控数据)。
- 如果断电,那么设备中的电子数字证据可能会丢失。
- 有些设备(如手机)上的数据,只要有通信信号就容易被改写或删除。具体而言,如果手机丢失或被盗,可以通过远程激活手机中的软件使手机失效。鉴于此,所有类似的设备应当放置于能屏蔽信号的材料内,如铝箔或法拉第袋。①
- 整理后的电子数字证据应当存储于相对安全和环境恒定的场所。任何后续的证据接触都应完全地记录于监管链上。

特别提示

作为美国司法部调研、发展和评估机构的美国国家司法研究所(NIJ)创建了一个收集电子数字证据的流程图,它首次登载于报告 Electronic Crime Scene Investigation: A Guide for First Resporders(2008年4月第2版)中,可从国家司法研究所的官网(www.nij.gov/nij/publications/)上获取。

分析电子数字证据

在计算机法务情境中,"分析"意味着解读被覆盖的数据,并以一种逻辑、有效的格式编译数据。② 数据在被分析之前必须从源介质中提取或恢复。根据业务所处的环境,电子数字证据分析可分为静态取证和动态取证。③ 顾名思义,静态取证是对静态数据的分析,它涉及创建存储在实体设备上所有数据的备份,并在安全的环境下分析该备份数据;相反,动态取证是提取并分析动态数据而非备份数据。这种取证方式有时是非常必要的。例如,从服务器中提取数据,但服务器对于一个组织的运营来说是不可或缺的,不能被关闭。

另一种重要分类是根据数据而非分析的类型,具体包括活跃数据、档案数据、隐藏数据。④

- 活跃数据是可观测的数据,如数据文件、程序文件、操作系统所用的文件。
- 档案数据是已被备份和存储的数据,如后台备份系统或整个硬盘。

---

① 以电磁学的奠基人、英国物理学家迈克尔·法拉第的姓氏命名的一种用于干扰电磁波、屏蔽静电、信号的设备。

② National Institute of Justice. (2004). Forensic Examination of Digital Evidence: A Guide for Law Enforcement. NIJ Special Report.

③ AICPA. (2012). Computer and Forensic Services and the CPA Practitioner. Forensic and Valuation Services Section, 2010-2012 Forensic Technology Task Force.

④ Pachghare, V. K. (2010). Cryptography and Information Security. PHI Learning Private Limited.

- 隐藏数据是已被删除或被部分重写的数据。

尽管不同类别数据的重要性取决于业务的具体目标,但是隐藏数据经常是关注的重点,特别是在怀疑有欺诈或其他错误行为存在时。因为隐藏数据并不可见,它们的恢复需要专业技术及特定工具。

正如前面所指出的,对于计算机分析师来说,分析处理已提取的取证备份数据是一件司空见惯的事。取证备份是一种比特流复制,是从源驱动器上按比特进行复制,或者说精密复制。① 这与简单的后台备份不同,因为数据(一次 1 比特)都被复制了。后台备份软件仅能复制或压缩存在于文件夹或已知的文件类型,而不能删除文件碎片。② 比特流复制可以使用取证镜像软件或取证硬盘备份器完成。

在创建了取证数据备份后,分析师将着手开展整个调查中最耗时的工作——分析工具与方法的实际应用。如前所述,分析包括编译和利用数据。那么紧接着的问题就是,运用何种类型的分析?它们能产生哪些有用的信息?三种常见的分析类型分别是时间架构分析、隐藏数据分析和文件分析。③

- 时间架构分析用于确认计算机系统中特定事件发生的时间。这可能涉及浏览元数据包含的时间与日期(如创建日期、最后修改日期、最后使用日期),以捕获与调查相关的特定文件。另一个例子是浏览系统和应用日志,如报错日志、安装日志、安全日志等。
- 隐藏数据分析的目的是查找和恢复被计算机系统隐藏的数据。例如,根据分析文件的扩展名辨认异常情形,这意味着可能存在故意隐瞒的骗局,如通过更改电子表格文件的扩展名来将其伪装成图片文件。这种分析类型还涉及恢复被删除、粉碎、加密保护的文件。

特别提示

被删除的文件仍然会存在于存储设备上,直到新的文件被保存在同一个位置,重写并覆盖了源文件。同时,这些文件还可以利用数据修复技术进行恢复。设备的存储能力越强,文件被恢复的可能性越大。④ 磁盘空间一直是"有空余的",它可能在一段很长的时间内(甚至是几年)都不变,直到被重写。

---

① 比特(二进制数字的缩写或简称)是计算机中信息的基本单位,它是有两个取值的二进制变量 0 或 1。1 个字节包含 8 个比特。

② Nelson, B., & Phillips, A. (2008). *Guide to Computer Forensics and Investigations*, 3rd Ed. Course Technology, Cengage Learning.

③ National Institute of Justice. (2004). Forensic Examination of Digital Evidence: A Guide for Law Enforcement. NIJ Special Report.

④ Beek, C. (2011). Introduction to File Carving. McAfee White Paper.

- 文件分析可以洞察系统的性能和用户的认知。例子如下:
  ▷ 关键词搜索或图片搜索;
  ▷ 浏览文件名或图标;
  ▷ 校验文件的内容;
  ▷ 将文件与已安装的应用程序相关联;
  ▷ 检测文件结构以确认文件是否存储在默认或更改的位置;
  ▷ 检验用户配置设定。

12.3.4 计算机法务的趋势

我们以强调影响法务会计师的计算机法务发展趋势结束这一专题的讨论。前文提及的 2011 年美国注册会计师协会对法务会计执业组织的调查发现,执业组织未来面临的最大技术威胁表现在以下方面[①]:

- 手机终端应用。当今的智能手机实质上是一种微型电脑终端,它包含了大量的个人信息,如密码、财务信息、合同、电子邮件或短信等。尽管有部分应用程序(或 Apps)尝试保护这些敏感数据,但没有哪一个可以与针对计算机而设计的反病毒软件相比。
- 内部人欺诈。随着经济的恶化,财务压力容易诱发欺诈三角形中"借口"这一因素,从而导致来自内部人的威胁不断增大。这种威胁可能包括无形资产的失窃(如泄露商业机密、产品设计、营销计划),以及舞弊交易(如向虚构的供应商或雇员付款)。
- 远程登录。随着人力资源流动性的增强,雇员更加需要能够随时随地使用系统的权限。新技术使得远程登录成为可能,但是安全措施却没有跟上,从而导致组织机构经常遭遇未经授权的系统登录和数据访问。
- 社交网络。包括 Facebook、YouTube、Twitter、Instagram 等社交网络站点已成为大量证据的来源,其内容可能被用于多种目的,譬如进行背景调查、弹劾证人、建立个人关系、确认数据和活动位置。
- 恶意软件。恶意软件的传播与泛滥使计算机分析师面临严峻的挑战。恶意软件可被用于窃听网络沟通,特别是从交易系统窃取信用卡信息,从而损坏目标系统,如网站瘫痪和数据清洗。

12.3.5 最后的忠告

正如美国注册会计师协会《职业行为守则第 201 号———一般准则》所指出的,承接了任务就"意味着"法务会计师已具备(或有能力获取)专业胜任能力。专业胜任能力,如前文所述,包括拥有专业知识、技能和经验,并能够熟练运用专业技术与职业判断。我们承认,

---

① AICPA. (2011). The 2011 Forensic and Valuation Services Trend Survey.

尽管对计算机法务的基本了解应该成为法务会计基础知识的一部分,但它并不足以让法务会计师独立地完成计算机调查。有鉴于此,我们认为电子数字证据应当由接受过专业训练的人员收集和分析。因为许多法务会计师并没有接受过这种专门的训练,所以委托业务中的计算机法务部分有必要进行外包。当然,这种安排要求明确划分每位专家的角色和职责。

12.4 专题四:报告结果

12.4.1 引言

法务会计业务的最后阶段是沟通结果并出具报告。这或许是整个业务过程中最关键的部分,意味着先前所有工作的制高点。尽管报告的格式与内容取决于特定业务的性质、范围、目的和期限,但从业者还必须遵守适用的司法条例(如《联邦民事诉讼规则》第 26 条规则)和职业准则(由美国注册会计师协会、美国注册评估师与分析师协会和美国注册舞弊审查师协会等发布)。在这一部分,我们介绍这些条例与准则,并强调与报告结果相关的关键内容。

特别提示

值得注意的是,并非所有的法务会计师是注册会计师或美国注册会计师协会的会员;而且,法务会计师通常从属于多个专业协会。虽然从业者必须遵守所属协会的所有规定,但美国注册会计师协会的《职业行为守则》被公认为会计师在实践领域最重要的指南。因此,本章着重介绍美国注册会计师协会发布的相关准则。

为了理解法务会计师因无法满足适用的报告要求而产生的潜在严重后果,我们思考巴特集团(Bart Group)VS 瓦尔特·梅尔卡多-萨利纳斯(Walter Mercado-Salinas, et al.)案。①

巴特集团 VS 瓦尔特·梅尔卡多-萨利纳斯案

本案涉及有关瓦尔特·梅尔卡多-萨利纳斯电视占卜产品的市场开发、品牌形象的多方合同纠纷。各方遵照合同、友好协作经商已达 11 年。然而,原告(巴特集团)声称被告(梅尔卡多)在 2006 年 11 月未出席既定会议而违反合同,且未提供所要求的材料(如会计报告)并试图终止合同。梅尔卡多反驳指出,因为巴特集团未能按时支付合同中的项目,其在 2006 年 11 月 22 日的沟通信件中已提及"因故"②终止合同。

---

① 美国第十一巡回上诉法庭,2011 年民事诉讼第 09-15971 号。审判意见请链接 www.pearsonhighered.com/fufus。
② 此案中的"因故"是指违反合约规定。

法务会计专家

为了支持其经济损失索赔,巴特集团聘请了注册会计师伦纳德·M.库赛诺(Leonard M. Cusano)。库赛诺的任务是计量巴特集团因梅尔卡多的行为而造成的经济损失的现值。在专家证人报告的截止日(2008年11月20日),巴特集团向梅尔卡多传真了一份信函,确认库赛诺承担以下工作:

- 计算截至审理日未来经济损失的净现值。
- 预判构成过去损失的现金流量收益的计量。
- 提供应对反驳损失赔偿计量意见的证言。

传真附件包括库赛诺计算经济损失的"公式"、其聘书及未签字的"损失赔偿金额汇总"图,其中标明总损失赔偿达 14 727 177 美元。但对于总额的计算(方法),传真信函未提供任何解释,也未披露事实依据、所使用的假设及库赛诺的资质。

质疑专家证言的提案

2008年12月5日,地区法院就梅尔卡多质疑库赛诺证言的提案召开听证会。在听证会上,梅尔卡多指出,库赛诺(特别是2008年11月20日的传真信函)没有遵守《联邦民事诉讼规则》第26(a)条规定的报告条例。2008年12月10日,法庭受理了梅尔卡多的提案;同时,法庭驳回了巴特集团提交的库赛诺专家证言。这样,巴特集团经济损失索赔的事实证词只能局限于来自记账员和公司董事有关梅尔卡多的合约、历史数据。

审理与陪审团裁决

该案于2009年1月分两个阶段审理。第一阶段持续了8天,陪审团认同违约的证据并支持巴特集团。第二阶段持续了2天,陪审团考虑了经济损失索赔问题,发现巴特集团并未因梅尔卡多的行为而遭受损失。因此,没有任何经济损失需要裁定,法庭于2009年2月4日进入终审环节。

上诉

巴特集团提起上诉,要求就经济损失索赔问题进行重新审理。具体来说,巴特集团诉称地区法院滥用裁量权驳回了法务会计师的专家证言。[①] 2011年8月23日,上诉法院确认了地区法院的裁决,并未发现其滥用裁量权。此外,上诉法院裁定,巴特集团及其专家证人未能遵守《联邦民事诉讼规则》第26(a)条所要求的披露原则,拒绝采信法务会计师的专家证言。

12.4.2 司法条例——第26条规则

《联邦民事诉讼规则》第26条(已在第2章介绍)规范了专家证言的披露问题。具体来说,第26(a)(2)(B)条指出:"除非另有规定或法院指示,有关披露……必须附上由证人制作并签名的书面报告。"此外,书面报告必须包括以下内容:

[①] 除了法务会计师,另外还有五名推荐专家因违反第26条规则而不被允许出庭作证。

- 一份完整表述证人所有意见的报告,并附上依据和理由。
- 形成证人意见所依据的事实或数据。
- 任何被用于总结或支持意见的物证。
- 证人的资质,包括在过去十年间发表的出版物列表。
- 在过去的四年中,证人作为专家参与作证的所有其他案件(不论是否出庭)列表。
- 一份关于支付本案调查与证词报酬的声明。

从前述判例中可以得知,不遵守第26条规则会使得专家证人遭受质疑,甚至可能被驱逐。

第26条规则限制了"非特权"信息的开示,其中包括专家证言。然而,2010年12月,第26条规则修订后新增了对专家证言开示的限制,其中最明显的一条规定是保护专家证人起草的报告免于开示和披露。在修订前,这些材料必须在庭审前开示;而现在,它们受"工作成果豁免原则"的保护,但以下三种情况例外:

- 关于专家证人报酬的沟通信息。
- 关于专家证人形成其意见所需的事实与数据的沟通信息。
- 关于专家证人形成其意见所依据假设的沟通信息。

虽然报告草案和相关披露明确受到律师工作成果原则的保护,但关于披露律师与专家证人之间的沟通信息仍存在不确定性。因为法庭广泛认同前述的三种例外,所以律师和专家都应谨慎对待信息披露,特别是书面沟通(包括电子邮件通信)。

深入探讨

在2010年对第26条规则进行修订之前,专家证人尽量避免与代理律师就报告草案和其他书面信息进行沟通是很普遍的。一种比较流行的策略是在委托业务起始时将专家证人作为顾问,这样就允许对理念和想法展开自由讨论;随后,再将其地位转变为举证专家。你认为是什么顾虑或原因导致了第26条规则的修订?这对法务会计师的工作有何影响?

12.4.3 职业准则

作为一项规则,在诉讼过程①中准备的法务会计报告不受职业报告撰写准则的约束,相关准则如美国注册会计师协会、美国注册评估师与分析师协会为企业估值所颁布的。其基本原理具有双重性:首先,已发布的法规或政府权威条例(如第26条规则或《收入裁决59—60》)应当优先于职业准则;其次,这确保了专家证人在陈述意见时行使自由裁量权,以充分应对对方的交叉询问。

---

① 涵盖庭审前所有程序,包括仲裁、调解,以及政府或行政诉讼过程。

特别提示

除《咨询服务标准第1号公告》(详见第10章)涉及与委托人之间的书面沟通外,美国注册会计师协会并未就诉讼支持活动制定具体的报告撰写准则。

即使法务会计业务是非诉讼活动,除了适用于企业估值的条例(详见第11章),也缺乏具体的报告准则。考虑到不同业务的特殊属性,制定一套通用的准则有一定的难度。显而易见,舞弊调查报告的格式不同于企业估值报告或经济损失报告。即便如此,大多数报告具有共同的要素,并从属于某一基本类别。

第11章阐述了企业估值报告的三种类型:详情报告、总结报告和计算报告。[①] 我们现在使用一个更一般性的术语对其进行概括——书面报告(不只针对企业估值报告),并在此基础上新增一种分类——口头报告。这样,我们建议法务会计报告既可以是书面的,也可以是口头的;在类型上,可以是详情报告、总结报告和计算报告中的任意一种。

口头报告

法务会计师经常被要求以口头报告形式表述其调查结果。顾名思义,口头报告采用言语形式而不使用任何书面材料。尽管从代理律师的角度来看,(根据前面已提及的证据调查取证问题)这一做法是合情合理的,但是这给法务会计师带来了难题。比如,口头报告所表述的信息可能被接受者误解并误传给其他人,有意的或无意的皆有可能。没有书面材料,也就无法确认沟通的实质——哪些内容是或不是真实表述。

 深入探讨

当被要求进行口头报告时,充分考虑其原因(例如,成本、保密性或竞争优势等)是非常重要的。充分理解委托人的动机很有必要,以免自己会面临风险。请思考,口头报告会使法务会计师面临哪些风险?

为了避免这样的问题,我们建议法务会计师准备一份书面的预报告大纲,并使用备忘录文件记录口头报告的主旨内容。预报告大纲应当涵盖业务所有的必要信息,包括范围、假设、局限性和结果等。此外,备忘录文件还必须与预报告大纲保持高度一致,两者均适用于证据的开示。除了这些具体规定,我们针对口头报告提出以下通用的注意事项和建议:

- 陈述者必须意识到口头表述在功能和风格上不同于书面形式。
- 口头报告的时间长度(15—30分钟)通常较短。

[①] 详见美国注册会计师协会发布的《估值服务标准第1号公告》和美国注册评估师与分析师协会的报告准则。

- 口头报告的重心通常在结果（发现）上，并与分析、论述同时进行。
- 陈述者有责任筛选沟通所需的信息并确保其被顺利转述。

 职场范例

从实务的角度来看，代理律师通常会要求法务会计师以口头形式提供"初步数值"或"大致估计"。我们的执业经验表明，法务会计师遵循该要求至少会落入两大陷阱：其一，会产生错误的预期，律师很可能会始终秉持此看法（尤其在对其有利时），并拒绝之后的修正；其二，在未经法务会计师认可的情形下，律师可能将沟通内容当作口头报告。若此情形发生，法务会计师就会处于很危险的境地，勉为其难地支持其未曾表示的意见。为了避免这种情形的发生，我们建议法务会计师尽量避免发表初步估计的看法，只有在书面材料中明确标注"草案"时才可取。

书面报告

书面报告与人们对"报告"一词的一般理解更为一致。虽然书面材料避免了前述口头报告可能存在的诸多缺点，但是书面报告也面临自身的挑战。最明显的是，任何书面表述都可以通过多种方式进行检验、解读与分析，这使其来源的可信度面临严峻的挑战。因此，对书面报告的质量和准确性的要求是非常高的。

虽然书面报告有着相同的基本格式，但它们在结构方面有所不同，比如内容、组织和详尽程度。接下来，我们分别介绍三种书面报告——总结报告、详情报告和计算报告。

（1）总结报告。总结报告是一份用于表达议题主旨的简短叙述，是表述委托业务结果的载体。是出具总结报告还是详情报告取决于法务会计师和委托人所约定的报告详尽程度。在通常情况下，双方共识的达成主要根据不同业务所处独特环境的时间和成本限制。

在本节引言中指出，所有的报告具有业务特定的因素。也就是说，一些基本参数构成了最低要求。具体来说，法务会计师应当向委托方提交一份总结报告，并且至少涵盖以下信息：

委托的目的，报告的使用意图，范围限制，报告使用的限制，所依据的事实、数据和假设，信息的来源，所采用的方法，总结性意见，法务会计师的签名，物证。

总结报告面临的挑战是如何满足报告使用者的信息需求，提供适量（不多也不少）的信息。更重要的是，法务会计师的工作目标是提供一份可信的、合法的充足信息。这要求遵守司法条例（如《联邦民事诉讼规则》第26条规则和《联邦证据规则》第702条规则）与职业准则（如美国注册会计师协会发布的《咨询服务标准第1号公告》和《估值服务标准第1号公告》）。

(2) 详情报告。顾名思义,详情报告与总结报告传达的内容相同,只不过更加详尽而已。详情报告的结构旨在提供有关委托任务的全面论述,使报告使用者更好地理解形成意见(结论)的相关数据、推理和分析。除具备总结报告的项目外,我们认为一份详情报告还应当(至少)包括以下信息:转送函、内容目录、已考虑但未使用的方法、针对所采用方法的解释、专家证人的资质证明。

(3) 计算报告。计算报告是计量业务的工作成果。正如第 11 章有关企业估值所讨论的,计量业务限定于委托人指定的具体方法范围内。计算报告在既定事实和假设下呈现价值计算(或价值范围)的结果。虽然计算报告常见于企业估值和经济损失索赔业务,但它也适用于任何分析范围受限的业务。

计算报告的内容与总结报告类似,只不过增加了对业务范围受限的披露。例如,某计算报告中明确地披露,该业务界定为"计量业务",并且其结果为"计量价值"。对于企业估值来说,职业报告准则(美国注册会计师协会发布的《估值服务标准第 1 号公告》和美国注册评估师与分析师协会发布的报告准则)还规定了其他方面的要求。因此,当计量业务在某些方面受到委托人的限定时,法务会计师必须核实范围并谨慎地起草计算报告。

12.4.4 高质量报告的要点

撰写一份高质量的报告需要较长时间的经验积累、培训和教育。没有一本书或一门课程能够涵盖一份高质量报告的所有内容。然而,基于实务工作的经验总结,我们提出高质量报告的十大要点,这将有助于我们识别自己或他人所撰写报告的优缺点。高质量报告的十大要点如下:

- 清晰而明确;
- 精炼而全面;
- 紧密围绕目的(你为什么要撰写报告);
- 时刻留意受众;
- 文法恰当、表达清晰;
- 保持职业基调;
- 避免冗杂陈述;
- 论证、论证,再论证;
- 做好报告及其每个字词都会面临严格检验和质证的准备;
- 多阅读和参考他人的成果。

现在,我们必须将报告结果的讨论回归到最初的目的。正如本书所一贯强调的,作证专家的职责是提出专业意见,以帮助事实审判者(法官或陪审团)理解证据。总之,专家的意见(不论是书面的还是口头的)必须严格按照法庭认可的方式陈述,并且必须基于可靠的事实、数据和方法。

附录 12-A：联邦政府 VS 阿卜杜勒·卡里姆·卡努案

起诉阶段

2009年4月1日，联邦大陪审团在起诉书草案背面签字，批准针对阿卜杜勒·卡里姆·卡努的22宗诉状（共41页）。被告拥有并经营位于华盛顿特区的两家夜总会，被指控的罪行包括1宗密谋罪、3宗逃税罪、4宗公司所得税申报造假罪和14宗雇员所得税申报造假罪。诉状指出，1999年至2003年12月，卡努和三名尚未被起诉的同谋——均为TAF公司的所有者，蓄意、非法、密谋、欺骗联邦政府，无视、妨碍、损害了美国税务局在企业及雇员所得税计算、评估和征缴等方面的政府职能。

他们的阴谋是为了隐瞒TAF公司的现金营业收入，从而可以使用这些现金向同谋者支付薪酬，以逃避缴纳企业和雇员所得税。诉状指出，这些被隐瞒的现金是TAF公司所有者（包括卡努在内）的实际收入，并且没有缴纳个人所得税。具体犯罪伎俩包括以现金支付薪酬、瞒报现金工资支付、错报雇员所得税（941表）、错报公司所得税（1120表）、错报个人收入所得税（1040表）。公然的犯罪行为涉及转移现金收据，伪造公司会计账簿与记录，提交伪造的会计账簿与记录给报税员，填写并签发虚假的雇员和企业所得税申报表，将隐匿的现金用于个人消费。

 特别提示

我们在第2章指出，诉状是一方当事人为维护或者实现自身的权益，依法向法庭提起诉讼请求或抗辩的法律文书。诉状只是一份声明，并不是犯罪的证据或证明。值得注意的是，在本案中，卡努事先被假定无罪。该无罪假定将伴随卡努持续整个审理过程，除非能排除合理怀疑地认定其有罪。政府的职责便是证明卡努有罪，该职责并不随着审理的进行而转移。最后还要牢记一点：法律并不要求卡努证明自己的清白、提供证据与作证，即举证的责任在检方。

审理①

下面是一份从开庭陈述到结案陈词的总结，包含除实际审理证词外的所有内容。

美国司法部迈克尔·瓦斯利达斯的开庭陈述

这是一宗有关现金的……来源、去向及未转入地的案件。在本案中，你们将了解被告卡努拥有并经营两家夜总会……吸纳了很多现金。其中，部分现金用在了正道上，交存银行并正确反映在企业所得税申报表中，也符合企业会计的处理方式；但是，高达几百万美元的大部分现金并没有上报。卡努隐瞒了部分现金以私下支付雇员薪酬，且未入账；他还私下将这些钱财据为己有，同样未入账。

---

① 以下内容摘录自审理笔录，可链接 http://www.pearsonhighered.com/rufus 获取。

在本案中,你将看到卡努采取三种方式逃税的证据:首先,他试图让自己免于缴付个人所得税;其次,他应对误报夜总会企业所得税负责,因为那些所得不包括他私吞的现金和用于支付雇员薪酬的现金;最后,本案是关于卡努如何串通他人私下支付薪酬,欺骗了美国税务局。

本案的证据表明,1999—2003年,卡努隐瞒了夜总会几百万美元的现金收入,用于支付给雇员、自己及其他人员。隐瞒的金额并未上报,无论是夜总会、卡努还是受雇的开票员都没有上报。本案由两个日期构成:1999年4月12日和2003年10月28日。1999年4月12日,卡努递交了一份个人财务报表,旨在将资产租借给其中一家夜总会。这份由卡努签署的报告表明,1999年4月12日,他的手头上与银行账户共有70万美元。现在,向后快进4年到2003年10月28日,卡努在该日被逮捕,在搜查过程中发现其家中有190万美元现金。这些日期及相应的现金余额都是关键证据。增加的现金(120万美元)来自哪里?美国税务局稽查员弗雷德·路易斯(Fred Lewis)将充分解释卡努的生活方式和开支去向。

在上述情形下,路易斯稽查员将作证他是如何审查财务记录的,包括卡努的个人银行账户和企业银行账户。路易斯将指出卡努所有现金的来源,以及远远超出这些来源的、卡努如何使用数百万美元现金的记录。有证据表明,卡努的现金是来自夜总会的收入,但他没有对此缴纳所得税。最后,路易斯稽查员会解释卡努如何在所得税上作弊,以隐瞒现金所得并逃避数十万美元的税金。

证据将排除合理怀疑地证明,卡努伙同他人在税收上作弊。他试图隐匿自己的个人所得,并应对夜总会误报所得税负责。本案的证据将显示现金来自哪里(夜总会)、现金流向哪里(卡努),以及现金不在哪里(卡努的纳税申报表)。

卡努的代理律师马丁的开庭陈述

我们在这里是因为税务局和政府声称卡努犯了罪。他们声称,卡努在负责两家夜总会的五年期间明知和蓄意(在本案中这两个概念非常重要)隐瞒数百万美元现金收入,并逃避雇员和企业所得税。但这个故事具有两面性,你只听了政府一方的陈述。我们完全不同意,除非他们能排除合理怀疑地证明卡努有罪;否则,卡努就是无罪的。

针对政府的一面之词,我们声明卡努没有瞒报现金。瞒报涉及在账面上隐匿现金收据,即不记账;但我们从未否认夜总会产生了数百万美元的现金收入,因为生意的确兴隆。现金开支到了哪里?它们中的大部分被存入公司的开户银行,因此被报告出来了。有些现金是公司库存的备用金,特别是在2003年10月被美国税务局查封的190万美元。现金余额支付给了发起人,然后被用于支付他们的费用,包括支付给合同工的现金报酬。请听听有关发起人的证据,请听听有关卡努所采用的商业模式的证据。

你将了解到在2003年10月23日之前,特别是在霍华德大学返校。期间所调查和获取的有关夜总会商业活动的证词。夜总会经特别许可,主办了华盛顿特区历史上规模最大的五天街区聚会之一。服务收费根据晚间及晚间时长从10美元至100美元不等。一旦付款,你就可以享受大学内部和大学外部许多酒吧的服务。记录表明,仅在周六一个晚上,夜总会就赚取了近百万美元的收入。即使政府已经了解这一信息,他们还是不承认这种商业活动在节日期间能获利近190万美元。为什么?因为他们所提出的推理无法合理地解释本案。

那么,这些钱流向哪里了?你会听到有关夜总会每日现金处理程序的证词,特别是那些暂存在卡努家里的、尚未来得及存入银行的现金。家里留有大量现金,这是一种犯罪吗?不是,这只是良好的商业习惯而已。它作为收入报告了吗?是的,每一分钱都如实报告了!有趣的是,政府却没有提及此事,即从卡努家查封的 190 万美元现金随后被计入夜总会的纳税账户,并随后签发了退款支票。

你还将听到有关卡努先生 1999 年个人财务报表和 70 万美元手头现金的证词。这是政府诉讼的一个关键部分,也是美国税务局计算税金的起点。美国税务局试图采用现金法来证明并确定卡努未申报的收入。现金法,简单地说,就是比较卡努有多少钱可用以及他用了多少钱。换句话说,你不能消费你没有的钱财。因此,美国税务局必须合理确定卡努的期初现金余额。我们认为这是政府诉讼的一个重大失误。更重要的是,卡努先生 1999 年个人财务报表未经注册会计师的审计。它是因出租人亟须确定保证金而在短时间内就编制成的报表。如果真正的库存现金余额是 120 万美元呢?抑或 100 万美元呢?政府没有考虑这个证据。为什么?因为它会挫败政府的诉讼。

审理就是寻找真相。本案的事实是,政府与卡努之间就卡努的收入、个人纳税申报,以及夜总会一些员工的现状存在一场民事纠纷。本案的事实是,政府依附于一个有缺陷的刑法理论,并拒绝考虑任何不支持自己的证据。本案有两个方面。一方面,我们认为政府未能以排除合理怀疑的程度证明卡努与他人合谋欺骗税务局及试图提交虚假的纳税申报表,他们的证据是不充分的。卡努先生是无罪的,本案的证据没有支持政府的指控。另一方面,如果对这些税收还有争议的话,它应当提交到税务法庭。

政府主诉

在为期六天的诉讼过程中,政府展示了其收集的证据,具体描述如下:

第三天和第四天。证据的展示始于审理的第三天。政府的前四个证人是美国税务局的调查员(特别稽查员),他们解释了发生于 2003 年 10 月 28 日的事件,特别是从卡努住所查封的 190 万美元现金。接下来的五个证人是卡努之前的雇员,他们作证卡努从事商业活动(大量现金)的水平和现金性质。他们还作证,他们收到以现金支付的薪酬,但从未收到 W-2 表或 1099 表以证明所得的款项。

第五天和第六天。在审理的第五天,政府的证人包括三名银行代表,他们证实了向美国税务局提交的报告,以及他们与卡努的沟通。在第六天,政府的第一个证人是 Intuit 公司①的代表,他作证曾与卡努的公司联系,为其制作工资条并与其商讨以现金向雇员支付所得的事宜,特别是一些建议。政府以三名税务局调查员所获取的记录结束了当天的证据展示。

第七天。在审理的第七天,政府的第一个证人是卡努的前任会计,她作证了公司的会计系统和报告过程,尤其是"现金存款过程"。她作证指出,卡努控制整个过程,特别是对

---

① 一家位于美国加利福尼亚州硅谷山景城的高科技公司,致力于向中小型机构和个人提供商业与财务管理服务,最知名的产品是 TurboTax 和 QuickBooks,其 1/3 的营业收入来自个人税务服务。

现金收入的控制。政府的下一位证人是卡努的商业及个人注册会计师克雷格·怀特（Craig White），他证实了向卡努提供服务的性质，并作证他每个季度会与卡努会面以审查夜总会的财务状况，并且每年审查公司的企业所得税申报表。

在交叉询问过程中，怀特先生作证 190 万美元已反映在企业所得税申报表中，而查封的资金曾作为税金而支出，其实际上是税收退款。他进一步作证，分店的收入应属于发起人，并不应由公司报告；公司不负责雇员及其个人所得税的申报。此外，他还作证，他曾建议卡努将不属于公司收入的门店收入从公司报表中剔除。最后，怀特作证卡努在业务和税收问题上相当依赖他。

第八天。第八天的审理是政府证人税务局税务稽查员路易斯的总结证词。作为一名有着 28 年丰富经验的税务局专项执法组的成员，路易斯介绍了自己在卡努一案中的任务分配情况，他具体负责检查 2001—2003 年卡努的个人所得税。路易斯作证指出，鉴于所涉及的现金和卡努的业务记录有疑问，他采用了间接分析法——现金证明法。路易斯强调，现金证明法的焦点是现金。因此，你必须考虑现金的所有来源及现金的所有支出。只是现金，不包括支票！路易斯还指出，支出大于你所拥有的现金可能意味着存在未报告的收入。

下面是路易斯针对卡努的直接和交叉询问摘录。

直接询问。瓦斯利达斯先生与路易斯先生之间的询问如下：

瓦斯利达斯先生：路易斯税收稽查员，请您描述一下您的教育、职业和工作经历。

路易斯先生：我目前是美国税务局专项执法组的税收稽查员。专项执法组的主要任务是调查税收诈骗案件。我在税务局工作了 28 年，担任了不同的职位，包括现场稽查员、管理员和质检员。我拥有会计学学士学位和税法硕士学位。在过去的 28 年里，我接受了税务局的大量培训，包括税法、证据收集、调查技术，以及专家证人的工作。

瓦斯利达斯先生：您在本案中的具体任务是什么？

路易斯先生：审查卡努先生从 2001—2003 年的个人所得税申报表，并计算应纳税额和欠交税额。

瓦斯利达斯先生：你依据了哪些信息？

路易斯先生：一切可获得的信息；卡努先生的个人所得税申报表；个人银行记录，包括存款和注销的支票；其公司账簿与记录，包括公司纳税申报表和银行记录；对不同证人的访谈。

瓦斯利达斯先生：请向陪审团解释你所使用的方法。你为什么采用这种方法？它是如何运用的？

路易斯先生：鉴于本案的事实和所处的情境，尤其是卡努业务活动的现金性质，我认为判定卡努先生应纳税所得的最适合方法是现金证明法。现金证明法是一种通过关注现金支出以确定未申报收入的方法。在本案中，考虑到卡努的现金支出水平已超过其已知的现金来源，我断定卡努所使用的现金超过他应有的现金（非应税的和已知现金来源）。我将超出的部分——未能解释的现金——归类为应纳税的瞒报收入。

瓦斯利达斯先生：在进行调查时，现金证明法是否被普遍使用并为美国税务局所认可？

路易斯先生：是的，当纳税人的瞒报收入完全以现金形式存在时，这种方法是最为常用的。现金证明法最适用于调查涉及毒品的交易或者瞒报现金的业务。

瓦斯利达斯先生：路易斯稽查员，为了确保陪审团理解现金证明法，你能否列举一个实例？

路易斯先生：当然可以。假设你的期初现金余额为100美元，在这一年中，你有50美元的额外现金来源。我们将这些现金相加得到可供消费的现金总额为150美元。现在我们假设在同一年间，你支出400美元购置了一台大屏幕电视。使用现金证明法，我们就可以判定你所瞒报的收入为250美元（400-150）。

瓦斯利达斯先生：路易斯稽查员，再次确认一下我们的理解……只考虑现金交易——只有现金，而不包括支票。

路易斯先生：对的，这正是现金证明法的关键所在——仅考虑现金。

瓦斯利达斯先生：路易斯稽查员，在检查过程中，你确认了哪些现金来源？

路易斯先生：我确认了在此期间（2001—2003年）的21种现金来源，涉及应税和免税的来源。具体包括现金工资支票、存款返现、支票兑现现金、从银行账户和信用卡提取的现金、现金贷款、保险箱内的现金，以及手头上的现金。重要的是，任何有疑问的（如丢失的支票），也作为现金来源。

瓦斯利达斯先生：路易斯稽查员，在检查过程中，你确认了哪些支出类型？

路易斯先生：卡努任何使用现金的开支，包括现金存款、现金偿还贷款和现金支出。所确认的现金支出的例子有购买家具、现金支票、房屋修缮、景观美化、添置栅栏和购买礼品等。

瓦斯利达斯先生：路易斯稽查员，期初现金余额对你的分析有多重要？

路易斯先生：至关重要。现金证明法的完整运用需要一个可靠的期初现金余额，期初现金余额也是这个分析的基础或出发点。

瓦斯利达斯先生：路易斯稽查员，请解释在本案中你是如何使用现金证明法的。

路易斯先生：首先，我确定了卡努的期初库存现金，然后逐年推进，加上现金来源并减去现金支出，在所调查的三年（2001—2003年）中，我发现现金支出大于现金来源，并由此确认瞒报收入。

瓦斯利达斯先生：你逐年都做这种分析，对吗？

路易斯先生：是的，纳税义务是以年度为基础确定的。

瓦斯利达斯先生：路易斯稽查员，你如何确定卡努的期初现金余额？

路易斯先生：该金额是根据卡努向出租人提交的个人财务报表确定的。1999年4月12日的个人财务报表反映了卡努的现金余额为70万美元，我减去该日卡努银行账户中的金额，确定他手头上的现金余额为698 886美元。

瓦斯利达斯先生：然后你将1999年4月12日作为起始日期继续开展调查，对吗？

路易斯先生：是的。

瓦斯利达斯先生：路易斯稽查员，你认为期初现金余额（70万美元）从何而来？

路易斯先生：当然。作为一名税务稽查员，我对该金额也很好奇。然而，期初余额的来源与本案无关。我接受其账面价值,这是合法的。

瓦斯利达斯先生:路易斯稽查员,本案争议的焦点是2003年10月28日从卡努住所查封的190万美元。根据您的分析请向陪审团解释,这些资金应如何分类。

路易斯先生:我认为查封的资金应划分为支出。这些资金为卡努所有并受其支配。因为没有证据表明这些资金属于他的公司,这是卡努保管的财产。

瓦斯利达斯先生:你认为这是一个可能的解释吗?

路易斯先生:当然是的。为了支持我的分析的完整性,以下三个因素至关重要:一是可靠的期初库存现金;二是瞒报收入可能的现金来源;三是考虑所有潜在的非应税收入来源。换句话说,所有合理的因素都已经考虑了。

瓦斯利达斯先生:路易斯稽查员,你是否考虑过2003年10月28日查封的190万美元实际上属于卡努的公司,并且只是由其保管用于合理规划公司的财务?

路易斯先生:我考虑过,但被我否决了。重要的是,公司在2003年10月28日未曾将该款项计为卡努的个人财产。

瓦斯利达斯先生:路易斯稽查员,你是否完成了一份从1999年4月12日至2003年10月28日卡努所有的现金来源与现金支出的汇总表?

路易斯先生:是的,表12-8是我完成的汇总。

表12-8 联邦政府VS卡努案的现金汇总

单位:美元

项目	1999年	2000年	2001年	2002年	2003年
期初现金余额	698 886	559 554	371 652	65 035	0
其他来源	15 158	82 323	82 225	91 021	65 378
现金来源合计	714 044	641 877	453 877	156 056	65 378
现金支出	(154 490)	(270 225)	(388 842)	(609 151)	(385 164)
查封现金					(1 907 904)
期末库存现金	559 554	371 652	65 035	(453 095)	(2 227 690)
已报告的应税收入	35 000	68 033	197 599	129 060	315 186
未报告的应税收入	0	0	0	453 095	2 227 690
修正的应税收入				582 155	2 542 876
额外应纳税额				217 818	790 204
累计应纳税额					1 008 022

瓦斯利达斯先生:路易斯稽查员,基于您的数据分析、教育背景,以及在税务局28年的工作经历,请您对卡努的瞒报收入以及由此产生的应纳税额做一下总结。

路易斯先生:好的。卡努的个人所得税申报表(1040表)实质上低估了他的应税收入——2002年为45.3万美元、2003年为220万美元——由此产生相应的应纳税额分别为21.7万美元和79万美元。

交叉询问。马丁先生与路易斯先生之间的询问如下：

马丁先生：路易斯先生，您之前已经指出卡努的期初现金余额在你的计算中是很重要的，是吗？

路易斯先生：是的。

马丁先生：您已经告知陪审团您计算出卡努的期初现金余额为 698 886 美元，对吗？

路易斯先生：是的。

马丁先生：你是如何准确地做出这一判断的？

路易斯先生：我判定卡努的银行账户在 1999 年 4 月 12 日的金额，并从 70 万美元中减去该金额，从而得到库存现金为 698 886 美元。

马丁先生：您是从哪里又是如何判定这 70 万美元的？

路易斯先生：这 70 万美元是卡努提供的。该金额列示于 1999 年 4 月 12 日卡努递交给出租人的个人财务报表。

马丁先生：因此，您分析的可信度是基于 1999 年 4 月 12 日递交给出租人的个人财务报表，对吗？

路易斯先生：是的。

马丁先生：作为您计算出发点的 1999 年 4 月 12 日个人财务报表，您又是如何判定它的可信度的？

路易斯先生：我证实了该报表是由卡努在 1999 年 4 月 12 日或临近日期递交给出租人的；同时，我也证实了这是某房地产经纪人根据卡努提供的信息而编制的报表；之后，我还证实了卡努当天的银行账户余额。这使得我可以计算出库存现金。

马丁先生：递交给出租人的个人财务报表是伪证吗？

路易斯先生：不是。

马丁先生：这份个人财务报表经过了审计吗？

路易斯先生：没有。

马丁先生：请向陪审团解释什么是已审财务报表，如果您知道的话。

路易斯先生：财务报表所包含的信息已经被一位独立的注册会计师审计、证实或者检验。

马丁先生：所以没有人证实或检验过该财务报表中的信息，是吗？

路易斯先生：据我所知，没有。

马丁先生：也包括您，是吗？您没有证实或检验过报表中的信息，是吗？

路易斯：是的，我没有。

马丁先生：为什么没有？以您在美国税务局 28 年的工作经验是可以得到相关数据的。

路易斯先生：对于卡努持有的现金金额，我认为它是可获得的最佳证据。此外，这不可能回到过去的时点计算卡努持有的现金金额。

马丁先生：您是否曾尝试验证或审计卡努个人财务报表中的信息？

路易斯先生：是的。正如我之前所作证的，我确认了财务报表的发布时间、发布对象、发布主体及发布原因。

马丁先生：路易斯先生，您是否赞成使用偶数或整数（如70万美元）更有可能只是一种估计或者猜想？换句话说，这并不准确。

路易斯先生：是的，很可能。

马丁先生：所以，如果在1999年4月12日卡努的库存现金是130万美元而不是70万美元，那么您的分析可能就不正确。对吗？

路易斯先生：是的。然而，复核卡努以前的纳税申报表并不支持这种现金累计方式。事实上，这些申报表并不支持所宣称的70万美元。

马丁先生：路易斯先生，你是否认为卡努的公司已将从卡努家里查封的190万美元报告为公司收入？

路易斯先生：不。

马丁先生：为什么不呢？美国税务局确实没有计划征收卡努的公司及其个人的所得税，是吗？

路易斯先生：在事实澄清之后，它到底代表什么与我的分析不相关。我已经证实了它在被查封之前并没有反映在公司的账本上。它被卡努拥有并控制。

马丁先生：路易斯先生，你见证了卡努公司会计师（克雷格·怀特）的证词，是吗？

路易斯先生：是的。

马丁先生：所以，你知道从卡努家中查封的190万美元事实上已经被公司报告为收入和资产，是吗？

路易斯先生：是的。不过，正如我所陈述的，在事实澄清之后，它到底代表什么与我的分析不相关。

无罪动议。在交叉询问的最后，卡努的辩护律师申请无罪判决的动议。他们认为，政府的证据不足以让一位理性的事实审判者排除合理怀疑地认定涉嫌犯罪的所有要素。作为回应，法庭认为，针对每一个涉嫌犯罪要素的证据都是充分的，因此否决了无罪动议。

被告方主诉

被告方在审理的第九天和第十天展示了证据。主要事实证人人员包括：

- 塔雷克·斯蒂文斯（Tarek Stevens），票务代理员，证实了2003年10月28日搜查前的商业活动特别是霍华德大学返校节，以及在长达一周的庆典中赚取190万美元的合理性。
- 特里·杨（Terry Young），夜总会前任安保主任，证实了夜总会先前的盗窃事件，以及将现金从夜总会转移出去的合理性。
- 彼得·马里奥斯（Peter Mallios），处理1999年4月交易特别是1999年4月12日个人财务报表的房地产经纪人，证实了限定现金余额的底线以确保交易的安全是一种商业惯例。
- 爱德华·费德里科（Edward Federico），美国税务局已退休特别探员，质疑路易斯稽查员所使用的期初现金余额（70万美元）的合理性，以及2003年10月28日税务局所查封的190万美元包含的内容。

结案陈词

审理终结于结案陈词,每位辩护律师总结了其论据,并尝试做最后的努力以说服陪审团。

美国检察官办公室劳斯(Roth)先生的结案陈词

首先,在开始本案之前,我们告诉大家本案是关于现金的问题——它去哪了、它没有在哪。在过去的两周中,我们听到了有关卡努夜总会数百万美元现金的无争议证词。问题是现金去哪了?无争议的证据是其中部分现金用于支付职工薪酬——现金工资;部分用于支付安保、发起人、供应商、借款给卡努;部分存入了夜总会的开户银行;部分存放于夜总会保险柜;部分存入卡努的个人开户银行;部分被卡努用于开具现金支票。毋庸置疑的是,部分现金(190万美元)被卡努带走并于2003年10月28日被美国税务局在其家中查封。

路易斯稽查员,在税务局拥有28年的工作经验,细心并诚实地阐述了现金去哪了、现金没有在哪的问题。路易斯稽查员运用现金证明法证实了卡努比他合法的现金来源花费得更多,而多出的这部分现金被认为是瞒报的收入,并未计入夜总会的应税收入。路易斯稽查员告诉我们,需要一个可靠的起点——他使用的是70万美元,它取自卡努的个人财务报表。路易斯稽查员并没有捏造这个数值;他想知道这70万美元是怎么来的,但是他认为这个数值是合法的。路易斯稽查员逐年使用相同的过程认定卡努漏报了金额超过250万美元的收入,从而导致应交和欠交的税款超过100万美元。

被告争辩道,70万美元是个估计的数字,来自卡努为确保租赁而递交的财务报告。他们认为它也可能是120万美元或130万美元。哪些证据可以支持这些数据?绝对没有。所以,金额可能更多,也可能更少。但我们所知道的事实是,卡努在其个人财务报表中报告的金额为70万美元。记住,路易斯稽查员告诉我们的——卡努的个人所得税申报表并不支持这个水平的金额。

被告抗辩指出,190万美元是由卡努暂时保管、未存入夜总会开户银行的款项。他们指出,它是在2003年10月12日结束的霍华德大学返校节期间赚得的。他们争辩道,这已经反映在公司的财务报告中,不能被双重征税。记住路易斯稽查员告诉我们的——2003年10月28日,公司并没有这笔现金归属于公司的记录,而且在被查封之后卡努的行为也与此无关。这笔现金归卡努所有并受其支配。

因此,这些证据告诉了我们什么?卡努经营着两家非常成功的夜总会并产生数百万美元的现金收入。卡努用这些现金私下支付员工工资,向合伙人贷款但并未入账。因此,卡努盗用了超过250万美元用于个人开支。

卡努的代理律师马丁的结案陈词

正如法官科特利(Kotelly)所解释的那样,政府负有义务,而且负有很大的义务。他们必须排除合理怀疑地证明卡努有罪。由于面临这一挑战,他们设法抓住第二次与你交谈的机会。但是,这是我最后一次机会,我不想把事情搞砸了,因为赌注太高了,赌的是卡努的自由。

在开庭陈述阶段,我曾告诉大家每一起案件都有两面性。在本案中,我想大家已经见证到了。我们同意卡努与税务局在雇员、公司及合伙人贷款的现金划分方面存在争议。但是,什么时候与税务局的这种争议变成了犯罪?当你蓄意、欺骗、逃避、违反税法时,你的纳税问题才变成犯罪。然而这些并没有发生在本案中。

本案源于一个糟糕的开始,在六年多以前(2003年10月28日),美国税务局撞开卡努家的大门,搜查一切商业记录并恐吓他的家人超过8个小时。是商业记录,不是现金、毒品或武器。他们搜查了总账、收据簿、供应商发票,及银行记录。回想起代理律师的证词——卡努非常合作。为什么,因为他什么也没有隐瞒。

我不得不提醒大家,政府在处理本案的证据时鲁莽而轻率。首先,我们考虑从卡努家中搜出的190万美元现金。政府会让你相信这些现金应该存入公司的开户银行。谁说的?没有法律要求公司必须将收入存入银行。鉴于发生在夜总会的盗窃,卡努将现金转移到具有增强型安保系统的家中是完全正确的。190万美元被公司报告为收入了吗?是的。然而,政府是如何反应的?他们说:"那又怎样,它是在搜查之后才被报告的。"他们没有告诉大家的是,公司在2004年9月30日之前是不必报告现金的。更重要的是,政府没有反驳夜总会在霍华德大学返校节期间可能赚取190万美元。他们的论据是卡努没有将其存入银行,但没有法律要求纳税人应该把钱存入银行。

路易斯先生在其分析中以70万美元作为计算起点又怎么样呢?记住彼得·马里奥斯的证词,房地产行业的标准是仅仅报告租约的保障现金——在本案中是70万美元。那么,政府做了什么来证实这个信息?没有,绝对没有!但是,他们确实承认个人财务报表没有被审计或经宣誓递交。在考虑个人财务报表的可靠性时,这些都是很重要的问题。

我们讨论一下路易斯先生的证词。请记住,路易斯先生在这里并不是作为一位专家证人而提供客观证词;他在这里仅是一名总结事实的证人。他是税务局的稽查员并在税务局工作了28年。他在这里并不是作为一个中立第三方发表意见,他在这里是作为本案中政府的辩护人。请记住,他告诉我们有关他的工作——其完整性要求一个可靠的期初现金余额并考虑所有合理的线索。我们认为他在这两方面都没有做到。我们认为,他接受70万美元和190万美元金额是税务局的最佳场景方案,但他没有考虑或调查其他可能的解释。

本案中最重要的问题是卡努依赖于他的注册会计师,克雷格·怀特。请记住,怀特先生的证词——公司不负责雇员及其个人所得税的申报。他建议卡努不要报告支付给发起人的现金。他告诉我们由卡努拥有但属于公司的190万美元是没有错的;而且最重要的是,他告诉我们公司事实上已经报告了这部分收入。卡努依赖他的注册会计师并且接受了他的建议。这是犯罪吗?绝对不是!别忘了,怀特先生是政府的证人。因此,如果卡努遵照其注册会计师的建议,那么他就是无罪的。

法庭会提醒陪审团,如果在本案中宣称卡努涉嫌税收犯罪,你就必须找出其具有犯罪动机,存在偷税、逃税、违法等蓄意行为。本案的证据都不支持这些指控。如果所得税申报表是错的,税务局可以搞定它。但是卡努的所得税申报表,无论是公司的还是个人的,都不是刑事的和故意的错误。雇员纳税申报表又如何?卡努依赖他的注册会计师。

女士们、先生们,我的时间快结束了。根据本案的证据,只有一个裁决是正确的,一个将正义带到这个法庭的裁决。这个裁决就是无罪。谢谢大家!

劳斯先生代表政府的结案陈词

我只有最后的一点评论。首先是 70 万美元在路易斯稽查员的分析中作为起始数值的使用。这个数值是由卡努个人财务报表提供的——我们并没有编造。法庭会告诉大家这种证明方法不须要展示手头现金的确切金额,只要它是根据合理的估计设定的。我们是否调查了所有合理的线索?是的。这是政府的义务,而且我们也的确做到了。记住,服务于本案的税务局稽查员的证词。

更重要的是,记住有关卡努的无可争辩的事实,特别是他花费的现金金额。除了期初现金余额和 190 万美元存在争议,卡努对路易斯稽查员对现金支出的分析没有异议。即便不考虑 190 万美元,卡努依然多花了 50 万美元。这便是瞒报收入,也是税收欺诈。

现在,我们的焦点是 190 万美元现金。陪审团制度的优势之一是你能够运用你的常识,而且你是这里唯一的事实审判者。卡努要让你相信的是,这些钱实际上是在霍华德大学返校节期间赚得的,他拿走这些钱是出于安全的考虑,并在家中存放了 13 天。女士们、先生们,这明显不合理。这到底是怎么回事?他会带着三个装满现金的大行李袋去银行,拖到车后座上?这不是商业运作的模式。在被查封之前有记录表明这些现金属于卡努的公司吗?没有。

政府在此次审理过程中表明,被告卡努犯有逃税罪、蓄意错报纳税申报表、合谋诈骗美国税务局。行必有果。我们希望陪审团能够公平地评价呈堂证供,期待一个将卡努绳之以法的裁决。谢谢!

裁决

在 2009 年 12 月 1 日及接下来五天的审议中,陪审团认定卡努在 2002 年和 2003 年犯有 2 项逃税罪;2001 年的 20 项无罪指控,包括密谋罪、逃税罪、协助和教唆他人蓄意错报公司纳税申报表与雇员纳税申报表。

根据陪审团的裁决,卡努应被立即拘留,不得保释。

判决

2010 年 5 月 11 日,卡努被判入狱 38 个月,并因瞒报收入而被要求向美国税务局支付超过 95 万美元的赔偿。法官还宣布,出狱后他必须每月向税务局支付不低于 1 000 美元,以归还共计 951 520 美元的赔偿金。法官判处卡努服刑后须接受为期三年的监控,还要求卡努接受禁酒咨询和治疗。卡努于 2012 年 8 月 31 日获释。

上诉

2011 年 4 月,卡努针对 2 项逃税罪的裁决提起了上诉。他声称,政府未能证明税收流失的原因,因为它依赖于"现金证明法"下有瑕疵的计算,其中 190 万美元的可疑收入应归卡努所有。从法律的角度来讲,这些资金属于他的两家公司。

2011 年 10 月 7 日,地方法院维持了原判。

关键术语

证明方法	直接证明法	间接证明法	百分比加成	毛利率
经济损失	非经济损失	补偿性损失	惩罚性损失	收益损失
家政服务	医疗护理方案	损伤前收益	损伤后收益	基本收益
预期工作寿命	计算机法务	计算机系统	计算机网络	电子存储信息
元数据	闪存介质	可读写光存储介质		磁性介质
监管链	静态取证	动态取证	档案数据	活跃数据
隐藏数据	比特流复制	时间架构分析	隐藏数据分析	数据修复
文件分析	口头报告			

简答题

12-1 什么是证明方法？

12-2 直接证明法和间接证明法的区别是什么？它们分别适用于什么情形？

12-3 请指出六种适用于间接证明法的事实和情形。

12-4 确定并讨论现金流方式下的三种具体方法。

12-5 请解释财产净值法的适用情形，以及它是如何运作的。

12-6 什么情形下适用资金来源与运用法？它是如何运作的？

12-7 百分比加成法是如何运作的？其有效运作应具备什么条件？

12-8 选择合适的证明方法的首要目标是什么？

12-9 请指出选择证明方法时需要考虑的五种因素。

12-10 法院采取了哪些措施防止间接证明法的滥用？

12-11 什么是经济损失？

12-12 补偿性损失和惩罚性损失的区别是什么？

12-13 什么是非经济损失？

12-14 损失鉴定专家主要充当什么角色？

12-15 确定并讨论专家在经济损失业务中可能评估的三种不同的损失。

12-16 对于补偿性损失来说，"法律上的可补偿性"和"经济领域的可计量性"是什么意思？

12-17 请指出收益损失的两种类型并分别描述。

12-18 无报酬的家政服务是否具有价值？请解释。

12-19 个人伤害与致死索赔包括哪些医疗费用？

12-20 请指出经济损失计量共同分析框架的四个组成部分。

12-21 请指出对法务会计师经济损失计量有用的五种信息来源。

12-22 试比较损伤前收益与损伤后收益。

12-23 为什么基本收益对于确定损失收益是非常重要的？

12-24 指出并讨论引起预期收益增长的两种因素。

12-25 什么是预期工作寿命？

12-26 在计量经济损失时，合适的折现率是什么？

12-27 指出并讨论选择无风险利率存在的三种争议。

12-28 什么是计算机法务?

12-29 什么是网络犯罪?网络犯罪在美国的现状如何?

12-30 什么是公司信息泄露?这些泄露是如何发生的?

12-31 请指出三种类型的存储设备,并简述其如何存储数据。

12-32 按照美国注册会计师协会的定义,计算机法务活动的目的是什么?

12-33 请讨论可能影响计算机法务活动的法律因素和范围因素。

12-34 计算机法务调查过程的三个主要组成部分是什么?

12-35 根据法务会计师实践中的感知,职业组织未来面临的五大技术威胁是什么?

12-36 法务会计活动的最终阶段是什么?

12-37 根据《联邦民事诉讼规则》第26(a)(2)(B)条的规定,专家证人提交的报告必须包含哪些要素?

12-38 哪三种专家与代理律师之间的沟通信息应予以开示?

12-39 口头报告有哪些缺陷?如何克服这些缺陷?

12-40 试比较总结报告、详情报告和计算报告。

选择题

请在下列关于证明方法的问题中选择最佳答案:

12-41 下列哪一种证明方法不能形成证据?

A. 间接法 B. 直接法

C. 直截了当法 D. 直接法与间接法的结合

12-42 下列哪一项不是直接证明法比其他证明法更好的原因?

A. 通常更具有说服力 B. 提供更高的确定程度

C. 更容易被理解 D. 很难被反驳

E. 以上均是

12-43 间接证明法更适用于账簿记录比较完整和准确的企业。

A. 正确 B. 错误

12-44 下列哪一项不属于法务会计师所运用的间接证明法?

A. 资金来源与运用法 B. 财产净值法 C. 会计恒等式法 D. 百分比加成法

12-45 最常用于某项财产的累积缺乏相应资金来源的情形的间接证明法是哪一种?

A. 财产净值法 B. 毛利法 C. 现金账户法 D. 以上均不是

12-46 适用于主体消耗收入而非积累资产的情形的间接证明法是哪一种?

A. 财产净值法 B. 现金账户法 C. 毛利法 D. 资金来源与运用法

12-47 法务会计师有效地运用加成百分比法必须:

A. 可以合理确定每单位的销售价格和成本 B. 确知顾客的数量

C. 确知管理费用 D. 以上均不对

12-48 选择一种证明方法的主要动因是什么?

A. 选择一种一定会赢的方法

B. 选择一种对案情来说最合适的方法形成证据

C. 确保考虑了所有收入

D. 确保所有资产都被正确地估值

12-49 专家证人的意见必须以充分、可靠的事实和数据为基础，并且是运用可靠方法的产物。
A. 正确　　　　　　B. 错误

12-50 证明方法可以用作：
A. 证实犯罪蓄意　　　　　　　　B. 诉讼指控，如未报告收入
C. A 和 B 均正确　　　　　　　　D. A 和 B 均不正确

请在下列关于经济损失的问题中选择最佳答案：

12-51 经济损失是指民事诉讼（例如，违反合同索赔）中裁定的货币化补偿。
A. 正确　　　　　　B. 错误

12-52 _____的目的是使个人或企业能够恢复到如果被告未发生不当行为之前的经济状态。
A. 惩罚性损失　　B. 抵押性损失　　C. 恢复性损失　　D. 补偿性损失

12-53 法庭为了惩罚被告的有意或疏忽行为而进行的裁定是：
A. 惩罚性损失　　B. 抵押性损失　　C. 恢复性损失　　D. 补偿性损失

12-54 以下哪一项是非经济损失？
A. 痛苦与创伤　　B. 丧失伴侣　　C. 精神创伤　　D. 失去生活乐趣
E. 以上均是

12-55 法务会计师作为损失鉴定专家，其主要作用是确定已认定的各种损失的货币价值。
A. 正确　　　　　　B. 错误

12-56 不同专家证人对经济损失的分析与计量应该是相同的，无论其是受聘于原告还是受聘于被告。
A. 正确　　　　　　B. 错误

12-57 要确定补偿性损失的金额，则该损失必须：
A. 已认定且可计量　　　　　　　　B. 经济事件的结果
C. 法律上的可补偿性和经济上的可计量性　　D. 可归因于某事件且具有经济属性

12-58 收益损失有两种类型，包括：
A. 过去的收益损失和现在的收益损失　　B. 过去的收益损失和未来的收益损失
C. 现在的收益损失和可收回的收益损失　　D. 以上均不是

12-59 家政服务（如烹饪、清洁、购物、维修、庭院事务及家庭理财）具有经济价值。
A. 正确　　　　　　B. 错误

12-60 损伤前收益和损伤后收益的区别在于：
A. 基于所涉及的工作本质　　　　　B. 不是法务会计师使用的经济概念
C. 损失收益的依据不同　　　　　　D. 寻求不同的补偿金额

12-61 下列哪一项因素与收益增长的衡量无关？
A. 通货膨胀　　B. 持续不断的努力　　C. 生产力　　D. 以上均是

12-62 预期工作寿命是指一个人预期工作到退休的时间段。
A. 正确　　　　　　B. 错误

12-63 在经济损失计量中确定折现率时，不必考虑风险因素。
A. 正确　　　　　　B. 错误

12-64 经济损失计量专家关于折现率的选择不存在争议。
A. 正确　　　　　　B. 错误

12-65 法务会计师不必计算过去损失的利率。
A. 正确　　　　　　B. 错误

请在下列关于计算机法务的问题中选择最佳答案：

12-66 计算机技术在法律行为中的运用称为什么？
A. 数据分析　　　B. 数据挖掘　　　C. 计算机法务　　　D. 技术法务

12-67 计算机法务服务的需求预期在未来呈现何种趋势？
A. 不变　　　　　　　　　　　　B. 降低
C. 增加　　　　　　　　　　　　D. 急剧增加后急剧下降

12-68 对绝大多数的个人和组织而言，网络犯罪是一种威胁。
A. 正确　　　　　　B. 错误

12-69 超过一半的企业信息泄露牵涉到内部员工。
A. 正确　　　　　　B. 错误

12-70 以电子形式构建、处理和储存的信息称为：
A. 数据处理　　　B. 计算机网络　　　C. 计算机系统　　　D. 电子存储信息

12-71 下列哪一项不是电子存储介质？
A. 闪存介质　　　B. 磁性媒介　　　C. 可读写光存储介质　　　D. 数据挖掘介质

12-72 证据从收集开始到调查结束的整个路径称为：
A. 数据链　　　　B. 数据流　　　C. 监管链　　　D. 数据责任

12-73 下列哪一项不是计算机法务调查的过程？
A. 收集初始信息　　　　　　　　B. 分析数字化数据
C. 收集和存储数字化数据　　　　D. 使用电子设备监视嫌疑者

12-74 在计算机法务的情境中，_____意味着解读恢复数据，并以一种逻辑、有效的格式编译数据。
A. 汇编　　　　　B. 分析　　　　　C. 清洗　　　　　D. 校对

12-75 计算机法务调查最耗时间的工作是分析工具和方法的实际应用。
A. 正确　　　　　　B. 错误

请在下列关于报告结果的问题中选择最佳答案：

12-76 法务会计业务的最后阶段是沟通结果并出具报告。
A. 正确　　　　　　B. 错误

12-77《联邦民事诉讼规则》第26条规定了专家报告必须包含的事项。
A. 正确　　　　　　B. 错误

12-78 专家报告的草案是可披露的。
A. 正确　　　　　　B. 错误

12-79 下列哪一项可以不予披露？
A. 关于专家证人报酬的信息
B. 关于与代理律师沟通的信息
C. 关于专家证人形成其意见所依据的假设的信息
D. 关于专家证人形成其意见所需的事实与数据的信息

12-80 为诉讼案件准备的报告必须严格遵守美国注册会计师协会制定的规范。
A. 正确　　　　　　B. 错误

12-81 提交口头报告可以较好地排除报告被误解的所有可能性。
A. 正确　　　　　　　B. 错误

12-82 下列哪一项不是法务会计师提交的报告类型？
A.鉴证报告　　　B.计算报告　　　C.详情报告　　　D.总结报告

12-83 不论其形式如何，专家报告都必须严格按照法庭认可的方式陈述，且必须基于可靠的事实、数据和方法。
A.正确　　　　　　　B.错误

职场应用

12-84 查尔斯·蔡（Charles Choi）拥有并经营着加利福尼亚州一家杂货店——基因现代超市。除日常杂货的销售外，超市还要支付工资和个人或第三方支票费用，该费用是支票账面金额的1%。1991—1993年，基因现代超市使用了两台收银机，但是收银机的记录均没有录入会计系统；相反，所有记录的录入是根据现金付款单和收据。然而，存于银行账户中的资金与这些记录不一致，而且蔡先生向公司会计提供的销售额远小于收银机流水带上显示的日销售额。此外，超市也没有保持存货的永续记录。

蔡先生质疑美国税务局以下审查决定：(1)没有报告近两年的收入；(2)因欺诈行为而引起的罚款；(3)自营所得税义务；(4)否认附属的税收抵减。本案于2002年由美国税务法庭受理。

税务法庭有关本案的记录可以在 www.ustaxcourt.gov 网站上获取。在该网站的主页上选择"Opinions Search"栏，然后输入案件的关键词"Choi"，在案件列表中找到 Charles Y. and Jin Y. Choi，选择该案以便后续阅读。

在阅读了本案后，请回答以下问题：
1. 蔡先生开具现金支票的资金是如何获取的？
2. 总收入是如何捏造的？
3. 蔡先生如何向公司会计基姆（Kim）先生提供会计信息？这种伪造是如何演变成欺诈的？
4. 蔡先生承认了瞒报了基因现代超市的总收入吗？
5. 蔡先生如何解释基因现代超市的现金收入？
6. 美国税务局的稽查员运用什么方法确定瞒报的现金收入？为什么稽查员认为这种方法适用于该案？
7. 根据本案的数据，使用 Excel 电子表格重新编制一份1991—1992年的间接存款和现金支出的工作表格。解释表格中各组成部分对重构应税收入的作用。也就是说，解释税务局稽查员所采用的方法。
8. 税务法庭如何看待第7题所采用的方法？
9. 在蔡先生的抗辩中，他会选择哪种确定收入的方法反驳税务局稽查员所运用的间接方法？税务法庭如何看待这种备选方法？
10. 在该案中，犯罪蓄意是如何得到证明的？
11. 在该案中，欺诈是如何定义的？
12. 法庭的裁决是什么？税务法庭所采用的证明标准是什么？
13. 为什么该案是由联邦税务法庭而不是联邦地方法院审理的？区别是什么？谁决定的？
14. 民事欺诈与刑事欺诈的区别是什么？

12-85 格伦·弗雷德（Glen Flood）和戴安·弗雷德（Diane Flood）在佐治亚州的查茨沃思（Chatsworth)拥有并经营弗雷德汽车配件和弗雷德伍德清障车服务公司(以下简称"弗雷德公司")。弗雷德公司向当地市场提供汽车部件的批发和零售、清障车服务及销售废旧汽车。弗雷德先生没有一贯向顾客开票,也没有其他方法确定经营的总销售额。虽然弗雷德先生将部分现金收入存入公司的银行账户,但是他还将部分现金收入存入家中的保险箱。

多年以后,弗雷德先生收购了多个项目,也出售了其他全部或部分项目。支出项目并不总是以书面形式记录下来,而且并不是所有的项目都反映在弗雷德先生个人纳税申报表中的明细表 C 中。

在对弗雷德公司纳税申报表进行例行检查的,美国税务局的稽查员发现,弗雷德先生并没有报告来自其经营所产生的所有收入。具体来说,稽查员认定弗雷德先生在 1991 年、1992 年和 1993 年分别瞒报 28 195 美元、22 695 美元和 74 013 美元的应税收入。

弗雷德公司面临税务局审查结果的指控,具体表现在:(1)弗雷德先生没有保持充分的账簿和记录;(2)在记账过程中人为例行遗漏销售额;(3)员工可能忘记记录销售额;(4)并非所有现金收入均存入开户银行;(5)弗雷德先生意识到这些舞弊而选择在纳税申报表中隐瞒这些信息。

税务法庭有关该案的记录可以在 www.ustaxcourt.gov 网站上获取。在该网站的主页上选择"Opinion Search"栏,然后输入案件的关键词"Flood",在案件列表中找到 Glen H. and Diane J. Flood,选择该案以便后续阅读。

在阅读完本案后,请回答以下问题:

1. 税务局的稽查员运用什么方法确定瞒报的现金收入?为什么稽查员认为这种方法适用于该案?
2. 请解释资金来源与运用法是如何运作的。
3. 根据该案中的数据,使用 Excel 电子表格重新编制一份 1991—1992 年间接存款和现金支出的工作表格,解释表格中各组成部分对重构应税收入的作用。也就是说,解释税务局稽查员所使用的方法。
4. 弗雷德公司对税务局稽查员的调查结果有哪些异议?如果费雷德公司是对的,那么这对瞒报收入的金额积累有哪些影响?税务法庭对此是如何裁决的?
5. 税务法庭如何看待税务局稽查员在确定瞒报应税收入时所使用的间接方法的发展趋势?
6. 税务法庭如何确定弗雷德先生借给其父亲的款项实际上在 1992 年已变得一文不值?税务法庭是如何裁决的?
7. 美国税务局决定按瞒报收入金额的 20% 进行罚款是恰当的。该决定的依据是什么?税务法庭又是如何裁决的?为什么?
8. 为什么该案是由联邦税务法庭而不是联邦地方法院审理?区别是什么?谁决定的?

12-86 使用网络搜索引擎或图书馆数据库,输入检索词"McDonald's coffee verdict",调查里贝克 VS 麦当劳餐厅(1994)案。根据你所做的调查,准备一份备忘录给你的导师,并回答以下问题:

1. 伤是怎么产生的?
2. 该案是在哪个州进行审理的?
3. 原告受伤时年龄多大?基于这一事实,你认为经济损失应该包含收益损失吗?为什么?
4. 在补偿性损失中,陪审团裁定应支付原告多少赔偿?
5. 补偿性损失包含哪几种类型?哪些是经济损失?哪些是非经济损失?
6. 在惩罚性损失中,陪审团裁定应支付原告多少赔偿?该金额是如何确定的?
7. 审判法官是否调整了伤者惩罚性损失的判定金额?如果是,那么调整了多少?为什么?
8. 基于你的调查,你是否认为这是一宗浪费公帑的无聊诉讼?为什么?

12-87 马丁·迈尔斯(Martin Myers)在一场车祸中受了伤,而且事后丧失了工资收入,关于个人伤害事实的情况如表12-9所示。假设你接受原告律师的聘请以计算经济损失,但仅限于工资损失。

表12-9 迈尔斯的个人伤害事实

案件事实	
原告	马丁·迈尔斯
性别	男
种族	非洲裔美国人
出生日期	1984年1月15日
受伤日期	2013年2月21日
受伤性质	汽车事故造成头部损伤
家庭成员	已婚且育有两个孩子,分别为2岁和4岁
受教育情况	工商管理学士学位
工作履历	五三银行分行经理

据迈尔斯先生的医生所述,车祸对其认知功能(特别是口头交流和短期记忆)造成永久性的伤害。基于上述身体缺陷,职业专家给出以下意见:

- 迈尔斯先生无法再回到银行经理的工作岗位。
- 迈尔斯先生以后只能从事初级岗位工作,获得最低或接近最低的工资。

作为收集信息工作的一部分,你被要求查阅迈尔斯先生在五三银行的个人档案,并采访分行的人事主管。从其个人档案,你得知迈尔斯先生受伤时的年薪为49 000美元,你还得知他于2012年1月担任分行经理这一现职,这是其自2003年兼职银行柜员以来一系列晋升中最近的一次。最后,你获取了他近五年的薪酬情况,如表12-10所示。

表12-10 马丁·迈尔斯历年的工资

单位:美元

年份	总薪酬
2008	32 965
2009	37 250
2010	37 250
2011	38 368
2012	51 500

你与人事主管访谈的主要内容如下:

- 所有银行员工的工资在2008年和2011年都提升了3%,虽然这种"一刀切"的薪金增长在五三银行的历史上每几年会出现,但这并不是绝对的。
- 迈尔斯先生的薪酬包含了2 500美元的奖金,这是其所在分行完成了某项年度业绩目标所获得的奖励。

- 迈尔斯先生在五三银行最终的职业目标是成为分行的副总裁,该职位目前的薪酬是 75 000 美元/年,这个目标在五年之内应该可以实现。

为了完成任务,请完成以下工作:

1. 请为迈尔斯先生受伤前的基本收益确定一个合理金额,并论述其合理性。
2. 根据目前联邦最低薪资(以每年 2 080 小时为标准)确定迈尔斯先生受伤后的基本收益。
3. 请计算 2008—2012 年的年增长率,以及该时期的累积年均增长率。
4. 从 BLS 网站(www.bls.gov)获取 2003—2012 年的就业成本指数(ECI)年均百分比的变化(所有劳动力的总报酬、不考虑季节修正)。
5. 根据 2012 年的联邦社保基金(OASDI)信托报告,2021—2086 年的年均工资水平预测为多少?
6. 根据你对第 3 题至第 5 题的回答,请为迈尔斯先生未来工资增长确定一个合理的假设(分别适用于受伤前和受伤后的基本收益),并解释其合理性。
7. 试确定迈尔斯先生在受伤时的正常社保退休年龄,并以此作为他的预期工作寿命。
8. 利用从圣路易斯联邦储备银行网站(www.stlouisfed.org)获取的联邦储备经济数据库(FRED)数据,确定 2003—2012 年 10 年期国债到期利率,并将其作为折现率。
9. 以 2013 年 12 月 31 日作为计量日,计算迈尔斯先生未来工资损失的现值。提示:工资增长率仅适用于计算未来(自计量日后)收益损失。
10. 根据所提供的信息,在计算经济损失时,你认为将迈尔斯先生在未来可能实现的预期晋升作为假设是否合理?为什么?

深度思考

12-88 获取以下文章:Di Gabriele, J. A. (2012). A case study on the determination of lost profits for the forensic accounting. *Issues Accounting Education*, 27(3), 751-759。认真学习该案例,它将有助于我们了解和确定商业纠纷案件的经济损失。

12-89 请以"forensic accountant slams high costs, low competition"为关键词在 Google 上检索,其中一个检索结果为法务会计师发布的一份报告,该报告可以通过网址 www.pearsonhighered.con/rufus 获取。

1. 通过本章的学习,你认为这是一份总结报告、详情报告,还是计算报告?
2. 请采用本章提及的高质量报告十大指标评价该报告的质量。

中英术语汇编

阿特曼 Z 分值模型(Altman's Z-score):以多变量的统计方法为基础,以破产企业为样本,通过大量的测试,对企业的运行状况、破产与否进行分析、判别的系统。

白领犯罪(white-collar crime):拥有一定社会和经济地位的人,在职业活动中利用职务之便非法欺诈、侵占组织或他人财产的一种犯罪行为。

百分比加成法(percentage markup):一种间接证明方法,用单位售价和单位成本之差(加成)与单位成本之比表示。

报告自由(report freedom):自主判断和决定财务报告的金额,主要适用于应计制会计。

奔福德定律(Benford's Law):在很多生活或自然界选取的数值中,各位数字出现的概率具有一定的规律,即以 1 为第一位数字的数值的概率约为 30%,以 2 为第一位数字的数值的概率接近 18%;而且越大的数字,以其为第一位数字出现的概率越小。

比特流复制(bit-stream copy):对原始文件按比特流进行复制,或者说精密复制。

编报(compilation):协助管理层收集和汇总会计信息以编制财务报表,并不以任何程度保证财务报表需要重大修正。

标准差(standard deviation):方差的算术平方根。

波纹理论(Ripple Theory):描述了追踪初始刺激所带来的增量效果。

补偿性损失(compensatory damages):通过赔偿使个人或企业能够恢复到被告未发生不当行为之前的经济状态。

财务比率(financial ratio):以财务报表资料为依据,比较两个相关项目的关系。

财务可行性调查(financial viability investigation):包括短期或长期的财务和管理可持续性或合理性的分析与评估、保险索赔合理性的评估。

裁决(verdicts):基于审判中的呈堂证据做出的决定。

成本原则(cost principle):对会计要素以经济业务发生时的取得成本(历史成本)为标准进行计量。

惩罚性损失(punitive damages):法庭对原告进行奖赏以惩罚被告的有意或疏忽行为,或者防止同一被告在未来再次产生类似的不当行为。

持续经营假设(going concern premise):财务会计的基本假设或基本前提之一,是指企业的生产经营活动将按照既定的目标持续下去,在可以预见的将来不会面临破产清算。

充分披露原则(full-disclosure principle):财务报表及附注应完整地披露所有重要且相关的信息。

充分相关证据(sufficient relevant data):数据具有充分的质量和数量以支持专家意见。美国注册会计师协会《职业行为准则》要求会员在提供职业服务时,应当获取足够的相关数据以做出合理的结论和提出建议。

传票(subpoena):由原告准备的、由法庭下达的用来通知被告其被起诉信息的法定文件。

磁性介质(magnetic media):电子数据存储介质的一种,通过改变磁盘或磁带的磁极而存储数据。

次要调查(secondary research):收集、分析和解读其他人提供的或已出版公布的数据或信息。

代理问题(agency problem):由于企业所有权和经营权的分离产生了股东与管理层之间、股东与债权人之间目标的不同,从而导致两者存在利益冲突。

档案数据(archival data):已被备份和存储的数据,如后台备份系统或整个硬盘。

道伯特标准(Daubert challenge):在法官审判前进行的特殊听证程序(不需要陪审团),主要用于确定专家证人的资格,以及专家意见是否建立在可靠的事实、数据和方法上,而不是仅仅依靠猜测或猜想。

第二方数据(second-party data):来自与主体相关的个人或实体的数据。

第二类错误(type Ⅱ error):拒绝了符合特定标准的数据,即"存伪"的错误。

第三方数据(third-party data):来自主体外的相关实体的持续记录数据,如金融机构和政府机构。

第四方数据(fourth-party data):来自新闻报道、学术期刊、商业出版物、法律判例、交易数据库及政府的统计数字。

第一方数据(first-party data):从与业务相关的主要个人或实体获取的数据。

第一类错误(type I error):接受了不满足特定标准的数据,即"弃真"的错误。

电子存储信息(electronically stored information):以电子形式构建、操作和储存的信息。

调查(investigation):为了解情况而进行的考察,包括收集、分析和解读信息。

调查取证(discovery):从对方及第三方证人处收集信息。

调查研究(research):一种系统性的询问、调查和研究以得到关于总体或具体的事实。

调解(mediation):双方或多方当事人就争议的实体权利、义务,在有关组织的主持下,自愿进行协商,通过教育疏导,促成各方达成协议、解决纠纷的办法。

独立性(independence):在执业的过程中不受他人的影响或控制,独立、客观地完成业务。

杜邦模型(DuPont Model):将净资产收益率分解为销售净利润率、总资产周转率和权益乘数,利用财务比率之间的关系综合地分析企业的财务状况与经营成果。

法定利率(statutory interest):一种由联邦或州法规规定的、用于计算经济损失数额的利息率。

法务会计(forensic accounting):在法律活动中对会计理论、原则或分析的运用。

方差(variance):指各个数据与均值之差的平方的平均数。

访谈(interview):一种带有目的性的两人或者多人(包括采访者和受访者)的问答式对话。它是法务会计师用于收集证据的方法,可以提供直接证据。

访谈备忘录(memorandum of interview):对访谈记录进行转录而得到的最终文件。

名词索引

非经济损失（noneconomic damages）：非货币化的损失，诸如身体伤害、精神创伤、丧失伴侣、失去生活乐趣等。

非经营资产（nonoperating assets）：一般不用于企业经营活动的资产。

非诉讼纠纷解决机制（alternative dispute resolution）：除诉讼手段之外，解决法律纠纷的其他机制，包括调解和仲裁。

非正式访谈（informal interview）：不受特定或事先准备好的问题的限制所进行的访谈。

分红派息法（dividend payout method）：对股息而不是收益进行资本化，资本化率为公开交易公司的股息收益率。

复合年增长率（compound annual growth rate）：某一指标在特定时期内的年度增长率。计算方法为总增长率百分比的 n 次方根，n 等于有关时期内的年数。

个人财务报表（personal financial statements）：有关个人的财务状况、收益及现金流量等信息的报表。

个人空间（personal space）：每个人属于自己的、不被他人了解和知道的私人空间，可用四种概念化的地带表示，分别为亲密地带、私人地带、社交地带和公共地带。

《公平信用报告法》（Fair Credit Reporting Act）：规定个人信用信息使用权的联邦法律。

工具（tool）：在处理、理解和阐述数据过程中充当杠杆作用的媒介。

工作成果豁免原则（work product doctrine）：也称律师卷宗特权或诉讼预期特权，是指在诉讼中，对于律师准备的文件、访谈和声明等材料有限地免于审前开示。

公允价值（fair value）：熟悉市场行情的参与者在计量日发生的有序交易中，出售一项资产所能收到或者转移一项负债所需支付的价格。

公允市场价值（fair market value）：在自愿购买的买家与自愿出售的卖家之间异手的价格，买家的购买与卖家的出售均非被迫的或强制性的。

沟通保密特权（privilege communication）：特定关系人之间受保护的沟通，如律师和客户、医生和病人、丈夫和妻子、牧师和忏悔者之间的沟通等。

沟通过程（communication process）：人们之间分享信息的基本过程。

估值报告（valuation report）：估值人员与委托人就评估或计算的结果进行口头或书面沟通的文件。

估值前提（premise of value）：适用于评估业务的一系列最有可能的交易环境的假设。

估值日期（(valuation date）：估值发生的特定日期。

估值业务（valuation engagement）：法务会计师根据所有已存在的事实，自主地运用适当的方法，综合得出企业价值的结论。

归纳推理（inductive reasoning）：基于一个假设，然后展开一系列的观察、事实、数据，最后得出结论。

规范化调整（normalizing adjustments）：在估值实务中，作为分析步骤的一部分，法务会计师对报表数据进行调整，使收入和资产状态更接近或反映经济事实。

规则（rule）：对行为有约束效力的权威标准。

合法观察（legal observations）：在不涉及隐私权的情况下进行的观察活动。

会计循环（accounting cycle）：识别、分类、量化和记录经济交易的会计过程。

活跃数据（active data）：可被观测的数据，如数据文件、程序文件、操作系统所用的文件。

货币时间价值(time value of money):货币随着时间的推移而产生的增值。

机会(opportunity):是指可进行欺诈或舞弊而又能隐藏不被发现或能逃避惩罚的时机。

积极倾听(active listening):访谈者专心致志、一心一意、眼耳高度集中、全身投入的一种倾听形式。

基本收益(base earnings):在经济损失计量中,损伤后的初始收入流。

极差(range):在一组数据的观察值中最大值和最小值之差。

计划和督导(planning and supervision):美国注册会计师协会《职业行为准则》要求会员充分地计划工作,并监督专业服务的完成情况。

计划阶段(planning stage):访谈的内容进行初步规划,这是访谈过程的第一个阶段。

计算报告(calculation report):在既定事实和假设下呈现计算业务的结果,是估值业务报告的一种。

计算机法务(computer forensics):计算机技术在法律活动中的应用。

计算机网络(computer network):由两台或两台以上的计算机通过数据线或无线链接而成,以实现数据和资源的共享。

计算机系统(computer system):由硬件和处理数据的软件构成的组合。

计算业务(calculation engagement):限定在委托人指定的具体范围内,采用特定的方式和方法得出计算的结果。

记录(memorializing):将访谈手写稿转化为正式访谈备忘录的过程。

技术(technique):在特定情境中运用工具的特定方法。

家谱图(genogram):以图形描述家人之间的血亲关系和婚姻关系。

家政服务(household services):由个体为家庭提供的服务,这是补偿性赔偿的一种。

价值标准(standard of value):公允市场价值、公允价值、账面价值或投资价值中的一种。

间接证明法(indirect method of proof):非直观的(直接的),而是建立在间接证据之上的证明方法。

监管链(chain of custody):描述了证据从收集开始到调查结束的整个路径,它可以随时确认接触过证据的每个人。

检方不当行为(prosecutorial misconduct):一种有损司法公正的错误行为,是指检察官试图规避强制披露、劝服陪审团嫁祸于被告、不合理的适用法律量刑等。

交易案例比较法(guideline transaction method):获取并分析可比企业的买卖、收购及合并案例资料,计算适当的价值比率,在与被评估企业比较分析的基础上,确定评估对象价值的具体方法。

借口(rationalization):欺诈者对其舞弊行为予以合理化而进行的解释。

紧张(stress):人体在精神及肉体两方面对外界事物反应的加强。

谨慎性原则(conservatism principle):要求财务报告应谨慎,既不夸大高估也不低估事实。

经济损失(economic damages):因违法行为而造成财产损毁的货币化补偿,常见于诸如违反合同等民事诉讼。

经济现实(economic reality):如实而综合地反映一家公司的财务状况和盈利能力的实际情况。

净资产价值法(net asset value method):以资产的公允市场价值与负债的公允市场价值之差确定一家公司的价值。

静态取证(static forensics):对静态数据的分析,它涉及创建存储在实体设备上所有数据的备份,并在安全的环境下分析该数据备份。

举报投诉(whistleblower complaint):企业内部人员对错事和不端行为的一种信息披露机制。

举证责任(burden of proof):当事人对自己提出的主张负有收集或提供证据的义务。

绝对频率(absolute frequency):一个区间内观测次数的加总。

均值(mean):一组数据的总和除以这组数据个数所得到的商。

开放性问题(open-ended questions):不是为了得到肯定或否定的回答,而是旨在引导讨论的问题。

科学化过程(scientific process):按照一定的规则、逻辑、程序和方向收集证据的过程。

可持续增长率(sustainable growth rate):在不增发新股并保持目前经营效率和财务政策的条件下,企业销售可以实现的最高增长率。

可读写光盘(writable optical media):一种数据存储的介质;利用激光的单色性和相干性,将模拟或数字信息通过调制激光聚焦到光盘上,使光照微区发生变化,从而实现信息存储。

可接受水平(acceptable level):在这种水平下,理性的、拥有所有相关信息的第三方在权衡具体事实和状况后,认为遵守这些规则并不是妥协的产物。

客观性(objectivity):会计师中立、无偏,并如实反映会计信息的心理状态。

客观性原则(objectivity principle):企业的会计核算应当以实际发生的经济业务为依据,会计报表应当如实反映企业的财务状况和经营成果。

控制权调整(adjustment for control):在先评估企业整体权益价值,再计算单位股权价值时,应考虑不同股权控制力的影响,对股权价值进行溢价或折价调整。

口头报告(oral report):采用言语形式而不使用任何书面材料的一种报告形式。

累积法(buildup method):在企业估值中,通过将确定的具体因素相累加以得出一个恰当的要求回报率。

离散分布(discrete distribution):观测值是可数的且连续两个观测值之间有离散跳跃的分布。

理性选择理论(rational choice):认为人们会选择以有限努力获得最佳回报的行动方案。

力度(power):在数据挖掘中,区分真实信号与其他异常信号的识别能力。

利益冲突(conflict of interest):实际的或可感知的利益不一致,两个客户之间利益的不一致,或者客户与法务会计师(或所在公司)之间利益的不一致。

《联邦民事诉讼规则》(Federal Rules of Civil Procedure):适用于美国所有地方法院、规范民事诉讼的规则与程序。

《联邦证据规则》(Federal Rules of Evidence):适用于美国法院审理的民事和刑事案件,规范有关证据的性质、内容、收集、使用的规则与程序。

连续分布(continuous distribution):一个随机变量在其区间内当能够取任何数值时所具有的分布,例如时间、重量和距离等。

链接分析(link analysis):一种有效识别各个对象之间关系的方法

流程图(flow chart):用于说明信息、货物或金钱的流向或程序步骤的图表。

流动性不足折价(discount for lack of marketability):在企业估值中,因缺乏公开流动市场,不能迅速地将股权转化为现金而对企业价值进行扣减。

律师—当事人保密特权(attorney-client privilege):当事人拥有拒绝公开或者阻止其他人公开为了给当事

人提供法律服务而进行的秘密交流内容的特权。

毛利率(gross margin percentage):毛利与销售收入的百分比。

描述性统计(descriptive statistics):采用各种各样的数值、指标或图形描述数据。

明确而有说服力的证据(clear and convincing evidence):一种适用于特定案件的、比证据优势更好的证明标准。

内容分析(content analysis):使用特殊编码规则将词语进行内容分类的一种系统技术。

年度报告(annual report):为股东和其他利益相关者编制的一系列财务报表及其附注与解释。

排除合理怀疑(beyond a reasonable doubt):刑事诉讼的证明标准,一个普通的理性人凭借日常生活经验不会对被告的犯罪事实明智而审慎地产生怀疑。

配比原则(matching principle):某个会计期间或某个会计对象所取得的收入应与为取得该收入所发生的费用、成本相匹配,以正确计算在该会计期间、该会计主体所获得的净损益。

批判性思维(critical thinking):对已有的认知进行评估和反思以获得额外信息,并以理性的方式利用这些信息解决问题的思维方式。

偏度(skewness):衡量数据分布在均值周围的不对称程度。

期后事项(subsequent events):在企业估值中,发生于估值日期之后的事实。

欺诈公式(calculus of fraud):当欺诈带来的收益(R)大于被揭发的概率(P)与预期损失(L)的乘积时,个人就会选择欺诈。

清算假设(liquidation premise):企业估值假设之一;假设企业将被迫解散、资产被变卖。

缺席判决(default judgement):法庭在一方当事人因故缺席而做出的具有约束力的裁决。

融洽关系(rapport):采访者与受访者之间以信任和信心为基础建立起来的联系。

筛选(selection):决定访谈转录中包含哪些信息的过程。

删减(reduction):从访谈中获得的信息如何简化为文字的过程。

闪存介质(flash memory media):用于储存可改写电子数据的记忆芯片媒介。

商誉(goodwill):企业拥有或控制的、能够为企业带来超额经济利益的、无法具体辨认的资源,如品牌、声誉、顾客忠诚度、地理位置等。

涉嫌同谋(suspected co-conspirators):可能的犯罪嫌疑人。

审计(audit):注册会计师收集和评价审计证据,对财务报表是否在所有重大方面公允反映、是否符合一般公认会计原则发表专业意见。

审讯(interrogation):一种运用侵略性策略以收集信息的谈话方式。

审阅(review):一种较低程度的鉴证业务,主要包括询问公司员工和运用程序分析财务数据。

时间表(timeline):按时间顺序排列和总结重大事件。

时间架构分析(timeframe analysis):浏览元数据包含的时间与日期(如创建日期、最后修改日期、最后使用日期),以捕获与调查相关的特定文件。

实施阶段(doing stage):执行访谈计划的阶段。

实体图(entity chart):说明实体及其结构和所有权之间关系的图形。

市场方式(market approach):在企业估值中,将评估企业与参考企业、在市场上已有交易案例的企业进行比较以确定评估企业的价值。

事实证人(fact witness):知晓事实或拥有涉案当事人第一手资料的证人。

事先同意(prior consent):个人签署协议书准许特定信息可用于特定目的而披露。

收入方式(income approach):在企业估值中,以收入为导向确认未来预期收益,再进行折现(或资本化)得出现值。

收益损失(lost earnings):补偿性损失的一种,损失前与损失后收益的差额。

数据(data):通过观察、实验或计算得出事物有关质或量的信息。

数据分析(data analysis):运用分析工具对所收集的数据进行分析、解读,得出有价值的结论。

数据概要(data profile):一个已建立的数据模型,主要用于将新的数据与之进行一致性比较。

数据集(data universe):所有与法务会计师业务有关的项目,也称总体。

数据库(database):出于特定目的创建的、以一定方式储存的数据集合。

数据清单(data inventory):一份包括项目名称、数据源和请求或接收的数据等内容的列表。

数据挖掘(data mining):从海量数据中削减观测值的数量,以便更仔细观察的技术。

数据修复(data carving):用于还原被删除但尚未被覆盖的数据的技术。

数字分析(digital analysis):检测大量数据中的数字频率,并与预期频率进行比较与分析。

司法权(jurisdiction):司法机关通过开展依其法定职权和一定程序,由审判的形式将相关法律适用于具体案件的专门化活动而享有的权力。

思维模式(mindset):通过教育、经验、阅历或其他生活经历所形成的心智状态。

搜查令(search warrant):由法官授权执法人员对某人或某场所进行搜索并没收任何发现的证据的一种法律文书。

诉讼服务(litigation services):指为当事人解决刑事或民事案件中实际的、还未发生的或潜在的法律纠纷服务。

损伤后收益(post-injury earnings):损伤者在遭受伤害后获得的收益。

损伤前收益(pre-injury earnings):损伤者如果没有遭受伤害原本可以获得的收益。

损益表(income statement):又称利润表,反映企业在一定会计期内经营成果及其分配的会计报表。

所得税基础(income tax basis):遵循美国税务局发布的规则或准则编制财务报表。

所有者权益(ownership interest):在企业估值中,所有者可以行使的权益,包括控股权益和少数股东权益。

替代收益(proxy benefit):能够代表预期的单一未来收益。

同意书(consent):为了确保法务会计业务的公正性与独立性,清楚地认识双方的利益冲突问题而签署的书面协议。

统计(statistics):针对某一现象有关的数据进行收集、整理、计算、分析、解释、表述等活动。

投资价值(investment value):特定买方基于独特的投资需求和期望值而确定的价值。

推断统计(inferential statistics):根据从样本中获得的信息得出关于总体的结论(或推论)。

推理(reasoning):一种通过对已知或假设的事实得出推论或结论,从而解决问题的技能。

托辞(pretext):一方为了从另一方获取其不愿意披露的信息所采取的欺骗手段。

威胁(threats):在某种情形下,会员违背应该遵守的规则的风险。

威胁和保障法(Threats and Safeguards approach):美国注册会计师协会发布的、用于评估和应对在《职业行为准则》及其解释和道德裁决中没有明确涉及情形的方法。

文件分析(file analysis):对电子数字化文件的特点、内容和结构进行的分析。

无罪推定(presumption of innocence):指任何人在未经依法判决有罪之前,应视为无罪。

舞弊(fraud):通过欺诈侵吞他人财产的非法行为。

舞弊防范(fraud deterrence):积极主动地采取前瞻性的策略来防止舞弊的发生。

舞弊检查(fraud examination):在发现犯罪迹象后开展的调查活动。

舞弊三角形(fraud triangle):实施舞弊必要的三个条件:压力、机会和借口。

舞弊侦测(fraud detection):发现舞弊的行为过程。

嫌疑人(target):案件的怀疑对象。

现场取证(live forensics):对动态数据而非备份数据进行提取和分析。

现金流量表(statement of cash flows):提供报告期间来自经营、投资和筹资活动有关的现金流入与流出信息的报表。

现金收付制(cash basis):以现金收到或付出为标准,记录收入的实现或费用的发生。

详情报告(detailed report):提供有关委托任务的全面论述,使读者更好地理解形成意见(结论)的相关数据、推理和分析的报告形式。

相对规模因素(relative size factor):一个数据集中最大值与次大值的比值。

相对频率(relative frequency):某区间内的观测次数占总次数的百分比。

相关证据(relevant evidence):证据具有某种倾向,使决定某项在诉讼中待确认的争议事实的存在比没有该项证据时更有可能或更无可能。

携证出庭传票(subpoena duces tecum):要求携带相关文件或其他物件出庭作证的一种传票。

压力(pressure):一个人对外界所承受的内心压抑或情绪方面的负担。

演绎推理(deductive reasoning):从一般到特殊,或者从前提到结论的逻辑性推理。

样本(sample):从总体中所抽取的一部分个体。

要求回报率(required rate of return):无风险利率与各利率溢价之和,作用与折现率相同,都是将未来预期的收益转化为现值。

业务约定书(engagement letter):界定业务性质与范围、明确双方的责任与义务、指出业务局限性、强调具体事项(如费用及其支付方式)的经济合同。

一般犯罪理论(general theory of crime):认为犯罪是人类无节制地追求快乐和避免痛苦的欲望的自然后果。

一致性原则(consistency principle):指各个会计期间所用的会计方法和程序应该相同,以满足信息可比性的要求。

医疗护理方案(life care plan):一种为遭受创伤或患有慢性疾病的个人而提供的、现在和未来有计划的、明确的护理方案。

阴谋(scheme):一种狡猾的密谋或计划,通常用于欺骗他人。

隐藏数据(latent data):已被删除或部分被重写的数据。

隐藏数据分析(hidden data analysis):查找和恢复被计算机系统隐藏的数据。

应有的职业谨慎(due professional care):审计人员在履行专业职责时应当具备的一丝不苟的责任感和应当保持的慎重态度。

盈余管理(earnings management):企业管理者在遵循会计准则的基础上,通过对企业对外报告的会计收益信息进行控制或调整,以达到主体自身利益最大化的行为。

盈余资本化法(capitalization of earnings method):这在企业估值收入方式中最常用的方法,选择适当的替代收益,进而资本化替代收益得出企业价值。

营运自由(operational freedom):在会计期末做出经营决策以改善特定账户的表现,如在年底提前实现销售收入。

预测(forecast):基于对现有相关因素进行趋势分析而得到预算的结果;周期通常较短,如两年以内。

预期(projection):基于现有趋势的了解和相关因素的分析,反映预期可能的状况;周期一般较长,如两年以上。

预期工作寿命(worklife expectancy):一个人预期从事工作的时间段。

预先审核(voirdire):陪审团挑选程序;法官和律师询问潜在陪审员的背景和信仰的过程。

元数据(metadata):描述数据的数据,主要是描述数据属性的信息,用于支持如指示存储位置、历史数据、资源查找、文件记录等功能。

原则(principle):说话、做事所依据的准则,如诚实、正直等。

责任(responsibility):分内应做的事或应该承担的义务。

账面价值(book value):企业估值的价值标准之一。以历史成本为基础的所有者权益衡量企业价值,体现为资产负债表中总资产(资产成本扣除折旧与摊销)与总负债之间的差额。

折现(discounting):将未来收益转化为现值。

正式访谈(formal interview):结合使用开放性和结构化问题的系统访谈过程。

正态分布(normal distribution):均值、众数和中位数都相等的对称性数据分布。

正义(justice):与美国法律体系有关的概念,意味着在司法系统内公平而平等的对待(权利与保护)。

证据(evidence):法律审判中据以认定案件事实的依据,其表现形式包括证人的证言、可采纳的文件或物品等。

证据力(probative value):证据材料能够被法院采信,作为认定案件事实依据应具备的法律资格。

证据优势(preponderance of the evidence):民事案件的必要证明标准;大于50%的可能性,低于某些民事诉讼的"明确而有说服力"的证明标准,更低于"排除合理怀疑"的刑事案件的证明标准。

证明标准(standard of proof):法官在诉讼中认定案件事实所要达到的证明程度,或者负担证明责任的人提供证据加以证明所要达到的程度。

证明方法(method of proof):通过证据形成和构建(或不构建)优势证据或排除合理怀疑等信念或证明标准的方法。

直方图(histogram):一种以组距为底边、以数量或频率为高度的一系列连接起来的直方形矩形图。

直接证明法(direct method of proof):一种无须经过推理或推定就明确地得出案件事实(如虚假出资或隐

瞒收入)的一种证明方法。

直觉推理(intuitive reasoning):基于对事物表象而不是事实和数据做出快速、整体的判断推理。

职业(profession):一种需要接受教育和培训的工作。

职业责任(professional responsibility):积累一定程度的知识、技能和职业判断能力的义务,以保持高标准的职业行为并符合职业机构所发布的所有标准。

职业准则(professional standards):根据职业活动内容,对从业人员执业行为所规定的强制性要求。

制裁(sanctions):司法机关对违法者依其应承担的法律责任而实施的强制惩罚措施。在刑事案件中,制裁包括监禁、家庭隔离、缓刑、罚款、死刑等;在民事案件中,制裁通常包括赔偿损失或错误。

中和化(neutralization):违法者通过否认、谴责和体现更高的忠诚度来减轻其在犯罪中的责任。

中立的第三方(neutral third parties):了解情况但不参与当事人具体事务的第三方。

中位数(median):将一组数据按大小顺序排列,处在最中间位置的数。它可以是一个数,也可以是中心位置上两个数之间的数。

仲裁(arbitration):指纠纷当事人在自愿基础上达成协议,将纠纷提交非司法机构的第三方审理,由第三方做出对争议各方均有约束力的裁决的一种非诉讼纠纷解决机制。

众数(mode):在一组数据中出现次数最多的数。

重要性原则(materiality principle):要求企业财务报告在全面反映财务状况和经营成果的同时,对重要的经济业务应重点核算、单独反映,而对不重要的经济业务则可适当简化或合并反映。

主要调查(primary research):与业务具体相关的调查,包括收集、分析和解读原始数据。

专家(professional):精通某学科或某项技艺的、有较高造诣的专业人士,如医生、律师、注册会计师等。

专家证人(expert witness):拥有专业知识和经验,协助法官或陪审团评估复杂证据的专业人士。

专业确定的合理程度(reasonable degree of professional certainty):专家的意见必须以证据优势作为证明标准,这意味着可能性的概率高于50%。

专业胜任能力(professional competence):美国注册会计师协会《职业行为准则》要求从事专业服务的会员或会员所属公司应当保持应有的专业知识和技能,以适应当前实务、法律和技术的发展,确保为客户提供具有专业水准的服务。

咨询服务专家(consulting expert):不参与作证,而只是协助律师解决客户专业问题的专业人士。

资本化率(capitalization rate):折现率减去替代收益中预期长期可持续增长率的差额。

资产方式(asset approach):企业估值方式之一。一种以资产而非收益为基础的估值方式。

资产负债表(balance sheet):反映企业在一定日期的资产、负债和权益状况的主要会计报表。

总结报告(summary report):一份用于表达议题主旨的简短叙述,它是表述委托业务结果的载体。

组织不当行为(organizational misconduct):代表一个组织的个人不合理行为。

组织结构图(organizational chart):反映基于责任或权限的组织内部映射关系的图表。

佐证证人(corroborative witness):与案件无直接关联但能证明特定事实的人。

尊敬的老师：

您好！

为了确保您及时有效地申请培生整体教学资源，请您务必完整填写如下表格，加盖学院的公章后传真给我们，我们将会在2—3个工作日内为您处理。

请填写所需教辅的开课信息：

采用教材				□中文版 □英文版 □双语版	
作　　者			出 版 社		
版　　次			ISBN		
课程时间	始于　　年　　月　　日		学生人数		
	止于　　年　　月　　日		学生年级	□专科　　□本科1/2年级 □研究生　□本科3/4年级	

请填写您的个人信息：

学　　校			
院系/专业			
姓　　名		职　　称	□助教 □讲师 □副教授 □教授
通信地址/邮编			
手　　机		电　　话	
传　　真			
official email（必填） （eg：×××@ruc.edu.cn）		email （eg：×××@163.com）	
是否愿意接受我们定期的新书讯息通知：	□是　　□否		

系/院主任：＿＿＿＿＿＿＿（签字）

（系/院办公室章）

＿＿＿年＿＿月＿＿日

资源介绍：

——教材、常规教辅（PPT、教师手册、题库等）资源：请访问 www.pearsonhighered.com/educator；　（免费）

——MyLabs/Mastering 系列在线平台：适合老师和学生共同使用；访问需要 Access Code；　（付费）

培生北京代表处
100013　北京东城区北三环东路36
号环球贸易中心 D 座 1208 室
电话：（8610）57355003
传真：（8610）58257961

北京大学出版社
经济与管理图书事业部
100871　北京市海淀区成府路205号
电话：（8610）62767312
Q Q：552063295

Please send this form to：em@pup.cn